张卫平 著

民事诉讼法学

分析的力量

法律出版社 LAW PRESS·CHINA

目　录

自序　分析的力量

从前几年开始,清华大学法学院为了突出其国际化特色,开办了国际仲裁班。生源来自法律硕士的新生,主要是那些外语好的同学。国际仲裁班的学生们也要撰写毕业论文。因为仲裁属于民事诉讼法学的范畴,因此,笔者有指导学生毕业论文的义务和责任。

其中指导的一个学生打算研究仲裁裁决的效力。之所以这个同学的毕业论文要研究仲裁裁决的效力,是因为该同学通过资料查阅,发现关于仲裁裁决效力方面的论文很少,即使有也几乎都是结合具体的仲裁案例的分析和研讨。既然关注的人不多,实践中又存在不少问题,那么就有了研究的必要性。开题报告在征求我的意见时,我反问该同学,为什么没有学者关注和研究仲裁裁决效力的理论问题?该同学问答说,自己不清楚为什么。对此,我的看法是,这是因为仲裁裁决效力的理论问题在民事判决效力理论研究中已经涉及,民事判决效力的理论研究是民事诉讼法的重要领域。通过民事判决的理论研究可以回答仲裁裁决中的绝大部分问题,尤其是基本问题。因此,人们没有必要专门关注仲裁裁决效力的问题。仲裁裁决的既判力、形成力、执行力都是民事判决理论研究学说必须涉及的问题。的确,仲裁裁决有没有既判力的扩张问题。判决效力的客体扩张和主体的扩张也都是民事判决理论研究所要讨论的问题。人们只需要将民事判决的理论研究成果运用于仲裁裁决的认识就可以了。这也是为什么许多学生发现仲裁法理论色彩、内容和理论体系远不及民事诉讼法的原因之一。我告诉这个同学,仲裁裁决效力的研究缺乏其特殊的理论意义,实践问题肯定不少。理论问题可以借助和运用民事判决理论进行分析,如此一来,仲裁在这方面的理论研究意义或学术性就要低一些。

谈这一个事例的目的,在于再次重申民事诉讼理论研究的重要性,尤其是基本理论问题和基本原理研究的重要意义。我们撰写学术文章大体上可以分为两类——解释论的和立法论的。在我的学术文章中,作为规范研究范式下的论文大都是立法论的,也就是从立法建构、修改完善的角度,研讨我们应该建构一个什么样的制度,为什么现行的制度要修改,为什么要如此建构或修改。文章的基调是反思性、批判性的。在本书中,关于既判力相对性原则、重复诉讼规则、文书提出义务、执行和解制度等探讨都是这种基调。狭义解释论的文章主要是立足于现有的法律规定和司法解释,从这些既定的规范的文意、目的、要件等,来认识和理解法律的适用。这两方面的论文都很重要,对于法律实践而言,解释论的文章更具有指导意义。我的文章偏重于立法论,是因为我们现在的法律建构的确还有很大的空间。如果看一下大陆法系民事诉讼法研究比较发达的国家,可以发现立法论方面的论文很少,即使有制度建构方面也大都是一些微调,不像我国的情形——大开大合。这种现象与我国的城市建设有相似之处。因为我们的城市建设欠账太多,早期城市建设在规划、理念方面都有严重的缺失和偏差,这也是因为社会发展的阶段性。原有的城市已经远远不能满足社会发展的需要,需要大规模的建设,民事诉讼法治也是如此。由于法治发展的阶段性,重实体轻程序这一现象成为必然。程序理念的缺失导致了我们的民事程序法治建设同样欠账很多。我的比喻是,如果说实体法的建设和研究已经处于"北上广",那么,民事程序法治的建设和研究恐怕还处于"老少边"的情形。就民事诉讼的制度建构而言,我们还需要有更大的投入。不提高制度建构质量和水平,没有合理、科学、具有实效性的民事诉讼规范,无论再如何解释都无法满足程序正义和正当性的要求。第三人撤销之诉的适用条件中关于第三人撤销之诉原告适格与现有《民事诉讼法》第56条规定的第三人制度挂钩就是一个明显的制度缺陷。因为有独立请求权的第三人本身就可以另行起诉以维护自己的合法权益,一般情形下,他人之间的判决对该第三人也没有法律上的约束力。再如,在执行制度中,执行期限的设定、执行和解制度的规定也都存在着制度上的缺陷,也都需要进行制度上的重构和调整。

应当承认,民事诉讼制度建构的缺失及结构上的不合理与我们的实践公开化程度不高、对实践缺乏提炼和总结以及理论研究的欠缺有直接的关系。

由于规范和制度建构有时需要走在我国实践的前面，至少在一定空间范围内应当相对地超前。这就意味着在规范和制度建构之前，我们自己不可能有足够的实践积累。因此，这就需要我们从民事诉讼的原理出发进行规范设计，发挥理论对规范设计和规范实施的指导性。与早期的城市建设一样，我们在制度建构时，常常只是凭感觉，拍脑袋，"土法"上马进行制度建构。正如我在关于文书提出义务这篇文章中所提到的那样，我们要求持有文书（书证）的一方当事人有提出该文书（书证）的义务，但完全没有考虑义务存在的条件——属于什么样的文书，哪些文书可以享有不提出的权利、为什么这些文书具有免于提出判断是否应当提出的程序是什么，对于法院的这种判断有什么样的可救济程序等。

我们要做到的制度建构不是"土法"上马，"土法造飞机"，凭感觉而为之。制度建构，法律解释不能离开民事诉讼法、私法以及相应的原理和原则。如同造飞机，必须要了解流体力学的原理，土法造飞机当然可以不这样。流体力学中的一个基本原理是，流速与压力成反比。空气流动得越快，空气的压力就越小。为什么机翼上下侧的形状不一样，是因为在同样的时间内，机翼上侧的空气流动得比下侧的空气快。飞机滑动时，机翼上侧的空气压力要小于下侧，这就使飞机产生了一个向上的浮力，飞机就上了天。如果将机翼的上下侧做成同样的，飞机永远也飞不起来。我们要造飞机，当然要看看别人的飞机是什么样的，机翼是一个什么样的形状，但更重要的是为什么是这样的形状？满足了什么样的原理或者说是什么样的原理要求如此。理论研究就是要提供这样的解释。

民事诉讼法的研究也是如此，我国民事诉讼制度的建构远远滞后于其他法治发达的国家。我们需要借鉴，同时我们在借鉴他国先进制度时，需要深入地认识和了解这一制度的原理和背景。以执行制度的救济以及执行和解为例，域外的执行救济为什么要区分实体问题与程序问题？为什么要探讨执行和解的性质？这种问题都涉及民事诉讼的原理问题。审视我国现行的救济制度没有区分实体和程序，只是笼统地将实体问题和程序问题的争议都通过执行异议予以处理。这就违反了实体权利义务的争议需要通过特定诉讼程序，满足一系列审理原则和程序的要求，这就是民事诉讼法的基本要求也是原理。公法与私法、实体法与程序法有着各自的规范原则要求，这就是原理。虽然这些原理不像自然界的客观规律一样,还具有一定的人为因素,如同车道的行车规则一样——行车行人靠右,虽然我们在最初规范时,我们也可以选择靠左,但绝不能没有规则,也不能一会儿靠右,一会儿靠左,必须保持规范的统一性,这就是规范的原理。

有学者谓,我们应该从中国问题出发,不应该从西方的法理出发,不应受西方理论、概念、体系、范式的束缚,中国要有自己的法学。这种观点很有意思,有不少人认同。但问题是中国问题是什么问题?在国家、社会治理方面,中国问题不就是社会治理方式转型的问题吗?权力制约是西方的理论?强调公权力制约的理论是西方理论,那东方的理论是什么呢?中国的理论又是什么?在民事诉讼法学方面强调不受西方理论、概念、体系、范式的约束,予以抛弃和否定?我们可以假设不承认实体与程序的划分,抹杀实体正义与程序正义界分、否定公法与私法原则的区别,也可以相应在民事诉讼法学中否定诉权、诉、诉讼标的、审理的直接言辞原则、公开原则、当事人适格、证明责任、既判力、判决的形成力、判决执行力等源自西方大陆法系的民事诉讼概念体系、思维范式,但在民事诉讼中如何处理当事人、重复诉讼、案件的合并、上诉的范围、如何处理判决的作用范围、如何处理前后诉之间的关系?在实践中这些问题处理不可是随意任性的,法治讲究统一性、权威性、稳定性、确定性,人们承认和认可逻辑思维和理性的力量。当然,我们也可以假设,自己独立地探索一条理论创新的道路,重复人类发展的历程,但这显然是不可能的,也是没有必要的,也是极其愚蠢的行为。

中国的确有不同于国外的问题,这一点没有疑问。这些所谓"中国问题"有些只是中国独特法制环境之下的问题,多数是社会转型中的问题。最典型的莫过于所谓五大难问题——起诉难、管辖难、送达难、再审难与执行难。这些问题的存在并不意味着人类法制发展中形成的法治原理不能适用于中国社会,除非我们承认中国是一个法治不能规制的独特的社会。在对待法治理论本身就不应该受一种东西对立、中外对立的隔离、分立的冲突思维模式的束缚,人为地去彰显所谓中国性、本土性。应当承认许多国外的制度,在我国的确难以适用,在他国确有实际意义和作用。制度的适用问题有一个制度环境的问题,例如,美国的证据开示制度与美国的诉讼制度、律师制度都有关系,直接移植证据开示制度,哪怕其中的一个制度都可能因为制度环境的差异，难以移植或存活。因此，才需要我们研究该制度的原理是什么，需要什么样的制度环境，承认该制度的功效，需要移植这一制度时，我们应该进行哪些制度调整，而不是在心理取向上持否定、消极的态度——这是西方的，我们是东方，不可能适用。这样的心理取向显然不是一种改革开放的心理取向。

民事诉讼法研究的深化和展开最主要的就是深入揭示制度的原理，细化对原理的认识。原理是具有普适性，正因为如此才成其为原理。作为研究首先就是要了解他国的制度，研究该制度运用的机理和理论基础。例如，本书中提到的文书（书证）提出义务及制度化的问题。文书提出义务是基于证据偏在、武器平等、追求事实真相等这些现实及价值追求，但如何能够保障义务设定的正当性是这一制度设计的核心问题。这一制度的设计主要考量是文书提出义务与提出人应有权利或权益保障之间的衡平。如果不了解究竟哪些是我们必须考虑的因素，而只是简单基于揭示案件事实真相要求持有文书的一方当事人承担提出义务无疑是粗暴的、不合理的。民事诉讼法学者的实践非常有限，我们不可能完全通过自己的感受，空想制度的架构，民事诉讼法学者就是通过已有的研究成果，结合我国的具体情形进行论述，提出制度设计方案以及该制度运行中相关问题的处理及解释。在不了解国外或域外制度、机理和理论的情形下，我们是不可能有效地借鉴，并发挥我们在制度建构和理论研究的后发优势。有的人可能认为，因为外语语种的限制，对发达国家的制度和理论研究受到很大的局限，无法深化自己的研究。应当承认，在这方面会有影响，但我注意到现在国内已有大量的翻译资料和其他资料，已经为我们提供了较好的研究条件。对于许多理论问题，利用现在的中文资料也能够将研究予以深化和拓展，只是在主观上我们没有去努力钻研而已。

当下，由于我们对创新的误解以及人为地排斥国外的理论，人们往往不是去深入研究厘清相关理论基础、原理和运用，而是从事一些所谓社科法学的研究，脱离开制度与原理，就事论事将其作为社会现象发表议论，看似具有"本土化"的实践意义，实际上已经脱离了民事诉讼制度的理论研究，而是社会学或法社会学的工作。如果这种研究是遵循社会学规范的，则对社会学而言，这种研究也许是有意义的，但不可能对制度原理的阐述做出应有学术贡献，既不能对法律制度修改提供建言，也不能对法律的适用提供解释根据。这其中涉及民事诉讼法学的方法论问题，涉及不同学科的研究方法问题。因此,《民事诉讼法学方法论》一文中谈到这一问题,尤其是阐明了规范分析与社科法学分析的差异,强调应当注意所谓社科法学的实质以及研究取向问题。本书中的文章除了专门讨论民事诉讼法学方法论的文章之外,其他研究论文也涉及方法论的运用问题,可供人们参考。

2016 年 6 月 4 日于清华大学荷清苑一希堂书屋

民事诉讼法学方法论

一、引言

在学界，人们对法律方法论涵义的理解具有多义性。[①] 其中多数人认为广义的法律方法包括法律适用的方法和法学研究，甚至立法方法（包括法律移植、法规清理、法典编纂的方法）。[②] 从狭义上讲，所谓法学方法论，简而言之就是认识法律及其本质的方法。法学方法论只是认识法律价值的工具。[③] 包括适用法律、法律解释、法律漏洞补救的方法。[④] 因为法学研究也是为了更好地认识法律，因此法学方法也包括法学研究方法或等同于法学研究方法。

从方法与新理论及流派的关联角度讲，方法也是理论和学术流派之母。研究方法通常被视为实现研究目的的路径和工具。既然是路径和工具，自然对其研究成功与否具有非常的意义。一如马克斯·韦伯所言，“以新方法探索新问题”[⑤]。研究方法不仅对具体的研究有着重要意义，对于一门学科的发展同样是十分重要的。许多学科都因为研究方法的进步而有所提升，例如经济学、政治学、社会学等。法学也是如此。近些年来，法学领域中关于研究

---

① 国内外学者对法律方法、法学方法论涵义的不同观点，参见焦宝乾：《法律论证：思维与方法》，北京大学出版社2010年版，第42～45页。

② 严存生：《作为技术的法律方法》，载《法学论坛》2003年第1期。

③ 李慧忠：《案例式法学方法论》（第二版），新学林出版股份有限公司2014年版，第5页。作者在序言中指出，法学方法论只是认识法律价值的工具，无法解决政治情绪，也无法排除故意的官商勾结或政治操弄。换言之，法律之外的政治问题不是法学方法论所解决的问题。

④ 陈金钊：《法治与法律方法》，山东人民出版社2003年版，第198页。

⑤ 参见［德］马克斯·韦伯：《社会科学认识和社会政策认识中的“多样性”》，载《社会科学方法论》，中央编译出版社2008年版，第19页。

方法的方法论问题已经成为学者议论的重要问题。像法理学[6]、民法学、刑法[7]、刑事诉讼法学[8]等法学学科对研究方法都有相当的论述和争论。尤其是民法学更是将民法学的研究方法作为民法学的基本问题进行研究。[9] 可以说学科越发达,关于方法论的研究也越深入。

相较民法学对方法论的高度兴趣,民事诉讼法学领域就显得冷清多了,论述和研究方法论的很少,也几乎没有学者结合民事诉讼法以及民事诉讼法的理论谈论民事诉讼法学的方法论问题。分析冷热差异的原因,主要有以下几个方面:

其一,首先是对于大陆法系来讲,民法学的发展和体系化都与特定的方法论有密切的关系。大陆法系法律的特征就是发达的私法,而私法又源于古代罗马法。民法或私法理论和体系的形成和发展与潘特克吞学说汇纂体系(Pandeketensystem)有直接的关系。德国民法就是按照这一体系编纂的。日本民法典也属于此类。可以说没有方法论便没有民法典,也没有民法学。

其二,是基于民法学的传承和移植。现代私法或民法学传承了德国编纂法学(Pandekten),[10]我国民法也主要借鉴移植了大陆法系的民法学理论,源头是德国民法体系。发端于德国民法(私法)的这种法解释体系和方法也就自然对我国民法学产生很大的影响。可以说,没有方法论就没有民法。德国学者卡尔·拉伦茨指出,法学方法确切地讲就是在私法领域将法律规范适用于需要裁判的"案件"的方法,适用法律过程中对法律进行解释的方法以及法院发展法律的方法。[11] 在德国,每一位民法大家同时也是方法论大家,也是法学大家,是一种法学流派的开创者。萨维尼(1779—1861)、温德沙伊德

---

⑥ 参见舒国滢等:《法学方法论问题研究》,中国政法大学出版社 1997 年版,第 245 页。

⑦ 刑法学中最大一个理论争论是客观主义刑法观和主观主义刑法观之争,这种争论最终也是方法论的问题。参见周光权:《刑法客观主义与方法论》,法律出版社 2013 年版。

⑧ 陈瑞华:《刑事诉讼法学的研究方法论》,北京大学出版社 2008 年版。

⑨ 国内一些重点法学院校的民法学者许多都专门为研究生开设了法学方法论课程,在民法或私法的视域中讲授方法论。国内民法学者对方法论的重视与德国民法学有关,也与德国民法大家、具有符号化的人物——拉伦茨及其弟子台湾学者王泽鉴先生有关(王泽鉴先生无疑是德国民法及拉伦茨理论在中国的二传手)。德国民法学者尤为注重法学方法论,尤其是在"二战"之前,民法学在方法论方面彰显了"帝国主义"的色彩。

⑩ 参见[日]中村宗雄:《法学与自然科学在方法论上的关联》,载中村宗雄:《诉讼法学方法论》,陈刚、段文波译,中国法制出版社 2009 年版,第 1 页。

⑪ 参见[德]卡尔·拉伦茨:《法学方法论》,陈爱娥译,商务印书馆 2003 年版,第 19 页。

(Windscheid,1817—1892)、耶林(1818—1892)、埃尔利希(Ehrlich)、赫克(Heck,1858—1943)等均是例证。拉伦茨理论几乎成为一种神话,拉伦茨的精神世界也成为无底之谜。

德国民法学者对方法论的重视与德国法及德国法学的历史发展有直接关联。德国民法(私法)直接承继了罗马法,正是在罗马法的研究和承继过程中产生了对德国民法乃至德国法理论基础的概念法学。以后又因为方法论的改变,发端了历史法学、利益法学、自由法学等。民法作为私法的代表和基础,反映了私法的基本特点,也因此可以说是大陆法系的基础。民法学的发展决定了私法的发展,也决定了大陆法系的发展。在某种意义上,是方法论的发展推动了私法的发展。在 20 世纪初,尤其是"二战"以后大陆法系的发展似乎渐渐地脱离了对私法的依赖,法理学关于方法论的研究直接与哲学等社会科学结合,生成了自己的方法论,形成了自己的发展轨迹,并反过来对各部门法发生作用。[12] 民事诉讼法学脱胎于民法学,民事诉讼法学的方法也依赖于民法学方法。

其三,法学方法论以认识法律本质或价值为目的,因此在成文法国家,规范研究就是最主要的研究方法。而民法作为私法中的基本法,且有民法典作为基本规范文本,规范研究有了基本的条件。同时又因为民法典和其他民法规范具有高度抽象性或概括性以及庞杂的民法体系,因此需要通过解释才能实现法律的正确适用。而如何解释、如何认识法律的原则与例外、普通法与特别法、法律构成要件,矛盾、冲突规范的适用等问题都必然涉及如何认识法律的方法论问题。相比较而言,民事诉讼法是关于程序性事项的规范,而非涉及社会中私人生活的各个方面,虽然体系也比较复杂但其广泛性依然是无法与民法比拟的。因此,民事诉讼法在方法论上的需求方面也就相对要少一些。

其四,民法的规范效力不像民事诉讼法那样具有程序上的流变性,相对具有绝对性和静止性。在该领域只要违反民法的规定,便不能产生相应规定的法律效果。民事诉讼有所不同,即使诉讼主体(当事人、其他诉讼参与人以

---

[12] 参见顾祝轩:《制造"拉伦茨神话"——德国方法论史》,法律出版社 2011 年版;[德]格尔德·克莱因海尔、杨·施罗德主编:《九百年来德意志及欧洲法学家》,许兰译,法律出版社 2005 年版。

及法院)的诉讼行为违反民事诉讼程序的规定,也不一定绝对否定其行为的程序效力。对于某些诉讼程序上有瑕疵的行为或者没有满足民事诉讼法行为要件的行为,可以因为当事人异议权(责问权)的放弃或丧失,使得该有瑕疵的诉讼行为依然具有相应的法律效力。例如当事人的管辖、反诉、质证、法院的送达等。[13] 在民事诉讼中,法官还需要根据案件的具体情况,尤其是在法律规定缺失或不明确的情形下,通过能动解释,实际上创造了新的法律规范以实现纠纷解决的实质公正或满足司法政策(政治)的需要。这种司法上的能动性在一定程度上使得法律规范并非具有绝对的约束性,因此也导致了作为方法论核心的解释变得不那么重要。在新康德主义法律观看来,法律是一个应然的规范体系,法不是对事实的描述,是对行为的规定,是规定性命题。[14] 而传统的法学方法或者民法的方法关注的正是应然的法律规范。

最后,就我国的现实来看,民法与民诉法的此盛彼衰与我国的司法制度、司法政策、司法理念有关。由于我国司法体制尚处于转型过程中——从非专业性、非技术性职业开始转型于专业性、技术性司法的过程中,对于尚未脱离于原有形态的司法而言不可能对法学方法论存在需求。作为非专业化、非技术化的司法人员在具体的司法过程中,许多情形下更多的是凭感觉和生活经

---

⑬ 在民事诉讼法理上,没有按照诉讼程序的要求实施的诉讼行为属于在程序上有瑕疵的行为。瑕疵诉讼行为在民事诉讼中未必就是无效的诉讼行为,只要有利害关系的对方当事人对此没有提出异议,放弃或丧失异议权(责问权),该诉讼行为的瑕疵就被治愈,依然具有相应的法律效力。之所以如此,是因为在诉讼程序已经进行的情形下,完全否定诉讼行为的效力将导致诉讼程序的不安定,同时,还因为当事人是诉讼的利害关系人,对诉讼进行、诉讼行为的实施具有监督权,如果放弃和丧失这种监督权就得承担相应的后果。在这个意义上,对对方诉讼行为的监督也是当事人的责任。由于在我国《民事诉讼法》没有异议权的一般规定,导致对瑕疵诉讼行为否定的绝对化,从而影响了诉讼程序的安定性和诉讼效率。在诉的变更、反诉、送达、质证等方面反映比较突出。关于瑕疵诉讼行为异议权,参见[日]竹下守夫、伊藤真编集:《注释民事诉讼法(3)口头辩论》,有斐阁 1998 年版,第 317 ~ 335 页。

⑭ 参见[德]齐佩利乌斯:《法学方法论》,金振豹译,法律出版社 2009 年版,第 4 页。

验进行。粗放式司法、诉讼的调解化[15]、诉讼的非讼化[16]、司法的行政化都必然导致民事诉讼的研究远离法学方法论。[17] 法学方法论讲究的就是法律适用的妥当性和科学性,而法律适用的妥当性和科学性则都必须通过解释的精致化予以实现。民法规范的研究常常脱离开流动中的诉讼状态,静止地考虑其合理性和正当性。因此不会受到司法运行环境和状态的影响,是对一种"前司法"行为的研究。这种研究以理想的、"真空的"司法状态为预设前提,而这种状态更有利于规范分析方法论的理论研究。

迄今为止,在国内民事诉讼法学界,尚未有关于民事诉讼法学研究方法的学术性专论。在国外,则有民事诉讼法学者专门研究、论述民事诉讼法学的研究方法问题。例如,日本著名民事诉讼法学者中村宗雄教授就特别重视民事诉讼法学方法论,其子中村英朗教授承继其父学术之道也对方法论有着浓厚的兴趣,研究论述颇多。尤其是中村宗雄教授,依仗留学德国、法国的经历,深厚的专业功底、广阔的视野和人文社会科学知识,时常对法学方法论以及民事诉讼法学方法问题发表高论。在日本民事诉讼法学界中中村宗雄教授可能是最重视方法论研究的学者。在他的研究成果中有相当一部分学术

---

[15] 诉讼调解化,是指在民事诉讼中追求以调解结案,尽量避免以审理裁判方式解决纠纷的现象。参见张卫平:《诉讼调解:时下态势的分析与思考》,载《法学》2007 年第 3 期。由于调解实际上不需要明确界定案件事实(而案件的事实认定则必将涉及证据、证明相应的规范的应用)、精细地分析法理,探究法律适用的准确性,所以规范分析自然没有了需求。

[16] 非讼程序是指处理一般不直接涉及民事争议事项的程序。因为不涉及民事争议,因而通常不具有对审性和裁决性。基于诉讼原则或理念(强调国家干预)的不同,非讼程序具有职权主义、职权探知主义、职权进行主义、不公开主义、非对审主义、非直接审理、非言词原则等特点。相反,民事诉讼强调当事人主义、辩论原则、处分原则、对审原则、直接原则、言词原则和公开原则。但是在我国的民事诉讼中恰恰没有充分地体现这些特征,反映的是非讼程序的特点,所以称之为"民事诉讼非讼化"。参见张卫平:《民事诉讼法》(第四版),法律出版社 2015 年版,第 510、511 页。

[17] 司法行政化对规范分析的消解或解构在于,行政化机制使得具体审理裁决案件的法官不能独立的行使审判权,缺失责任制约,对于认定事实和适用法律的疑难案件通过请示,按照行政指令完成,也就失去了规范分析讲究法理的动力。

论文是关于民事诉讼法学方法论的。⑱

国内民事诉讼法学界在方法论研究论述的缺失，主要是因为我国民事诉讼法研究阶段的初级性。因为方法论从来都是理论研究积累到一定程度的结果和总结，而我国现在还缺乏这种的学术积累。在民事诉讼法学研究的初级阶段，人们还不大可能关注研究方法，具体而言，大致基于以下原因：

其一，在民事诉讼法学研究的初级阶段，由于我国民事诉讼理论传承的断裂，民事诉讼理论存在严重的供给不足。因此，在这一阶段，学者的任务主要是以借鉴和吸收域外的民事诉讼法学理论，而且主要关注的是民事诉讼理论中的原理性部分，尚未有充足的时间关注民事诉讼理论形成的方法论问题；

其二，基于实践与理论研究的隔离以及裁判的封闭性，使得本应具有急迫需求的解释方法论反而没有了实践市场，没有了实践的需求也就没有了学术上的供给；

其三，对于方法论的研究，要求在民事诉讼理论的研究有一定的积累，没有一定的积累难以理解方法论中所涉及的问题。

就我国民事诉讼法的实践、司法制度的改革以及民事诉讼理论研究的积累程度来看，现在大体上到了我们应该关注民事诉讼法学方法论问题的时

---

⑱ 对于民事诉讼方法论的研究是日本早稻田大学知名教授中村宗雄先生(1894—1975)学术研究的重要内容。中村宗雄教授对法学之外的自然科学和人文科学有着浓厚的兴趣，常常从这些学科中获得灵感和奇思妙想，对民事诉讼法学方法论发出异样的声响。中村教授对马克思的政治经济学和哲学也特别钟情，其思维方式受马克思主义理论的影响很大(与那个时代的许多学者一样)，还曾专门撰写过一本著作《马克思主义理论与诉讼法学(诉讼法学的革新)》(1950 年法律文化社出版)。中村宗雄教授的基本想法是用现代自然科学的方法和思维改造传统的民事诉讼法学。认为原来的私法学方法论依赖的是传统自然科学的思维方式，其基础是欧几里得几何学、牛顿力学，以及受此影响的康德哲学。随着新数学和新物理学理论的发现和发展，人们的思维也应当发生根本的变化，思维方式应当是多次元或多维的、辩证的。因此，依赖于传统私法学的民事诉讼法学也就应当有所变化和发展，摆脱原来私法学简单的二维思维、静态思维和形式逻辑思维。由此，中村教授提出了民事诉讼理论重构的响亮命题。关于中村宗雄方法论的阐述，可详见[日]中村宗雄、中村英朗：《诉讼法学方法论——中村民事诉讼理论精要》，陈刚、段文波译，法制出版社 2009 年版。中村教授根据民事诉讼特性，倡导立体地、多维辩证地思考民事诉讼的确很有道理，对民事诉讼法学方法很有启发，但有意思或者值得我们思考的是，中村对民事诉讼法学至少日本民事诉讼法学的再造或重塑的倡导并没有实际发挥作用或功效。日本民事诉讼法学的研究依然一如既往，几乎没有任何改变。在学界，除了在涉及德国民诉法理论的源流之外，日本学界主流很少关注中村的方法论。方法论似乎成了中村家族的特产。中村教授关于方法论的观点似乎只是一种解释的理论，而非改造和构建的理论。如同兼子一教授引入胡塞尔的现象学理论一样。究其原因可能在于，在我们生活的空间中，欧几里得几何学、牛顿力学、康德哲学依然是有效的。

刻。需要认真思考和总结我们过去在制度建构和理论认识上与方法论的关联，以改进我们的研究，提升我国民事诉讼法学的理论水平。

二、民法学与民事诉讼法学在方法论上的联系与区别

要论民事诉讼法学的方法论或研究方法论必须首先要了解民法学的方法论。因为民事诉讼是从实体法——民法中分离出来，相应的民事诉讼法学也脱胎于民法学。民事诉讼法学的概念和思维方式都必然受到民法学理论的影响。民事诉讼法学的诸多概念、体系架构方式都是按照民法学的模样塑造的。例如，民事诉讼能力、民事诉讼行为、民事诉讼契约等；在体系架构上追求的也是从原则、一般到特殊、例外。虽然民事诉讼法已经从实体法中分离，成为独立的法律体系，但民事诉讼法依然与民事实体法有着不可分割的联系，在诸多制度上民事诉讼法必须依赖于民事实体法，同样，因为民事实体法的实现也必须依赖于程序法，在制度上也必须保持密切的衔接或对接关系（例如，在主管、管辖、当事人、诉讼标的、诉的种类、共同诉讼、第三人诉讼、财产保全、证据可采性、证明责任、判决效力、执行等方面）。[19] 因此，民事诉讼法学也必然与民法学具有不可分割的关系，也必然会受到民法学理论发展的影响。因此，了解民法学的方法论对于认识和研究民事诉讼法学方法论，认识民事诉讼法学体系的构建以及理论的提升都有重要的意义。

大陆法系民法学以德国为代表在理论和体系化方面具有最高水准，对大陆法系各国，尤其是对亚洲国家日本、韩国、泰国、我国台湾地区和我国大陆的民法学具有重要的影响。民法虽然涉及对社会生活各个方面的规范，但德国民法通过高度抽象概括的方式将社会生活规范涉及私权领域的规范抽象为一般原则——民法总则，以总则统率所有私法规范。对实际法律生活的高度抽象化，试图达到包罗万象，规范统一的目的。德国民法采取这种抽象概

---

⑲ 关于民法与民事诉讼法、民法学与民事诉讼法学的关联，可参见张卫平：《民法典与民事诉讼法的连接与统合——从民事诉讼法视角看民法典的编撰》，载《法学研究》2016 年第 1 期。

括方法[20]取决于两个方面:在立法目的方面,立法者的首要目的是维护法律的稳定性和裁判的可预见性,并且试图用尽量少的规范条文,涵盖尽可能广泛的生活关系;[21]在法律科学方面,德国学者已经或者自信他们具有了对生活事实予以高度抽象概括的能力,能够为立法者提供高度抽象表达的概念和方式。[22] 后者是客观条件,前者是主观动机和目的。没有后者则完全不可能实现这一目的。德国学者通过对罗马法的承继、加工、提炼,相信自己已经具有了这种高度抽象概括的能力。从德国民法的百年实践来看,德国民法的制定者的确是具有了这样的能力。[23] 这些高度抽象的规范原则又建立在基本核心概念之上——"权利"和"法律行为"。权利体系构成包括权利主体、权利客体、权利行使。在权利和法律行为基础上就构建了整个民法总则的体系结构——人(法人、自然人)、物、法律行为(通则、行为能力、意思表示、条件及期限、代理、无效及撤销)、期日及期间、消灭时效、权利行使。[24] 这种高度抽象概括和体系化充分反映了私法学研究的成果和思维特征,成为法律思维和方法的典型代表。

以德国民法为代表的这种立法体例,满足了法律适用的三段论方式,以抽象的法律规范要件作为前提,具体案件的事实作为小前提,通过构建大前提与小前提的联系,逻辑地推出作为一定法律效果的结论。法律适用的实质是一种评价,这种评价旨在探究一定法律规范或规定所蕴含的利益衡量和价值判断。在宪政的法治社会中,这种价值判断的最高标准就是宪法中规定的基本权利和价值体系。[25] 基于三段论逻辑形式所进行或展开的法律适用就是方法论上的法律论证。作为一种法律上特有的规范论证,旨在于证明某种法律规范适用的妥当性或正确性,因为论证是对某种判断加以正当化的过程,

---

[20] 德国学者将法律体裁分为三类——个案例举式、指令准则式和抽象概括式。个案列举式立足于建立一个包罗万象的规则体系。这种方式要求立法者能够预见所有的情形,并作出规定,尽量限制法官的判断和裁量。指令准则式是立法者仅仅对一般判断标准,而不对这些标准作出严格规定,给法官在处理具体案件时留有很大的判断和裁量的余地。德国民法采取了抽象概括的立法方式。参见[德]卡尔·拉伦茨:《德国民法通论》,王晓晔等译,法律出版社 2002 年版,第 32、33 页。

[21] 参见[德]卡尔·拉伦茨:《德国民法通论》,王晓晔等译,法律出版社 2002 年版,第 33、34 页。

[22] 参见[德]卡尔·拉伦茨:《德国民法通论》,王晓晔等译,法律出版社 2002 年版,第 33 页。

[23] 参见[德]卡尔·拉伦茨:《德国民法通论》,王晓晔等译,法律出版社 2002 年版,第 32、33 页。

[24] 参见王泽鉴:《民法总则》,北京大学出版社 2009 年版,第 20、21 页。

[25] 参见王泽鉴:《民法总则》,北京大学出版社 2009 年版,第 36 页。

因此必须提出客观的、符合事理的、可供验证的理由构成。[26] 因此,作为民法学的方法论就是如何探究特定法律规范适用的妥当性和正确性,从中找寻出一条规律或规则。在其论证或涵摄过程中,法律适用常常涉及对特定法律规范要件概念的理解即解释问题。因此,法律解释方法也就成为法律方法或法学方法的核心内容。法律解释方法也有其应当遵循的规则或法则,违反这些规则就是错误的法律解释,必然导致法律适用的错误。民法学方法论还致力于在法律规范存在冲突、漏洞时,应当如何解决或弥补的问题。由于生活事实的多样性,无论如何概括,抽象的规范依然难以加以涵盖(民法在这方面尤为突出),对于一般抽象规范不能涵盖的事项就只能通过制定例外规范、具体判例予以弥补。由此,民法学者也就要将更多研究投入于例外情形的研究和规范。如何建构或制定与社会现实相适应的特殊规范就是所谓广义方法论中的立法方法论。

由于民事诉讼法脱胎于私法实体法,民事诉讼法以及理论也必然受私法基本法或"宪法"——民法及理论的影响。传统民事诉讼法在思维方式和立法方式上也是以民法学为基础或模板。民事诉讼法的规定也尽量提炼出原则、基本制度,并同样以总论分论的形式构建整个规范体系。但毕竟民事诉讼法作为程序法规范不同于作为实体法规范的民法。两者的基本区别决定于各自调整的对象和目的的不同。民事诉讼法是以规范诉讼程序和诉讼关系为对象,以公正、适当解决纠纷为目的。私法是关于平等主体之间实际生活的规则,民事诉讼法是关于诉讼程序的规则。由此,也就有了以下差异:

其一,民法作为实体法是一种平面关系,是平等主体之间的财产关系和与一定财产相联系的人身关系,这些关系都是一种平面关系。按照日本学者中村宗雄教授的表述,私法是一种平面的、一次元关系。[27] 与此不同,民事诉讼关系是一种立体的关系。体现为作为国家司法机关与原告、被告之间,原告与被告之间的二维空间关系。

---

[26] 参见王泽鉴:《民法总则》,北京大学出版社2009年版,第38页。

[27] 参见[日]中村宗雄论文《法学与自然科学方法论上的关联——基于自然科学的启示对法学体系调整的构想》,该论文收录于该作者《民事诉讼理论的再构成》一书(洋洋社刊1955年版),第11页;论文中文版可参见[日]中村宗雄、中村英朗:《诉讼法学方法论:中村民事诉讼理论精要》,陈刚、段文波译,中国法制出版社2009年版,第4、5页。

其二,从时间维度来看,民事法律关系是一种处于静止状态的社会关系。私法确定的是一定时间点上的社会关系。以实体权利义务为独立变量,没有时间坐标,必然是一种静态的理论。[28] 当然,从哲学意义上讲,尤其是从唯物辩证法的认识来讲,任何事物都是发展变化的。但从法学的角度,权利义务的界定却不能随时变动,法律规范的本质和基本取向就是确定性和稳定性。这并非说法律就是违反客观规律的,因为事物的运动和静止都是相对的,有运动变化的一面,也有静止的一面(这正是辩证法思维难以把握或吊诡的一面)。法律规范的作用就是寻求事物静止的状态,从而寻求或获得社会的稳定。从辩证法的角度去指责实体法的这一特征是没有意义的。实体法以及其所调整的社会关系也在不断地发展,这正说明法律对变化的认可。

相对于实体法对于权利义务确定的静止状态而言,民事诉讼法律关系却是处于一种流动、不断变化的关系。[29] 这是因为程序的原因,程序的本质和取向就是流动和变化的。尽管这种流动、变化也有其阶段性,每一个阶段又具有相对的稳定性。但即使在特定的阶段中随着诉讼行为的实施也在不断变化前移。与自然过程不同,诉讼程序是人为设计的结果,因此,诉讼程序时序不像时间那样具有不可逆性,虽然按照相对论的观点,理论上在超光速的情形,时间可以停止甚至倒转。在某些特殊的情形下,诉讼程序可以中止和终止,甚至也可以反转。正因为民事诉讼是一种动态时空关系,所以就存在程序上的可逆与不可逆的衡平关系问题。

除此之外,民事诉讼法与实体法在其适用方面也有诸多不同,主要有以下几点:

1. 实体法适用不溯及既往的原则,而民事诉讼法则适用溯及既往原则。实体法的适用使用不溯及既往的原则,是指一旦实体法进行了修改,例如,合同法,则原来的合同纠纷在实体法的适用中不适用新法,依然适用旧法。与此不同,民事诉讼法修订之后,以往正在进行的诉讼将适用新的民事诉讼法。

2. 在外国法的适用方面,民事诉讼法采取法院地法的原则,而实体法则

---

[28] 参见[日]中村宗雄、中村英朗:《诉讼法学方法论:中村民事诉讼理论精要》,陈刚、段文波译,中国法制出版社2009年版,第23页。

[29] 使用"民事诉讼法律关系"这一概念具有一定的悖论性,因为法律关系本身的特性就是静止,而民事诉讼又具有流动性。

需要根据具体情形加以确定,按照准据法则可能适用国外的实体法。

3. 民事诉讼法作为司法规范,如果法律没有制度规定,则司法活动无法进行;相对而言,即使没有实体法的明确规定,作为法治国家法院也不能拒绝裁判,法院可以根据实体法的原则和原理进行裁判。

不同的国家法律规定的差异,也使得民事诉讼法与民事实体法的关系有所不同。例如,在大陆法系国家,由于存在上告审程序和制度,因此在其民事诉讼法与民事实体法的差异还表现在,在上告程序中,上告审法院可以依职权对程序法事项进行调查,但对实体法事项不得进行证据调查。[30]

由于私法(民事实体法)与民事诉讼法所调整对象的不同,也就决定了法律性质上民事诉讼法与私法的不同。可以肯定的是不能将民事诉讼法归于私法,因为民事诉讼法调整诉讼中作为国家司法机关的法院与当事人等之间的社会关系,民事诉讼制度是一种国家运营的制度,目的在于通过司法强制解决民事纠纷,民事诉讼法的一个重要作用就在于规范司法机关的权力行使,保证司法权力的正当行使,保障人民正当接受裁判的权利。[31] 民事诉讼法所调整的这种关系无疑是一种隶属关系,而非私法中私人之间的平等关系。但民事诉讼法又不能归入公法之中,尽管在国内外民事诉讼法学界均有学者主张民事诉讼法属于公法。[32] 因为在民事诉讼中,民事诉讼法还要规范调整当事人在诉讼中的平等关系,而这种关系显然不是一种隶属关系。由于民事诉讼的当事人也是民事实体法律上的主体,因此民事诉讼法必须给予当事人处分自己诉讼权利的自由。当事人对诉讼权利的自由处分也就是"私法自治"原则在民事诉讼法中的延伸。[33] 将民事诉讼法简单地归入公法的认识主要是陷入了公法与私法二分法的陷阱——非此即彼,不是私法便是公法。在这样的认识支配之下,即使承认民事诉讼法也包涵对平等主体之间的诉讼关系,也会从隶属关系与平等关系的抽象比例关系确定法律性质的归属。按照卡尔·拉伦茨的观点,尽管民事诉讼关系包涵着隶属关系和平等关系两个层

---

[30] 参见[日]兼子一:《实体法与诉讼法——民事诉讼的基础理论》,有斐阁1975年版。

[31] 参见[日]新堂幸司、小岛武司编集:《注释民事诉讼法(1)裁判所·当事人》,有斐阁1991年版,第20页。

[32] 参见[德]罗森贝克、施瓦布、戈特斯密德:《民事诉讼法》,李大雪译,中国法制出版社2007年版,第11页。

[33] 参见[德]卡尔·拉伦茨:《德国民法通论》,王晓晔等译,法律出版社2002年版,第8页。

次,但由于诉讼是一个整体不能将两者分割为公法部分和私法部分,只能是一种独立于公法与私法之外的第三种法律,以我国著名科幻小说家刘慈欣的概念——“三体”[34]来形容也许是妥当的。拉伦茨认为公法与私法的划分仅适用于实体法,而不适用于程序法。就实体法而言,进行公法与私法的分类是必要的,因为公法与私法有着不同的诉讼路径。[35]

正是由于民事诉讼法调整的对象不同于作为实体法的私法(民法),因此也就决定了民事诉讼法与私法(民法)的不同,从而也就决定了在法学方法论上的不同。民事诉讼法既然为“三体”也就自然应有自己的方法论“文明”和理性。如果依然套用民法学的方法论就可能导致无法准确理解和阐述民事诉讼法的本质和原理。诚然,民事诉讼法作为一种基本法依然必须遵循法律方法论,坚持法律解释、论证的原则和原理,另一方面需要有自己的方法论特色。这些方法论特色并非主观构想,而是以民事诉讼和民事诉讼法的特点为依据。对此,笔者认为可以概括为以下几点:

(一)多维时空思维

基于民事诉讼的多维时空状态,民事诉讼法是对这种多维时空关系的规范,因此,民事诉讼法学在方法论上也应相应地注重从立体、多维时空的视角,认识、理解、阐释民事诉讼法的本质和基本原理。民事诉讼法学的方法论特色在此就主要体现为视角和思维方式的不同。民事诉讼法的理论也就应当摆脱对民法理论的简单移植和借用。在研究和解释方面,既要注意与实体法的联系,同时也要注意与实体法的分离。这其中既包括私法层面上的联系与分离,也包括公法层面上的联系与分离。

在民事诉讼法学方法论方面,最难把握的就是民事诉讼法与民法的分离与联系的程度。民事诉讼法学在过去和现在的研究和解释方面都存在着照搬与不当分离的情形。不仅我国,在国外这种情形也都存在。完全套用和完全割裂的做法不仅存在于微观制度层面,也存在于宏观体制方面。从世界民事诉讼法学理论发展史来看,由于早期民事诉讼法与私法的合一,民事诉讼法直接受到民法学的影响,但随着民事诉讼法学发展,民事诉讼法学开始逐

---

[34] 刘慈欣的科幻小说《三体》中的三体指不同于地球人类之外的主体。

[35] 参见[德]卡尔·拉伦茨:《德国民法通论》,王晓晔等译,法律出版社 2002 年版,第 8、9 页。

渐摆脱实体法学的影响,走向自主和自立。

不过,我国的情形与此有所不同,由于我国民事诉讼法的制定先于民法通则,也由于原苏联民事诉讼法本身的规范理论是以批判西方法学理论(包括民事诉讼法学理论)为目标,因此原苏联民事诉讼法学受实体法思维影响就比较小。相反,因为强调国家权力的全面介入,所以民事诉讼法学从构建其特色理论之初就自然具有了脱离实体法理论约束的动因。原苏联始终是以否定和批判私法为其主要任务和使命,也由此形成自己的阶级批判特色和理论框架。[36] 加之,我国民事诉讼法特别强调对过去革命根据地纠纷解决方式的承继,以保证司法制度的政治传承和正统性,体现法律制度上的革命与决裂。而在那个时期的纠纷解决方式基本上不依赖实体法律规范,也没有严格意义上的实体法,主要是传统习俗和伦理,因此也就更不可能受实体法规范思维的影响。[37] 基于这三个方面的原因,我国民事诉讼法学更多的不是与实体法联系,而是与实体法的隔离。正是由于我国民事诉讼法学与实体法的隔离或脱离,民事诉讼法在许多方面没有反映实体法(私法)的精神。我们也能理解在那个时期也不大可能反映私法的精神。最集中体现在民事诉讼体制方面,至今也没有完全建立起能够充分反映私法(民法)精神的民事诉讼体制。没有再延伸私法中核心的原则——"私法自治""意思自治",没有顾忌当事人在民事诉讼中的自主性和可处分性。因而在诉讼体制方面坚持的是与计划经济、权力集中与广泛干预相适应的职权干预主导的诉讼体制。在诸多原则和制度设计方面也脱离或背离实体法,[38]也就必然为充分实现实体法设置了隐形的制度障碍。

在改革开放之后的一段时间,由于社会转型加快,尤其在经济体制改革与政治体制改革异步推进,经济体制改革独立加速前行的社会背景之下,民

---

[36] 参见张卫平:《转换的逻辑——我国民事诉讼体制转型分析》(修订版),法律出版社2007年版,第120页。

[37] 参见张卫平:《回归马锡五审判方式的思考》,载《现代法学》2009年第5期。

[38] 在原则方面如处分原则。在职权干预体制下,理论上对处分原则的理解和解释就只能是限制性的,处分原则实际上成了不能自由处分的原则。参见张卫平:《我国民事诉讼处分原则重述》,载《法学研究》1996年第4期。同样,在这样的关联和思维方式的支配之下,对民事诉讼法关于诉讼上辩论权利的规定被解释和理解为民事诉讼法上的一项基本原则。但实际上这一规范不过是一种政治上民主权利的体现,完全与私法上的自治原则没有任何关联。参见张卫平:《我国民事诉讼辩论原则重述》,载《法学研究》1996年第6期。

事法律以及民法学理论的发展也得到快速发展。民法学成为法学中的显学,民法的理论和思维也自然传递到了民事诉讼法学领域。在我国民事诉讼法学理论还没有体系化地接受大陆法系民事诉讼理论之前,实体法理论和思维对民事诉讼法的理解和认识具有了消极的影响,即不当照搬和移植。在具体制度的运用和理解方面,由于民事实体法(民法)的理论和思维没有顾及民事诉讼的多维时空特征,因此,也就必然背离民事诉讼的特点,导致所谓"在南为橘,在北为枳"的情形。最为典型的是以实体法上的合同(契约)思维方式认识和理解纠纷解决过程中的契约行为。

纠纷解决契约是指当事人就纠纷解决过程(诉讼内和诉讼外)所达成的关于纠纷解决的合意。包括诉讼外的人民调解协议、诉讼中的调解协议、和解协议以及执行中的和解协议。对于这类问题,我们可以具体分析如下:

1. 关于人民调解协议

2002 年最高人民法院发布了《关于审理涉及人民调解协议的民事案件的若干规定》,该规定通过对调解协议效力的认定,使调解协议间接具有了强制效力。具体而言,人民调解协议的一方当事人如果不履行调解协议的,对方当事人不是像过去那样,就双方的民事纠纷向法院起诉,由法院对该纠纷进行审理并做出判决,而是就双方达成的人民调解协议向法院提起诉讼,法院直接对该人民调解协议进行审理和裁判。如果协议有效,并应当履行的,法院做出义务人履行协议的判决。这一规定的认知基础就是人民调解协议即合同。由于人民调解协议是一种解决纠纷的合同,所以,法院不再对"元纠纷"进行审理,而是就协议的合法性("次纠纷")进行审理。将调解协议作为合同,也避免了法院对"元纠纷"的审理,对"元纠纷"的解决将涉及最初民事法律关系的事实认定问题,而对调解协议的审理只是涉及调解协议有效性和协议中的权利义务问题,实际上是一种形式上的审查,相对而言要简单得多。该规定在基本认识上是把调解协议作为一种民事合同。因为理解为实体法上合同关系,所以当事人应当按照约定履行自己的义务,不得擅自变更或者解除协议。但问题在于双方当事人之间就人民调解协议发生的争议其实质依然是对民事纠纷的争议,将人民调解协议视为合同必然回避民事纠纷本身,是一种单纯维护人民调解协议强制力的做法。这种做法显然与人民调解程序的特点是违背的,人民调解程序自身不具有使其结果具有强制力的正当性。将人民调解协议作为合同必然就要按照合同法的要求加以规范和处理，例如违约金、协议的撤销、解除、变更、无效及无效后的处理等。如果将人民调解协议视为实体法上的合同，其中一个问题是一方不履行调解协议是否应当承担违约金？或者是否可以在调解协议条款中设定违约金？双方当事人一旦对违约金发生争议，按照违约金属于实体争议则双方就可以通过诉讼程序加以解决。这必将影响原纠纷的解决。

2. 关于诉讼调解协议

2004 年最高人民法院出台的《关于人民法院民事调解工作若干问题的规定》第 10 条规定："人民法院对于调解协议约定一方不履行协议应当承担民事责任的，应予准许。"这一规范的思维方式仍然是私法思维方式，将法院调解协议视为是一种实体法上的合同。问题是如果允许在调解协议中设定不履行协议的民事责任，也就必然涉及双方当事人就民事责任发生争议时是否可以向法院提起诉讼，通过诉讼程序加以解决的问题。如果关于这一民事责任提起诉讼后，又可能涉及双方当事人再就此问题达成调解协议，再次设定不履行的民事责任，从而形成无休止的循环诉讼困境。程序思维的考虑因素是如何实现纠纷的终局解决。

3. 关于执行和解协议

执行和解，是指在执行过程中，权利人与义务人通过协议变更执行根据中所确定的履行义务、履行期限以及履行方式的行为。执行和解协议就是关于变更履行义务、履行期限以及履行方式的协议。[39] 关于执行和解，《民事诉讼法》第 230 条规定："申请执行人因受欺诈、胁迫与被执行人达成和解协议，或者当事人不履行和解协议的，人民法院可以根据当事人的申请，恢复对原生效法律文书的执行。"在实务界和理论界，也都有人将执行和解协议理解为实体法上的合同。如果将执行和解作为实体法上的合同，则必然可以另行提

---

[39] 关于执行和解制度的合理性问题是值得深入思考的一个话题。执行就是以国家公权力强制实现执行根据。执行中是执行机构与被执行人之间的关系，不存在当事人之间的和解。至于执行的时间、方式等的考量是执行机构根据具体情形行使执行裁量权的问题。权利人对于自己权利的处分，与执行机构的执行没有关系。执行和解的思维实际上混淆了诉讼与执行的关系。

起诉讼,要求履行执行和解协议,而非恢复原生效法律文书的执行。[40] 这里需要明确的是,诉讼契约虽然是当事人双方之间的协议,但并非是关于民事权利义务的协议,因此不能按照实体法上的合同或契约思维来认识,并以合同或契约关系予以调整和处理,必须综合考量民事诉讼的目的、价值、效率予以规范。

多维时空思维要求我们在认识、理解和研究民事诉讼法规范时应当注意所有诉讼行为的立体多维时空特性,将一切诉讼行为或事实都置于特定的多维时空之中加以判断。特别是诉讼行为的效力或法律后果的理解和判断。无论是当事人的诉讼行为,还是法院的审理和裁判行为也都需要置于这样的多维时空环境中予以考量。从静态和平面的视角来看,一个民事行为只要是违法的,则该民事行为便不具有法律效力,是无效行为。而民事诉讼行为的有效无效则需要基于一定的时空才能判断是否应当否认其效力。某一特定的诉讼行为即使在最初的时间是违反民事诉讼法的,但在经过一定诉讼阶段之后,在一定条件下,例如对方当事人放弃或丧失异议权(责问权)时,该民事诉讼行为就是有效的。我们可以看看以下示例:

首先,以证据的提出为例。证据提出是否有效,法院是否应当采纳该证据,同样需要置于特定的多维时空来考量。在设定的举证期限之外,无正当理由没有提出证据者,证据将不会被采纳。那种认为无论什么情形,处于何种时空之中,证据都是绝对可采的,这种认识就不是多维时空思维,没有遵循诉讼多重时空的特性。[41]

其次,以前诉判决事实认定对后诉的影响为例。在如何认识前诉判决事实认定对后诉的影响方面,我们有些学者没有从诉讼时空的差异来认识前诉判决事实认定对后诉的影响,误以为前诉判决对事实的认定也具有类似于既判力的效力,后诉法院在后诉对该事实的认定也要受到约束。但实际上前诉法院对同一事实的认定并不具有当然约束后诉法院的约束力,其基本原理就在于事实认定是不同的诉讼时空中形成的。这种认定只具有相对的合理性

㊵ 法律也不可能规定直接强制执行执行和解协议,只能恢复原执行根据的执行,因为只有原执行根据才能强制执行。当事人双方履行和解协议是当事人对实体权利的处分,不受原执行根据的约束,但如果强制执行和解协议无疑改变了原执行根据,这是不允许的。

㊶ 参见张卫平:《民事诉讼中举证迟延防止对策分析》,载《法学家》2012 年第 5 期。

和正当性。可以说是自然相对论的运用。在不同的诉讼时空中,不同的举证方法、质证方式、不同的代理人以及不同的答辩、反驳、不同的当事人等,㊷都有可能导致不同的法官会有不同的认定。前后诉法院对事实的认定也同样具有相对性,并不因为前诉在前,就当然约束后诉法院。在后诉中,后诉当事人主张前诉生效判决对争议事实的认定,这一认定会对后诉法院法官在心证上认定该事实产生影响,但这种影响不是法定的约束力,仅仅是事实上的影响而已。虽然在民事诉讼理论上也有主张前诉中法院对作为判决主文根据的争点事实的认定对后诉法院也有拘束力,即所谓争点效力,但即使承认基于诚实信用而发生的约束力,也是需要有条件的——经过双方当事人的争执与辩论并穷尽了主张及举证,该争点是左右前诉判决根据的事项,必须是基于前诉基准时的判断,前诉与后诉的系争利益相等。㊸

除此之外,在2012年民事诉讼法修改之前将管辖错误作为再审事由也是这种静态和绝对化思维所致。㊹ 还有,现在民事诉讼法的再审制度中依然保留对事实的再审也同样是这种思维的结果。试图超越具体案件的时空,追求事实探究的永恒。㊺

如果从多维时空思维出发来考量分析诉讼行为的效力时,我们就会发现作为民事诉讼理论所谓的任意性规范,㊻虽然表面上看是依从于当事人的意思,但实际上是将特定时空作为一种考量的素因。在大陆法系民事诉讼理论中的既判力理论就是比较典型地从多维时空——既判力的客观范围、主观范围和时间——出发来认识和阐释既判力效力的。只是在我们的民事诉讼理

㊷ 如果后诉的当事人与前诉的当事人不同,则更不能认为前诉的事实认定对后诉法院对该事实认定有约束力。实践中有的法院不仅错误地认为对法院的事实认定有约束力,而且在当事人不同的情形下也不允许当事人就该事实进行质证和辩论。这是严重违反辩论原则和质证原则的。

㊸ 关于争点效理论,参见[日]新堂幸司:《民事诉讼法》,林剑锋译,法律出版社2008年版,第499~501页。应当随便提及的是,民诉法司法解释使用“生效判决”的表述进一步误导了人们对这一问题的认识。实际上生效与否并没有区别,没有生效也具有事实上的影响。生效的表述使人误认为是一种附带的法定效力,尤其对既判力理论及判决效力缺乏清晰认识的情形下。

㊹ 参见张卫平:《管辖权异议:回归原点与制度修正》,载《法学研究》2006年第4期。

㊺ 参见张卫平:《民事再审事由规范的再调整》,载《中国法学》2011年第3期。

㊻ 在民事诉讼中,关于法院的传唤、送达、证据调查的方式、当事人的诉讼行为、诉讼程序的中止等有关规范都可以设定为任意规范,以符合民事诉讼的多维时空特性、多重价值衡平的考虑。关于强制性规范和任意性规范的含义,参见张卫平:《民事诉讼法》(第四版),法律出版社2016年版,第19、21页。关于强制性规范和任意性规范的更详细阐述可参见[日]新堂幸司、小岛武司编集:《注释民事诉讼法(1)裁判所·当事人》,有斐阁1991年版,第41~43页。

论中还没有将这种思维和认识进一步有意识地扩展到民事诉讼理论的其他方面,成为一种普遍化的常态思维和认识。如果我们在诉讼请求、诉的变动、当事人、多数人诉讼、证据与证明、保全等方面也都更多地注意这一方法论的问题,也许我们会有新的发现和认识。当然,多维时空的考量并非完全没有确定性,我们可以通过诉讼实践和理论证成实在法的方式予以确定,对于个案实践中更具体的情形则交由法官裁量决定。

(二)多重价值衡平思维

民事诉讼不仅具有多维时空的特性,同时因为这种特性,使得民事诉讼制度设计和运行方面也具有多重价值追求。所谓价值追求特点在于即使现实无法充分实现,难以实现,人们也要为此而努力尽力予以实现。

其一,民事诉讼须满足公正性或适正性的价值要求。民事诉讼要求以实现结果的公正和程序的公正为价值目标,即民事诉讼的实质正义和程序正义。在追求实质正义方面应尽可能还原案件真实,以其还原的事实为根据,正确适用法律作出裁判。但还原事实、揭示事实、认定案件事实的过程又必须满足程序正义的要求。在程序正义方面,要求尊重当事人的自主性、实现当事人诉讼平等、平等主张、平等辩论,并通过辩论原则、处分原则、审判公开、直接言词、回避、程序救济等制度以切实保障程序正义的实现。

其二,民事诉讼须满足迅速性的价值要求。迅速、快捷地进行审理、作出裁判以解决纠纷也是民事诉讼追求的理想状态。法律谚语所谓迟来的正义非正义。这一价值要求的维度是时间维度,即纠纷解决所消耗时间的长短,要求以尽量短的时间周期实现纠纷的解决。尤其是以裁判为中心的诉讼程序特别强调这一价值追求。诉讼的迟延必将影响争议法律关系的稳定性,也必然影响社会的稳定。

其三,民事诉讼须满足经济性的价值要求。民事诉讼的经济性是从纠纷解决的投入成本与产出的关系来认识的。理想的诉讼应当以最低的物质投入解决纠纷,实现纠纷解决的低成本。民事诉讼的经济性问题不仅包括降低当事人对诉讼的投入,例如诉讼费用和律师代理费用的投入,也包括降低国家司法机关在民事诉讼的投入。因为司法机关的投入成本实际上将通过税收、财政负担转移给国民。

民事诉讼的复杂性在于虽然上述价值要求都是人们所普遍认同的理想

价值追求,但在这些价值追求之间彼此具有牵制或制约。不仅多重价值之间具有牵制和制约,即使在同一基本价值要求内部也存在明显的掣肘关系或矛盾关系,例如公正价值中的实体或实质公正与程序公正之间往往就存在紧张。民事诉讼欲追求揭示案件真实,但其揭示案件真实的手段又必须顾忌手段的合法性,即符合程序正义。为了追求程序正义,在某些情况下,案件真实的揭示会受到制约。在民事诉讼制度设计和实际运行中,其公正性、迅速性和经济性三者之间总是会存在冲突。追求实质公正和程序公正就有可能将程序设计得更为复杂,而任何程序都意味着成本的增加,意味着时间的耗费;相反诉讼的低成本、短周期又反过来影响程序正义实现的程度。因此,人们在设计建构诉讼制度和程序,运行诉讼制度,认识和解释诉讼规范的过程实际上就是如何平衡协调多重价值追求之间的紧张关系。三者之间的权重必须根据不同的案件类型、救济权利的大小、不同的诉讼阶段予以考虑。例如,在小额诉讼制度的设计方面,相较于普通程序就更倾向于对诉讼的迅速性和经济性。如果从这些价值追求的均衡性考虑,就有必要对现行民事诉讼制度进行再调整,以完善民事诉讼法。例如,基于管辖,尤其是地域管辖主要是解决法院审判内部分工的问题,因此在管辖权争议方面就不宜将争议解决程序复杂化,导致影响诉讼的迅速和经济造成权利救济过剩。[47] 如果考虑程序的正义、程序救济,就不应赋予最高人民法院审理一审案件的权限,因为实行一审终审,极大地影响了当事人的程序救济权(尽管实践中最高人民法院几乎没有审理过一件一审民事案件,但在制度设计上也充分考虑这一点)。如果重大案件需要由最高人民法院作为一审案件也应当考虑通过设置初审法庭和上诉法庭的方式解决上诉救济的程序权利问题。再如,再审事由的设计也应考虑确定判决既判力、法律关系的稳定性,严格控制再审事由的范围,在再审事由的确定方面不应将事实认定的错误作为再审事由。[48]

(三)多重主体思维

民事诉讼关系与私法关系的最大不同在于,民事诉讼关系主体是一种多重主体共存的立体关系,而非实体权利义务主体之间的平面关系。在不同的

---

[47] 参见张卫平:《管辖权异议:回归原点与制度修正》,载《法学研究》2006年第4期。

[48] 参见张卫平:《民事再审事由规范的再调整》,载《中国法学》2011年第3期。

主体关系方面，其主体间的法律关系又有所不同。在诉讼的主导关系或基本关系层面，是代表国家行使司法权的法院与当事人之间的权力关系；在当事人之间是平等的诉讼权利义务关系。由于解决的纠纷是平等主体之间的私法关系，因此，私法的基本原则必然会以某种方式延伸到诉讼中，在诉讼过程中得以体现。另一方面，民事诉讼又是通过国家司法权的行使强制性解决纠纷，因此民事诉讼又必须反映国家的意志和利益。由此，在民事诉讼中就具有了多重利益的存在，也就形成了多重利益的紧张关系。因此，我们在认识、理解和解释民事诉讼规范时也就必须考虑多重关系、多重主体利益的均衡关系。

因为民事诉讼解决的是民事纠纷，所以，民事诉讼的基本方式、诉讼体制就必须考虑作为民事法律关系主体或民事纠纷主体在民事诉讼的主体地位，在诉讼理念上充分尊重当事人，给予当事人对实体权利和诉讼权利的处分自由。由此，就应当建构起当事人主导即当事人主义的诉讼体制或模式，而非职权干预主导的诉讼体制或模式。从现行的职权干预体制向当事人主导的诉讼体制转型。这种转型不仅适应了社会发展和纠纷解决的需要，也是民事诉讼多重主体地位均衡考量的最佳结果。[49]

在民事诉讼中，法院作为审判主体必然与特定的司法制度有关，而司法制度的特点又必然反映在民事诉讼当中，对民事诉讼的运营产生极大的影响。在司法体制方面其行政化和政治化是其主要特征。从政治权力配置而言，更明确地讲，就是我国特殊的权力架构决定了我国司法的特性。决定了司法机关必须服从于这种社会特质和其他权力的要求。对某些涉及社会、政治、经济等的影响性案件必须服从于其他权力的调控，而不能独立进行裁判，即所谓没有司法最终解决的能力。在一般情况下，司法机关可以按照法律、法规的要求进行裁判，但无法对所有的法律上的争议作出最终裁决。现行的权力架构体制决定了司法机关——法院只能是最高权力的从属地位。在中国的转型初期，法院不可能完全独立，司法不可能独立，法官也不可能独立的根本原因也在于此，体制的现实决定了法院只能是从属地位，也决定了中国

---

[49] 关于民事诉讼体制转型的根据分析以及具体转型作业，参见张卫平：《转换的逻辑——我国民事诉讼体制转型分析》（修订版），法律出版社 2007 年版，第 374 ~ 431 页。

的司法机关并非单纯的“司法”,还需要“司政策”的多重属性。司法制度的构成和运行与特定的政治形态有直接关系,在具有泛政治化特点的我国,司法体制和制度也自然具有浓厚的政治化特点。这也是法治初级阶段的基本特点。[50] 如此,民事诉讼的实际运行也就必然牵涉政治因素。在当下的法治社会或转型初期,法院还只能部分扮演行政机关那样的角色,实际上是一个配合各级政府处理解决纠纷的行政化的机构,所以法院在现行的体制上就必然具有行政化的色彩。法院的这种行政化体制可以说与原有的政治体制本质上具有一致性。我国司法机关在现实社会舞台上的角色,相对于自治型法治社会国家的司法机关而言实际上一种“旦角”的扮相。下级法院在一些敏感的事件上必须请示上级法院,需要等待上级法院的指示,如同行政机关上下级之间的关系一样,于是就有了下级法院向上级法院请求的“请示”制度。[51] 显然这种“请示”制度又与程序正义的追求形成了冲突。不过这种冲突不同于价值追求的紧张,而是源于体制与价值追求的紧张。因此,我们应当尽量从现行体制现实中挣脱出来尽力满足价值追求,而非与应转型的体制现实妥协。

三、民事诉讼法学方法论与规范分析方法(法解释学、法教义学)、社会科学方法

规范分析方法大体上又可称为法解释学、法教义学,属于法实证主义方法论范畴。这种方法论的前提是承认和尊重实在法的权威性、确定性和自身的逻辑性。这里的实在法包括制定法、法律的基本原理、原则和体系的自洽。因此,在认识、理解和适用法律时都是以实在法的存在为基础。因为实在法包含着法律的基本原理和原则,因此,理论上,所有的法律问题都是有解的。在出现法律规定矛盾冲突、具体法律规定缺失、法律表述错误的情形下,规范分析有一整套解决和应对的方法,或者说规范分析的研究之一就是提供在法律原理和原则框架之下解决和应对的方法。

除了用规范分析方法对法律进行分析研究之外,人们也经常用社会科学

---

[50] 参见[美]P. 诺内特、P. 塞尔兹尼克:《转变中的法律与社会》,张志铭译,中国政法大学出版社1994年版,第35页。

[51] 张卫平:《起诉难:一个中国问题的思索》,载《法学研究》2009年第6期。

的方法,例如,经济学、政治学、社会学、伦理学、统计学、心理学、历史学的方法研究法律现象,这些方法在法律现象分析方面的运用,可以笼统地称为社科法学。在法学研究中最常见的社科法学方法是法律实证研究。当然,也有的人认为准确地讲,法律实证研究既不同于规范分析方法,也不同于社科法学,是介于两者之间独立的研究方法。[52] 由于法律实证研究方法与其他社科法学一样都不是以实在法的规范命题为前提,因此,从大的方面来看归入社科法学也是成立的。

十年前就已经有学者提出了应当抛弃规范分析方法或法教义学、法解释学,提倡以社会科学的方法即社科法学取而代之,认为过去一直在法学方法论上占统治地位的规范分析方法或法教义学、法解释学都将走向黄昏、衰落。近几年,社科法学与规范分析法学或法教义学、法解释学谁应当为正统、主流之争又再起波澜,两大阵营直接交锋,论战激烈。虽然论战没有终结,但实际上已有结果,笔者的看法是谁也替代不了对方,因为两者不是在同一个平台上进行对决,各自有着自己的舞台和存在空间。在社会变动中,要求法律规范适应社会的现实和发展,需要调整法律规范,修正法律规范,一般而言社科法学能够发挥更大的作用,因为如何规范社会关系就需要从社会各个方面加以考虑,需要社会科学知识提供理论上的支持。在立法方面,规范分析可能会受到较大的限制,尽管同样可以从法律的原理、原则加以考虑,但法律原理、原则的理解,尤其是最基本的原理和原则的理解无法与社会分析割裂开来。规范分析法学或法教义学由于尊重和承认实在法,因此,就可能囿于实在法的规定而与社会现实脱离,但正是规范分析法学这一特性使得法律规定的价值命题能够得以贯彻,法律的规范作用能够得到实际发挥。社科法学的基本特色是对实在法的批判和怀疑,这种批判和怀疑虽然有助于法律的改进和演化,但其对法律的实施、司法的统一性都将造成破坏,最终可能损伤法律的权威性和法律的稳定性。尤其是当下的司法环境下,在适用法律的过程中,这种消极作用更为明显。加之,我国司法体制、司法人员素质和司法权威还处于需要大幅度改进、提升的社会现实情境之下,以不受法律规范约束为基本精神取向的社科法学将可能进一步动摇人们对法律和法治的信赖。

---

[52] 参见程金华:《当代中国的法律实证研究》,载《中国法学》2015 年第 6 期。

笔者坚持规范分析法学和社科法学两者都有存在的理由,如同中药中不同性质的补药一样——温补与热补——各有各的作用和功能。社科法学更倾向于看到法律变动或变化的一面,规范法学更倾向于看到法律稳定的一面。基于法律的变化,社科法学更擅长于解构和建构;规范法学更有助于法律规范的实施。当然,不是说,规范分析没有解构和建构功能,规范分析也可以通过对法律基本原理和原则的分析研究解构与法律基本原理和原则违背的实在规范和制度,建构与法律基本原理和原则适应的实在规范和制度。因此,只要法律的基本规范、原理和原则是适应社会现实和发展的,那么规范分析方法依然应当是主要的方法。从这个意义来讲,社科法学是补充和特殊的方法,规范分析方法是主要和一般的方法。当然在不同的时期,两种方法所发挥的作用有所不同。在极端的革命年代对法律秩序的认识也是革命性的,认识的视角和方法完全是政治性的,当然就是要否定原有法律秩序,完全没有规范分析的地位。如果是在法治的框架之内进行的社会变动,规范分析方法依然有其作用,是最重要的研究方法。

支持社科法学的学者们经常引用历史上美国联邦最高法院诸多大法官的观点来诟病和反对传统法学或规范分析法学。联邦最高法院大法官庞德就经常说到,法律是工具,不是目的。[53] 一百多年前,同样是联邦最高法院大法官霍姆斯就曾预言:“对于法律的理性研究,现在可能属于严格恪守法条的研究者,而将来必定属于那些既掌握统计学知识又精通经济学的法律研究者。”[54]卢埃林就曾指出,作为法官“他必须平衡他所具有的各种因素——他的哲学、他的逻辑、他的类推、他的历史、他的习惯、他的权利意识,以及其他因素等等,并且随时予以增减,尽可能明智地确定何者应当具有更重要的意义”。[55] 我们应当注意的是,言说者的地位不同,其表述的命题的含义也有所不同。在美国,反实证主义法学或规范分析的法律大家或大师们主要是联邦

---

[53] 转引自[美]罗伯特·萨摩斯:《美国实用工具主义法学》一书译者柯华庆“代序言”,中国法制出版社 2010 年版,第 3 页。

[54] Oliver Wendall Holmes,“The Path of the Law”,*Harvard Law Review*,Vol. 10,No. 8,1897. 转引自孙海波:《法教义学与社科法学之争的方法论反省——以法学与司法的互动关系为重点》,载《东方法学》2015 年第 4 期。

[55] [美]E. 博登海默:《法理学——法律哲学与法律方法》,邓正来译,法律出版社 1999 年版,第 176 页。

最高法院的大法官(奥利弗·霍姆斯、罗斯科·庞德、本杰明·卡多佐、卡尔·卢埃林等)、宪法学者或法理学者(如著名学者波斯纳),这些学者更愿意在传统法学之外对法律现象进行分析,原因在于他们实际上是企图针对具体情形阐释何谓正义的问题。联邦最高法院的大法官们解决的基本上都是宪法性问题,而宪法性问题往往就是政治问题。作为判例法国家的大法官们的裁判行为实际常常是立法行为。立法行为要解决的是法的应然问题,而不是实然问题。按照凯尔森的观点属于政治问题,而不再是法律问题。[56] 这些联邦最高法院的大法官们已不再仅仅是法官、法律家也是政治家。在他们的地位来看,法律当然只是工具、手段,而不是目的。他们自身就是法律的创造者。作为判例法国家的美国,在其宪政的笼子里说这样的话问题不大,但在中国的语境之下,即使是最高法院的大法官也不可能像美国联邦最高法院的大法官那样在个案中裁决政治性、伦理性的问题。在法治国家中,基于法治的要求,所有的问题,无论是政治的、伦理的都将最终归于法律问题,通过法律方式加以解决。与此不同,在中国语境下,依宪治国、独立审判尚未实现的情景之中,尽管也可以说法官们都是政治家,往往也必须是政治家,但其政治家的语义已完全不同。法官是一些必须认真对待权力的政治家,否则就可能被政治的绳索所绊倒,因为现实中法律还不是法官的唯一上司(马克思在《1848 年至 1850 年的法兰西阶级斗争》一书中指出法官是法律世界的国王,除了法律就没有别的上司)。中国语境下的政治往往等同于权力,因此人们更希望法官们远离此种意义上的政治,法律也不应是这种政治含义上的工具。如果不注意不同的语境,将美国联邦最高法院大法官的话语直接移植到中国,那可能是法治的灾难。

就民事诉讼法学而言,规范分析方法和社科法学的方法同样都有存在的价值。规范分析方法以尊重和坚守法的理念、原理、原则、体系自洽为前提。具体到民事诉讼法领域,就是以民事诉讼法的基本原理、原则、体系自洽为前提,讲究基本原理、基本原则、基本制度与具体规定之间的层级服从关系,通过法解释学的规则,使得民事诉讼法的价值命题能够得到实现,保证民事诉讼法的统一实施,确保民事诉讼法的稳定调整,达成民事诉讼法的目的。在

---

[56] 参见[奥]凯尔森:《纯粹法理论》,张书友译,中国法制出版社 2008 年版,第 275 页。

民事诉讼体制、基本原理、基本原则和基本制度的构建方面也需要社科法学提供知识支持。尤其是在我国民事诉讼法体制转型以及民事诉讼法规范建构的质量不高的情形下,体制的转型、基本规范的建构的确需要从其他社会科学知识方面获得解释,从这些社会科学知识得到支持。以我国民事诉讼体制为例,仅从民事纠纷解决的原理还不足以说明我国既有诉讼体制转型的必要性,就需要从经济体制(市场经济体制的建立与市场的自主性到民事主体的自主性)、政治体制改革(从政府职能转换,小政府大社会的形成),社会意识(权利义务意识、维权意识的强化)与社会发展相互关系,这些非法学规范分析的方法和角度加以阐释和论证。[57] 不仅程序法如此,实体法同样是这样。我们以民法典为例,现代民法典必须建立在现代伦理关于人的概念之上。这一概念的内涵就是,人以其本质属于,有能力在给定的各种可能性的范围内,自主地和负责地决定他的存在和关系,设定自己的目标,并限制自己的行为。[58] 这一哲学伦理学上的界定只能交由哲学伦理学来完成,民法典只是对这一界定的认可和实现。没有康德创立的伦理人格主义哲学(ethischer Personalismus)为基础,恐怕很难成就一部现代民法典。如果没有这样的观念和思维,民法典的运作也无法实现民法典真正的要求,只能是一幅看起来很美的装饰画。在法律的基本原理和原则的建构这一点上,我们尤其能够感受到社会科学及其方法的力量。

对民事诉讼而言,特别是对那些制度规范结构之外的,涉及运行环境对制度实施影响的诸多因素的分析而言,规范分析方法是无能为力的,因为运行环境的问题已经不再是法律规范自身的问题,超出了规范分析的视野。实证主义法学的前提就是强调法律与政治的分离。例如,关于民事诉讼的所谓几大难问题——“管辖难”、“起诉难”、“送达难”、“再审难”、“执行难”,这些问题中虽然也存在制度规范设计以及如何适用的理论问题,但更多的是民事诉讼制度之外的问题。管辖难的问题主要是司法地方保护主义的问题,涉及的是司法体制的问题,源于司法与地方的关系问题,深层问题是政治体制的

---

[57] 对职权干预型民事诉讼体制的经济分析,参见张卫平:《转换的逻辑——我国民事诉讼体制转型分析》(修订版),法律出版社 2007 年版,第 123 ~ 127 页。对职权干预型民事诉讼体制的政治分析,见同书第 127 ~ 131 页。

[58] 参见[德]卡尔·拉伦茨:《德国民法通论》,王晓晔等译,法律出版社 2002 年版,第 8、9 页。

问题,是政治问题。基于地方保护主义,当事人之间必然要争夺对自己最为有利的管辖,以便获得地方保护或不让对方获得地方保护利益。原本仅仅是法院内部的审判分工,也因为这种司法体制上的原因,而展开争夺。对此问题的分析就超越了法律规范的分析,需要从民事诉讼规范之外探究原因,并且需要求助社会科学的分析。在司法实践中被称为难中难的"送达难",也是如此,就送达制度而言,民事诉讼法的设计可以说已经到位,但在实践中法院依然会倍感困难,究其原因主要是司法权威缺失的问题,探究到底还是司法体制的问题。法院的送达必须直接交给受送达人,否则受送达人就可能通过信访对法院施加压力,法院并不是囿于当事人的不满压力,而是因为这种压力实际上来自更高的政治权力和权威。还有起诉难、再审难、执行难也都包含着法律规范之外的因素,是司法权的政治地位问题。自然是规范分析方法所无能为力的。由于中国法治正处于法治初级阶段,政治与法律、法律与伦理远不像法治发达国家那样界限相对清晰,往往即使是法律问题、法律事件,也会基于法律与政治、法律与伦理的混合与粘连使得法律问题转化为政治问题、伦理问题或政治与伦理的混合,按照政治思维和政治方法、伦理思维和伦理方法来解决,而非运用法律的思维和法律的方法来加以解决,这种情形之下要求用规范分析的方法进行分析必然是勉为其难。此时,社科法学便很容易侵入对民事诉讼具体运作的分析,所做的分析也显得特别接地气,也特别容易获得人们的认同,尽管对于法律专业人士而言可能并非如此。

由于规范分析方法或法教义学长期统治法学领域,逐渐形成了复杂的范式和精致的理论体系,可以说规范分析的理论已经过于成熟,成为一种固化状态。然而,对于学习和研究法律的人而言,要成为法学专家、精英就要熟悉、了解和掌握这些如山似海般的规范理论——结构、适用的要件、原则与例外、学说、流派、历史、现状、通说、有力说、少数说、旧说、新说,如同要翻越一座座横亘在前的大山。社科法学就可以摆脱背负在身上的理论范式的锁链,又因为反串,没有相应社会科学专业的规范要求,又能实现学科交叉。使用其他社会科学的话语表达对法律现象的认识也容易使人们产生耳目一新、眼前一亮的感觉,对于强调创新和创建独立话语的当下,社科法学无疑是一条捷径,这也是为什么人们愿意从事社科法学的原因之一。另一方面,也有的人认为,在规范分析方面西方国家尤其是大陆法系的民事诉讼法学相当发达,理论体系已经非常完善和精致,几乎没有我国民诉法学者可以有所作为,从学术创新的角度已经没有多少空间。因此只能寻求规范分析之外的途径。其实不然,规范分析研究在我国依然海阔天空。国外的理论对于我们而言还大都是彼岸的存在。大量民事诉讼法实践和运用中的问题还得不到解释。例如,在何种情形下,即使违反民事诉讼法的规定,该诉讼行为依然可以有效?其原理是什么?书证提出义务需要具备什么样的条件?共同诉讼、诉讼第三人、诉讼标的、证明责任的分配、既判力客观范围、主观范围、时间范围等针对我国具体情形应当如何认识和确定都是规范分析研究的重要问题。

还有一个原因在于,规范分析总是一种技术化的操作,而社科法学除了数字模型以及社会调查的规范之外,大体是一种具有艺术化的操作,与中国传统文化中(宗教、国画、武术等)的重抽象、写意、空玄虚缈,轻规范的特质具有同质性。人的行为基本取向要不是个性化的,要不是趋同化。人大体可以在这两者之间归类。取向为个性化的人视所有规范都是约束性的,艺术化是这一取向个体所自然追求的,然而社会规范是反艺术和个性化的。社科法学由于思维宏大、抽象,容易展现大家的风采,而规范技术讲究的是技术作业,气度自然不那么轩昂。这应该是一些人更愿意倒向社科法学的一个重要原因,尤其是气质个性化的学人,社科法学恰是这些群体个性化表达的舞台。中国独特的社会科学综合刊物也为社科法学提供了言论的舞台,因为法律专业期刊的主编和编辑大都有过规范分析方法或教义学训练的法律人士,其思维方式是规范分析的思维方式,因此专业法律期刊基本上都是只对规范分析研究成果开放,社科法学鲜有市场。编辑们常常用不符合分析规范将其拒之门外。相反,综合期刊中尤其是各社会科学院和各综合大学主办的人文哲学社会类的期刊,虽然法学有其一席之地,但当家花旦依然是人文社科,主编也基本是非法学专业人士。也因为是综合刊物,具有非规范分析社科法学的研究成果便与这类刊物具有先天的亲和性,自然更容易发表。也恰恰因为综合性,法律专业尤其是有部门法的规范分析研究成果的作者又不愿意投向综合类期刊。在改革开放的早期,因为专业化程度不强,因此那时许多法学类的文章还会常常刊载于综合期刊。

从法学工作者的群体来看,重视社科法学的学者基本上都有着美国法学的学习背景,熟悉或接近美国法学的话语,而美国恰恰是最重视我国所说的社科法学的国度。即使是英国以及英联邦国家也都并非如此。美国之所以如此重视法律规范之外社会、政治、经济、文化、历史、伦理、宗教等因素的分析,与美国独特的法治环境或语境有密切的关联。美国的法治是各州有各自的法律体系,同样的法律问题有不同的法律解决方法,在美国,法律问题的解决没有唯一的答案,从这个意义上讲,法学就不是科学,缺乏唯一性,这也是为何挑战法律的确定性和科学性最容易在美国获得认同。我国法理学者就是从美国带回了法的不确定概念和理念。独有的美式案例教学法讲究是对判例、法律之外的社会、政治、经济、文化、历史、伦理、宗教等原因的分析。探究的是每一个独特判例形成的社会因素,而不仅仅是法律规范的含义和概念。因为所有的法律和判例都不过是一种社会政策和管理的工具而已,其背后有着深层的社会原因。[59] 在大陆法系国家以及同是英美法系的英国也就都讲法律规范、判例作为研究的本源,其他不再是法学家应当关注的东西。法律之外的东西应当交给其他社会科学领域的学者,上帝的归上帝,恺撒的归恺撒。如果不了解社科法学的这一美国语境,我们仅仅看到美国对社科法学的重视,就可能导致对我国法学发展方向的误识。这一点需要人们予以特别注意。

不过,总体而言,民事诉讼法学的方法还是规范分析的方法。需要注意的是,法律或法学领域不同,对方法论的运用也有所不同,在宪法、基本法理以及各部门法的基本理念和价值、基本原则的研究方面,尤其是基于社会变革,需要进行转型的创设性的研究方面,社科法学可能运用得更多一些。而在原理、原则、基本制度比较稳定的状态下,对于部门法更多的是规范分析方法的运用。还应当注意的是,规范分析方法绝不是拘泥于民事诉讼规范的具体规定,规范分析需要服从文意解释、目的解释、逻辑解释、体系解释,更重要的是尊重民事诉讼法的基本原理和原则。不尊重基本原理、原则,而固守法条就是“法条主义”。在民事诉讼法的研究中,正是需要依据这些基本原理和原则构建、修正、调整我国民事诉讼的各项具体制度,尤其是在民事诉讼理论知识积累不够的时期。我们以新《民事诉讼法》规定的第三人撤销之诉制

---

[59] 参见[美]P. S. 阿蒂亚、[美]罗伯特·萨默斯:《英美法中的形式与实质——法律推理、法律理论和法律制度的比较研究》,金敏、陈林林译,中国政法大学出版社 2005 年版,第 327、328、329 页。作者之一罗伯特·萨默斯也是《美国实用工具主义法学》一书的作者。

度为例。这一制度的结构设计就仅仅考虑了如何对付所谓的虚假诉讼、恶意诉讼,而没有考虑民事诉讼判决既判力相对性原则,将第三人撤销之诉作为一种普遍适用的诉讼,一方面冲击了既判力相对性原则,一方面由于我们对民事诉讼法的基本原理、基本原则、基本价值以及相互关系的认识还不够,民事诉讼法的质量还有很大的空间,以现有的质量尚须进一步提升的民事诉讼规范为前提的情形下会对规范分析提出诸多挑战。因此,当下我国民事诉讼法学研究的任务还需要深入探究、透彻说明民事诉讼法的基本原理和原则,为民事诉讼法规范的完善提供法理支持。

对于社科法学的作用和影响需要针对我国法治发展的阶段性特征予以考虑和认识。社科法学利用人文社会科学的知识、方法、思维来审视法律现象。主要包括社会学、经济学、政治学、心理学、伦理学、历史学、人类学、宗教学等。有了这些法学之外的其他人文社会科学的围观和加盟,对法律以及法律现象的认识自然呈现多元化的态势,法律也会暴露其自身的许多未被揭示的特征,有助于人们认识法律的作用,推进法律的进化和演化。在 19 世纪,例如德国,人们的一切努力都在于将法律与伦理分离,通过法律与伦理的分离从而发挥法律规范对社会调整的独立作用。法律仅仅在法的领域按照自己的原理进行调整,伦理则仅仅在伦理的领域内按照自己的原理进行调整。[60]但在 20 世纪以后,一些法学家们开始重新思考法律与伦理的关系问题,将法律与伦理都作为一个社会学意义上的事实统一加以考察和分析,作为社会规范两者之间必然存在联系,由此发展出法实证主义之外的法社会学。[61] 与法律规范分析不同,法社会学强调法律与伦理的联系。但对于中国这样一个刚刚走向法治的国度,更需要强调法律与伦理的分离,强调法律与政治的隔离,否则无法从传统社会中破茧而出。如果忽视或无视法治发展的阶段性,而强调法律与伦理的联系、法律与政治的照应,就可能对法治的发展形成阻碍。

应当看到,在这些人文社会科学中,也有自身的体系、思维特征和取向,与法学一样同样具有封闭性和自洽性,有自己的范式。因为社科法学不以实

---

[60] 参见[日]川岛武宜:《现代化与法》,王志安等译,中国政法大学出版社 1994 年版,第 3 页。

[61] 参见[日]川岛武宜:《现代化与法》,王志安等译,中国政法大学出版社 1994 年版,第 4、5 页。

在法为前提,考量的是法律规范之外的情景,大体上对法持有解构性取向。这样的思维方式和基本取向自然会冲击法律规范,动摇对法律的坚守。我们以经济学为例,经济学的取向重点在于效率,以经济学思维和取向思考法律,肯定有新意,但有可能因为追求效率价值而伤及法律最为讲究的诚信和守约的价值取向。从政治学的角度来看,法律没有自己的独立地位,法律不过是政治的工具。在政治学家的眼里,法学是幼稚和单纯的。幼稚和单纯就在于法学往往把法律当作目的。[62] 在法学看来法律以及法律秩序本身就是目的。对法律人而言,这种幼稚和单纯恰恰是法治发展所需要的。

再以社会学为例,在诸多人文科学中参与关注法学或者侵入法学领地最多的就是社会学,并形成了相对独立的学科——法社会学。作为社会学自然非常关注社会现实,注重的是社会是什么,而非社会应当是什么。其思维方式和取向是现实主义的。这样的思维方式和取向就容易导致规范命题向社会现实臣服,在需要改革的年代,也就很容易投入旧制度的怀中,自然具有守旧和保守的取向。法学强调抽象理念、原理、原则对行为的规范,在特定的理念、原理和原则被认可之后,这些理念、原理和原则就成为基本的规范,并在这些基本规范之下不断生成和完善规范体系。在这样的规范体系之中,具体的现实不再为人们所重视,一般情形下也不能够以社会现实颠覆已有的规范,尤其是基本规范。就此而言,法学是具有先验性的。例如,依法裁判是现代法治国家公认的基本理念。在这种基本理念之下,就要求法官只服从法律,仅受宪法和法律的约束。著名法理学家德沃金就认为,虽然在审判中一个法官可以根据自己所信仰的政治理论或原则进行选择,但所依据的政治理论或原则必须能够为法律规范提供最适当的说明,实际上就是不能超越法律。[63] 但如果从现实来看,特别是在法治还处于初级阶段的国家而言,法官往往不可能做到这一点,法治国家也并非绝对做到了这一点。但这是司法所必须坚守的,不能后退。虽然有时不能实现,但决不能后退,特别是在理性和理念上。例如对于司法制度的改革、民事诉讼制度的完善等,规范分析、法教义学都是以实现现代司法理念、原理、原则为基本取向。相反,社会学的认识因

---

[62] 参见[美]罗伯特·萨摩斯:《美国实用工具主义法学》,柯华庆译,中国法制出版社 2010 年版,第 49 页。

[63] 参见[美]德沃金:《法律帝国》,李常青译,中国大百科全书出版社 1996 年版,第 240 页。

为注重现实社会，所以基本取向是保守的，也就必然倾向于本土化、特殊性，顾忌阶段性，就可能甚至必然与法治基本理念、原理、原则讨价还价，从理念、原理、原则的阵地退守和动摇是必然的作为。不能固守法律、司法制度和民事诉讼的原理、程序正义的价值命题和普适性要求，便成为其思维的基本取向。例如，关于审判请示制度、审判委员会，如果从存在和现实出发，它的存在就容易被认为是合理的。但如果从法官独立、审判直接、言辞、公开原则审视，审判委员会制度显然与其要求不能一致，反映了司法运行行政化的弊端。从规范分析的角度，以法官独立这一价值命题从逻辑上即可直接就否定案件请示制度，无需通过实证分析和研究加以印证。只有在质疑这一命题的前提为了说服否定者才有必要动用实证分析，但这一分析的价值预设实际上已经存在。同样，现代审判原则当然是审判应当遵循的原则，由此，审判委员会制度就自然成为司法制度改革的对象。但从我国一些社科法学者的立场来看，对审判委员会基本上都会持保守态度。从程序正义的基本要求出发，裁判中立是必须的，但如果从社会现实出发，则分析者必然尽可能从特殊性出发强调实质正义，动摇其程序正义的基本要求。

在法律的实施方面，现实主义、工具主义的立场更倾向于从具体的现实出发，在传统的主流哲学观念和意识上也能够提供充分的支持。但这无疑会影响法律的统一实施和规范的普遍性，最终导致法律规范沦为“画饼”。我们以最近发生的一起环境公益诉讼为例。2015 年 12 月 17 日中国生物多样性保护与绿色发展基金会向湖北汉江中级人民法院提起环境公益诉讼。但汉江中级人民法院在规定的 7 日内没有作出是否受理的裁定。理由是需报最高人民法院和环境保护厅批准。如果按照法律规定，既不需要最高人民法院批准，更不需要环境行政机关批准，只要符合公益诉讼的起诉条件就应当予以立案。这种思维是规范分析的思维。但如果从环境因素考虑则法院的做法很容易获得辩护。自然会质疑环境公益诉讼与环境行政部门有关，没有环境行政部门的配合、介入能够很好地实施吗？法律当然不是可以离开社会环境而独立存在的。环境诉讼影响面大，涉及广泛的公共利益，政策性强，由最高人民法院站在更高层面、更宏观的角度来把握更有利于本案的处理，因此，需要最高人民法院批准是符合情景考量的。这看起来的确有道理，但问题是完全背离了法律规范的命题要求，强化了司法的行政化，各级法院也就丧失了各自独立的审判权,司法权亦不能独立行使。法治的裁判原则就是各级法院依照法律独立行使审判权。这正是规范分析思维必须坚守的。因此,不得不承认,在对待传统纠纷解决方式,无论是社会学的视角,还是历史学的视角都容易接受和包容传统方式,对现代纠纷解决制度的建构和发展形成掣肘。

对于我们这样一个正在迈向法治现代化的国度,需要的是按照现代法治的理念、价值追求、原理、原则、体系予以建构。以现在改革中的立案制度为例,在没有树立现代司法理念的情形下,就很难将诉权作为国家司法保护的积极手段,在起诉立案制度的设计上就必然是以管控的取向对待民众对诉权的行使,将立案视为一种控制的闸门,为诉权行使设置高门槛。不是让司法接近民众,而是如何使司法与民众保持一定的距离。限于法治的阶段性,还不能充分意识到诉权、诉讼请求、诉讼程序和裁判的功能就在于激活法律、使得法律能够被解释、理解和运用,从而实现法律对社会关系实实在在的调整和规范。党的十八大四中全会决定中明确指出应当充分保障人们行使诉权,对于广泛激活法律、实现法治是极为明智的政策指引。

社科法学基于与人文社会科学的联系,也十分自然地具有了这些学科思维的基因,因而也具有了类似或相同的思维特性。由于其思维方式的特殊性很容易与法学所固守的理念、原理、原则形成反制,成为一种制动的力量。[64]因此过于倚重社科法学,会导致对程序规范的轻视、对裁判功能的忽视。因为法社会学、法政治学、历史学等所谓社科法学从本质上重视法律与伦理、法律与政治之间的联系,必然强调社会现实,也就必然强调纠纷解决传统的联系和传承,反对法律的自洽和封闭,自然会形成对现代诉讼制度、现代诉讼理念、价值命题的抵触、反对。只有在现代法治理念的指导和指引下构建的民事诉讼纠纷解决机制才是符合现代社会发展和需要的。中国传统的纠纷解决理念和思维很难为民事诉讼现代化提供营养和动力。诉讼的调解化、泛调解化、弱化裁判功能、强调所谓司法能动性、反对诉讼程序的刚性、反对诉讼技术化、司法的大众化也都是社科法学思维取向的自然反映和结果。前几年

---

[64] 指出社科法学是一种破坏性的力量,是法律的敌人,可能有些过于严重。对社科法学的批判,参见白斌:《方枘圆凿:社科法学对法教义学的攻击》,载《中国社会科学报》2015 年 5 月 20 日,第 A08 版。但应当看到,否定法教义的结果有可能导致否定法治理念、原理、原则,由此带来的不安是不言而喻的。

马锡五审判方式的回归也反映了这种思维方式对传统审判方式或纠纷解决方式的怀念和对历史传承的寄予,也同样折射出社科法学的影子。

四、民事诉讼法学与法律实证研究方法

法律实证研究(empirical legal studies),是指将法律现象视为客观事实,利用观察、访谈、参与等定性方法和问卷调查、统计分析等定量方法[65]发现法律事实,对这些事实进行归纳,描述其特征,分析事实之间关联或者因果关系,并阐释其发生机制、制度效果的研究。[66] 应当注意,虽然有“实证”字样,但法律实证研究作为一种方法与作为法学流派的法律实证主义或分析实证主义法学(Positivist Jurisprudence)没有任何血缘关系。[67] 近些年来,法律实证研究正在兴起,可以说方兴未艾,法律实证研究方法在各部门法研究中大量被使用。权威期刊也开始刊登一些法律实证研究的研究成果。尤其是在博士论文和报告中没有法律实证数据就会被认为与实践脱离,缺乏实证分析。法律实证研究无疑已经成为一种学术时尚。在民事诉讼中,实证研究的范围也在逐渐扩展,也有一定数量的实证研究成果发表。研究成果早期主要集中于著作之中,近些年法律学术期刊对实证研究成果论文的刊载率有所增加。在民事诉讼方面,如关于诉讼调解、[68]送达、非讼制度、[69]小额诉讼制度、[70]人民

---

[65] 法律实证研究方法究竟仅指定量分析方法,还是包括定性方法,在法律实证研究学者中存在争议。白建军教授将法律实证研究方法限定为定量分析。参见白建军:《论法律实证分析》,载《中国法学》2000 年第 4 期。

[66] 关于法律实证研究的定义,参见程金华:《当代中国的法律实证研究》,载《中国法学》2015 年第 6 期。

[67] 法实证主义又称分析主义,该学派以孔德的实证主义哲学为基础,注意区别应然法与实在法、法与伦理,讲究法的自洽和封闭,试图将所有评价标准和意识形态从法律科学中清除出去,其代表人物是奥斯丁、凯尔逊、哈特。参见[美]博登海默:《法理学——法律哲学与法律方法》,邓正来译,法律出版社 1999 年版,第 118 ~ 144 页;[美]罗斯科・庞德:《法理学》(第一卷),邓正来译,中国政法大学出版社 2004 年版,第 57 ~ 61 页;李桂林、徐爱国:《分析实证主义法学》,武汉大学出版社 2000 年版,第 1 ~ 22 页。

[68] 参见吴英姿:《“调解优先”:改革范式与法律解读——以 O 市法院改革为样本》,载《中外法学》2013 年第 3 期。

[69] 参见毋爱斌:《实现担保物权非讼许可裁定的文本分析——基于北京、重庆、广东三地法院的考察》,载《法律科学》2014 年第 5 期。

[70] 参见唐力、谷佳杰:《小额诉讼的实证分析》,载《国家检察官学院学报》第 22 卷第 2 期(2014 年 3 月);王长军:《小额诉讼实证分析》,载《中国审判》2012 年第 11 期;董鹏、赵红杰:《小额诉讼程序司法运行实证分析——以 N 省 H 市 6 个基层法院为例》,载《鄂州大学学报》2015 年第 11 期。

陪审制[71]等的实证研究。虽然纯粹从调查到收集数据,再到数据分析处理和结果的研究成果很少,绝大多数是规范研究与实证研究结合,还有的仅仅是引用经验数据,实证介入程度比较低。

通过收集、查阅网上公开的裁判文书,更充分地了解实践中人们对法律规范内涵和性质的认识,从中发现学术问题,并进行理论分析是中青年学者们近些年大量运用的方法。[72] 这种方法的应用与裁判文书的网上公开有直接关系。大量裁判文书上网,便于人们收集所谓大数据,了解实际中的具体做法,与过去局限于个案分析相比更容易发现带有普遍性的问题。虽然裁判文书中对程序问题的处理和说理反映有限,但多少还是能够通过公开的裁判文书了解实践中的程序问题。但这种通过收集裁判文书,了解和分析实践中人们对法律规范构成以及适用条件、效果的认识的方法并不是严格意义上的法律实证研究,依然是规范分析。收集网上裁判文书是一种量化的调查,但量化只是法律实证研究或分析的一个要素。并非只要有数据就是实证研究。法律实证研究或分析还需要有"程序"和"经验"两个要素构成。[73] 法律实证研究是一种经验研究。经验研究具有以下特征:首先,经验研究强调对研究对象的客观观察和实地感受,强调感性知识的认识论意义,反对动辄探求事物的本质。实证分析的结论不是意见或价值判断。这是实证分析最基本的特点。其次,经验研究强调用事实说明事实。[74] 只要运用了法律规范的概念和逻辑进行抽象的分析就是规范分析,而非法律实证研究。因此,在民事诉讼领域真正或主要内容为实证研究的论文并不多。

法律实证研究通过各种调查方法发现法律运用中的事实,阐述法律制度的实际效果和发生机理,了解人们对制度目的的认知度、对制度的接受度或认同度,对于修正、调整法律制度的目的、结构、制度规定、加强解释、宣传都有十分重要的意义。我们以小额诉讼制度为例,小额诉讼制度设置的目的是为了简化诉讼程序,节约诉讼成本,缩短小额纠纷解决的周期,由于小额争议

---

[71] 参见张嘉军:《人民陪审制度:实证分析与制度重构》,载《法学家》2015 年第 6 期。

[72] 运用这种方法的如吴泽勇:《第三人撤销之诉》,载《法学研究》2014 年第 3 期;任重:《论虚假诉讼——兼评我国第三人撤销诉讼实践》,载《中国法学》2014 年第 6 期。

[73] 参见白建军:《论法律实证分析》,载《中国法学》2000 年第 4 期。

[74] 参见白建军:《论法律实证分析》,载《中国法学》2000 年第 4 期。

案件在民事争议案件中占有相当的比例,因此,立法者由此推断通过小额诉讼制度的适用可以大大减轻法院的压力。立法研讨中,有的人预计一旦设置小额诉讼制度,则进入民事诉讼的民事纠纷中大约30%以上会通过小额诉讼程序加以解决。[75] 但通过实证调查研究发现,小额诉讼制度适用率大大低于人们的预计。有学者对2013年某直辖市部分基层法院适用小额诉讼制度审结案件情况进行了实证调查。简易程序审结的案件数量与小额诉讼审结的案件数量相比,小额诉讼适用的比率最高为3.19%,最低的只有0.49%,平均不过2.14%。[76] 在民事诉讼领域中声称进行了实证研究最多的也许是关于诉讼调解的实证研究。在强调调解结案的时期,几乎每一个法院都有关于诉讼调解的实证报告。

从目前关于民事诉讼的法律实证研究来看,实证研究主要方法是数据统计、问卷调查和访谈。实证研究的主要作用有以下几个方面:(1)印证、核实规范分析的命题和观点。仍以小额诉讼制度为例。在小额诉讼制度实施之前,就有学者从规范分析的角度已经指出小额诉讼一审终审与再审存在价值冲突,再审将冲击小额诉讼的运用。人们对小额诉讼的实证研究印证了这一判断。(2)通过实证研究了解司法实务人员对特定诉讼制度的认知程度以及实际运用,检验制度的实际效用。这种观察研究主要用于一些新的制度,尤其是理论上对制度存有争议的情形。因为这些新的制度往往是学界的热点问题。例如,关于第三人撤销之诉。虽然理论界学者们通过规范分析,试图在制度运行前给予实务界理论指导,使其在理论解释的框架内进行操作,但往往由于理论研究尚欠深度和广度,也因为说服力有限等原因,实务界对第三人撤销之诉制度依然有自己的独立认知,按照自己的理解进行操作,从而形成法官心中的“主观法”或制度。这种“主观法”与立法建构时的意图和学者们的认知可能存在差异。通过实证研究可以了解法官们主观认知的制度和在实际运行中形成的客观制度,并从差异中寻求公约数。如果该制度在

---

[75] 参见最高人民法院审委会专职委员杜万华法官2012年9月在宁夏调研时的讲话,载中国法院网:http://www.chinacourt.org/article/detail/2012/10/id/605319.shtml,最后访问时间:2014年6月10日。

[76] 参见唐力、谷佳杰:《小额诉讼的实证分析》,载《国家检察官学院学报》第22卷第2期(2014年3月)。

很大程度上不能得到实务界的认可,通常表明该制度在规定方面存在问题,需要进行修正或者按照实务中人们所普遍认同的运作方式进行调整规范。(3)通过实证研究观察和分析制度实施的环境,从而揭示影响制度运行、功能发挥的外部因素。例如,关于督促程序、公示催告程序的实证研究。督促程序原本是一种可以尽快获得强制执行根据的快捷制度,但在实践中却几乎没有发挥其作用,[77]通过实证研究可以揭示在国外很有功效的制度在中国为何难以有所成就。《民事诉讼法》虽然规定了公示催告程序,也同样没有得到适用。除了通过规范分析,了解我国的票据制度的特殊性之外,也需要通过实证研究揭示外部环境对制度运行的实际影响。特别是一些外部隐性制度、习惯对程序制度的影响。

法律实证研究的兴起除了其实际功能之外,也与学术创新的认知有关。由于规范分析均是以抽象命题为研究对象,因此,对观点的证成比较容易验证,容易辨识其学术研究的创新度和学术贡献。法律实证研究则是对法律现象的具体考察,分析样本是个性化的,观察和分析的结果也是个性化的。由于这种考察和研究对象的个性差异,也就不存在对象雷同的问题,同时实证研究又基本上都以批判和质疑为结果,从而与学术研究的基本取向保持了一致性,因此在差异性等于创新性的认知情形下,作为一种研究方式也就容易获得认可。尤其是在学界开始强调学术论文撰写个体化的当下,法律实证研究过程的团体性更具有隐性特征。因为法律实证研究的具体实施和操作多数情形下是一种劳动密集型作业,合作更为容易。实证研究的框架设计方面更能反映研究人员的智识,特别是实证研究的对象选择。而在规范分析研究方面则很难做到,基本上不存在分工问题。

法律实证研究虽有勃兴之势,但其发展和适用中也应当注意避免以下问题:

其一,避免研究方法失范。由于实证研究对象的差异性,因此就存在难以验证的特点。一旦实证研究缺失规范,该实证研究的科学性就必然存在问题。为了保障实证研究的科学性,就必须有程序要求,程序是实证分析的第

---

[77] 关于督促程序的适用问题,参见陈杨:《督促程序适用率低的原因及对策》,载《法制与社会》2010年11月。

一要素。程序意味着特定的研究结论的获取过程。这个过程应当是规范的。从人们发现问题,提出问题,到建立理论假设、工作假设,到实地观察、调查、收集资料,再到整理、统计、分析资料,最后解释分析结果,得出研究结论,实证分析由相互联系的若干步骤构成一个完整的过程。这个过程的任何一个步骤的缺失,都可能影响到整个研究结论的客观性。所谓规范性,就是要求概念的操作化、抽样的随机性、数据采集的客观真实、资料编码、统计分析、数据解释、报告结果等过程的标准化。[78] 在民事诉讼领域,现在从事实证研究的人员主要有两部分构成,一部分是高校从事法学研究的专业教师和学生。这些教师原来的研究方法就是规范分析研究方法,并不擅长实证研究,少数人拥有长期实证研究的经验。另一部分是司法实务部门从事调研的实务和专职研究人员。对于没有经过专业训练的研究人员而言,实证研究的规范性是一个问题。实证研究方法中的问卷设计、问卷分析、样本采集、访谈、数据统计等均有严格的规范要求,具有很强的专业性和规范性。然而现在的法律实证研究并没有对此持有足够的敬畏和尊重。仅仅以随意获取的数据说话,又由于难以验证,实证研究成果也就良莠难辨,误导人们的正确认识。[79]

其二,避免价值预设。实证研究作为学术研究应当是客观的、价值中立的。有相当一部分实证研究是为了获得实践的客观印象。不过,因为受制于命题本身的价值取向很难保持其价值中立。例如,关于诉讼调解的研究。特别是那些依赖课题经费支持的实证研究。课题设置本身基本上都已预设了价值取向,大都是为了配合政策需要以印证其合理性、正当性和科学性而设计的。课题必须结项通过又从结果上制约了这种取向。以诉讼调解为例,所有的实证研究成果几乎都是对现实中诉讼调解的溢美赞歌就充分地说明了这一点。再如,在 2012 年《民事诉讼法》修改之前,司法系统就小额诉讼进行过试点,相关部门也对试点进行了实证研究和总结。有意思的是,那时的实证研究分析结果与《民事诉讼法》实施之后的实证分析比较,具有很大的差异。《民诉法》修改之前关于小额诉讼的实证调查显然是积极的。所以如此,价值预设和诱导是一个重要原因。另一方面,违反其价值预设的实证研

---

[78] 参见白建军:《论法律实证分析》,载《中国法学》2000 年第 4 期。

[79] 关于研究规范失范问题,参见张卫平:《对民事诉讼法学贫困化的思索》,载《清华法学》2014 年第 2 期。

究也很难从实务部门获得真实的数据,实证研究也就难以坚持其客观性。

其三,避免掉进“维现陷阱”。实证研究将法律及法律实施作为一种社会事实进行考察和分析。虽然人们在主观意识上力图保持客观性,但是这种考察和分析如果把握不好就难免掉进一种现实主义的立场之中,即所谓“维现”陷阱之中,即存在就是合理的,由此可能导致以制度现状“对冲”法律规范的价值命题,影响规范的调控作用。另一方面,司法者也有其自身的利益,制度改革往往也会涉及其自身利益。如果从现状或现实考虑,只要制度规范触及其利益则都有可能产生抵触,例如,公开审判、开庭审理、裁判文书公开、裁判说理都将增加审判人员的投入,对审判人员是一种负担。从本质上讲在没有收益的情况下,没有人愿意增加行为的成本。如果以此现实为由,则审判公开的原则便无法得以落实和体现。因此,实证研究中应当坚持法律的价值命题,客观地分析实现制度规范的问题究竟何在,避免以“骨感的现实”冲击“丰满”的法律价值命题。

法律实证研究是一件非常艰辛的工作,常常会面临意想不到的困难。而这些困难不仅来自人力、财力方面的原因,也来自意识方面的阻碍,尤其是关联司法体制的实证研究。由课题经费支持的实证研究限于经费支出的规定,使得经费无法用于人力成本的支出。而实证研究最需要的就是大量的田野调查,田野调查离不开大量的人力。囿于经费的限制,实证研究为了降低成本就可能走形式。涉及一些被认为具有消极影响的实证调查更是困难,法律运行实际的情形往往很难真正揭示,敏感问题只能语焉不详地一笔带过。以审判员额制的实证研究为例,对于法院法官的工作负担的现实就很难开示,尤其以数据说话的情形。实证研究很难具体统计一个法官用于审判业务和非审判业务的实际工作时间。困难并非源于统计技术操作,而是没有法院愿意配合这样的实证调查,因为非审判业务部分与政治有密切的关联。但如果没有这样的调查,员额制的设定和实际运作都将缺乏实证数据的支持。因此,法律实证研究在民事诉讼领域的适用和推进还有许多困难需要克服。

结语

法律的规范分析或法解释学是民事诉讼法学的主要研究方法,作为部门法学的民事诉讼法学是以部门法——民事诉讼法的存在和适用为前提,研究的是民事诉讼法适用的问题,核心是民事诉讼法的解释问题。法治社会中的法律应当是一个整体,是一个有逻辑层次的、有机构成的系统,民事诉讼法必须依赖于作为基础的法律,例如宪法,以及作为关联结构的法律,如实体法、组织法等。民事诉讼法必须建立在法治的基本价值和原理之上,并在此基础上围绕民事诉讼自己的价值要求,构建其原理体系。作为法律职业者和法学研究工作者更多的是运用规范分析的方法,探寻其原理和原则。对民事诉讼法的规范分析研究是民事诉讼法学的重点和主要任务。尤其是在当下中国法官的司法权威还尚未确立的情形下,强化和细化规则是不得已的作为,而规范分析的运用恰恰在细化规则,判断标准或规则客观化、正当化方面具有绝对优势。这一点与现代体育竞技比赛规则的发展具有高度相似性。推崇和倡导法社会学的我国知名法学家季卫东教授也明智地指出,在现阶段,中国法学研究的一项重要任务还是加强法律适用的推理和解释环节,甚至有必要强调和鼓励法教义学的规范思维方式,让制度担纲者树立必要的法律信仰,通过示范作用形成普遍的社会守法精神。否则法治难以张扬和落实,作为正义屏障的法律职业精神难以弘扬。[80]

其他社会科学方法对于理解民事诉讼法的原理、原则、基本理念以及对具体的诉讼制度的建构和调整有重要的作用。无论我们适用何种方法进行解释和分析,都应当遵循该方法运用的规范性。虽然方法仅仅是工具,但离开了相应方法运用的规范性,其研究成果的正当性和科学性就必然受到质疑,尤其是在作为法律人并不熟悉的社会科学方法运用的方面。

民事诉讼法学方法具有很强的实践性,需要研究和分析者在民事诉讼法学的研究中具体体会和把握。方法本质是实用主义的。具有实用价值的,能够发现问题、揭示问题、解决问题的方法就是好的方法,所谓"在所有研究的领域,理解实质必须掌握方法论"[81]这一判断有些过于武断。因此我们也不必囿于方法论的概念,灵活地加以运用。这当中最难的就是如何坚持特定研究方法的价值中立,避免特定研究方法的特定取向而影响研究的客观性。取向不可避免,但应当尽量避免。开车避免不了危险,但我们应当尽量避免危

---

[80] 参见季卫东:《法律议论的社会科学研究的新范式》,载《中国法学》2015 年第 6 期。

[81] 参见[美]莱利斯·里普斯:《政治学的重大问题》,刘晓等译,华夏出版社 2001 年版,第 15 页。

险的发生。法律问题的认识、解释和解决都涉及主观价值判断问题,最突出的是规范、价值追求或理想与现实的冲突问题,这一问题最终归于方法论中的基本哲学问题——应然与实然的关系问题,一如影视剧中的语言艺术伦理与语言真实生动的冲突一样。

(原文载于《法商研究》2016 年第 2 期)

重复诉讼规制研究

——兼论“一事不再理”

一、引言

“一事不再理”(有时也表述为“一事不二理”)是诉讼实务界和理论界,无论是刑事诉讼还是民事诉讼领域中经常提到或适用的一个概念。2001年最高人民法院出台了《关于确定民事侵权精神损害赔偿责任若干问题的解释》(法释〔2001〕7号)。该解释第6条规定:当事人在侵权诉讼中没有提出赔偿精神损害的诉讼请求,诉讼终结后又基于同一侵权事实另行起诉请求赔偿精神损害的,人民法院不予受理。最高人民法院的这一司法解释中没有进一步说明基于什么理由不予受理。但从最高人民法院民一庭编著的《最高人民法院〈关于确定民事侵权精神损害赔偿责任若干问题的解释〉的理解与适用》一书中,作者指出该条规定的理论依据是“一事不二理”原则。① 虽然没有直接表明否定性规制,而是表述为一种诉讼现象,“重复诉讼”这一概念却通常只在民事诉讼或民事审判中使用,尤其是近些年来在法院的裁判文书中经常可以见到。在民事诉讼实务中,一事不再理与重复诉讼这两个概念往往是彼此联系的。

笔者注意到,当事人及律师使用一事不再理这一概念的比较多。通常的情形是一审被告对原告一方提起诉讼或诉讼请求以一事不再理予以抗辩,指责原告的起诉违反一事不再理原则,法院应当予以驳回。如果被告人在一审或二审败诉,作为再审申请人也可能以此作为上诉或再审请求的理由,虽然

① 参见最高人民法院编著:《最高人民法院〈关于确定民事侵权精神损害赔偿责任若干问题的解释〉的理解与适用》序,人民法院出版社2001年版,第3页。

在再审的法定事由方面其实存在着归类的困难。对于被告所主张的一事不再理这一抗辩理由,法院在裁决理由中有时使用一事不再理,有时使用重复诉讼的概念。在一事不再理概念范畴之下,通常表述为起诉行为"违反一事不再理"或"没有违反一事不再理";也有的表述为"不属于一事再理"或"属于一事再理"。在许多情形下,对于被告或上诉人、再审申请人主张原告的起诉违反一事不再理原则的抗辩主张时,有的法院(笔者所掌握的资料主要是下级人民法院)认可一事不再理原则这一概念,并且在裁判文书中也使用这一概念。但也有的时候,法院往往使用"不属于重复诉讼"或"没有违反重复诉讼"作为理由驳回被告的这一抗辩,而不是以没有违反一事不再理或一事不再理原则为由驳回。使用"不属于重复诉讼"或"没有违反重复诉讼"这种表述的主要是最高人民法院。当事人以及下级法院使用"一事不再理"或者"一事不再理原则"时,似乎在最高人民法院的裁判文书中并不认可这一概念。② 虽然没有在裁判文书中明确表述两个概念或表述相互之间的关系,但又认为一事不再理与重复诉讼在内容上有关联或者说是相同或相通的。本来两个概念对应表达或等值表达应当是"一事不再理"与"禁止重复诉讼"或"不得重复诉讼";与"重复诉讼"对应的应当是"一事再理"。不过,笔者没有在裁判文书中见到法院包括最高人民法院使用"禁止重复诉讼或"或"不得重复诉讼"这一概念或表述。有一点可以肯定,虽然在《民事诉讼法》法条中并没有明确规定一事不再理,也没有规定禁止或不得重复诉讼,但民事诉讼实践或实务中无论是法院还是律师都已经很自然并且非常明确地将一事不再理或禁止重复诉讼作为一项审理和裁判的制度或原则。法院大量的裁决实例已经说明这一点。在人们的认识上似乎一事不再理或禁止重复诉讼是一种不言自明的诉讼或裁判原理。

2015 年 1 月 30 日,最高人民法院公布了《关于适用民事诉讼法的解释》(以下简称新《民诉法司法解释》)。该解释第 247 条第 1 款规定:当事人就已经提起诉讼的事项在诉讼过程中或者裁判生效后再次起诉,同时符合下列

---

② 最高人民法院民事裁定书(2013)民申字第 984 号。再审申请人重庆市侨弘实业公司因与被申请人中国农业银行股份有限公司德宏分行储蓄存款合同纠纷一案,不服云南省高级人民法院(2012)云高民二终字第 232 号民事裁定,向最高人民法院申请再审,最高人民法院经审查作出驳回再审申请的裁定。

条件的,构成重复起诉:(一)后诉与前诉的当事人相同;(二)后诉与前诉的诉讼标的相同;(三)后诉与前诉的诉讼请求相同,或者后诉的诉讼请求实质上否定前诉裁判结果。该条第2款规定:当事人重复起诉的,裁定不予受理;已经受理的,裁定驳回起诉,但法律、司法解释另有规定的除外。《民诉法司法解释》首次明确将重复诉讼作为规则对象,原则上禁止重复诉讼。并明确规定判断重复诉讼的标准,弥补了民事诉讼法禁止重复诉讼原则规定的缺失。在民事诉讼制度的完善方面有了很大的提升。虽然有了相对明确的规定,但同时司法解释也给人们留下了需进一步细化探讨的空间。例如,如何看待诉讼标的与诉讼请求两个标准的适用问题;又如,何谓后诉的诉讼请求实质上否定前诉裁判结果的问题等。

在大陆法系国家,如德国、日本、韩国等以及我国台湾地区的民事诉讼中已经不再使用"一事不再理"这一概念,对于我国内地民事诉讼中类似一事再理或一事再诉的情形,一般使用禁止重复诉讼或既判力原则予以驳回。禁止重复诉讼已经作为一种明确的制度或原则规定在民事诉讼法之中。

无论是在我国,还是大陆法系国家,禁止重复诉讼的理论和实践均涉及诸多问题,主要的问题是如何理解和把握什么是重复诉讼,例如,相同的当事人、相同的诉讼请求、相同的法律关系、相同的理由,但请求权不同是否属于重复诉讼?当事人相同、诉讼请求相同,但请求理由不同是否属于重复诉讼?原告提起本诉,被告提起与本诉相连,且可能与本诉抵触、矛盾的诉讼是否属于重复诉讼?诉讼请求不同,但当事人双方争点相同时是否构成重复诉讼?应当如何理解新《民诉法司法解释》第247条规定的后诉的诉讼请求实质上否定前诉裁判结果?在没有明确制度规定下,禁止重复诉讼或一事不再理与判决的既判力是一种什么关系?一事不再理是一种诉讼理念或价值要求?还是基于生效裁判的效力(如既判力)所发生的一种法律上的效果。这些问题在民事诉讼实务中并没有统一的认识和规范,在民事诉讼理论界也尚未深入地进行讨论。

以往的研究基本上都是在将一事不再理作为一项当然的原则的前提下进行的,因此,研究的重点在于如何判断前案与后案是否"一事"的识别标准的问题上。[③] 并没有回答为什么是一个原则,作为一项法律上没有明确规定的原则其法定效力如何?虽然有的论文从判决的既判力的角度论述了一事不再理,但显然是将一事不再理作为一种既判力作用效果来认识的。如果我们从判决的既判力作用来认识一事不再理,则必然无法回答,在前诉法院作出的判决没有确定(我们通常的表述是没有发生法律效力)时,即尚为发生既判力效力之前,亦即前诉系属中,后诉法院如何对待相同当事人、相同诉讼请求或相同诉讼标的的案件?依然使用不言自明的一事不再理原则?如此,就必然要回答更为复杂和抽象的问题——还有哪一些是民事诉讼中不言自明的原则?如何确定其为无需法律明确规定而不言自明的原则?

刑事诉讼理论界和实务界也在刑事诉讼的语境中探讨一事不再理的问题。[④] 甚至在探究刑事诉讼中的一事不再理时,也同样在制度根据和理论上追溯到作为私法源头的罗马法。[⑤] 刑事诉讼法学者也将一事不再理(ne bis in idem)作为一项原则。认为这一原则源于在联合国《公民权利和政治权利国际公约》第 14 条第 7 项规定:"任何人已依一国的法律及刑事程序被最后定罪或宣告无罪者,不得就同一罪名再予审判或者惩罚。"刑事诉讼法学界对一事不再理也有两种理解。一种含义是从判决既判力角度,认为基于判决既判力因而发生一事不再理;另一种含义是从诉讼系属角度,认为基于诉讼系属,对于法院接受了案件并将对之进行审理,即不能对该案件再行提起诉讼和进行审判。部分学者将刑事诉讼中的一事不再理的含义限定在"既包括对于法院生效的实体裁判的约束力,也还包括对于某些特定的涉及一定实体内容的程序性裁判的约束力。即对于一个案件,法院已作出实体的生效裁判或有关实体的程序性裁判,不得对案件再次起诉和审判。至于前述后一种观点所提到的诉讼系属问题,即提起一个起诉后不得另行起诉的问题,似应属于

---

③ 参见杨永波、张悦:《一事不再理原则在我国民事诉讼中的适用》,载《法律适用》2005 年第 9 期;叶永禄:《论"一事不再理"原则在票据诉讼中的适用》,载《甘肃政法学院》2007 年第 9 期;张昌:《论民事诉讼中的一事不再理制度》,载《民事程序法研究》第四辑(2008 年);周兴宥、郭进波:《对迟延履行不同阶段分诉是否违反一事不再理原则》,载《人民司法》(案例)2008 年第 16 期;邱星美:《一事不再理的判断标准》,载《中国审判》2009 年第 5 期。

④ 参见谢佑平、万毅:《一事不再理原则重述》,载《中国刑事法杂志》2001 年第 3 期。

⑤ 参见陈洪杰:《论"一事不再理"与"既判力"之区分——从罗马法到现代民事诉讼理论体系》,载《民事程序法研究》第四辑(2008 年)。

起诉效力约束的范畴,不应纳入一事不再理调整的范围。”[⑥]显然,在刑事诉讼中也涉及民事诉讼中所必然面对的问题——既判力与一事不再理,以及诉讼系属与重复诉讼的问题。不过,应当特别注意的是,民事诉讼与刑事诉讼中的语境有明显的不同,刑事诉讼中的所谓“一事”,一定是诉讼指控之前已经存在的、不变的“一事”。民事诉讼中的“一事”则因为民事法律关系不因为起诉而停止变化,即依然在变化之中,这一点与刑事诉讼有重大差异。因此,国外有学者认为,就民事诉讼而言,严格地讲,并不存在“同一事”。[⑦]

不仅在民事诉讼中,在仲裁领域也存在类似民事诉讼一事再理或重复仲裁的问题,也适用一事不再理的规制。[⑧] 因此,对于重复诉讼以及一事不再理的研究也将对仲裁实践产生重大的影响,基于此,本文试图就禁止重复诉讼的法理和制度建构作一力所能及的研究,期望推进这一问题认识的深化,并积极作用于民事诉讼和仲裁实务界。

二、一事不再理:概念、理论和制度溯源

一事不再理的概念起源于古代罗马法,表述为“ne bis in idem”。古代罗马法的一个基本特征是形式化与经验化。人们从诉讼运营的经验便可以直接感受到对于属于同一案件的情形自然应当避免再度审理,因此,通过罗马人擅长的抽象概括,一事不再理也就经验性地成为一种自然法意义上的原则。这也是罗马法特有的思考方式和方法,将各种法律命题转化为秩序,发挥规制作用。[⑨] 罗马人不仅将一事不再理作为规制,而且对于这一规制原则提供了理论解释,即“诉权消耗论”或“诉权损耗论”(actio consumitur)——一种基于人们朴素的“物理性法律观”的认识。当然,在当时这种认识是一

---

⑥ 宋英辉、李哲:《一事不再理原则研究》,载《中国法学》2004 年第 5 期。

⑦ 参见新堂幸司:《民事诉讼中的一事不再理》,载《诉讼标的与争点效》(上),有斐阁 1988 年版,第 126 页。

⑧ 参见朱瑶:《对国际商事仲裁中一事不再理原则适用的思考》,载《法制与社会》2008 年第 5 期。

⑨ 参见[德]奥科·贝伦茨:《耶林的法律演化论:在历史法学派与现代之间》,载[德]冯·耶林:《法律是一门科学吗?》,李君韬译,法律出版社 2010 年版,第 108、109 页。

种非常形式化或表面化的认识。[10] 依据这一理论,一个案件的审理是基于诉权而启动诉讼程序的,一旦已经启动,则该诉权就已经被消耗掉,因此,再度进行诉讼就不再有诉权根据。也就是说一个诉讼请求只有一个诉权,即"一事一权",就此而言,一事不再理最初实际上就已经具有或包含了"诉讼系属"的效力。一事不再理作为一种规范除了基于诉权消耗论的认识之外,还基于古代罗马法中的当事人关于诉讼的"合意"制度,即所谓"认诉"(litis contestatio)制度。在古代罗马法的请求权体制之下,"认诉"是诉讼成立的基础。如果一个案件再度诉讼就违法了当事人之间的认诉合意。[11] 在古代罗马法时代,由于还是实体法和程序法合一的时代,诉权消耗论的观点就必然与"权利确定"相伴而生。在实体法与程序法不分的体制下,判决具有变更权利的功能,而非仅仅对实体权利的简单承认。因此,从古代罗马法的情形来看,一事不再理实际上已经包含了诉讼系属(禁止重复诉讼)和确定判决既判力的作用,是两种效力共同作用的结果。[12]

一事不再理虽然在古代罗马法实际上是上述两种效力——诉讼系属和既判力的结果。但在进入德国普通法时期,随着实体法与程序法的逐渐分离,近代国家司法权的逐步扩张,诉讼的功能也随之得以强化。1724 年《萨克森诉讼及裁判法》(Churfuurstliche Saachsische Prozess-und Gerivhts-Ordnung vom 1724)(Kurfuerstliche Saechsische Prozess-und Gerichtsordnung von 1724)问世,1781 年奥地利《普通裁判法》(Dir Allgemeine Gerichtsordnung vom1781)(Allgemeine Gerichtsordnung 1781)诞生,1793 年普鲁士《普通法院法》(Allgermeine Gerichtschtsordnung fuur die Preussischen Staaten)(Allgemeine Gerichtsordnung fuer die Preussischen Staaten von 1793)颁布。这些法典的颁布表明古代罗马法的诉权(actio)体制已经分化,一事不再理成为

---

⑩ 参见[日]中村宗雄:《"一事不再理"与"一事不再议"》,载《早稻田法学》第 32 卷第 1、2 册(1956 年)收录于中村宗雄:《民事訴訟法学の基础理论》,敬文堂 1957 年版,第 151、152 页。另参见周枏:《罗马法原论》,商务印书馆 1994 年版,第 902 页;张卫平:《民事诉讼:关键词展开》,人民大学出版社 2005 年版,第 300 页;关于罗马法中的诉权消耗理论,参见周枏:《罗马法原论》,商务印书馆 2001 年版,第 964 页;张卫平:《民事诉讼:关键词展开》,中国人民大学出版社 2005 年版,第 301、302 页;

⑪ 同上注书,第 152 页。中村教授还认为从古代罗马法的认诉制度可以认为系英美法禁反言原则的萌芽。(同注书)

⑫ 同上注书,第 152 页。

单纯诉讼法上的事项。在德国普通法时代,针对同一案件的后诉抗辩采用了所谓“既决案件抗辩”(exceptio rei judicatae)⑬的理论,以此替代过于朴素的诉权消耗理论。当时,在近代国家威权主义理念盛行的背景之下,制度的重点从罗马法遵从当事人意志转向了更多地服从国家意志,一事不再理的根据也在悄然地发生变化,“既决案件抗辩”也就成为一事不再理的根据。强调案件的既决作用显然是这一时代的产物。

在德国普通法初期,人们还没有将判决效力的认识直接纳入“既决案件抗辩”的理论框架之中,依然强调的是已经诉讼的案件如果已经处理,无论基于何种理由一律不得再行诉讼。由此看出,该理论还是比较简陋、粗疏。随着实体法体系的充实,民事诉讼中判决的效力及范围也得到进一步充实,已经确定的判决在当事人之间就具有了与法律相同的地位,具有法的效力,并且将确定判决的效力纳入了“既决案件抗辩”的依据之中。正是基于这种确定判决的效力才发生了一事不再理的效果。这种确定的判决所发生的效力就是现代判决制度中的既判力。既判力作为一事不再理的根据在此得以明确。1781 年奥地利《普通裁判法》第 285 条、1793 年普鲁士《普通法院法》第 66 条都对“有既判力判决”的效力作出明确的规定。1804 年的法国《民法典》第 1351 条也对确定判决具有“既决案件的权威”做了规定。这里的既决案件的权威与德国普通法上的既判力具有相同的内涵。⑭ 在德国,一事不再理此时也就被认为是确定判决既判力的一种效力。对于后诉“一事不再理抗辩”的前提只能是前诉判决已经确定。对于重复诉讼情形,即在前诉判决尚未确定之前,后诉的抗辩因为作为实体意义上确定判决的抗辩权(确定判决所确定的不容再行争议)尚未发生,因此就只能采用所谓“诉讼系属抗辩”为由。可以说“诉讼系属抗辩”理论也就是“既决案件抗辩”理论的前身。由此,罗马法中的一事不再理的根据也就分化为“诉讼系属抗辩”和“既决案件抗辩”(exceptio rei judicatae)这两类根据。在德国普通法末期最终演变为作

---

⑬ exceptio rei judicatae 一词在日文中翻译为“既済事件の抗弁”,为了更好地理解,笔者将其译为“既决案件抗辩”。

⑭ 关于法国法上的确定判决的效力,参见[日]江藤价泰:《关于法国法中既判力概念的学说发展》,载《民事诉讼法杂志》1957 年第 4 期。

为确定判决效力的既判力制度。⑮

在现在的德国已经不再使用一事不再理的概念，对于前诉判决尚未确定的诉讼系属案件，相同当事人就相同诉讼请求或诉讼标的提起后诉时，通常以前诉已经诉讼系属，故后诉不合法予以驳回。后诉被告可针对后诉原告的请求提出诉讼系属抗辩。⑯

同为大陆法系国家的日本，通说也一般不使用一事不再理的概念。对于案件已经系属的情形，对于后诉的合法性判断依据之一为是否属于重复诉讼。禁止重复诉讼（不得二重诉讼）已经明确规定在民事诉讼法典之中（《日本民事诉讼法》第142条）。日本民事诉讼法学者在论及一事不再理这一概念往往也与确定判决既判力联系起来，通常认为一事不再理是既判力的作用的结果。不过，日本著名民事诉讼法学家三月章对于一事不再理这一概念依然依依不舍。三月教授不只是将一事不再理作为既判力的效力及作用后果来看待，而是认为一事不再理是裁判制度的指导理念，反映了纠纷解决的一次性要求。相反，既判力成为一事不再理这种裁判指导思想下生成的制度规范。当同一纠纷在裁判上出现问题时，应当禁止处理后诉的法院作出与前诉相矛盾的裁判，这种约束力是为了防止动摇裁判的公权性、强制裁判的终局性，因此，裁判应当以一次性为限，这正是一事不再理这一指导思想的要求。作为一项裁判制度的基本指导思想就不限于民事诉讼，刑事诉讼同样也应当遵行，而且，在刑事诉讼中一事不再理的指导思想还以更为极端的形态存在。⑰ 但三月教授又认为，民事诉讼中的一事不再理并不属于刑事诉讼中禁止对同一案件反复裁判的消极形态，而是一种约束后诉法院裁判内容的积极形态——禁止矛盾裁判，依然将一事不再理归入了既判力的范畴，只不过认为一事不再理是既判力的要求，而非结果，三月教授的观点有些“蛋鸡悖论”

---

⑮ 参见［日］中村宗雄：《民事訴訟法学の基础理论》，敬文堂1957年版，第153～156页。

⑯ 参见［德］罗森贝克、施瓦布、戈特瓦尔特：《民事诉讼法教科书》（第16版），李大雪译，中国法制出版社2007年版，第717页。

⑰ 三月章教授认为：因为刑事诉讼的对象是就过去的一次性、历史性事实的犯罪行为是否存在进行判断。民事纠纷大多数属于私法上权利义务的纠纷，权利要件事实并不具备超越时间且具有同一的持续性法律意义的特征，而是随着时间推移，或者根据当事人的意思，或者根据法律规范的改变而可能发生变化的具有法律意义的事实，因此案件的同一性不像刑事诉讼那样严格。参见［日］三月章：《民事诉讼法》，汪一凡译，五南图书出版有限公司1997年版，第31页。

之嫌。

在日本学界,舍弃一事不再理这一概念与下列认识有关:(1)一事不再理属于既判力制度的范畴,既判力概念已经吸收了一事不再理的含义,而且更加准确和细致;(2)一事不再理在抽象层面已经为纠纷的一次性解决指导思想或理念所吸收;(3)因为民事诉讼中一事不再理的"一事"难以严格界定,甚至难以成立,因此作为一事不再理作为一个法律上的概念也就难以成立;(4)禁止重复诉讼制度可以更为准确地应对诉讼系属中再次起诉所导致的诸多问题。[18] 日本现在流行的主流教材中几乎已经见不到一事不再理这一概念的踪迹。学术著作中也已经不再将一事不再理作为研究命题,仅仅在梳理既判力的既往的理论时会论及一事不再理这一概念。人们的注意力在禁止重复诉讼和既判力这两个不同的领域,并进一步深化两个制度的理论与实践。由于《日本民事诉讼法》已经明确规定禁止重复诉讼制度,因此实务界也不使用一事不再理的概念。

如上所述,作为一种规范效果的一事不再理实际是基于两种基本规制的作用——确定判决的既判力和禁止重复诉讼(禁止二重诉讼)的制度规范,这两种基本规制彼此之间有诸多联系(例如,既判力客观范围的界定和重复诉讼的判断都与诉讼标的理论有关),但既判力与禁止重复诉讼的规制又有各自不同的重点和制度构成,属于不同的命题范畴。[19] 因此,本文以下将研究重点置于重复诉讼的应对规制方面,与一事不再理联系的既判力效力问题放在既判力框架命题中单独研究。当然,本文论述中也会涉及既判力问题,但不是研究和关注的重点。

三、禁止重复诉讼:含义与根据

重复诉讼,从语义上讲最基本的含义是有时序的两次诉讼的重合,即前诉和后诉的相继提起(同时提起的概率极低)。本文的讨论将前诉界定在诉

---

[18] 新堂幸司:《民事诉讼中的一事不再理》,载《诉讼标的与争点效》(上),有斐阁 1988 年版,第 126 页。

[19] 因为一事再理和重复诉讼在语义上是等值的,所以,我们也可以将一事不再理与禁止重复诉讼作为等值的规制,但考虑大陆法系国家法律术语的使用规范,笔者认为,无论是法学术语,还是今后民事诉讼法的法律术语以使用"禁止重复诉讼"概念为妥。

讼系属中,如果前诉已有确定判决,则前诉与后诉的关系属于既判力效力作为研究的问题,如上所述不是本文研究的重点。

在大陆法系国家,就诉讼系属(概念含义见本文第四部分)中的前诉与后诉关系而言,作为禁止重复诉讼的规制,人们有两种不同的认识。第一种观点是,当前诉处于诉讼系属中时,如果当事人提起的后诉与前诉相同(如诉讼请求相同)时,后诉法院应当以不合法驳回后诉。[20] 例如,原告在甲法院提起了要求被告予以赔偿的诉讼之后,又在乙法院向该被告提起了同样的赔偿诉讼。诉讼系属中的前诉当然也包括了处于在一审或上诉审阶段的诉讼。再审系属中,当事人提起相同再审请求的,原理上是依然适用禁止重复诉讼的规范。这种认识的基本特点是就是驳回后诉。

第二种观点与此不同,除了驳回后诉之外,认为禁止重复诉讼还应当包含着在某些情形下当事人不得另行起诉,但可以与前诉合并审理。在特定的情形下,如果出现提起后诉的情形,对后诉的处理是,对后诉实现强制性合并,而非简单地予以驳回。比较典型的是基于同一法律关系提起的反诉与本诉的合并。案件的法律关系尽管相同,但是诉讼请求的目的或者趣旨不同,前诉与后诉处于矛盾、对等或先决关系。例如,原告在本诉中主张被告给付基于买卖所发生的价金,而被告则在反诉中主张给付买卖标的物。矛盾或先决关系的情形下,为了避免反诉另行提起可能导致矛盾的裁判,因此,通常应当予以强制性合并。前一种观点被称为狭义的禁止重复诉讼,后者称之广义上或扩张的禁止重复诉讼,后者的重点在于禁止另行诉讼。[21]

广义的或扩张的重复诉讼的情形由于不是驳回后诉,而是原则上禁止另行起诉对后诉实行强制性合并,这样一来涉及的问题就非常复杂了。其一,有可能诱导当事人提起所谓诉讼内之诉——如诉的追加性变更[22]或反诉。其

---

⑳ 在大陆法系的制度语境之下,法院以诉讼判决驳回。在我国的制度语境之下,则应当是裁定不予受理或驳回起诉。

㉑ 参见[日]高桥宏志:《民事诉讼——制度与理论的深层分析》,林剑锋译,法律出版社 2003 年版,第 104 页;参见[日]三木浩一:《重复诉讼论再构成》,载《法学研究》第 68 卷第 12 号,平成 7 年。

㉒ 在大陆法系民事诉讼理论中,诉的变更包括替代性变更或交替性变更和追加性变更。所谓追加性变更是指在原请求的基础上再追加新的请求,因为请求的数量已经发生变化,因此也将其归为诉变更的一种形态。例如,原来的诉讼请求为确认不动产所有权之诉,以后又追加交付不动产的给付请求。在我国民事诉讼中一般称为诉的追加。关于诉的变更的类型和形态,参见[日]川岛四郎:《民事诉讼法》,日本评论社 2013 年版,第 748、749 页。

二,诉的合并要求必须是案件处于同一审级。如果前诉和后诉处于不同审级,例如前诉处于上诉审阶段(在三审制的国家和地区,前诉有可能处于抗诉审即二审或上告审即三审),后诉处于一审阶段,此种情形要实行强制合并审理就可能违背审级要求和损害当事人的审级利益。[23] 其三,当前诉与后诉分属于不同管辖法院时,合并也会发生障碍。虽然可以利用移送管辖的规定,在前诉法院对后诉法院具有管辖权时,将案件移送前诉管辖法院实现后诉与前诉的强制合并。[24] 当强制合并必须符合如此复杂的条件才能实现时,就可以想象这种强制合并一定很少发生,属于比较特殊的情形。强制合并诉讼还涉及究竟后诉合并于前诉之中,还是相反前诉合并于后诉之中。有学者认为,究竟是后诉合并于前诉,还是前诉合并于后诉,需要法院根据具体情形处理。如此一来,合并的事项的处理就自然属于自由裁量的事项,不属于规范论的范畴。[25]

重复诉讼一般而言被作为一种诉讼病理现象来对待。因此相应的诉讼规制应当对此予以防止和禁止。其根据主要有以下几点:(1)违背诉讼经济原则或价值追求。诉讼应当尽可能地低成本运行,权利的维护或救济应当以符合诉讼经济原则。这也是人们在民事诉讼中所追求的价值之一。同一案件重复诉讼必然导致诉讼的不经济,造成国家司法资源浪费,加重当事人诉讼经济负担;(2)重复诉讼有可能造成后诉与前诉的矛盾裁判,由此损害司法裁判的权威;(3)重复诉讼加重被告的讼累。既然原告已经在前诉中行使了诉权启动了诉讼程序,被告也就必须应诉,参与诉讼。对同一案件原告再次提起后诉,无疑加重被告的应诉负担,是不正义的。在这些根据当中,最主要的应当防止重复诉讼所导致的矛盾裁判。因为这涉及裁判的公正性问题。作为诉讼的经济性虽然也是民事诉讼追求的价值目标,但诉讼的经济性是有弹性的,在公正性与经济性价值衡平之间,经济性往往要让位与公正性,因

---

[23] 对于不能或难以强制合并的情形,有学者认为适当的对策是停止后诉,等待前诉的裁判,裁判已经确定之后,再启动后诉,前诉裁判的作用将会在后诉得到体现,从而避免矛盾裁判。参见[日]新堂幸司:《民事诉讼法》,林剑锋译,法律出版社 2008 年版,第 166 页。

[24] 在大陆法系国家,案件的合并与移送都属于法院裁量事项,民诉法没有关于强制合并和移送的规定。因此,管辖法院裁量不予移送时,强制合并也就必然落空。

[25] 参见[日]高桥宏志:《民事诉讼——制度与理论的深层分析》,林剑锋译,法律出版社 2003 年版,第 105 页脚注 4。

此,诉讼经济性根据的权重就比较灵活了。作为禁止重复诉讼考虑根据之一的顾及被告的讼累就更是如此。

四、禁止重复诉讼的要件

重复诉讼既然存在上述消极后果,因此,作为防止重复诉讼的法律规制原则上就有必要防止重复诉讼的发生。作为一种法律规制,禁止重复诉讼必须满足以下法律要件:

(一)前诉处于诉讼系属中

诉讼系属(Rechtshaangigkeit)(Rechtshaengigkeit)是指因诉讼的提起,使得诉讼上的请求处于法院(国内)审判中的状态。诉讼系属是大陆法系国家和地区民事诉讼法上的一个十分重要的概念和制度。这一概念在诉讼法上具有重要意义,涉及诉讼参加、诉讼告知、管辖、反诉、诉的变更、中间确认之诉[26]等诉讼行为的法律效力问题。当然关联性最大的无疑是禁止重复诉讼。禁止重复诉讼的要件之一就是前诉必须处于诉讼系属中。我国《民事诉讼法》中一直没有使用这一概念,可以说是一个较大的缺陷。这一概念缺失的原因也许是因为"诉讼系属"的非口语化。在民事诉讼实务中类似的状态使用的是"诉讼中"这样说法。显然,诉讼中的这一概念没有诉讼系属准确,比较容易造成混乱。而且也与诉讼系属的含义存在较大差异。诉讼系属不仅表明一种事实状态,而且还表明相应的法律后果。因此,我国民事诉讼法理应采用诉讼系属的概念,否则有诸多与诉讼系属概念相联系的状态、概念难以表述和说明,而且也与大陆法系的概念接轨,有利于国际间、地区间司法协助和学术交流。

诉讼系属虽因当事人提起诉讼而发生,但具体应当以何时为诉讼系属的起始点存在着不同的认识。国外实务和理论界存有三种不同的认识。第一种观点为"诉状提出说"(多数说)。以原告递交诉状时起发生诉讼系属。第二种观点为"受理说"(有力说),该说以法院受理为诉讼系属起始点。在大

---

[26] 中间确认之诉,是指在诉讼系属中,当事人向对方当事人提出的要求法院确认其先决事项的请求。中间确认之诉只有在大陆法系国家,德国、日本等才存在,是以中间判决制度配套的制度。我国《民事诉讼法》中没有中间确认之诉和中间判决制度,虽然也存在对先决事项的确认,但不是制度性措施。关于中间确认之诉,参见[日]川岛四郎:《民事诉讼法》,日本评论社 2013 年版,第 763 ~ 767 页。

陆法系国家如日本,多数说为诉状提出说。第三种观点为"诉讼送达说"。这种观点认为,只有起诉状送达给被告,被告知道诉讼原告向特定法院提起针对被告的诉讼,被告才能够参与诉讼,诉讼系属才有意义。在国外,法院可以因为起诉状不合法或起诉状不能送达而驳回。在我国也会因为起诉不符合起诉条件而不予受理,而是否受理对于被告而言也只有将起诉状副本送达给才知晓。因此,起诉状送达说是成立的,也是目前大陆法系国家或地区的通说。㉗

诉讼系属的发生不一定非因原告的起诉而发生,在督促程序中义务人一旦对支付令提出异议,则因为督促程序自动转为诉讼程序使得该案件发生诉讼系属。当案件处于民事执行程序、诉讼外调解程序(如人民调解程序)、民事保全程序、仲裁程序中时,不会因为这些程序的发生而产生诉讼系属,因为诉讼系属仅限定为诉讼案件的对法院系属。案件处于仲裁程序之中,当事人又向法院就同一案件或请求向法院起诉的,属于违反法院主管,不属于重复诉讼规制的范围。

诉讼系属从诉讼开始,因判决的确定㉘、调解协议生效、和解协议生效、原告撤诉而终结。在大陆法系国家,双方关于放弃实体请求或认诺权利人请求的,从记录该行为的笔录做成时终结诉讼系属。㉙ 对于申请再审的案件,虽然是涉及已经审理裁判的诉讼标的,但因为案件已经不再处于诉讼系属中(原来的诉讼法院已经作出判决并已经确定),再审之诉与原来的诉讼并不构成重复诉讼,而是独立的特殊救济程序,也与已经确定判决的既判力没有关系。至于第三人撤销之诉与再审之诉二者的并行,由于不是在诉讼系属前提之下

㉗ 参见[日]竹下守夫、福永有利编集:《注释民事诉讼法(5)诉、辩论准备》,有斐阁 1998 年版,第 231 页。在大陆法系国家,诉讼系属发生时点与裁判方式有直接联系。在诉讼系属发生之前,审判长对于诉状不合法的,以命令驳回诉状,在诉讼系属之后,对于诉不合法的情形,例如不具有诉讼要件,需以终局判决的方式驳回诉。被告也可以对驳回诉的终局判决提起上诉。

㉘ 在我国民事诉讼法文本和民事诉讼实务中将裁判确定的情形笼统地称为"生效"。《民事诉讼法》第 155 条规定:"最高人民法院的判决、裁定,以及依法不准上诉或者超过上诉期没有上诉的判决、裁定,是发生法律效力的判决、裁定。"因此,裁判的成立和生效就成为两个不同的概念。生效的裁判就是指已经确定的裁判。但严格而言,因为判决一旦成立也会产生某些效力。例如,形式上的拘束力,即判决一经送达作出该判决的法院或其他法院都无权改变该判决,除非通过上诉程序,因而也是生效判决,所以为了加以区别,对于具有既判力、形成力和执行力的判决使用"确定"这一概念更为准确。

㉙ 因为在大陆法系国家或地区,放弃请求、权利认诺、和解等的笔录具有法定证明力,因此笔录做成时既有相应的法律效力。

发生的问题,而是两种特殊救济程序的部分交叉所致,所以也不属于重复诉讼的范畴。在司法实践或今后立法中如何协调两种救济程序的运用问题属于救济途径整合的问题。

诉讼系属是指特定的诉讼上的请求处于法院的审理的状态。这里的法院原则上并不包括外国法院,仅仅指国内法院。在国外法院系属的案件与国内法院的诉讼审理没有关系。因此,当同一诉讼标的的案件在国外法院已经审理的情形下,当事人在国内法院提起诉讼并不违反禁止重复诉讼的规制。系属于外国法院的情形之所以不适用禁止重复诉讼的原则,主要是考虑一旦也适用禁止重复诉讼,就可能助长人们在国外提起诉讼,对本国司法管辖和本国当事人诉讼造成不利。另外,由于诉讼制度的差异,有些情形下要作出前诉诉讼标的与后诉诉讼标的是否相同或者是否为重复诉讼的判断也有一定的困难。至于国内法院作出判决是否能够得到国外法院判决的承认是国家间法院判决承认的司法协助问题。虽然国际间的重复诉讼并不适用国内诉讼禁止重复诉讼的规制,但基于防止滥诉、诉讼经济无论是国际民事诉讼,还是国内民事诉讼都是应当遵行理念。因此越来越多的学者也主张在某些情形下诉讼系属于国外法院时,对于国内的诉讼也应当适用禁止重复诉讼的原则。[30]

(二)案件的同一性

禁止重复诉讼的另一要件是后诉与前诉系属中的案件同一性,正因为具有同一性,才使得后诉成为重复的诉讼而被禁止。虽然从哲学意义上不可能有完全相同的事物,如古希腊哲学家赫拉克利特所言,"人不可能同时跨入同一条河"。但相同与不同并不是绝对的,重复诉讼中案件的同一性也是相对的。正是这种相对性使得案件同一性的判断往往具有复杂性。大体或原则上,案件的相同或同一性主要是从前诉案件与后诉案件在主体(主观)和客体(客观)两个方面的同一性。案件的这两个方面反映了案件的基本特性。

---

[30] 参见[日]酒井一:《关于国际性二重起诉的解释论考察》,载《判例时报》第829号,平成6年,第39页。在日本,有学者主张如果国外诉讼的判决有较大的可能得到日本法院承认的情形下,系属与外国法院的诉讼与日本国内法院诉讼系属相同。不过反对者认为,对国外法院将来的判决进行预测是十分困难的,因此不具有可操作性。有关赞成和反对的观点参见[日]海老泽美广:《外国法院中的诉讼系属与禁止二重起诉》,载《青山法学论集》1967年第8卷第4号。

主体的同一即当事人的同一;客体的同一即诉讼标的的同一。[31]

1. 案件主体的同一

因为民事诉讼是原告针对被告提出的诉讼请求而进行的,以解决原告与被告之间民事纠纷为目的的程序,所以,民事诉讼具有相对性。因此,即使诉讼标的相同,但如果诉讼主体不同,案件也就自然不同。诉讼主体是否相同相对是最容易判断的事项,一旦发现诉讼主体不同,案件的非同一性就有了结论。当事人相同并非仅前诉与后诉均是相同原告、相同被告。前诉与后诉原告、被告是可以相反的,即前诉的原告为后诉的被告,前诉的被告为后诉的原告,也属于诉讼主体相同。典型的事例是前诉与后诉均为确认之诉,前诉案件原告提起确认之诉,后诉案件为前诉的被告针对前诉原告同样提起确认之诉。

在确定案件主体同一性方面,比较复杂的情形是,虽然后诉的主体不是前诉的主体,但因为受判决效力的影响,所以也视为相同的当事人,也就是所谓既判力主观范围所及的主体。如为当事人所持有财产的人、选定当事人(我国民事诉讼中的诉讼代表人)、诉讼承继人(诉讼系属后,因当事人死亡等原因,当事人的实体权利义务移转给了诉讼当事人以外的其他人,该承担实体权利义务的承担者便承担了当事人的实体地位。承担当事人实体地位的人在外国就被称为"承继人")、诉讼担当时的利益归属人[32]等。这些人提起与前诉诉讼标的相同的案件也同样构成重复诉讼。

在我国的司法实践中,由于对既判力主观范围没有法律明确规定,也缺乏细致的理论指引,因此,往往在名义上非诉讼当事人,但实际上因为判决效

---

[31] 国外也有学者认为,只有一个标准就是诉讼标的的同一性,诉讼主体的同一性是当然的前提。没有诉讼主体的同一性也就自然没有诉讼标的的同一性的问题。参见[日]三月章:《民事诉讼法》,载《法律学全集》,有斐阁 1959 年版,第 117 页。

[32] 诉讼担当,分为法定诉讼担当和任意诉讼担当。不同的诉讼担当,其既判力扩张发生的根据是不同的。所谓法定诉讼担当,是指基于法律的规定,认可当事人之外的第三人对他人的权利关系行使诉讼实施权的情形。例如,代位债权人、债权质押人、股东代表诉讼中的股东代表人、破产管理人(破产清算组)等。任意诉讼担当是指基于权利关系主体授权该第三人获得诉讼实施权,从而成为适格当事人的情形。参见[日]伊藤真:《民事訴訟法》(第三版),有斐阁 2004 年版,第 151 页。例如,日本民事诉讼中的选定当事人;我国民事诉讼中的诉讼代表人。日本的选定当事人和我国的诉讼代表人虽然作用相当于诉讼代理,但性质上却不同于诉讼代理人,选定当事人和诉讼代表人本人也是当事人。基于当事人的意思而发生的诉讼行为与利益归属差异的情形外国法理论中称为"任意诉讼担当"。其诉讼行为的后果也同时归于被选定当事人或被代表人。因此,既判力也就必然会扩张至被担当人。

力的作用而具有当事人同样的地位的人再诉时往往因为缺乏统一性认识,做法不一,而导致实践中混乱。

2. 诉讼标的的同一

诉讼标的的同一是判断后诉案件与前诉案件是否为同一案件最关键的标准。2015 年 2 月 4 日实施的《民诉法司法解释》已明确将诉讼标的是否相同作为判断标准之一(第 247 条)。但这一标准在有的情形下,把握起来也相当困难和复杂。其原因在于诉讼标的内涵本身的界定以及新旧诉讼标的理论对诉讼标的判断或识别标准的差异。

旧诉讼标的理论在诉讼标的的界定和识别标准方面采用了实体法标准,即以实体法上的权利主张或法律关系为基准。因此,诉讼标的按照实体权利构成要件,每一个实体请求权构成一个诉讼标的,即使是同一案件事实,也可能根据实体法的不同规定构成若干实体请求权,也就有形成了相应的若干诉讼标的。如果以此为标准,则后诉与前诉是否相同,则不能只看案件事实或请求的目的是否相同,还应当看实体请求权是否相同。即使请求目的相同,也因为法律上的请求原因不同,构成不同的诉讼标的。例如,基于侵权的原因或是基于违约的原因。在一般情形下,按照旧诉讼标的学说不会有问题,但在请求权竞合的情形下,旧诉讼标的学说的缺陷就凸显出来了。因为在请求权竞合的场合,当事人基于同一事实所提出的请求却可能存在竞合的若干请求权,这就导致实际上会发生重复诉讼的情形。例如,对于同一生活事实既可以以侵权请求权要求予以赔偿,也可以以合同不履行要求赔偿的情形下,当权利人提起侵权赔偿诉讼之后,该当事人又提起合同不履行赔偿的诉讼,如果按照旧诉讼标的理论,并不构成重复诉讼。一旦前诉和后诉分别裁判就可能导致同一案件矛盾裁判、双重裁判的发生。㉝

正是基于旧诉讼标的的缺陷,才有了新诉讼标的理论。广义上的新诉讼标的理论是指,在判别诉讼标的的标准上放弃实体法标准,而改为所谓诉讼法标准。核心观点在于,在给付之诉中,原告的请求给付的法律地位就是其诉讼标的,而不再以实体请求权作为诉讼标的。在上述请求权竞合的情形,不同的请求权并不构成不同的诉讼标的,当事人要求给付请求才是诉讼标的,

㉝ 参见张卫平:《民事诉讼:关键词展开》,中国人民大学出版社 2005 年版,第 178 页。

给付请求只有一个,诉讼标的也就只有一个。至于是基于侵权赔偿还是合同不履行都只是请求依据、理由的不同而已。[34]

在大陆法系国家的民事诉讼实践中,法院基本上还是持旧诉讼标的理论,旧诉讼标的理论具有简明易操作的好处,人们也习惯于旧诉讼标的理论。[35] 在我国民事诉讼实务中,审判人员似乎还不熟悉使用诉讼标的的概念和理论。要掌握和运用诉讼标的的概念和理论有一个过程,也需要一定的条件。人们需要熟悉、理解和掌握实体法上的实体请求权及其性质,同时,司法人员对理论学习也需要相应的机制。[36] 从部分最高人民法院及高级人民法院的裁判文书中来看,关于重复诉讼或一事再理的判断根据通常以案件事实、诉讼请求、理由以及法律关系等为根据。在最高人民法院关于再审申请人蔡某与被申请人江门市新力五金塑料制品厂有限公司、佛山市家家卫浴有限公司、杭州金达卫生洁具有限公司侵犯发明专利权纠纷再审审查一案中,最高人民法院的裁定书对重复诉讼给出了一个判断根据,除了诉讼主体的同一外,在客体方面包括了"事实、理由和请求"三个方面。[37] 这与民事诉讼法关于起诉条件的规定有关,因为重复诉讼实际上是起诉的消极要件或障碍事由。《民事诉讼法》第 119 条第 3 项规定,起诉须有具体的诉讼请求和事实、

---

[34] 参见张卫平:《民事诉讼:关键词展开》,中国人民大学出版社 2005 年版,第 179 页;[日]高桥宏志:《民事诉讼法——制度与理论的深层分析》,林剑锋译,法律出版社 2003 年版,第 30、31 页。

[35] 由于新诉讼标的理论会加重法官释明负担(在辩论主义和既判力的制度语境下,一旦承认新诉讼标的理论,失权效的范围就会扩大,即在当事人的诉讼请求有多种原因时,即使当事人没有提出的法律观点或理由,法官也应当予以释明,而非按照旧诉讼标的,法官只需要单纯注意实体请求权主张即可,当事人没有主张的视为放弃),因此为了规避这种负担,法官们自然拒绝适用新诉讼标的理论。参见[日]高桥宏志:《民事诉讼法——制度与理论的深层分析》,林剑锋译,法律出版社 2003 年版,第 26 页。关于失权效(也称"遮断效")的含义,参见张卫平:《民事诉讼:关键词展开》,中国人民大学出版社 2005 年版,第 325 页。

[36] 裁判的非公开、说理的欠缺以及司法的行政化都阻碍司法人员对新理论学习和运用。

[37] 最高人民法院关于"再审申请人蔡某与被申请人江门市新力五金塑料制品厂有限公司、佛山市家家卫浴有限公司、杭州金达卫生洁具有限公司侵犯发明专利权纠纷再审审查民事裁定书",(2012)民申字第 1391。载"中国裁判文书网":http://www.court.gov.cn/zgcpwsw/zgrmfy/zscq/201312/t20131223_183915.htm,另参见最高人民法院(2010)民提字第 159 号。在李昌奎诉北京世纪超星信息技术发展有限责任公司、北京超星数图信息技术有限公司、贵州大学侵害著作权纠纷一案的裁定书中最高人民法院认为:李昌奎针对世纪超星公司、超星数图公司及其用户的侵权行为,在不同的法院已提起多次侵权诉讼,每一个侵权诉讼之间虽有关联,但被诉侵权主体不完全相同,诉讼请求亦不能相互涵盖,故世纪超星公司主张本案李昌奎系重复诉讼的理由不能成立。载北大法宝:http://www.pkulaw.cn/fulltext_form.aspx? Db = pfnl&Gid = 117956887&keyword = %E9%87%8D%E5%A4%8D%E8%AF%89%E8%AE%BC&EncodingName = &Search_Mode = accurate,最后访问时间:2014 年 5 月 10 日。

理由。毫无疑问,案件的诉讼请求、事实、理由三个方面包含了案件客体的全部内容,为法院审查和判断提供了全部信息。也有的案件法院还以法律关系作为判断是否同一案件的标准。[38]

一般情形下,案件事实相同、诉讼理由相同、诉讼请求相同、法律关系相同的诉讼就判断为重复诉讼。案件事实、诉讼请求、诉讼理由和法律关系只是考察判断的多维标准,在实践中审判人员通常会对这些因素综合考量判断。通过笔者对司法实践情形的考察来看,似乎我国的实践操作更接近于新诉讼标的理论的思维方式。将案件事实、诉讼请求和诉讼理由作为判断的根据就是一种诉讼法的思维,与新诉讼标的的理论近似,只是没有加以明晰和细致化。不过,一旦实体法的请求权概念渗入司法实践(实体法通用教科书关于请求权概念及其理论阐释已经非常成熟),旧诉讼标的理论因为以实体请求权或法律关系为诉讼标的更为简单,所以更容易为司法实践中接受。应当说明的是,以诉讼请求、案件事实、理由作为是否重复诉讼的标准并不准确。由于欠缺准确性,也就很难成为一种统一遵循、操作的规范。案件事实、理由很难作为一种标准,而仅仅是判断的材料,顶多是一项辅助性标准。诉讼请求接近甚至等值于诉讼标的,作为诉讼的客体或对象,诉讼请求或诉讼标的作为判断的标准在实务和理论上更有意义。不同的案件事实当然构成不同的案件,但案件事实相同,则并不一定是相同的案件,区别的关键还是诉讼标的。例如,对于环境污染事件中,加害事实是同一的,但公益诉讼请求与私益诉讼请求是不同的,受侵害的权益不同,诉讼标的也不同,因此是不同的诉讼。提起公益诉讼之后,针对同一污染行为所造成的私益侵害依然可以提起,不构成重复诉讼。至于是否应当等待公益诉讼判决的确定是另一个问题。[39]

关于诉讼标的的判断应当从诉的不同类型来考虑,对不同诉的类型,其诉讼标的的识别标准就有所不同。其一,不同的诉,其目的、功能都有所不

---

[38] 最高人民法院关于"再审申请人金龙精密铜管集团股份有限公司与被申请人江西耐乐铜业有限公司商业诋毁纠纷管辖权异议再审民事裁定书"(2013)民提字第78号。载"中国裁判文书网":http://www.court.gov.cn/zgcpwsw/zgrmfy/zscq/201401/t20140128_300459.htm。

[39] 关于公益诉讼的含义以及与私益诉讼的区别参见张卫平:《民事公益诉讼原则的制度化及实施研究》,载《清华法学》2013年第1期。

同,而如何科学地界定诉讼标的与诉的目的和功能有密切的关联。其二,强求诉讼标的识别标准的统一性往往导致顾此失彼,难以左右照应。其三,对诉的三种基本类型的划分已为我国民事诉讼实务界所接受,并长期在民事诉讼实务中具体适用,依据诉的不同类型来界定诉讼标的具有理论和实践基础。

给付之诉的诉讼标的应当是当事人关于对方履行给付义务的诉讼请求。至于是基于何种法律关系仅仅是请求的法律依据,即诉讼请求的理由。识别标准应当是发生给付请求的具体事件或行为。一个具体的当事人之间所争议的某种实体法律关系或实体请求权既不是诉讼标的,也不是识别给付之诉的诉讼标的的标准。例如,原告与被告之间发生的关于给付不动产的争议,其诉讼标的是原告关于给付该不动产的诉讼请求,而该请求是基于所有权法律关系,还是基于借贷关系,是请求的不同依据,不是不同的诉讼标的。这就避免了旧诉讼标的理论判断标准所带来的问题,也符合我国审判实践中的思维习惯,减少了因改变路径依赖所发生的障碍。

对于确认之诉和变更之诉,因为不存在请求权竞合所带来的问题,因此,对诉讼标的判别可统一界定(作为司法政策的指导思想是能统一的,尽量统一)。且由于我国民事诉讼理论中的变更之诉并没有强调其形成权与请求的联系,也就没有必要独立地考虑变更之诉的特殊性。确认之诉和变更之诉的诉讼标的应当是当事人要求法院确认和变更实体法律关系的诉讼请求。识别确认之诉和变更之诉的标准是有争议的实体法律关系。以实体法律关系作为确认之诉和变更之诉的诉讼标的标准尽管仍然沿用的是传统诉讼标的理论,但由于用此标准来识别确认之诉和变更之诉不存在理论上和实务操作上的困难和矛盾,因此,并不妨碍传统标准的适用。[40] 如果以实体法律关系为判断标准,则无论是积极确认之诉,还是消极确认之诉只要属于同一法律关系,分别提起都构成重复诉讼。

在诉讼实践中,给付之诉因为往往以确认其给付请求权为前提的,只有给付请求权存在的情形下,给付之诉才可能成立。因此就有可能发生分别提

---

[40] 参见张卫平:《论诉讼标的及其识别标准》,载《法学研究》1997 年第 4 期;张卫平:《民事诉讼:关键词展开》,中国人民大学出版社 2005 年版,第 169 ~ 200 页。

起给付之诉与确认之诉的问题。具体可以分为以下情形:其一,前诉为给付之诉,后诉为基于同一法律关系的确认之诉;其二,前诉为确认之诉,后诉为基于相同法律关系的给付之诉。由于确认之诉又包括消极确认之诉和积极确认之诉。而且在实践中通常是一方提起给付之诉,另一方提起消极确认之诉。因此,又可以分为:其一,前诉为给付之诉,后诉为消极确认之诉;其二,前诉为消极确认之诉,后诉为给付之诉。对于第一类情形,由于给付之诉已经包含确认请求,因此,无论后诉是给付之诉,还是确认之诉都属于重复诉讼。对于第二类情形,实际上是一种矛盾关系,后诉实际上是反诉,分别诉讼可能导致矛盾判决,因此,后诉为消极确认之诉时,且符合反诉条件的,应当与前诉合并,因可能导致矛盾判决,所以应禁止另行起诉。前诉为消极确认之诉,后诉为给付之诉的,也应当依照反诉合并于前诉的处理方法。从大陆法系民事诉讼诉的利益角度,前诉为确认之诉,该诉的被告又提起基于同一法律关系的给付之诉时,如果不作为反诉将其合并到本诉程序之中,单独另行提起诉讼的将以不具有诉的利益[41]为由予以驳回。因为先行的确认之诉必然涉及实体请求权或法律关系是否成立的问题,所以作为包含确认请求的给付之诉只能作为反诉予以合并,没有必要另行提起。如果从既判力角度或理论则因为后诉的判决可能与先行的确认之诉矛盾,因此也应当禁止另行起诉。

3. 关于诉讼请求的同一性

在关于重复诉讼的判断标准方面,新《民诉法司法解释》将诉讼请求相同与诉讼标的相同并列作为重复诉讼的判断标准之一。诉讼请求是一个具有多义性的概念,通常是指当事人要求法院裁判的请求。在旧诉讼标的概念下,诉讼请求与诉讼标的有明显的区别。但在新诉讼标的的概念下,这种区别往往就不那么明显了。因为新诉讼标的概念往往表示一种实质上的请

---

[41] 诉的利益这一概念的目的试图是对当事人诉权或诉讼实施权的具体行使进行调整和规范。虽然当事人拥有诉权或诉讼实施权,但针对具体的纠纷,对此是否有必要通过独立的诉讼由法院作出判决就必须考量司法裁判的实效性和妥当性。我国的民事诉讼理论还没有这一概念,司法实践中也没有使用。对于诉讼的必要性考量依靠具体的规定,在没有规定时就陷于由于没有理论指导而处于模糊不确定的状态。关于诉的利益的概念和理论简述参见张卫平:《民事诉讼法》(第三版),法律出版社 2013 年版,第 173 ~ 175 页。参见[日]福永有利:《诉的利益》,载[日]竹下守夫、福永有利编集:《注释民事诉讼法(5)诉、辩论准备》,有斐阁 1998 年版,第 36 ~ 86 页。

求——脱离具体实体法律判断基准的抽象请求。例如,要求被告人履行一定义务,至于基于何种法律关系或何种性质的实体请求并不讲究。新《民诉法司法解释》正是在这个意义上将诉讼请求作为判断重复诉讼的标准之一。问题在于,诉讼请求往往包含着诉讼标的,诉讼标的是诉讼请求的内容,也就是说诉讼请求是一个更大的,上位的概念,因此如果将诉讼请求作为一个与下位概念或包含概念予以并列在逻辑上恐难以成立。因此,笔者主张,从诉讼标的和诉讼争点两个方面作为判断重复诉讼的客体标准即可。因为这两个标准已经能够涵盖新《民诉法司法解释》关于诉讼请求同一性对重复诉讼的内涵要求。而且将其并列无疑会增加辨识的复杂性,不利于具体适用。

4. 关于诉讼争点的共通性

在使用诉讼标的这一概念,并将诉讼标的作为判断是否属于重复诉讼的标准的语境之下,就会产生这样的问题——后诉与前诉的诉讼标的相同,但前后诉争点相同,后诉是否也应当适用禁止重复诉讼的规制,禁止另行提起后诉。如果在诉讼实践中没有使用诉讼标的概念,也没有将诉讼标的作为判断的标准,则自然不会提出这样的问题。当然,在实践中也必然要遭遇类似的问题,问题的提出方式或表达方式通常是问两个案件在实质问题上是否相同。如果实质问题相同,也就有可能导致后诉裁判与前诉裁判的矛盾。从禁止重复诉讼规制的目的来看就是为了防止后诉与前诉裁判矛盾。基于此,后诉与前诉实质上相同的情形下,自然也应该属于重复诉讼的范畴,并予以禁止。新《民诉法司法解释》第 247 条将后诉的诉讼请求实质上否定前诉裁判的结果作为判断重复诉讼的情形,更为抽象地表达后诉与前诉的矛盾关系。这里的"实质上否定"的内涵应当是指如果进行后诉,则有可能在裁判结果上后诉裁判结果与前诉裁判结果产生矛盾。不过,第 247 条规定中的"实质上否定"只是结果,该条规定中并没有进一步指出原因。除了诉讼标的相同之外,诉讼争点相同应该是后诉与前诉可能矛盾的原因。诉讼争点相同往往会构成后诉与前诉实质上的相同。

争点是相对于诉讼标的概念的,往往是诉讼中理由层面所包含的内容。在诉讼实践,法院进行审查和判断时所提到的理由部分也就包括了诉讼中的争点。另外,在今后的诉讼实践中诉讼标的这一概念必然成为民事诉讼中的最重要的概念,并且加以运用,成为极具实用性的分析工具。与此相联系的争点概念以及效力问题也必然会涉及。争点效力问题已经成为大陆法系国家如日本等民事诉讼理论争议的问题。[42] 理论上通常认为，同样当事人之间尽管诉讼标的不同，但争点相同时，依然属于重复诉讼的范畴，可以通过反诉予以合并，但不得另行诉讼。例如，要求确认作为买卖标的物房屋的所有权请求与要求给付该房屋的请求属于不同的诉讼标的，但两个请求的争点却是相同，即关于该房屋买卖效力的问题。如果允许后诉的另行提起，则可能导致前诉与后诉裁判的矛盾，例如前诉确认房屋买卖关系不成立，后诉则认为房屋买卖关系成立，买者应当给付该房屋。[43]

关于禁止重复诉讼的判断标准或要件问题，也有日本学者认为如果从防止后诉与前诉的矛盾的视角考量，则前诉与后诉尽管诉讼标的不同，争点也不尽相同，但如果前诉和后诉属于矛盾关系的诉讼，则也应当纳入扩张的禁止重复诉讼的范畴之中。例如，针对同一不动产，甲向乙提起的确认诉讼与乙向甲提起的确认诉讼。由于两诉的原被告不同，因此不属于相同的诉讼标的，而且当前诉以继承为根据，而后诉以买卖取得时效为根据时，两诉的争点也不相同，但两诉处于矛盾或先决关系。[44] 如果进一步深化则可能简约为社会生活关系相同，并将其提炼为主要法律要件事实相同这样的判断标准。[45]

五、禁止重复诉讼在若干特殊情形中的适用

（一）票据诉讼与禁止重复诉讼

虽然根据票据法的原理，在票据规范上实行“票据严格主义”，但目前，我国《民事诉讼法》中还没有设置能够满足票据实体法规范要求的相应程序，也就是说，实际上我国还没有区别于普通诉讼的票据诉讼规则和程序。

---

[42] 关于争点效理论，参见［日］新堂幸司：《民事诉讼法》，林剑锋译，法律出版社 2008 年版，第 492～502 页。关于争点效理论的争论，参见［日］仓田卓次：《所谓争点效理论》，载《民事法的诸问题(3)》，判例时报社 1969 年版，第 315 页；［日］伊东乾：《判决的争点效》，载《实务民事诉讼讲座(2)》，日本评论社 1969 年版，第 93 页；［日］住吉博：《论“争点效”的本质》(1)(2)，载《民商法杂志》第 61 卷第 2 号、第 5 号(1969 年、1970 年)

[43] 参见［日］高桥宏志：《民事诉讼法——制度与理论的深层分析》，林剑锋译，法律出版社 2003 年版，第 114 页。

[44] 参见［日］小室直人等：《新民事诉讼讲义》，法律文化社 2006 年版，第 70 页，转引自［日］高桥宏志：《民事诉讼法——制度与理论的深层分析》，林剑锋译，法律出版社 2003 年版，第 114 页。

[45] 参见［日］伊藤真：《民事诉讼法》(第三版)，有斐阁 2004 年版，第 182 页。

由于没有特殊的票据诉讼规则和程序，目前国内所谓的票据诉讼是泛指涉及票据纠纷的民事诉讼，与其他民事纠纷的诉讼在程序上并没有特殊性。[46] 从满足票据实体法律规范本质要求，完善和发展民事诉讼法的要求来看，我国必须设立区别于普通诉讼的票据诉讼，票据诉讼应有的特殊性应当在民事诉讼规范中得到充分的反映。[47] 本文以下所说的票据诉讼就是指不同于普通诉讼的拥有特殊规则的票据诉讼。在禁止重复诉讼的问题上论及票据诉讼的例外，也正是针对此种特定含义的票据诉讼而言的，否则，讨论票据诉讼的例外便失去了特定的前提和语境，如果不从特定的票据诉讼规范出发议论禁止重复诉讼的例外情形也是很难理解的。

从大陆法系国家和地区的票据诉讼规制来看，票据诉讼的特殊性集中反映在以下几个方面：(1)书证原则。票据诉讼中实行所谓书证主义。[48] (2)实行一审终审原则。对于裁判的救济采取异议程序，即当事人对票据诉讼判决不服的，不允许提起上诉，只能提出异议，一旦提出异议，诉讼就从特殊的票

---

[46] 关于票据诉讼，人们常常在三种含义上使用。第一种含义将票据诉讼等同于失票诉讼。第二种含义是将票据诉讼限制在有关票据权利的诉讼，即票据权利诉讼。（票据权利诉讼又有广义和狭义之分。狭义的票据权利诉讼仅指涉及票据权利行使的诉讼，限于因票据权利的行使发生纠纷而就票据金额以及相关的法定利息赔偿的请求所提起的诉讼；广义的票据诉讼还包括与票据权利的确定和恢复有关的诉讼。）第三种含义是将凡是涉及票据的诉讼都称为票据诉讼。但从国外关于票据诉讼的特殊规范而言，只有票据权利诉讼才适用特殊诉讼程序属于特殊诉讼，其他涉及票据的诉讼依然属于普通诉讼，例如请求确认票据权利不存在的诉讼就是普通诉讼，不适用票据诉讼的特殊规则。因此，票据诉讼应当限定关于票据权利的诉讼。我国早些年出版的著作，如张德荣主编的《票据诉讼》（法律出版社2002年版）就是在第三种含义上，以我国现有诉讼制度为背景对票据诉讼的议论，而非基于应有的票据特殊诉讼的论述，所以我们应当注意加以区分。

[47] 关于我国建立票据诉讼程序的理由和立法建议可参见叶永禄：《票据诉讼制度研究》，法律出版社2008年版，第161～178页。

[48] 从票据法原理而言，票据是一种"文言证券"，票据上的权利关系只有证券上的文字才能专门加以证明。因此，不允许通过其他证明方法变更或补充证券上的文字含义。另外，票据是无因证券，票据关系与票据原因关系脱离，以实现流通和信用功能，正是因为票据是无因证券、文言证券，因此，在票据诉讼中奉行书证原则。参见[日]石川明、高桥宏志：《注释民事诉讼法(9)再审、督促程序、票据诉讼、判决的确定、执行停止》，有斐阁1996年版，第231页；叶永禄：《票据诉讼制度研究》，法律出版社2008年版，第36～43页。

据诉讼转化为一般的诉讼程序。[49] (3)对于票据诉讼的本诉,不得提起反诉。[50] 这些特殊规定都是为了一个目的,使得票据权利人以简易和快捷的方式获得执行名义,实现自己的票据权利。

在通常情形下,如本文所述,由于债务不存在的消极确认之诉与给付之诉存在矛盾关系,因此,无论是债务不存在的消极确认之诉,还是给付之诉,只要是针对同一法律关系的,后诉都构成重复诉讼,从而禁止另行提起诉讼,只能作为反诉强制合并于前诉程序中,否则不能主张。但依据票据诉讼的特殊性,要求不得适用反诉,这就涉及如何处理后诉的问题。作为例外,国外的理论和实务一般认同,作为禁止重复诉讼规制的例外情形,允许本诉的被告另行提出票据诉讼,而不是提起反诉。为了避免矛盾判决,相应的处理是前诉为票据债务不存在的消极确认之诉时,该诉暂时停止,等待后诉的判决。实际上这种做法是使票据支付诉讼处于优先的地位。[51] 另一个问题是,当票据诉讼转为一般诉讼之后,关于票据权利义务的诉讼与票据债务不存在的诉讼是否构成重复诉讼的对象。通常的观点认为,此时应当将后诉予以合并,禁止其另行起诉。[52]

(二)抵销抗辩与禁止重复诉讼

诉讼上的抵销,是指在诉讼中,一方当事人以自己的债权抵销对方作为诉讼请求的债权的行为。在诉讼前或诉讼外当事人所实施的债权抵销则称为诉讼外的抵销。诉讼上的抵销是基于实体法上的抵销权。[53] 既然在实体法上规定了当事人可以抵销债务,那么在诉讼中当然也可以实施抵销。不过,

---

[49] 在这一点上,票据诉讼与督促程序有相通之处。根据我国《民事诉讼法》的规定,在督促程序中,一旦义务人对支付令提出异议,支付令失去效力,督促程序自动转为一般诉讼程序。

[50] 对票据诉讼禁止提起反诉的理由有以下几点:1. 对票据诉讼提起反诉,将因为反诉与本诉的合并导致诉讼变得复杂,不利于票据权利人尽快实现自己的票据权利;2. 反诉的诉讼是普通诉讼,而普通诉讼的程序与票据诉讼的程序不同,也不能满足提起反诉的条件(反诉提起的条件要求反诉与本诉适用相同的程序。票据诉讼一审终审,而反诉作为普通诉讼是可以上诉的)。

[51] 参见[日]高桥宏志:《民事诉讼法——制度与理论的深层分析》,林剑锋译,法律出版社 2003 年版,第 116 页。

[52] 关于此问题的争论,参见[日]高桥宏志:《民事诉讼法——制度与理论的深层分析》,林剑锋译,法律出版社 2003 年版,第 116、117 页。

[53] 我国《合同法》第 99 条规定:“当事人互负到期债务,该债务的标的物种类、品质相同的,任何一方可以将自己的债务与对方的债务抵销,但依照法律规定或者按照合同性质不得抵销的除外。”第 100 条规定:“当事人互负债务,标的物种类、品质不相同的,经双方协商一致,也可以抵销。”

在我国实践以及以往的诉讼理论中，往往把被告在诉讼中所实施的债务抵销作为一种反诉来处理。即被告针对原告的债权请求，提出以自己的债权予以抵销时，要求被告以反诉的方式提出。有学者将这种抵销作为一种反诉与本诉牵连的情形。从大陆法系的理论和实务来看，诉讼上的抵销只是被告提出的一种诉讼上的抗辩，即抵销抗辩，[54]是一种诉讼上的防御方法，而不是作为一种反诉处理。只要被告在诉讼中提出抵销债权，法院在确认各自债权成立的情况下就可以在判决中将各自债权予以抵销。抵销抗辩既具有抗辩性质，同时又是当事人提出的可以单独构成诉讼的反对债权，具有类似于反诉的特点。为了防止当事人重复行使抵销抗辩，法律例外赋予抵销抗辩也具有既判力。[55]

诉讼上的抵销在民事诉讼中没有争议，与禁止重复诉讼关联的争议问题是，作为前诉的诉讼标的的债权在后诉中能否作为抵销债权（反对债权）行使。例如，债权人作为原告向债务人被告提起给付之诉之后，前诉被告作为原告的在另一诉讼中，前诉原告能否将前诉中主张的债权在后诉中作为抵销债权（反对债权）予以主张。单纯就债权而言，后诉中的抵销债权与前诉中的债权是同一债权，因此在这种情形下，是否构成重复诉讼就是一个问题。从笔者所了解的情形来看在我国似乎没有成为问题，或者笔者没有发现这样的问题。不过从国外的情形来看此种情形确实存在。[56] 也由此成为禁止重复诉讼理论上争论的重大问题。

关于抵销抗辩与禁止重复诉讼的关系问题，实际存在着三种类型——“诉讼先行型”、“抗辩先行型”和“抗辩并存型”。上述提到的情形就属于诉讼先行型，相反，如果抵销抗辩的债权在前诉主张，抵销抗辩者又以该债权另行提起诉讼即属于抗辩先行型。抗辩并存型则是指对于是否构成禁止重复

---

[54] 参见［日］高桥宏志：《民事诉讼法——制度与理论的深层分析》，林剑锋译，法律出版社 2004 年版，第 501 页。

[55] 参见张卫平：《诉讼上的抵销》，载张卫平：《民事诉讼法》，法律出版社 2013 年版，第 311 页；［日］高桥宏志：《民事诉讼法——制度与理论的深层分析》，林剑锋译，法律出版社 2004 年版，第 511 页；中野贞一郎：《抵销抗辩》，载中野贞一郎：《诉讼关系与诉讼行为》，弘文堂 1966 年版，第 90 页以后。

[56] 日本最高裁判所 1988 年 3 月 15 日判决，载《最高裁判所民事判例集》第 42 卷第 3 号。［日］新堂幸司、青山善充、高桥宏志编：《民事诉讼案例百选》（第一卷），有斐阁 2006 年版，第 80 号案件；日本最高裁判所 1993 年 12 月 17 日判决，载《最高裁判所民事判例集》第 45 卷第 9 号。

诉讼的议论是针对不同的类型展开的。在诉讼先行型的场合,有两种对立的观点,一种观点(否定说)认为,作为同一个债权,在前诉已经作为诉讼标的经法院审理,但在后诉又以抵销债权(反对债权)加以主张就存在着在后诉中再次被法院审理,并可能导致两个诉讼对同一债权的矛盾判决(例如,在前诉中法院判决该债权不成立,后诉法院判决认可该债权抵销成立),因此,实质上违反了禁止重复诉讼的原则,应当类推适用禁止重复诉讼原则。另一种观点(肯定说)认为,前诉中作为诉讼标的的债权在后诉中作为抵销债权只发生在前诉的被告另行提起了诉讼,由于后诉审理的滞后,法院并不知道后诉中的抵销债权也被审理和判断,因此,并不存在所谓二重审理以及既判力冲突的问题,也就不存在违反禁止重复诉讼的问题。肯定说所面临的问题是,如果前诉判决已经确定并被执行的情形下,后诉中的抵销抗辩也得到承认,也就必然存在同一债权双重执行的尴尬境地。对于这种情形,也有的学者认为从辩论主义出发是应当允许的,也是可以理解的。[57] 抵销抗辩与禁止重复诉讼的问题,由于涉及实体法的具体规定、当事人的诉讼利益、各种诉讼语境、条件,因此使得关于此问题显得异常复杂,几乎没有一种观点可以完全或充分证立。笔者的理解是,总体而言,涉及如何对待当事人的诉讼策略问题,原点是当事人与法院基本关系处置问题。如果承认当事人诉讼策略的自由运用,例如充分考虑被告的防御自由,就应该放宽禁止重复诉讼的规制,相反,否认当事人诉讼策略的自由利用,则相应地就会限制抵销抗辩的适用。从概念上讲,被告在诉讼中提出的抵销抗辩毕竟只是一种防御方法,而不是诉讼标的,严格而言禁止抵销抗辩的提出过于苛刻。

(三)一部或部分请求与禁止重复诉讼

一部请求或部分请求与禁止重复诉讼关联的问题是,针对同一债权,当事人在前诉中主张了部分请求之后,后诉再行主张同一债权余下的部分请求时,是否构成重复诉讼并应予以禁止。在诉讼实践中,有可能出现这样的情形,即当一个权利义务关系发生争议诉诸到法院时,原告作为债权人没有在该诉讼中主张该债权的全部,仅仅主张了其中部分债权。这种部分债权的主

---

[57] 参见[日]高桥宏志:《民事诉讼法——制度与理论的深层分析》,林剑锋译,法律出版社 2004 年版,第 501 页。

张并不是指原告与被告之间存在两个或两个以上的不同债权，而是指原告的债权只有一个，只是该债权是数量上可分的。例如，被告欠原告10万元，而原告在该诉讼中只就其中5万元提起诉讼要求被告返还。如果原告愿意也还可以分成若干份。问题包括两个方面：其一，当原告仅就其中5万元提起诉讼后，在这一诉讼之外，被告是否还能再就另外5万元提起诉讼；其二，当前诉法院判决被告给付原告主张的5万元或原告的请求被法院裁判否定，并且法院判决已确定的，原告能否就另外的5万元债权提起后诉。前者涉及是否属于重复诉讼的问题，后者与既判力的客观范围有关。国外关于这一问题主要有两种对立的观点。一是肯定说。该说的主要依据是，在实体法上对债权的分割是债权人的自由，债权人就部分债权进行处分是合法的。因此，程序法上也应当与实体法一致，允许原告自由地设定诉讼标的，至于当事人是否明示该请求是其中一部分在所不问。[58] 二是否定论。否定论又可细分为三种观点。第一种观点，当事人明确指出请求的只是债权的其中一部分时，允许对余额再提起诉讼，没有对部分债权请求明示，不得就剩余部分再提起诉讼，即使客观上只是全部债权的一部分。[59] 第二种观点，尽管也否定一部请求的可诉性，但在具体处理上，要区分原告提出部分请求时，在诉讼中是胜诉还是败诉。如果原告在诉讼中胜诉，则余额请求可以再行诉讼。但败诉时，则不能够再行诉讼。因为日本的案件手续费的高低与案件数额大小有关，数额越大手续费越高，因此原告就可能为了避免花掉不必要的案件手续费，而先就一部分小额请求提起诉讼，试探一下法院的判断，如果胜诉，则再就其余部分请求提起诉讼，这种的做法是合理的。一旦败诉，如果再允许当事人就其余部分请求提起诉讼就没有必要了。[60] 第三种观点属于不分情形，全面否定部分请求再诉的观点。此种观点认为，如果允许原告就其余部分请求再行诉讼，必然给被告造成不必要的讼累，也导致法院审理的不经济和非效率化。[61] 上述哪一种观点更具合理性与价值判断有关。如果侧重考虑公平、诉讼经

---

[58] 参见[日]木川统一郎：《一部请求后的残余请求》，载[日]木川统一郎：《民事诉讼重要问题》(中)，成文堂1992年版，第306页。

[59] 参见[日]佐上善和解说：《民事诉讼法判例百选》，有斐阁1995年版，判例第147号。

[60] 参见[日]三月章：《民事诉讼法》，弘文堂1978年版，第114页。

[61] 参见[日]新堂幸司：《民事诉讼法》，弘文堂1986年版，第294页。

济、效率,则否定论就是合理的。如果侧重于考量当事人处分权,则承认可以再行诉讼也是有道理的。[62]

本文开篇曾提到,最高人民法院2001年曾出台了《关于确定民事侵权精神损害赔偿责任若干问题的解释》(法释〔2001〕7号,以下简称《解释》)。《解释》第6条规定:当事人在侵权诉讼中没有提出赔偿精神损害的诉讼请求,诉讼终结后又基于同一侵权事实另行起诉请求赔偿精神损害的,人民法院不予受理。从该规定看,受害人的物质损害和精神损害是基于同一事实,即同一损害行为造成了同一主体的物质和精神两方面的损害。说明《解释》强调了损害原因事实的同一性,同一原因事实造成了同一当事人之间的损害赔偿法律关系。这一规定还指出,当事人在前诉中只对物质损害部分提起诉讼的,在该诉讼终结后,当事人不能就精神损害部分再行诉讼。所谓诉讼终结,除了《民事诉讼法》第137条规定的几种情形之外,根据确定裁判结束诉讼是最常见的终结诉讼情形。而《民事诉讼法》第137条规定的几种诉讼终结的情形不会导致《解释》禁止的情况,因此,只有因确定裁判而终结诉讼的情况。因此,从这一点看,实际上《解释》强调的是诉讼终结后判决对后诉的拘束作用,正如笔者所分析的,这种作用实际上就是确定判决的既判力作用。《解释》的制定者虽然没有使用既判力这一概念,但如果制定者是从一事不再理(禁止重复诉讼)的一般意义来理解,以及上述规定来看,制定者已经从既判力的角度来处理前诉裁判与后诉裁判的关系问题。

《解释》的该条规定意味着,当前诉法院对当事人提起的物质损害赔偿请求作出的确定判决对后诉当事人提起的因同一损害事实所致之精神赔偿请求具有既判力。因为《解释》仅仅是针对精神损害赔偿的司法解释,因此就只限于实务中的现实应对,仅指出当事人单独就精神损害赔偿于后诉时的处理。实际上可以预计可能发生的几种情形:(1)原告在前诉中仅提起物质损害赔偿请求,诉讼终结后,对同一侵害事实造成的精神损害另行起诉;(2)原告在前诉中仅对精神损害提起诉讼,诉讼终结后,对同一侵害事实造成的物质损害另行起诉;(3)同时在不同法院分别提起关于物质损害赔偿的诉讼和精神损害赔偿的诉讼(由于侵权案件的管辖是由侵权行为地或被告人

---

[62] 参见[日]高桥宏志:《重点讲义民事诉讼法》,有斐阁1997年版,第69页。

所在地法院管辖,因此,当侵权行为地与被告人所在地不一致时,就可能由两个法院来管辖);(4)在同一法院分别提起关于物质损害赔偿和精神损害赔偿的诉讼。此种情况可能是两案适用同一种程序,或普通程序或简易程序。也可能一诉适用普通程序,另一诉适用简易程序,或者反之。这些情况都是因为将同一损害的事实分为两类不同性质的损害,并构成不同诉讼标的所致。《解释》第6条的规定定位于"同一侵害事实",规定所指的"侵害事实"就是指加害行为的客观存在,也就是说,《解释》所持的观点是"加害行为说",即一个加害行为构成一个诉讼标的。同一加害行为虽然造成了两种损害,但该诉讼的诉讼标的就只有一个,"事"就是"一事"。据此,无论前诉是物质损害赔偿诉讼还是精神损害赔偿诉讼,后诉精神损害赔偿请求或物质损害赔偿请求与前诉请求都是一个"事"。因此,法院不能受理后诉,如提起后诉即属于重复诉讼。如果将后诉看作部分请求,则可推知最高人民法院是否定部分请求另行诉讼或再诉的。

(四)代位诉讼与禁止重复诉讼

代位诉讼,是指债权人基于代位权向次债务人提起的诉讼。代位诉讼与禁止重复诉讼相联系的问题是,在债权人提起代位诉讼之后,债务人另行提起对次债务人的基于同一债权的诉讼时是否构成重复诉讼。虽然另行提起的后诉不是同一原告,但由于诉讼标的是相同的——相同的债权,因此债务人向次债务人提起的诉讼构成重复诉讼应当予以禁止。另外,从既判力角度,也因为无论代位诉讼的原告胜诉还是败诉,其判决的既判力都将及于债务人,债务人也就没有必要提起诉讼,如果允许另行提起诉讼就有可能导致裁判的矛盾。同时,将两个诉讼予以合并也是没有必要。

结语

从防止裁判的矛盾、实现诉讼经济效率的价值、减少当事人的讼累,我国《民事诉讼法》应当明确规定原则上禁止重复诉讼。对于特殊的例外情形可以通过针对具体情形或特殊领域作出相应的规定或通过司法解释、指导性案例加以规范。无论是原则的适用还是例外情形的理解也都需要以细致、扎实的理论作为基础。由于各种原因,我国民事诉讼始终呈现出一种泛调解化或调解型诉讼的状态,虽然不同时期其泛化的程度有所不同。这种状态使得诉讼和审理、裁判的技术化、专业化需求受到极大的冲击,程序法和实体法的精确适用被严重忽视,导致实体法和诉讼程序的虚无化,也必然对实践的理论探讨和深究造成消极影响——任何细致和深入的研究都可能是伪命题。在凭感觉的、粗糙的、朴素的司法运用中,诉讼理论无疑是多余的,是所谓脱离现实的。如果要说研究也大多是心理学的、社会学意义上的研究。显然,这种状态实际反映了我国民事司法的初级性特征。在这样初级化的、贫瘠的司法土壤上也就难以生长茂盛的理论参天大树,民事诉讼理论及其研究的矮化是必然的。[63]

然而,我们的司法不可能永远处于这样的状态,社会是不断发展的,呈现出愈加复杂、多元的形态。社会生活的复杂化、多元化必然导致诉讼的复杂化。同时,人们对程序公正的要求在不断增进和强化,再依靠模糊规则的调解化审判方式难以适应这种社会发展的需求,难以使人们感受到具体的公正。新《民诉法司法解释》多达552条的规定尚不能完全涵盖民事诉讼规制的范围就足以说明民事诉讼的复杂性和对公正性的细化需求。因此,我们只有在诉讼中对规则的精确理解和适用,才能使人们信服司法裁判的公正性,信赖司法的权威性。要做到对诉讼规则的精确理解和适用,也就必须深入地研究诉讼规则的原理,尽可能穷尽一切可能存在的情形,并为指导诉讼规则的实践提供指南。在这个意义上,学术上的细致化、精致化的研究就不再是孤芳自赏,不再是伪命题。

本文对重复诉讼及其规制的研究就是试图将该问题的探究进一步深化、细化,并且将这种研究尽可能与国外或域外的探讨接轨,不仅要从本土实践出发,同时也要连接不同语境之中的国外研究的问题和命题。在某种程度上,由于我国法治的滞后发展,法治发达国家的诉讼历史之路极有可能是我们未来将行之路。他们的过去、现在,有可能是我们的将来。因此,我们需要而且必须从人类发展的共同经验中汲取营养,用先进的诉讼理论、知识武装自己。另一方面,由于裁判的文书公开,说理要求的强化,我国司法将进一步开放,这种开放使得理论探讨有条件与我国更加丰富和广泛的诉讼实践连接,由此,理论研究也会得到更有力的推进和发育、成长。关于重复诉讼应对

---

[63] 参见张卫平:《民事诉讼法学的贫困化》,载《清华法学》2014年第1期。

的规制研究是一种结合我国诉讼实践,深化对这一问题研究的一次尝试,并力图起到抛砖引玉的作用。

(原文载于《中国法学》2015 年第 2 期)

既判力相对性:原则、作用、根据与例外

引言

民事诉讼作为解决民事纠纷的一种法律方式,其有效性在于司法机构的裁判效力。如果裁判没有效力,不仅民事诉讼失去价值和意义,民事司法与民事法律也都失去价值和意义。裁判效力是民事诉讼存在的基本保障和前提。作为司法裁判机关,法院在民事诉讼中作出的裁判主要包括判决、裁定和决定。其中,判决是对民事争议实体问题的实质性裁决,因而在司法裁判中具有最重要的地位。“裁判效力的问题是程序法中最核心的问题。”①因此,对判决效力的研究也一直是民事诉讼法学界研究的重点。

判决的效力是指判决所实际发挥的作用,主要体现为判决对一定主体的约束力或拘束力。从判决效力的原理而言,判决从成立时起便会发生特定的效力,随着时间或程序的推移,判决一旦确定,还会发生其他效力包括既判力。判决在送达或宣告时便得以成立,②判决一旦成立,便会对所有法院发生特定的约束力,即所有法院包括作出判决的法院都不得在未经法定程序的情况下撤销、改变其判决。在理论上,作出判决的法院不能改变已经成立的判决,对裁判法院的约束力称为“自我约束力”;其他法院包括上级法院亦不得

---

① [日]三月章:《民事訴訟法》(第二版),弘文堂1986年版,第31页。

② 大陆法系国家,如德国、日本,法律上规定判决从宣告之时起成立。我国法律没有规定判决自宣告之时起成立,虽然民事诉讼法有关于宣判的规定,但没有规定宣判之时为成立之时。按照民事诉讼法的规定,送达为法律文书成立的条件,因此,可以认为我国判决的成立是其送达之时。判决成立为判决宣告之时,其理在于,一旦宣告当事人便知晓判决的内容,所以,此时判决内容对法院就应产生相应的约束力,否则宣告没有意义。在实践中,法院会告知当事人,判决的具体内容以判决书为准。这里的以判决书为准是指判决的具体表述,但判决书的基本内容不能与宣判的内容矛盾,否则宣告没有意义。

未经法定程序撤销、改变已成立的判决。这种对裁判法院以外法院的约束力称为“羁束力”。[③] 有的判决如可以上诉的一审判决成立后不会立即确定,只有在上诉期限届满,当事人没有上诉的情形下才会确定。有的判决如终审判决一旦成立便同时确定。[④] 判决一旦确定还会相应发生其他效力。例如,法院不得就已经裁判并已确定的实体争议事项再行审理和裁判,当事人也不得就已经裁判并已确定的实体争议事项再行起诉。这种效力是相对于当事人不得对该判决申明不服,具有终结诉讼程序的形式上的约束力(形式上的确定力)而言的,判决确定之后所具有的上述效力在理论上就称为“实质上的确定力”,即“既判力”。已确定判决的这种既判力效果在客体、主体和时间三个方面得以体现,对判决既判力也需要从这三个维度才能正确、全面地加以理解。客体方面,判决既判力是指对哪些已判决的事项有拘束力,对这些判决事项的裁判对后诉法院和当事人有约束力,即既判力的客观(客体)范围;[⑤]主体方面,判决的既判力是指已经确定的判决对哪些主体有约束力,即既判力的主观(主体)范围;时间方面,是指已确定判决作用的时间界限,也称为既判力的时间范围或既判力标准时。既判力时间范围的意义在于,既判力标准时之前已经存在的事项,无论当事人是否主张,该当事人在后诉中都

---

③ 参见[日]川岛四郎:《民事訴訟法》,日本評論社 2013 年版,第 667 页。

④ 在我国民事诉讼法文本和民事诉讼实务中将裁判确定的情形笼统地称为“生效”。《民事诉讼法》第 155 条规定:“最高人民法院的判决、裁定,以及依法不准上诉或者超过上诉期没有上诉的判决、裁定,是发生法律效力的判决、裁定。”由此,裁判的成立和生效就成为两个不同的概念。生效的裁判就是指已经确定的裁判。但严格而言,因为判决一旦成立也会产生某些效力,也是生效判决,所以为了加以区别,对于具有既判力、形成力和执行力的判决使用“确定”这一概念更为准确。

⑤ 在大陆法系国家,“判决”这一概念包含“本案判决”和“诉讼判决”两种情形。本案判决是对本案诉讼标的的判决,即对当事人双方之间争议的实体权利义务的裁判,与我国判决的概念内涵相同。诉讼判决是指法院对当事人实体主张是否具有诉讼上的合法性(适法性),即是否可以作出实体裁判的要件(诉讼要件)的裁判,类似于我国民事诉讼法中对诉讼事项的裁定。既判力的客观范围一般是指本案判决的既判力客观范围。因为若以“实体法说”解释既判力的本质,当然无法承认诉讼判决的既判力。但若依照现在主流学说“诉讼法说”,以不符合诉讼要件为由驳回诉的诉讼判决同样具有排斥作用,因此也具有既判力。参见[日]上田徹一郎:《却下·棄却判決の既判力》(《驳回诉、驳回请求判决的既判力》),载[日]上田徹一郎:《判決効の範囲》,有斐阁 1985 年版,第 88 页。从我国的情形来看,诉讼要件如法院审判权、管辖权、当事人适格、一事不再理等事项通常是不予受理或驳回起诉的具体事由,不会针对具体的事项单独作出裁决。如此,就难于肯定不予受理或驳回起诉的裁定具有既判力。对于不予受理或驳回起诉的,如果原告再次起诉符合起诉条件的,法院还是应当受理,法院前诉的裁定对后诉法院没有拘束力。参见张卫平:《民事诉讼法》,法律出版社 2013 年版,第 415 页。

不能作为攻击和防御的方法再加以主张。⑥ 确定判决是对争议的权利义务关系的确认,而权利义务关系往往是在不断变化之中的,因此法院的判决所确认的只能是某一个时间点上与权利义务有关的事项(与此不同,刑事诉讼总是对诉讼发生前的事实的认定)。也就是说,既判力是一个具有特定时间维度的概念。⑦

本文研究的主题属于既判力效力主观(主体)范围中的问题,重点在既判力主观范围中的相对性原则。应当承认我国民事诉讼既判力的制度建构还相当不完善,其中就包括关于既判力主体范围的原则建构。甚至可以说在民事诉讼法规范层面我们还没有既判力制度。这一缺失导致民事诉讼立法中其他诉讼制度建构的紊乱和冲突,也导致了民事诉讼实务中法院审判的迷茫。

在民事诉讼实践中,与既判力主观(主体)范围直接联系的,且实践中十分突出的问题是,当他人之间诉讼的判决涉及第三人利益时,该第三人能否就此向前诉的原告或被告就前诉诉讼标的相关的事项提起诉讼。在笔者的多次调查中,无论是法官还是律师,对此都十分茫然,对这一问题的回答基本凭直觉感知,所以持肯定与否定结论的人数大体各占一半。进一步的问题是,如果可以起诉,是否会形成两个彼此矛盾的判决,对此应当如何认识和处理,都是人们在实践中所面临的问题。

在诉讼制度建构和适用方面,与既判力主观范围直接关联的是第三人撤销之诉。该项制度系 2012 年民事诉讼法修改中新设立的一项制度。第三人撤销之诉的直接目的是撤销他人之间已经生效的判决、裁定和调解书。问题在于,如果第三人可以另行提起诉讼获得实体权益的保障,那么第三人撤销之诉在何种程度上还有必要;如果有必要则是否应该对适用范围予以限制。

---

⑥ 依据辩论原则,当事人承担主张责任,只有当事人在法庭口头辩论中主张的事实才能作为裁判的依据。根据处分原则,当事人可以自由支配自己的实体权利和诉讼权利,是否主张及主张何种事实作为攻击或防御的方法,是当事人的自由处分。因此,在前诉中当事人没有主张的攻击或防御方法,视为当事人已经放弃。

⑦ 如果说既判力标准时之前已经存在的事实,当事人在后诉中不能加以主张,就意味着既判力具有使当事人无法在后诉中再提出标准时以前存在的事实主张的后果。这种法律上的效果被称为"失权效"。理论上一般认为失权效并非既判力之外判决的其他效力,而是既判力所表现出来的效果。但有学者如德国的罗森贝克主张失权效为与既判力并列的一种效力,其目的是维护法律上的安定性。参见骆永家:《既判力之研究》,台湾大学法学丛书编辑委员会 1989 年版,第 21 页。

这些问题也需要我们深入探讨予以厘清,否则必将影响第三人撤销之诉制度、再审制度、执行中案外人异议之诉制度的具体运行。这些问题的一个基本点就是既判力的相对性原则。如果此问题不加以澄清,其他问题将无法厘清,而且有可能愈加混乱。

既判力制度建构的缺失与我国民事诉讼的理论研究不足有密切关系。大陆法系国家关于既判力有一整套制度和理论,国内理论界虽然在一定程度上对其有所了解,但由于没有针对具体语境(程序法语境和实体法语境),因此无法结合中国现实问题、在中国法制语境之下认真加以分析和探讨,使得这些理论成为了纯粹的法律"外语",既判力制度建构也缺乏相应的认知基础。在大陆法系国家,如德国、奥地利、日本、韩国等国,既判力相对性原则都不是问题,无论是教科书还是专著,都是一笔带过,他们的研究重点和兴趣在于既判力范围的扩张,研究的是例外情形。但我国的情形就大不相同,对于许多原则问题,我们还没有基本概念和认识。这种差异是法治阶段的差异所致。总体上我们还处于原则建构的初级阶段。本文的研究就是要在特定的中国语境之下对既判力相对性原则进行研究,认识并解决我国民事诉讼语境下的理论和制度问题,解决立法和实务中的基本理念和原则问题。

一、我国判决效力主观范围的制度和理论考察

改革开放以来,民事诉讼法制定虽已有三十余载,历经两次修改,但遗憾的是,在现行民事诉讼法中,一些基础性的诉讼制度依然缺失和存在不完善之处。判决制度就是其中之一。判决制度中缺失最严重的当属判决效力制度。在判决效力制度中既没有关于成立及效力、无效判决的规定,也没有确定判决既判力的规定,包括既判力客观(客体)范围、主观(主体)范围、时间范围、判决主文与既判力的关系等。具体到主观范围方面,关于既判力相对性原则和既判力主观范围的一般例外都没有明确规定。2012 年民事诉讼法对于确定判决(生效判决)的既判力仅有间接规定。其第 124 条第 5 项规定,对判决、裁定、调解书已经发生法律效力的案件,当事人又起诉的,告知原告

申请再审,但人民法院准许撤诉的裁定除外。[⑧] 这一规定赋予前诉法院之生效判决对后诉法院的约束力,即对前诉法院已经裁判的实体法律争议,当事人不得再行起诉,实际上也就规定了后诉法院不得再次审理作出裁判。这一约束力反映了既判力的间接作用。既判力的直接作用是后诉法院不得作出与前诉法院确定判决相矛盾的判决。[⑨] 2012 年民事诉讼法第 124 条第 7 项则间接、个别地规定了既判力的时间范围。根据该项规定,"判决不准离婚和调解和好的离婚案件,判决、调解维持收养关系的案件,没有新情况、新理由,原告在六个月内又起诉的,不予受理。"其中的"新情况、新理由",可以理解为在前诉判决既判力标准时之后所发生的事实或主张事项,因此前诉判决对这些事实没有既判力,原告可以以该事实提起诉讼,法院不能拒绝审理及作出裁判。

在最高人民法院的司法解释中也没有更多地涉及既判力的问题,仅在个别的司法解释中涉及既判力的客观范围和生效判决的事实效力。这些规定属于个别、应时的规定,缺乏概括的理论支撑。涉及既判力客观范围的司法解释,如最高人民法院《关于确定民事侵权精神损害赔偿责任若干问题的解释》(法释〔2001〕7 号)。该解释第 6 条规定:当事人在侵权诉讼中没有提出赔偿精神损害的诉讼请求,诉讼终结后又基于同一侵权事实另行起诉请求赔偿精神损害的,人民法院不予受理。该条规定的实质意义在于,在生效判决的既判力客观范围方面,前诉法院已经裁判的侵权事实争议对后诉法院有约束力,基于该事实所发生的主张,当事人没有主张的部分视为当事人已经放弃。这一规定显然将精神损害事实看成同一侵权事件所发生的事实的一部分。该规定也表明最高人民法院不认同同一诉讼标的的诉讼请求可以任意

---

⑧ 此处涉及裁定、调解书有无既判力的问题。就我国的情形看,民事诉讼法所规定的裁定基本不具有既判力。参见前引⑤,张卫平书,第 415 页;张卫平:《我国第三人撤销之诉制度的制度构成与适用》,载《中外法学》2013 年第 1 期。基于调解书与判决具有同等效力,因此,一般理解为调解书也具有既判力、形成力和执行力。

⑨ 既判力的直接作用体现在两个方面,对于当事人而言,不得在后诉中提出与前诉有既判力的判断相矛盾的主张和证据申请。法院也不得在后诉中接受当事人提出的违反前诉判决判断的主张。既判力的这一作用是使当事人和法院在后诉的不作为,因此被称为"消极作用"。相反,要求后诉法院必须以具有既判力的前诉判决的判断作为前提,此为既判力的积极作用。这两个方面的作用构成了既判力的主要作用。参见[日]高桥宏志:《重点講義民事訴訟法(上)》(第二版),有斐阁 2011 年版,第 585 页。

拆分。在生效判决的事实效力方面，最高人民法院2001年发布的《关于民事诉讼证据的若干规定》认可已经生效的裁判具有相对的证明效力。其第9条第4项规定，当事人对“已为人民法院发生法律效力的裁判所确认的事实”，无须提出证据加以证明，产生免证效力。所谓相对的证明效力，是指如果对方当事人提出相反的证据足以推翻时，当事人依然要承担提出证据加以证明的责任，如果不能证明，该事实属于主要事实，且真伪不明时将承担相应的不利后果（客观证明责任）。[10]

虽然民事诉讼法和司法解释中没有使用判决的既判力这一概念，但在民事审判实务中，一些法院包括最高人民法院已经在裁判文书说理方面使用了既判力概念以及其他相关概念和法理。在再审申请人隗某与被申请人青岛科尼乐机械设备有限公司、一审被告李某专利权权属纠纷中，原告申请再审，称原审法院判决适用法律错误，原告本诉专利权的权属纠纷，法院却认定专利权转让合同无效，超出了当事人诉讼请求的范围，违反不告不理原则。最高人民法院在再审裁定中认为：原审判决只是在判决理由部分对隗某与李某之间的专利转让合同的效力问题作出评判，并未写入判决主文，不属于判决既判力范围（判决判断的范围），并不存在超出当事人诉讼请求的问题，并以此为由，驳回了原审原告的再审申请。[11] 在湖北省鹤峰八峰民族药化工业总公司（以下简称民族药业）与湖北省八峰药化股份有限公司欠款纠纷案中，[12] 最高人民法院在本案再审裁定中认为：该热电厂的所有权归属，已经在先前的恩施中级人民法院、湖北省高级人民法院的判决中提及，虽然那时的案件并非确权之诉，判决对所有权归属的认定不属于判决主文，没有既判力和执

---

[10] 这一效力不同于既判力，属于事实上的效力。判决的既判力、形成力和执行力属于判决本身所拥有的、法律上的效力。前诉法院判决中对事实的认定，仅具有事实上的证明效力，对后诉法院的审理没有约束力，虽然对后诉法院认定事实有实际影响。前诉法院作出的事实认定是在前诉的诉讼环境中形成的，与当事人的事实主张方式、相应的证明方法和证据、对方当事人的反驳方式、方法有很大的关系。

[11] 参见中华人民共和国最高人民法院官网：http://www.court.gov.cn/zgcpwsw/zgrmfy/zscq/201403/t20140320_566195.htm，最后访问时间：2013年4月28日。

[12] 民族药业与八峰药业在长期的经济来往中，前者欠后者5000万余元的债务。八峰药业起诉民族药业，要求还债。民族药业抗辩说，这5000万余元中的绝大部分都是八峰药业借款给民族药业修建热电厂的钱，而热电厂已经转让给了八峰药业，目前归八峰药业所有，转让对价即为民族药业欠下的债务，多退少补。原审法院认为热电厂的纠纷与本案欠款纠纷是两个法律关系，判决民族药业还债。民族药业上诉。

行力,但依照最高人民法院《关于适用〈中华人民共和国民事诉讼法〉若干问题的意见》第 75 条第 4 款之规定,上述生效判决作出的相关认定,无需当事人再行举证、质证,即有在另案中作出司法确认的证明效力,从而对本案事实认定及处理结果将产生根本性影响。本院若维持本案的原判,势必造成两个法律文书冲突,使民族药业既要还钱,又失去了热电厂的所有权,显失公平,且失去救济途径。因此,根据前述两个判决对所有权属的认定,认可其证明了民族药业的抗辩。最高人民法院最终撤销了原判。[13]

实务中,法院关于判决效力的认识和判断主要通过"一事不再理"制度的运用得以体现。"一事不再理"作为民事诉讼的审理原则,虽然没有在民事诉讼法加以明确规定,但实际上已经成为一种惯例性制度。在最高人民法院以及地方人民法院的诸多裁判中,都涉及"一事不再理"的适用。在适用该制度时,通常以民事诉讼法关于就已生效裁判裁决的案件,法院不得受理的规定作为根据。判断是否违反"一事不再理"的标准通常是,前后两案是否基于同一事实、同一法律关系和同一请求。[14] 关于判决效力的客观范围也在实践中逐步清晰起来,一般情形下大致能够作出合理的界定。

在既判力的主观范围方面,最高人民法院的司法解释几乎没有作为。这与判决不直接涉及实体权利义务的实现和履行有关。但在执行阶段就不一样,执行因为直接涉及权利义务的实现和履行,因此在关于执行的司法解释中法院特别关注执行力主观范围的扩张问题,即对执行名义中确定的被执行人之外的第三人的扩张执行问题。最高人民法院的相关司法解释中也就有了相关规定。通常而言,受既判力扩张影响的义务主体往往就是被执行的义务主体,但执行力的扩张并不以既判力扩张为前提。既判力主观范围的扩张和执行力主观范围的扩张是不同层面的问题,执行力的主观范围有可能比既判力的主观范围更广。由于执行机构更倾向于尽可能实现执行,因此总体趋势是通过扩大执行力的主观(主体)范围获得更多的执行财产。因此,承认

---

⑬ 参见北大法宝:http://www. pkulaw. cn/fulltext _ form. aspx? Db = pfnl&Gid = 119212460&keyword = %E6%97%A2%E5%88%A4%E5%8A%9B&EncodingName = &Search_Mode = accurate,最后访问时间:2013 年 4 月 28 日。

⑭ 参见最高人民法院"泰富国际工程有限公司与四川省富邦钒钛制动鼓有限公司承揽合同纠纷案二审民事裁定书",(2013)民一终字第 199 号。

执行力对一般继受人的扩张,也必然承认既判力对一般承继人的扩张。因为执行力的主体范围与既判力的主体范围在执行根据为法院的判决时,执行力与既判力扩张所依存的根据是相同的,均是实体上的承继关系。[15] 只有在执行力扩张时既判力也随之扩张,受执行力支配的主体才不可能对执行根据——给付判决再行争议。不同的是,既判力扩张的依据要广一些,还包括实体上的关联关系。

判决理论方面,在改革开放的初期,我国大陆的判决效力理论上基本不涉及判决效力的主观范围,也没有引入既判力概念和理论。在 20 世纪 50 年代,我国大陆民事诉讼理论主要受苏联民事诉讼法学理论的影响。[16] 苏联民事诉讼法学家们试图建构一个全新的"社会主义的民事诉讼理论"。在判决效力的理论阐释方面,他们提出了一套区别于沙俄民事诉讼法理论、实质为德国民事诉讼理论的观点,将判决效力的法律后果概括为确定性、排除性、预决性、执行性和约束性。[17] 并且苏联还进一步摒弃所谓资产阶级民事诉讼法复杂、精致的理论构建。由于后来(20 世纪 60 年代)在意识形态上与苏联的对立,分析我国的民事判决理论可以发现,我们所提供的理论仍然是一个模糊、简陋的观点的集合。有关判决的许多问题是无法通过现有的理论加以解决或寻求到答案的。而且这些观点之间的逻辑关系也不是十分清晰。在判决的排他性方面也没有说明应当在哪一个主体范围内发生其作用,原则是什么,是否仅限于诉讼当事人之间,如果存在效力扩张,一般情形及根据是什么。

20 世纪 90 年代初期,国内已有学者开始陆续介绍大陆法系国家如德国、

---

[15] 参见[日]吉村德重:《民事判决效力的理论》,信山社 2010 年版,第 94 ~ 96 页。

[16] 参见柴发邦主编:《民事诉讼法教程》,法律出版社 1983 年版,第 343 页。

[17] 20 世纪 50 年代,苏联当时最权威的诉讼法学家安 · 杨 · 维辛斯基指出:"法院判决,是有一般拘束力的、不可动摇性和执行的绝对性的原则,是国家管理的最重要的原则之一"([苏]维辛斯基:《苏维埃法律上的诉讼证据理论》,刘家辉译,法律出版社 1957 年版,第 3 页)。基于维辛斯基的政治地位和政治影响,他的观点对苏联的民事诉讼判决理论有着绝对性的影响。在 20 世纪 50 年代至 80 年代,苏联最有影响的当数阿 · 克列曼的民事诉讼理论。阿 · 克列曼的《苏维埃民事诉讼》在我国具有权威教材的作用。阿 · 克列曼在该教材中将已经生效判决的特性概括为:排除性、确定性、强制执行的可能性和预决性([苏]阿 · 克列曼:《苏维埃民事诉讼》,李衍译,法律出版社 1958 年版,第 334 页以下)。可以说我国改革开放以后的判决理论就是对克列曼观点的移植。

日本的既判力判决效力理论,主要是既判力学说。[18] 20 世纪 90 年代中期,有学者在教科书中引入既判力概念,将既判力作为判决的效力之一。[19] 由于民事诉讼立法的体制原因,导致民事诉讼立法与民事诉讼理论相隔离,不能吸收最新的研究成果。尽管既判力概念引入我国大陆已经有十几年,但却一直未能将其制度化。更重要的原因在于我国粗放型的民事诉讼和审判,诉讼泛调解化导致精致、规范的既判力制度和理论一直没有市场。实践中出现的各种复杂的判决效力问题总是以简单化的方式凭感觉加以处理。民事诉讼的泛调解化、强化调解的司法政策和法官的责任风险为这种简单化提供了基本的条件。也正是这种粗放型民事诉讼和民事诉讼的泛调解化,使得学术界无法结合民事诉讼的实践对既判力理论进行深入研究,对既判力的研究仅仅是一种对国外或境外理论的介绍,形成一种典型的"磁悬浮"状态。[20] 随着《民事诉讼法》的修改、新诉讼制度的实施以及近来司法政策的积极转向或回归,使得民事诉讼的精细化、程序正当化、权利的程序保障再次成为《民事诉讼法》发展的态势,与判决效力相关的问题也必然成为实务和理论的关注焦点,既判力主观范围相对性原则也就必然成为判决效力的核心问题。

二、既判力相对性原则的含义与根据

按照既判力理论,终局判决一旦获得确定,该判决针对请求所作出的判断就成为规制双方当事人今后法律关系的规范,当双方当事人对同一事项(请求或被请求的事项)再度发生争执时,将不允许当事人提出与该判断相矛盾的主张,而且当事人也不能对该判断进行争议,法院也不能作出与此相矛盾或抵触的判断。[21] 这种对双方当事人以及对法院所具有的约束力就是所

---

⑱ 参见张卫平:《程序公正实现中的冲突与衡平——外国民事诉讼研究引论》,成都出版社 1992 年版,第 387 页;叶自强:《既判力》,载《法学研究》1995 年第 5 期。但当时的理论介绍并没有涉及既判力相对性原则以及根据,主要重点是客观范围、主观范围和时间范围尤其是三个维度的例外情形一般论述。叶自强关于既判力的文章则主要在于介绍大陆法系国家民事诉讼学界关于既判力性质的争论。

⑲ 参见刘家兴主编:《民事诉讼法学教程》,北京大学出版社 1994 年版,第 274 页以下。

⑳ 应当注意的是,这种"磁悬浮"并不是因为既判力理论的纯学术性或虚悬繁复使得该理论无指导实践的价值,而是因为我国的司法运作方式、理念、法官体制等原因所导致的拒斥,这也是对所有理论拒斥的重要原因。理论本身也是对法官司法非正当裁量的一种限制。

㉑ [日]高桥宏志:《民事诉讼法——制度与理论的深层分析》,林剑锋译,法律出版社 2003 年版,第 477 页;前引⑨,高桥宏志书,第 585 页。

谓的既判力。既判力存在的根据在于保障审判制度能够有效地发挥解决纠纷的作用。没有既判力,法院对争议纠纷所作出的确定判决将会被推翻,纠纷将无休止的争议下去无法得到最终解决。除此之外,由于民事诉讼程序各种具体的制度安排给予和保障了当事人双方对争议事项进行辩论的权利和机会(当事人如何把握这种诉讼地位和机会,如何行使诉讼权利是当事人的自由),在给予当事人双方充分的程序保障的情形下,当事人也应当对其诉讼结果承担自我责任。由此,既判力作为一种国家强制力也就具有了正当化根据。[22]

正是由于确定判决是对诉讼双方当事人之间的争议作出的终局性判断,而且这种判断是在给予当事人双方充分的程序保障,给予当事人双方行使诉讼权利的自由的情形下作出的,因此对该当事人双方有约束力,当事人不得对该争议事项再行提起诉讼要求法院作出判断;另一方面即使法院受理也不得作出与前诉法院对该事项判断相矛盾的判断。这种仅对当事人双方具有的约束力就是所谓既判力的相对性。既判力原则上只在当事人之间发生,符合既判力作为诉讼法制度设置的本质要求。[23] 当然,在某些情形下,既判力的相对性原则也存在例外的可能,即判决的实质确定力也可能对当事人之外的主体发生约束力。

根据既判力相对性原则,既判力原则上只对该诉讼的当事人双方有约束力,当事人不得就已经确定的判决所裁决的事项再行争议。从另一个方面讲,也就意味着如果不是该诉讼的当事人就不受该判决中判断的约束。如果当事人之外的第三人就该诉讼(前诉)争议的事项与他人也包括该诉讼的原告或被告发生争议,可以向法院提起诉讼要求其对争议事项作出判断,对此,法院不能拒绝作出裁判或判断。因为这一诉讼(后诉)的事项是不同主体之间的争议,是法院没有判断过的,该提起后诉的当事人也没有参加前诉的诉讼程序,没有行使诉讼权利,没有给予程序上的保障,因此,前诉的判断就不能对后诉的原告(前诉当事人之外的第三人)有约束力。例如,前诉原告与被告之间就特定的财产如房产的所有权发生了争议,原告起诉到法院要求确

---

[22] [日]新堂幸司:《民事诉讼法》,林剑锋译,法律出版社 2008 年版,第 474 页。

[23] [德]罗森贝克、施瓦布、戈特瓦尔特:《德国民事诉讼法》(下册),李大雪译,中国法制出版社 2007 年版,第 1174 页。

认该争议房产的所有权,经过诉讼,法院作出该房产属于原告的确权终局判决。判决确定后,该诉讼的原告和被告便不得就该房产的所有权再行提起诉讼予以争议。如果提起诉讼,法院将予以驳回(既可以一事不再理作为根据,也可以以既判力作为根据[24])。但如果该诉的原告、被告之外的案外人之后对该房产与原告发生争执,案外人认为该房产实际不属于原告所有,应当属于案外人自己,则该案外人因为不受原告、被告之间诉讼的确定判决的约束,可以另行提起诉讼要求法院作出确认判断,对此,法院不能拒绝受理,也不得拒绝作出判断。后诉法院由于不受前诉法院判断的约束,可以作出认可后诉原告拥有该房产的判断。

既判力原则上仅针对本诉讼当事人,只对当事人具有约束力。但该当事人究竟应当是形式上的当事人,还是实质上的当事人,是一个学界争议的问题。在民事诉讼法实践和理论上存在着形式上当事人与实质上当事人之分。所谓形式上的当事人,是指与作为诉讼标的的实体权利义务或实体法律关系没有直接关联,但以自己名义起诉或被诉的主体。[25] 相应地,作为诉讼标的的实体权利义务的主体或与实体法律关系有直接关联的主体,就是实质上的当事人,也称"正当当事人"。[26] 形式上的当事人是纯粹诉讼法的概念,其意义在于确定案件的管辖法院和诉讼系属,对于实体争议的解决没有意义,因此在形式上的当事人起诉或被诉之后,法院需要审查、确定实质上的当事人。如果形式上的当事人与实质上的当事人不一致,则需要予以更换。在大陆法系国家,实质上当事人不是起诉的条件,而是诉讼要件(作出实体判决的要件)之一。如果诉讼不具备这一要件,法院将以诉讼判决驳回诉,而非驳回起

㉔ 一事不再理的制度根据有两个,即既判力制度和禁止重复诉讼制度(或称禁止再诉制度)。因既判力发生的一事不再理要求判决已经确定。更为宽泛的制度根据是禁止重复诉讼制度,只要前诉已经系属,后诉如果是同一诉讼标的或诉讼请求,则后诉不得提起或受理。这一制度主要防止作出与前诉矛盾或抵触的判断,以及避免浪费司法资源。我国《民事诉讼法》中没有关于禁止重复诉讼的规定,这不能不说是一大缺陷。

㉕ 参见[日]伊藤真:《民事訴訟法》(第三版),有斐阁2004年版,第81页。

㉖ 同上书,第82页。

诉。[27] 因为存在着形式上当事人与实质上当事人的差异,所以也就产生了既判力是作用于形式上的当事人还是实质上当事人的问题。在大陆法系如日本,理论上通常认为,因为当事人是以自己的名义要求法院作出裁判,本案判决就应当针对该名义上的当事人,[28]在这个意义上,当事人是诉讼法律关系意义上的,不同于实体法上的权利归属主体。民事诉讼法上既判力相对性原则所指的当事人也应当是形式上的当事人。[29] 在德国民事诉讼法理论上,主流的观点也认为该当事人应当是形式上的当事人。[30] 正是基于既判力针对形式上的当事人,因此,本案判决对于诉讼当事人的法定代理人、诉讼代理人、辅助型第三人[31]等都没有既判力。20 世纪 80 年代,始有学者对既判力作用于形式上的当事人的观点提出有力质疑,认为民事诉讼法上既判力相对性所指的当事人应当是实质上的当事人,而非形式上的当事人,但至今仍未成为通说。[32]

也正是因为既判力所及的当事人是形式上的当事人,所以在“冒名诉讼”中,判决对该诉讼的当事人也具有既判力。所谓“冒名诉讼”,是指他人冒用原告的名义向对方当事人提起诉讼,以从该诉讼中获取不当利益。此类诉讼可以归入广义的虚假诉讼之中。但与狭义的虚假诉讼不同,诉讼行为并

㉗ 参见[日]高桥宏志:《重点讲义民事诉讼法》,张卫平、许可译,法律出版社 2007 年版,第 4、5 页;前引㉓,罗森贝克等书,第 286、676 页。根据我国《民事诉讼法》的规定,作为起诉条件要求原告为实质上的当事人,被告可以是形式上的当事人。因此原告如果与本案争议法律关系没有直接关联的,法院将不予受理或驳回起诉。虽然《民事诉讼法》没有在起诉条件中规定被告必须是实质上的被告,但在起诉审查阶段或受理之后发现被告不是实质上的当事人时,通常也是驳回起诉。

㉘ 当事人的确定,在国外存在若干学说,主要有意思说(根据原告的意思确定当事人)、行动说(在诉讼中具体实施当事人诉讼行为的人是当事人)、表示说(诉状中表示的当事人为当事人)、适格说(具有当事人资格的当事人,即实体权利义务关系争议的主体)、并用说和纠纷主体特定责任说(根据具体的行为责任确定当事人)。通说为表示说。参见[日]纳谷广美:《当事人の确定与变更》,载[日]新堂幸司、小岛武司主编:《注释民事诉讼法(1)裁判所、当事人》,有斐阁 1991 年版,第 397 页。

㉙ [日]兼子一:《民事诉讼法体系》,酒井书店 1966 年版,第 344 页;上引纳谷广美文,第 394 页。

㉚ Rosenberg, Lebrbuch des deutschen Zivilprozessrechts, 7. Auff. , S. 727;前引㉓,罗森贝克等书,第 245 页。

㉛ 在我国民事诉讼中,无独立请求权第三人实际上存在两种类型,即辅助型第三人和被告型第三人。辅助型第三人不是当事人,因此判决对其没有既判力。被告型第三人在我国民事诉讼中是当事人,因此对其有既判力。

㉜ 参见[日]上田徹一郎:《判决の效果の範囲——範囲の决定の構造と構成》,有斐阁 1985 年版,第 1、2 页。上田教授认为,日本《民事诉讼法》所规定的判决既判力扩张至当事人的承继人,而这种承继当然是实体权利的承继,是适格当事人的承继,也就是实体利益的归属者,既然是实体利益的归属者,当然就是指实质上的当事人,而非形式上的当事人(详见第 136 页)。

非名义上起诉人的实际行为,而是他人的行为。按照"表示说"的理论,虽然被冒名的人并不是实际实施诉讼行为的人,但在名义上还是当事人,因此冒名诉讼的判决对该被冒名的人依然具有既判力。对此,被冒名人可以通过上诉和再审获得救济。

如果当事人在诉讼系属中死亡,法院没有进行相应的当事人承继处理(如由继承其实体权利义务的继承人承担原当事人的诉讼权利义务,即当事人更替),仍然以已经死亡的人作为当事人并作出判决,依"表示说"的立场,应尊重确定判决形式上的拘束,尽管该当事人已经死亡,依然还是当事人。只是由于该当事人已经死亡,该判决书上的名义人已经不存在,该判决属于无效判决。[33] 如果继承人认为该判决实际上侵犯自己合法权益的,同样可以通过提起再审获得救济。[34]

既判力相对性针对的本案当事人,包括必要共同诉讼的当事人。必要共同诉讼要求共同诉讼人之间与本案争议的诉讼标的有着共同的权利义务关系。在我国民事诉讼中,存在两类必要共同诉讼,即固有的必要共同诉讼和类似必要共同诉讼。[35] 固有的必要共同诉讼要求共同诉讼人一同起诉、一同应诉,法院须对诉讼标的作出合一裁判。类似必要共同诉讼,是指数人对作为诉讼标的的法律关系,虽然不要求必须一同起诉或应诉,当事人有选择一同起诉或应诉还是分别起诉或应诉的权利,但一旦选择共同诉讼,则必须对共同诉讼人的诉讼标的合一确定。[36] 无论是固有的必要共同诉讼还是类似的必要共同诉讼,判决对于共同诉讼的当事人都有既判力。如果就实体法律关系而言可以提起类似的必要共同诉讼,但原告选择个别诉讼,该判决的效力也将扩张至其他利害关系人,如部分股东提起的确认股东大会无效的诉讼,关于此诉的判决对没有参加诉讼的其他股东也有约束力。

与必要共同诉讼的情形不同,普通共同诉讼因为共同诉讼人之间的诉讼

㉝ 无效判决,是指某些判决虽然具有判决的形式,是法官通过程序作出的,但却缺乏判决有效的实质根据,例如,对实际并不存在的当事人作出的判决、对非正当当事人作出的判决、对享有司法豁免权的人作出的判决等。由于无效判决依然具有判决的形式,有判决形式上的效力,因此,利害关系人认为有必要的,可以通过申请再审撤销该判决。前引㉒,新堂幸司书,第470页。

㉞ 前引㉘,纳谷广美文,第399页。

㉟ 前引⑤,张卫平书,第131页。

㊱ 同上书,第128页以下;前引③,川岛四郎书,第804页。

标的不是共同的,而仅是同种类的,普通共同诉讼只是若干诉的合并。对于合并之各诉,当事人均可以分别起诉和应诉。在普通共同诉讼中,普通共同诉讼人实施的诉讼行为无需征得他人同意,共同诉讼人一人的行为对其他共同诉讼人没有影响。合并审理之后,法院也分别作出裁判。因此法院对普通共同诉讼中合并的各诉所作出的判决仅对该诉的当事人产生既判力,对其他人没有既判力。

我国民事诉讼法明确规定了有独立请求权第三人和无独立请求权的第三人两大类第三人制度,应当根据两类不同第三人的具体情形认识和理解既判力相对性。有独立请求权的第三人通过提起第三人之诉参加了他人之间的诉讼,法院实际上是在同一诉讼程序中基于第三人之诉与本诉的牵连,将他人之间的本诉与第三人之诉进行了合并审理。由于有独立请求权第三人的独立请求与原告的请求是对立的(第三人的独立请求通常是基于对本诉争议标的物的物权请求权),因此,本诉请求和第三人之诉请求不能两立。由于是两个诉,从诉的原理来讲,法院应当分别作出裁判,而非合一裁判(在同一个裁判文书中也不影响分别裁判的表达)。对本诉的判决除了在原告与被告之间发生既判力之外,基于本诉与第三人独立请求之诉的牵连性和矛盾性,该判决对有独立请求权第三人也有既判力。第三人不得再行提起诉讼对本诉诉讼标的涉及的权利事项予以争议。由于第三人之诉的请求对方是本诉的原告和被告,本诉的原告和被告是第三人之诉的被告,因此判决效力无需扩张直接发生在第三人之诉当事人之间。本诉的原告、被告亦将受到第三人之诉的判决既判力的拘束。

我国民事诉讼法规定法院可以依职权通知无独立请求权第三人参加诉讼,并且可以判决无独立请求权第三人承担民事责任,并因此规定该第三人也享有部分当事人的权利,如上诉的权利。这类无独立请求权第三人就是所谓被告型第三人。上诉后,这类无独立请求权第三人在上诉审程序将全面行使当事人的诉讼权利,所以该无独立请求权第三人也要受到该确定判决的既判力约束。[37] 需要探讨的问题是,判决第三人承担责任的判决对于该诉讼的

---

[37] 但是,无独立请求权第三人在一审中的当事人权利是不完全和不充分的,因此让该第三人接受确定判决既判力的约束,其程序正当性并不充分,无独立请求权第三人制度有值得修正之处。

被告是否有既判力。由于该诉讼的被告是该诉讼形式上的当事人,因此,本诉的判决对被告仍然具有既判力。尽管本诉的被告已经不再承担民事责任,与原告的诉讼请求没有关系,并非实际上的当事人,但如果原告与被告型第三人之间的判决对被告没有既判力,则可能发生被告在以后的诉讼中提起与该裁决事项矛盾的主张的情形。

根据既判力相对性原则,既判力仅在诉讼当事人之间产生,这一原则不仅有助于纠纷的终局解决,保障法律关系的稳定,同时能够为没有参加诉讼的案外第三人的民事权益提供程序保障,防止他人通过诉讼侵害案外第三人的民事权益。因为案外第三人不受他人诉讼的判决既判力的拘束,他人之间的诉讼结果如果有损案外第三人的合法权益,该第三人可以寻求诉讼救济。对此,人们最大的疑问是,当案外第三人提起的诉讼涉及已经判决案件的诉讼标的物时,是否可能导致不同裁判的相互矛盾?例如,法院对某物 A 的所有权作出确认,承认了原告的诉讼请求,或承认了原告关于要求被告交付某物 A 的请求。在此场合,如果案外第三人要求法院确认其对该物 A 拥有所有权,或要求法院判令原告交付该物 A,这是否就与前诉法院的判决矛盾呢?实际上,因为前诉判决是根据前诉当事人的主张和事实,是依据当事人双方在前诉中对主张和事实辩论的结果作出的判决,在后诉中案外第三人提出了支持自己主张的事实和法律依据,法院根据当事人双方主张的事实和法律,认可案外第三人的诉讼请求,完全是可以理解的,不存在矛盾的问题。又因为前诉判决仅对该诉讼的原告和被告有拘束力,因此,后诉被告(前诉原告)不可以用前诉判决对抗后诉判决。基于确定判决的执行力,若后诉被告不自动履行义务,后诉原告向法院申请强制执行时,后诉被告也不能以前诉判决予以对抗。一些人仅仅看到两个判决对所有权的确认不同,没有看到两个判决是在不同诉讼程序、不同的当事人之间依据不同的事实作出,并对不同的主体有拘束力,误以为前后裁判有矛盾。如果澄清这种误解,既判力相对性原则也就能够理解了。

在司法实践中人们比较纠结的是,由于他人之间的判决依然存在,就可能发生他人根据该判决申请执行启动执行程序的情形。在此种情形下,一旦该判决为错误判决时,如果没有第三人撤销之诉,案外第三人该如何寻求权利救济。对于这一问题,笔者认为完全可以利用《民事诉讼法》第 227 条所设置的救济途径予以救济。根据该条规定,案外人可以对执行标的提出异议,如果异议被驳回的,有两种途径予以救济:其一,执行标的与原判决、裁定有关的,可以通过再审程序予以救济;其二,执行标的错误与原判决、裁定无关的,案外人可以通过提起案外人异议之诉加以解决。不具有执行力的判决——确认判决和形成判决,按照民事裁判作用的原理和我国的相关规定,关于财产关系不会自动发生变动实体法律关系的效果,[38]关于解除法律关系的形成判决一定是在法律关系当事人之间,与第三人没有关系。因此,不会实际发生对案外第三人的侵害问题。正是因为现行法有设置了第三人撤销之诉,从而引发了在执行过程中,第三人撤销之诉与执行中案外人再审之诉的竞合与整合问题。[39]

三、既判力相对性原则的例外与既判力主观范围的扩张

判决的既判力原则上仅对本案当事人发生作用,对本案当事人以外的第三人不发生作用。但在某些情形下,法律上和法理上允许和承认判决的既判力突破这一原则性限制,对本案当事人之外的第三人发生作用,这就是既判力相对性原则的例外,在既判力理论上称为"既判力主观范围的扩张"。当既判力发生扩张的情形下,即使不是本案当事人,也要受到本案确定判决既判力的拘束,该第三人也不得就已经确定判决的裁判事项通过诉讼予以争议,即使提起诉讼,后诉法院也不得作出与前诉判断相矛盾的判断。

(一)对特定第三人的既判力扩张

1. 诉讼的承继人

诉讼系属后,[40]因当事人死亡等原因,当事人的实体权利义务移转给了诉

---

[38] 关于民事裁判的作用方式,参见张卫平、任重:《案外第三人权益程序保障体系研究》,载《法律科学》2014 年第 6 期;任重:《论虚假诉讼:兼评我国第三人撤销之诉》,载《中国法学》2014 年第 6 期。

[39] 在关于新民事诉讼法的司法解释研讨中,人们更倾向于限制第三人撤销之诉,即在法律规定给予第三人另行起诉或申请再审的,不应受理第三人提起的第三人撤销之诉。

[40] 诉讼系属是大陆法系国家和地区民事诉讼法上的一个十分重要的概念,是指诉讼开始之后、未决之前的状态。我国民事诉讼法中没有这一概念。在民事诉讼实务中,类似的说法是"诉讼中"。显然,诉讼中的说法比较容易造成含混,也与诉讼系属的含义存在差异。例如,一审判决成立,即属于诉讼系属终结或诉讼系属后。但在判决确定之前,我们依然会使用"诉讼中"这一说法或概念,相对的说法或概念是"诉讼结束",诉讼结束通常是指判决已经确定。因此,我国民事诉讼法亦应采用诉讼系属的概念,否则有诸多与诉讼系属概念相联系的状态、概念难以表述和说明。

讼当事人以外的其他人,该实体权利义务的承担者便承担了当事人的实体地位。承担当事人实体地位的人在德、日称为承继人(也称"继受人")。日本民事诉讼法规定,本案判决对口头辩论终结后的承继人有既判力,德国民事诉讼法则规定,本案判决对诉讼系属后(准确地讲应当是诉讼系属终结之后)的承继人有既判力,[41]两者在时间的划定上稍有不同。日本民事诉讼法之所以限于口头辩论终结后的承继人,是因为判决是确定口头辩论终结时的法的状态(也就是口头辩论终结时当事人双方权利义务的状态),而在这以前,关于诉讼标的归属的变更,存在着诉讼的当然承继、承继参加以及承担申请的制度,也就有可能发生诉讼地位的承担,这些人不是既判力扩张的承继人。德国民事诉讼法则把时间的界定点往后移了一点,规定的诉讼系属后的时间点在判决发生形式既判力之时,[42]也就是判决成立之时,意即只有判决后承担当事人权利义务地位的人才能受既判力的扩张。

德、日法理认为,这里的承继人应理解为是广义上承担作为诉讼标的权利或法律关系的主体地位的人,而不问这些承继人是基于何种原因而承继其权利主体地位的,即不问是通过继承还是通过转让、时效取得、设定抵押权等方式承继权利主体之地位。

就既判力而言,如果承继人不受判决既判力的拘束,可以在后诉中争执前诉之诉讼标的,则前诉将毫无意义,因为败诉的当事人可以向第三人处分作为前诉诉讼标的的法律关系,从而避免败诉的实际后果。[43] 既判力对承继人的扩张,意味着胜诉原告的承继人具有胜诉原告的实体权利,败诉被告的承继人依然应承担败诉被告的义务。既判力对承继人的扩张,其目的在于维持纠纷解决的实效性。[44]

承继人依其承继的原因不同,在大陆法系民诉法理论中可分为一般承继人和特定承继人两种。一般承继人是自然人当事人死亡、法人当事人消灭时,承担当事人权利义务的人。应当注意,这里所指的一般承继人与我国民事诉讼理论中所指的诉讼承担人是两个完全不同的概念。诉讼系属后的承

---

[41] 前引㉓,罗森贝克等书,第1176页。

[42] 同上书,第716页。在德国,和解和诉讼撤回也将导致诉讼系属终结。

[43] 参见前引㉒,新堂幸司书,第486页。

[44] 参见前引㉑,高桥宏志书,第563页。

继人是指判决确定后承担权利义务的人。我国民事诉讼法理论中的诉讼承担人是在诉讼过程中（相当诉讼系属中）承担原当事人权利义务的人，而不是指诉讼结束后承担其权利主体地位的人。诉讼系属后，是指诉讼结束后或确定判决后。诉讼系属后的承继人当然不是当事人，而诉讼承担人却是当事人。

特定的承继人是指依法律行为或法律规定的原因，在判决确定后承担当事人权利义务的主体。特定承继包括两种情形：其一，基于债权让与或债务承担所发生的特定承继；其二，不是依当事人自由处分，而是基于拍卖、国家强制处分所发生的特定承继。就承继的对象而言，包括三种情形：一是对于作为诉讼标的的权利义务关系的承继；二是对于诉讼标的争执物（诉讼标的物）的承继；三是诉讼标的外的承继。例如，以土地租赁合同届满为由，提起要求收回其土地上的建筑物的诉讼，从败诉被告取得该建筑物所有权或租借该建筑物的人就属于诉讼标的之外的承继人。[45] 一般认为，诉讼标的是指实体法上的权利或法律关系，既判力涉及的特定承继人应当因实体权利或法律关系的不同而有所不同。例如单纯接受诉讼标的物的人，如果没有承担作为诉讼标的的权利义务关系，就不是特定的承继人。因为本案判决只对承担作为诉讼标的的权利义务的人有既判力。但是，按照新诉讼标的理论，在返还诉讼中，基于债权的返还请求权与基于物权的返还请求权是同一请求权，即使是标的物的单纯占有的承继人，也受到判决的既判力的约束。

2. 诉讼担当时的利益归属人

适格的当事人原则上要求为作为诉讼标的的权利义务关系的主体，但有的情形却为例外，即虽然没有实施诉讼行为，但却是该诉讼的利益归属者。这就是所谓“诉讼担当”。诉讼担当分为法定诉讼担当和任意诉讼担当。法定诉讼担当，是指基于法律的规定，认可权利义务关系主体之外的第三人对他人的权利关系行使诉讼实施权的情形。例如，代位债权人、债权质押人、股东代表诉讼中的股东、破产管理人（破产清算组）等。任意诉讼担当，是指基于权利关系主体授权，第三人获得诉讼实施权，从而成为适格当事人的情

---

[45] 前引③，川岛四郎书，第709页。

形,[46]例如日本民事诉讼中的选定当事人,我国民事诉讼中的诉讼代表人。日本的选定当事人和我国的诉讼代表人虽然在作用上相当于诉讼代理,但性质上却不同于诉讼代理人,选定当事人和诉讼代表人本人也是当事人。其诉讼行为的后果同时归于被选定当事人或被代表人。在诉讼担当的情形,本案判决和既判力扩及被担当人,即诉讼担当时的利益归属人。

3. 诉讼请求标的物的持有人

如果诉讼请求标的物的持有人对该特定物的持有没有自己的固有利益,而是为该诉讼的当事人或其承继人的利益而持有(例如,受托人或同居人等),则该特定物的持有人也要受到判决既判力的约束。因为在交付请求(基于物权或债权不问)相关的限度内,持有人视为当事人,既判力自然及于该持有人。

4. 退出诉讼的人

大陆法系国家民事诉讼法还规定了诉讼退出制度(也称诉讼脱退制度),即有独立请求权参加人参加诉讼或发生权利承继之后,原来的当事人退出该诉讼。退出诉讼的原当事人称为脱离诉讼的人。退出诉讼发生在参加人或权利承继人参加诉讼并主张权利,原来的原告或被告认为没有必要再继续进行诉讼从而退出诉讼的情形(诉讼程序上,当事人要退出诉讼必须征得对方当事人的同意)。例如,诉讼系属中,原告将作为诉讼标的的债权转让给了受让人,受让人作为权利承继人参加诉讼,原告如果认为没有必要参加诉讼,便可以退出诉讼。在退出诉讼的场合,法院对参加人与当事人之间作出的判决,对已经退出的当事人发生既判力。如果没有既判力的约束,已经退出诉讼的当事人可能在后诉中提出在前诉中已经提出的主张,导致矛盾判决的可能。[47]

我国民事诉讼法没有明确规定诉讼退出制度。在有独立请求权第三人参加诉讼时,如果该第三人的请求是针对被告的,法院有可能采取更换原告的做法,将第三人作为原告,这时有独立请求权的第三人实际已经不再是第三人而是原告。本诉请求的原告实际退出了诉讼。法院也可能就原告的请

---

[46] 参见前引㉕,伊藤真书,第151页。

[47] 参见前引㉒,新堂幸司书,第490页。

求和第三人的请求分别或合一作出判决,此种场合,本诉原告并没有退出诉讼。

对于原告转让作为诉讼标的的债权的情形,通常情形下原告会主动要求退出诉讼,请求法院让实际受让人作为原告进行诉讼。如果受让人同意参加诉讼,则原告变更成功,原来的原告退出诉讼。实务中法院一般不会考虑原告更替后判决对于原来原告的约束力问题。我国诉讼实践中是否存在着原当事人就本案判决约束力发生争议的情形,不得而知。

(二)对一般第三人的既判力扩张

这种情形下既判力扩张的主要特点是,受既判力约束的第三人不限于针对具体情形的、特定的第三人,而限于某些类型诉讼的第三人,例如涉及身份关系的诉讼(人事诉讼或称家事诉讼[48])和团体法律关系的诉讼(如公司诉讼)。大陆法系诸国的法律中对此均有明确规定。[49] 因为是针对某些诉讼类型的一般第三人,因此这种情形的既判力扩张也称为"判决效力的对世效"。[50] 这种情形下既判力的扩张是为了实现法律关系(身份关系和团体法律关系)的统一处理,[51]为了保障第三人的正当权益,法律上均设置了相应的程序保障。

1. 家事(人事)法律关系诉讼的既判力扩张

与一般的民事诉讼不同,关于家事(人事)诉讼的确定判决原则上具有

---

[48] 因为不同于一般针对财产权益的民事诉讼,是针对"人事"和"家事",大陆法系国家将此类诉讼称为"人事诉讼"或"家事诉讼"。根据大陆法系国家民事诉讼的理念,关于财产关系的诉讼采用形式真实主义、当事人主义、辩论主义、处分权主义、既判力相对性原则等诉讼原则和法理,而家事(人事)诉讼涉及身份关系(婚姻、血统),不容当事人自由处分,因而采实体真实、职权主义、职权探知主义、判决对世效原则、重调解(和解)等诉讼原则和法理。参见陈爱武:《人事诉讼程序研究》,法律出版社 2008 年版,第 2、8 页;张晓茹:《家事裁判制度研究》,中国法制出版社 2011 年版,第 7、23、130 页;[日]松本博之:《人事訴訟法》,弘文堂 2006 年版,第 16 页。

[49] 日本《人事诉讼法》第 24 条规定,就婚姻无效或撤销、离婚或其撤销之诉作出的判决,对第三人亦发生效力。德国《人事诉讼法》第 640 条之 8 规定,判决在当事人生存时确定的,该判决为一切人并对一切人均生效力。《法国民法典》第 311 条第 9 项规定,亲子关系的判决得以对抗当事人以外的第三人。

[50] 参见[日]伊藤真:《既判力の主観範囲》,载[日]铃木正裕、青山善充主编:《注积民事訴訟法(4)裁判》,有斐阁 1997 年版,第 440 页。

[51] 参见前引㉒,新堂幸司书,第 490 页;[日]谷口安平:《既判力扩张与当事人适格》,载谷口安平:《程序的正义与诉讼》,王亚新、刘荣军译,中国政法大学出版社 1996 年版,第 212 页。

对世效,而一般民事诉讼的判决效力原则上是相对的。[52] 当然,在特殊情形下,某些家事(人事)诉讼案件的判决也不具有对世效,属于家事(人事)诉讼对世效原则的例外。[53] 在家事(人事)法律关系的诉讼中,婚姻案件(关于请求判决婚姻无效以及要求撤销婚姻无效的认定、请求离婚以及请求撤销关于离婚状态的认定)、收养关系案件和亲子关系案件的诉讼,无论是认可请求还是驳回请求的判决,对第三人都具有既判力。这些诉讼在请求类型上大多是形成诉讼,因此,过去也有学者认为,第三人受他人判决的约束,并非是基于既判力,而是基于形成力。[54] 一旦形成原因成立,对于原有法律关系消灭或变更的判决,所有人都必须予以承认。不过,就具有当事人资格的第三人不得在后诉中提出与前诉判决判断相矛盾的主张这一点而言,存在着既判力的扩张或对世效。[55] 将该第三人的范围限于具有当事人资格的第三人,其意义在于,只有能够具有当事人资格,才有可能成为后诉的当事人,也才可能发生前诉对后诉的既判力问题。通过将适格的当事人限定在"能够对纠纷进行最认真且彻底争执的人",提高了判决的实质正当性。[56] 在婚姻诉讼中,对于婚姻无效之诉、撤销婚姻之诉、确认婚姻成立或不成立之诉,第三人都可以作为适格的当事人。但对于离婚之诉、夫妻同居之诉,第三人则无当事人资格,也就不可能发生对第三人的既判力扩张的问题。收养关系诉讼、亲子关系诉讼之判决既判力的扩张同样存在对第三人的当事人适格要求。[57] 在具有对世效的团体法律关系诉讼(如公司诉讼)中也是如此。

在大陆法系国家,家事诉讼判决的既判力扩张的正当性在于,家事诉讼适用职权探知主义,而非辩论主义。这种方式因为法院的职权干预,限制了

---

[52] 前引[49],松本博之书,第 232 页。

[53] 例如,根据《日本民法》第 723 条的规定,以重婚为由提起的取消婚姻关系的诉讼请求被判决驳回的,该驳回请求的判决没有对世效,仅在前婚姻关系的配偶(丈夫或妻子)参加诉讼的情形,才发生对其人的判决效力的扩张。前引[49],松本博之书,第 235 页。

[54] 所谓判决的形成力,是指形成判决所具有的使原有法律关系消灭或变更的效力。参见前引[5],张卫平书,第 398 页。

[55] 参见[日]吉村德重、牧山市治编:《注解人事程序法》(改订),青林书院 1993 年版,第 273 页。

[56] 参见[日]高橋宏志:《重点講義民事訴訟法(上)》(第二版),有斐阁 2011 年版,第 303 页。

[57] 参见陈荣宗、林庆苗:《民事诉讼法》(修订第四版),台北三民书局 2005 年版,第 943、954、960、966 页。

当事人的自由处分，因而有利于对第三人权益的保障。[58] 并且，受既判力约束的第三人在诉讼中可以作为“共同诉讼辅助参加”[59]或“独立当事人参加”亲自参与诉讼。即使判决已经确定，法律上也给予适格当事人独立提起再审之诉或者作为法律上有利害关系的第三人以辅助参加人身份提起再审之诉的机会。[60]

2. 团体法律关系诉讼中的既判力扩张

为了使团体如公司能够顺畅运营，对于作为争议对象的法律关系和关于法律上地位、内容的争议能够在多数主体之间得到统一确定和处理，是非常必要的。同时，也为了彻底解决因此产生的及于派生性权利义务发生的纠纷，有必要在多数团体法律关系诉讼中规定既判力扩张。[61] 例如，公司合并无效、公司设立无效、取消公司设立、取消公司股东大会决议、不存在股东大会决议、股东大会无效、公司减资无效的诉讼等，其判决的既判力都需要予以扩张。

与家事法律关系诉讼的判决不同，无论公司诉讼的上述哪种情形，只有认可诉讼请求的判决才具有既判力的扩张性，而驳回请求的判决则不发生既判力的扩张效果。这既是因为判决驳回请求说明该请求与团体法律关系没有关联，也是出于对团体法律关系其他主体诉权的尊重。[62] 与家事法律关系诉讼的情形相同，团体法律关系诉讼判决既判力的扩张也同样要求有相同的程序保障，否则，其既判力的扩张不具有正当性。有学者认为，要承认对于认可请求的判决具有既判力的扩张性，还需要有对起诉期间的限制性规定加以补强。[63]

---

[58] 在辩论主义之下，承认当事人之间对所主张事实的自认，法院的判断将受到当事人自认的约束。基于家事法律关系的特殊性，在家事诉讼中辩论主义受到限制。参见前引㊾，松本博之书，第 16 页。

[59] 共同诉讼的辅助参加，是指当判决效力不仅及于对方当事人，也及于该第三人时，该第三人对该诉讼的辅助参加。前引㉑，高桥宏志书，第 310 页。

[60] 前引㊿，伊藤真文，第 440 页；前引③，川岛四郎书，第 681 页。

[61] 参见［日］中岛弘雅：《株主総会決議訴訟の機能と訴えの利益》（《股东大会决议诉讼的机能与诉的利益》），载《民商法雑誌》第 99 卷第 6 号（1988 年），第 785、803 页。

[62] 参见［日］本間靖規：《判決の対世效と手続保障》，载《龙谷法学》第 19 卷第 1 号（1986 年），第 34、80 页。

[63] 前引㊿，伊藤真文，第 445 页。对此也有学者认为，基于稳定法律关系的必要，不需要有提起诉讼期间的限制。参见［日］中田淳一：《訴えと判決の法理》，有斐阁 1971 年版，第 45 页。

四、既判力相对性与第三人撤销之诉制度

2012 年修改后的《民事诉讼法》第 56 条第 3 款规定了第三人撤销之诉。概括地讲,所谓第三人撤销之诉,是指案外第三人申请撤销他人之间已经生效的、错误的判决、裁定和调解书,以维护自己民事权益的制度。这一制度的设立是本次民事诉讼法修改中的一大动作,也是新民事诉讼法实施以来实务和理论研讨中人们最为关注和最有争议的一项制度,涉及第三人撤销之诉的性质、该制度与再审制度、执行异议之诉制度的关系、提起第三人撤销之诉的原告范围、第三人撤销之诉的对象、第三人撤销之诉的立案审查标准、第三人撤销之诉判决的效力等诸多问题。[64] 由于第三人撤销之诉制度是为了维护第三人的合法权益而设置的一项程序保障机制,就必然涉及这一制度与他人之间判决的约束范围的关系问题。这一问题毫无疑问是该制度的实质问题、基础性问题,然而十分遗憾的是,对于这一制度是否应当设置、如何设置、应设置哪些相应的制度和原则等许多问题,并没有深入进行探讨,不仅导致了该制度实际运行的诸多困难,也将影响我国判决效力制度的建构和实际运行,严重冲击了判决既判力相对性的基本原理。

第三人撤销之诉制度的唐突在于,其是在我国法律没有明确规定既判力制度,更没有关于既判力相对性的原则规定的前提下设置的。如果仅从法律规定来看,人们有可能从第三人撤销之诉制度推导出我国不存在判决效力相对性的约束。因为如果存在判决效力相对性的约束,那么在一般意义上(特殊情形除外)就没有必要设置第三人撤销之诉来维护第三人的实体权益。在没有设置第三人撤销之诉制度之前,我们还可以从正当程序与判决效力的正当化、纠纷的相对解决等而推导出判决效力的相对性。一旦民事诉讼法在没有规定既判力制度的情形下预先设置了第三人撤销之诉制度,必然对判决相对性原理造成冲击。如果先行完善地规定了既判力制度,确立了既判力相对性原则,则第三人撤销之诉制度的适用就自然地受到了限制。很自然地,第三人撤销之诉应限制在判决既判力扩张的情形,对于由于既判力的扩张所导致的第三人权益受损的情形,该第三人可以利用该制度通过撤销他人之间已

---

[64] 参见前引⑧,张卫平文,第 170 ~ 184 页。

经生效的判决来维护自己的合法权益。[65]

现在的问题是,我国的第三人撤销之诉是置于民事诉讼法第三人制度中予以规定的。这意味着这一制度是一种第三人可以普遍适用的制度,尽管条文规定设置了限制条件使得该制度难以适用,但非常容易给人们造成他人之间判决的效力并不存在相对性的印象,在观念上进一步冲击了判决效力相对性原理。这一制度的设立也似乎证实了民事诉讼法修订中,制度设计者并没有既判力相对性原则的概念和认识,孤立地看待域外第三人撤销之诉制度的设置,仅仅从应对虚假诉讼[66]的现实需求出发而出台了该项制度。虚假诉讼的确是我国特定语境下的一种社会现象,但应对虚假诉讼可以有多种方法,包括实体的、程序的,例如对伪证行为和伪造证据的违法行为的制裁。虚假诉讼不可能不捏造案件事实,不可能不作伪证或伪造证据,因此通过对伪证行为和伪造证据行为的制裁,能够起到防止和阻却作用。也可通过再审,以诈害第三人作为再审事由撤销原判决、裁定和调解书等。其实最有效和最基本的办法就是明确规定既判力制度,确立既判力相对性原则。确立了这一原则,第三人就可以根据这一原则,通过一般诉讼维护自己的合法权益。正是由于没有明确规定既判力相对性原则,人们才会认为当他人之间的判决有可能损害自己的合法权益时,只有撤销该判决才能得到程序上的救济。其实他人之间的判决在没有合法扩张的情形下对自己是没有约束力的。虽然第三

---

[65] 在我国台湾地区,提起第三人撤销判决诉讼的原告须具备两个条件:其一,是与他人之间诉讼的判决有法律上利害关系的第三人。其二,不是因为第三人的过错而没有参加他人之间的诉讼,导致其不能提出足以影响该判决的攻击或防御方法。如果满足了这两个条件,即为适格的第三人撤销判决诉讼的原告。关于何谓"有法律上之利害关系的第三人",法条上并未具体予以指明,但从"立法理由"的说明来看,我国台湾地区学者一般认为,应当是指受判决效力拘束的第三人。"立法理由"对此说明,因为存在判决效力扩张情形,因此,如果受此判决效力扩张影响的第三人在没有可归责于自己的原因而没有参加该诉讼的情形下便强令其受不利判决的拘束,无疑剥夺了该第三人的诉讼权、财产权,因此,在保护该第三人权益的必要范围内可以请求撤销原确定判决。参见吕太郎:《第三人撤销之诉——所谓由法律上利害关系之第三人》,载《月旦法学杂志》2003 年第 99 号,第 30 页;陈荣宗:《第三人撤销诉讼之原告当事人适格》,载《月旦法学杂志》2004 年第 115 号。

[66] 在诉讼实务和传媒中人们经常使用虚假诉讼和恶意诉讼的说法,而且经常混用。两者都是违法行为导致的社会现象。从"虚假"和"恶意"的基本语义来看,虚假诉讼的重点在于诉讼或诉争的法律关系的非真实性,针对的是第三人,就第三人而言当然存在恶意;恶意诉讼在于提起诉讼的目的性,针对的是对方当事人。基于此,笔者将虚假诉讼界定为,形式上的诉讼双方当事人共谋通过虚构实际并不存在的实体纠纷(包括双方之间根本不存在实体法律关系以及虽存在实体法律关系,但并不存在争议两种情形),意图借助法院对该诉讼的判决,损害诉讼外第三人权利或权益的诉讼。恶意诉讼则是指,一方当事人通过捏造事实或理由,滥用诉权提起民事诉讼,以损害对方当事人的利益的诉讼。

人撤销之诉通过直接撤销判决能够维护第三人的合法权益,但却造成了对判决既判力的破坏,妨碍他人之间法律关系的安定性。判决效力的根据就是法的安定性。[67] 与维护判决既判力以及通过既判力相对性原则实现对第三人实体权益的程序保障比较,第三人撤销之诉制度弊大利小。一旦承认既判力相对性原则并将其制度化,第三人撤销之诉的功用将受到很大的限缩。由于存在着既判力扩张的情形,受既判力扩张影响的第三人在受到确定判决的损害时,应当给予该第三人事后救济的途径。又由于通常的再审救济以全面推翻原判决为目的,对原诉讼标的重新进行审理,而第三人撤销之诉仅仅涉及原判决是否损害第三人合法权益,并非完全否认原判决(按照我国民事诉讼法的规定,原判决、裁定、调解书部分错误的,可部分撤销),第三人撤销之诉的颠覆程度或否决程度要弱一些,对原审确定的法律关系安定性的冲击或影响也要小一些。从这一点考虑,仅赋予受既判力约束的第三人再审救济的权利还是不够的,第三人撤销之诉依然有其存在的必要。[68] 但作为一种既判力相对性原则的例外,必须加以限制,仅限于判决效力扩张于第三人的情形。由于判决效力扩张的情形只发生在公司关系诉讼和人身关系诉讼中,因此,在立法上只需要在公司法和婚姻家庭法中加以规定即可。这是以后民事诉讼法再修改中应当加以调整之处。作为当下的应对措施,司法解释也应当从限制方面加以考虑。

五、既判力原则的制度化

既判力相对性原则是既判力制度的一个基本内容。因此,既判力相对性原则的确立离不开既判力制度化。型塑科学有序的判决效力制度体系,必须确立既判力制度,确立既判力相对性原则,并使该原则制度化,为法官、法律行业和一般公众提供权威性判断依据。虽然"既判力"这一用语对于民事诉讼实务而言具有很强的外来色彩,但这一概念已经是大陆法系理论界所通用

---

[67] 参见[日]小山昇:《訴訟と判決——民事訴訟と憲法》,载《判決効力の研究》(《小山昇著作集第二卷》),信山社 1993 年版,第 4 页。

[68] 参见黄国昌:《第三人撤销之诉——受判决效力所及第三人之事后程序保障机制》,载黄国昌学术论文集《民事诉讼理论的新展开》,元照出版公司 2010 年版,第 321 页以下。在该论文中,黄国昌先生在对第三人权益的程序保障的各种方法及比较方面有非常深入和细致的研究。

的法学和法律概念,且在语义上能够非常准确地表达其基本含义,我们没有理由予以拒斥,无论是民事诉讼法还是司法解释,均可以直接将其作为一个法律概念。

既判力制度化需要明确规定以下要素性规范:(1)明确规定只有确定判决主文中关于诉讼标的的判断才有既判力(既判力客观范围的原则规范);[69](2)作为例外,关于抵销请求成立或不成立的判断也具有既判力(既判力客观范围的例外规范);(3)明确规定确定判决仅对诉讼的当事人有效力,即既判力相对性原则(既判力主观范围的原则规范);(4)作为既判力相对性原则的例外,确定判决对于诉讼系属后的承继(继受)人及为当事人或其承继(继受)人占有请求之标的物者,亦有效力。为他人的利益而作为原告或被告者的确定判决,对于该他人也有效力(既判力主观范围的例外规范);(5)对法院在诉讼口头辩论(法庭辩论终结)时与作为诉讼标的的权利或法律关系相关的判断,当事人不得在后诉中提出矛盾的主张;后诉也不得作出与此相矛盾的判断(既判力标准时、既判力时间范围规范)。[70]

既判力相对性原则的具体例外应当由各实体法或程序法作出明确规定。对于家事(人事)诉讼、公司诉讼判决等具有对世效的一般既判力的扩张,还必须充分考虑程序性补强条件,不得仅以所谓公益性和团体运营的顺畅作为既判力扩张的实体理由。这些条件的限制性运用也需要在《民事诉讼法》中加以规定。正因为关于既判力相对性原则的例外规定是以《民事诉讼法》中的既判力相对性原则为前提的,因此,最重要的就是确立既判力相对性原则。如果没有既判力相对性原则的明示,这些特别规定一旦予以抽象就可能反而成为原则性,导致严重的误导,如同第三人撤销之诉的

---

[69] 判决理由不发生既判力的主要理由是,法院在本案中的裁判只限于诉讼标的,既判力也只能及于该诉讼标的。诉讼标的是当事人双方关注的对象,因此应当将对诉讼标的的判断与判断的根据明确区别开来。如果认可判决理由有既判力,那么势必扩大当事人在诉讼中的防备范围,扩大了诉讼的重点,当事人必须小心地对待理由,否则会由于理由也既判力而导致今后的不利。参见前引[22],新堂幸司书,第484页;张卫平:《民事诉讼——关键词展开》,中国人民大学出版社2004年版,第313页以下。

[70] 将事实审言词辩论终结之时作为既判力的标准时,其理由在于,法院总是以事实审言词辩论终结以前的事实作为裁判的事实依据,以此确认有争议的权利义务关系。我国传统审判由于对程序正当性的轻视,也导致对言词辩论原则和直接原则的忽视,也就无法确立清晰的判决效力的标准时,使得在诉讼实务中既判力的客观作用范围也变得模糊和混乱。与既判力制度建构配套,《民事诉讼法》应当同时明确言词原则和直接原则。

情形。

关于既判力制度的更细致的技术处理需要在既判力理论的指导下予以细化,也可以通过判例和指导性案例提供解释,不断积累和丰富既判力制度的实际运作经验,并逐渐形成制度化操作规范。有些与之相应的配套制度也应当予以调整。例如判决书表达格式,虽然不必强求所有判决书都必须明确判决主文,但原则上应当对判决理由与对诉讼标的裁决的主文加以区分。明确判决主文有利于人们正确把握既判力的客观范围。[71]

既判力的制度化最好是通过再次修改《民事诉讼法》予以实现。不过由于刚进行了修改,按照我们修法的习惯,恐怕在近期内再次修改不太现实。比较可行的方法是尽快通过最高人民法院的司法解释予以制度化。如果不能通过司法解释作出规定,则可通过出台相应的指导性案例以及公布典型案例,明确既判力制度的基本规范,包括既判力相对性原则。

既判力制度是现代民事诉讼的基本和基础性制度之一,只有完成了既判力制度的建构,我国的民事判决制度和民事诉讼制度才能升级换代。民事审判的实践也迫使我们必须使用既判力的相关概念和理论使其裁判具有正当性。尽管既判力制度的运行也会遇到诸多问题,并非就是一个十全十美的诉讼制度设计,既判力的主观范围、客观范围、时间范围在理论和实务中都存在不易界别厘清的问题,既判力制度作为强调正当程序的现代制度,也同样具有程序刚性的特点,但这些问题都是民事诉讼现代化过程中的问题,是升级换代后的问题,并不能因此阻止我国民事诉讼以及民事审判现代化的进程。既判力制度的建构也将同时促进当事人制度、诉讼标的制度、辩论原则、处分原则、再审制度、言词原则、直接原则的建构和完善,从而极大地推动我国《民事诉讼法》的发展,并提升或转变我们既有的诉讼观念。既判力制度的建构和运行与民事诉讼的大众化、司法接近民众之间并没有必然的矛盾。如何使得复杂的理论和制度通俗化并运用到民事实践中,为民众、律师和基层司法人员所理解和运用,是另一个问题。不可以以愚民化或"知识白板化"意识阻止民事诉讼制度的升级换代。在国外已经存在相当成熟和相对完善的既

---

[71] 判决主文以当事人诉的主张或声明为内容。原告全部胜诉的,以原告诉的主张或声明为主文内容;原告全部败诉的,以被告诉的主张或声明为主文内容。原告、被告各有胜诉败诉的,判决主文应将胜诉败诉的范围各自加以表述。参见前引[57],陈荣宗、林庆苗书,第34页。

判力制度的情况下,我们不能受制于民族主义、民粹主义的意识,而拒斥人类的共同智慧和经验之光。

(原文载于《法学研究》2015 年第 1 期)

民事案件受理制度

——反思与重构

一、引言

无论是民事诉讼、刑事诉讼，还是行政诉讼都是因特定诉讼主体的诉讼行为而开始，民事诉讼、行政诉讼都是以原告的起诉而开始；刑事诉讼在公诉场合因检察机关的公诉行为而开始，自诉的场合则因被害人的起诉而开始。但在我们既存的观念中，不论哪一种诉讼都存在法院对于起诉的案件是否立案、受理的问题，并非只要起诉，法院就一定要让案件进入诉讼审理阶段。尤其是民事诉讼和行政诉讼，由于不像通常的刑事诉讼那样，其诉讼的启动是由专门的法律机构——检察机关实施的，因此，对于民事诉讼和行政诉讼，法院更强调对起诉的案件进行审查，决定哪些起诉的案件可以或有必要进入诉讼审理程序。基于我国司法体制的特殊性、政策调整的相对优先性以及我国社会政治与法律的高度混合，使得我国特别重视立案受理环节，以至于立案受理成为一个极具中国特色的、特殊的诉讼阶段，并在20世纪90年代末期的立审分离的所谓司法改革中得到强化。①

在我国的现行民事案件受理制度下，决定是否应当予以受理、立案的判断标准就是起诉条件，法院审查认为符合起诉条件的，予以立案，对该案件放行随后进入诉讼审理阶段，并作出裁判。由于大量的案件需要在起诉受理阶段进行审查，审查的事项又涉及诸多复杂的事项，为此，法院专门设置了起诉审查机构——立案庭以应对复杂的立案审查事项。现行的这种立案审查制

---

① 参见1999年10月20日最高人民法院关于印发《人民法院五年改革纲要》的通知（法发〔1999〕28号）。

度虽然有效地阻止了法院认为不能或不应由法院审理、判决的案件，但这种制度却一直为社会所诟病，民众似乎一直在抱怨存在“起诉难”（“告状难”）的问题。虽然有司法实务工作者坚持认为实际上并不存在起诉难的问题。[②]从笔者的观察分析来看，就起诉难的字面涵义而言，起诉难当然是指提起诉讼难。不过“起诉难”显然不只是一方行为的结果状态，更多是当事人和法院之间相互作用发生的结果状态。起诉作为一种当事人向法院递交起诉状的单方行为，如果没有法院的相应反映和作用是不会发生所谓难易问题的。关于“起诉难”，人们实际上是从不同的层面来感受的：一是指当事人提起诉讼，向法院递交诉状至法院认可起诉这一过程的不便、复杂、繁琐等所引发的人们的心理感受；二是指尽管当事人提起了诉讼，而且也认为符合起诉的条件，但诉讼却难以进入实质审理阶段的情形。如果说前者是形式上的，则后者就是实质上的。从实践来看，“起诉难”的含义主要是指第二种情形。而第二种情形反映情况事实上应当是“受理难”，而非“起诉难”。[③] 在法律上，正如中共十八届四中全会《中共中央关于全面推进依法治国的决定》（以下简称《决定》）所指出的，起诉难问题实质上是当事人诉权保障的问题。

《决定》中关于案件受理制度改革的意见便是直接针对这一问题的：“改革法院案件受理制度，变立案审查制为立案登记制，对人民法院依法应该受理的案件，做到有案必立，有诉必理，保障当事人诉权。”作为关于法治的政治性文件，《决定》首先是将案件受理问题作为政治问题来加以考量的，必须予以回应作为社会问题的起诉难问题。对于起诉难问题，《决定》抓住了问题的制度关键——案件受理，认定只有改革案件受理制度才能化解起诉难这一社会问题，实现保障当事人诉权这一目的。对于民事诉讼案件受理制度应当如何改革，立案登记制的核心、要义是什么，如何才能更好地保障当事人的诉权，案件受理制度改革还需要在诉讼制度方面如何进行调整，无疑是我们应当深入加以研究的。在《决定》公布之后，不少人对“有案必立”的立案登记制忧心忡忡，担心如此，法院将无法承受由于大量案件的涌入所带来的巨大

---

② 参见姜启波：《人民法院立案审查制度的必要性与合理性》，载《人民法院报》2005年9月21日。

③ 参见张卫平：《起诉难：一个中国问题的思索》，载《法学研究》2009年第6期。

压力,这也是过去实务界质疑立案登记制改革的主要理由。[④] 这些人坚持认为应当在起诉受理阶段进行审查,将大量法院不能作出实体裁判和没有必要审理的案件拒之于法院大门之外。坚持起诉条件中仍然应当将诉讼法理上的诉讼要件置于其中,实质是坚持起诉的高门槛。但鉴于《决定》的政治影响力,在相应的制度调整中仅仅是在原有的立案后面加上"登记"二字,形式上就成了立案登记制。在《决定》做出后不久出台的《中华人民共和国行政诉讼法》(以下简称《行政诉讼法》)第51条就贯彻了这一要求。要化解起诉难,保障当事人诉权,问题的关键不在于是否进行审查,关键的问题在于审查什么,在什么阶段审查或审理才是符合程序正义的。我们必须从《决定》关于保障当事人诉权的根本目的出发,从内在要求完整地理解案件受理制度的改革,科学地建构起诉受理制度。同时,我们还应当深入地分析现行制度生成的各种原因,解析现行制度的弊端,充分认识制度改革的必要性、现实性,才能有效地建构新的案件受理制度,实现制度改革。作为民事诉讼的一个环节,一旦案件受理制度进行了改革,也必须要有相应的其他诉讼制度的调整、补充加以配合,从而形成一个能够合理运行的制度系统。基于此,笔者认为有必要更加深入细致地对案件受理制度进行研讨,以化解目前人们在案件受理制度及理论上的诸多问题。

二、现行案件受理制度之检讨——结构特征及其弊端分析

对于一项制度欲进行修正或改革,首先必须了解该制度的结构及其特征,否则不能真正认识该制度的不足或缺陷,也自然无法建构以弥补该制度的不足或缺陷的新制度。对于案件受理制度,由于司空见惯,人们似乎对其非常了解,但就笔者的观察和分析而言其实并非如此,往往是"不识庐山真面目,只缘身在此山中"。因此我们有必要对于案件受理制度予以重新认识。

起诉,是指当事人要求法院对诉讼请求行使审判权的诉讼行为。受理,是指人民法院对起诉进行审查,对符合起诉条件的案件,予以立案的审判或诉讼行为。法院受理与法院立案往往是同一含义。如果非要加以区别,则可以说受理的结果是立案,立案也就表示法院已经受理。因此,我们可以说,起

④ 参见夏敏:《"立案登记制"能否穿越现实屏障》,载《中国审判》2007年第1期。

诉制度、受理或立案制度只是侧重点不同,其在制度的内容上有相当大的重合度。起诉制度包含受理、立案以及相应的效力,受理或立案制度也必然包含起诉条件以及效力等内容,可以说这个意义上,起诉制度与受理制度或立案制度是等值的。

对于一个具体的诉讼程序来说,没有原告的起诉是不可能发生的,根据民事案件"不告不理"的原则,人民法院不能依职权启动民事诉讼程序。按照现在法院审判工作的分工,起诉的审查工作通常由法院的立案庭进行。人民法院接到原告的起诉后,应及时依法进行审查。审查应当从以下方面进行:首先审查原告的起诉是否符合法律规定的积极条件和消极条件;[⑤]其次,要审查原告起诉的手续是否完备,对于起诉状的内容有欠缺、起诉的手续不完备的,人民法院应限期当事人补正。根据《民事诉讼法》第 123 条的规定,人民法院经审查认为符合条件的,应当在 7 日内立案,并通知当事人;认为不符合起诉条件的,也应当在 7 日内做出不予受理的裁定;原告对不予受理的裁定不服的,可以向上一级人民法院提出上诉。根据最高人民法院《关于人民法院立案工作的暂行规定》第 13 ~ 15 条的规定,审查起诉的审判人员可以根据情况决定是否立案,或者报立案庭庭长审批是否立案;重大疑难案件应报法院院长审批或者经审判委员会讨论决定;立案后,应当编立案号,填写立案登记表,向原告发出案件受理通知书;应该在通知书中告知原告应预交的案件受理费。

与国外的案件受理制度相比较,我国现行受理制度的一个最大特点就是,将实体判决要件或诉讼要件的审理前置于起诉受理阶段,在这一阶段对实体判决要件或诉讼要件进行单方审查。所谓"实体判决要件"或"诉讼要

---

⑤ 起诉的消极要件主要有以下情形:(1)不属于"一事再理"或重复诉讼;(2)不属于法律规定在一定期限或期间内不得起诉的情形,如 2001 年新修订的《中华人民共和国婚姻法》第 34 条;(3)双方当事人没有就合同纠纷自愿达成书面仲裁协议向仲裁机关申请仲裁的,因为按照仲裁法与民事诉讼法的规定,人民法院没有管辖权。

件",是指法院对本案实体权利义务争议问题("本案问题"[⑥])继续进行审理并作出实体判决的要件,所谓"本案判决要件"(实体判决要件),也就是法院对当事人的实体请求或实体权利义务争议作出裁决的前提条件。[⑦] 我国现行制度这一特征的形成除了对国外诉讼制度不了解之外,其中很重要的原因在于理念和司法体制的问题,进而涉及法治发展阶段的深层次问题。

在理念方面,我国现行的案件受理制度基本上是一种管控理念,基于一种对当事人诉讼行为的管理和控制。这种取向如果从比较法的视角来观察就可以看得十分清楚。我们注意到在法治发达的国家,人们很少使用受理、立案这样的概念,论及诉讼的开始通常都是从起诉,寻求司法保护或救济,行使诉权,从权利的角度来认识诉讼启动或诉讼开始,立法的最大目的以及法院司法行为的最大目的就是如何保障当事人行使诉权。但在法治的初级阶段,基于我国传统的义务本位、权力本位、国家本位的观念,法院习惯于会从权力的视角出发认识当事人的起诉行为,将受理或立案作为辅助国家管控的一种手段。尤其在前一段时间我们在司法政策上片面地强调社会维稳,而不是维权的时期,这种管控思维表现得更加突出。因此也可以说现行的案件受理制度或立案制度相对于开放型的受理或立案制度而言,是一种管控型受理或立案制度。法院的立案庭也就成了行使审判管控职能的专门机构。

在司法体制方面,由于司法权没有能够获得相对独立,在权力高度一体化的体制下,法院作为司法机关独立判断和裁决的能力十分有限,为了不至于使法院对某些具有社会性、政治性的民事争议的审理出现尴尬,法院必须尽量阻挡这些争议进入诉讼。因此,在起诉受理阶段法院就必须对哪些法院不能或不应审理裁判的案件进行审查,而不是在起诉受理之后通过当事人双方参与的诉讼程序进行审理以后作出相应的裁判。因为诉讼结构和特性的

⑥ 在大陆法系民事诉讼理论和实务中,"本案"的含义与中国内地一般的理解有所不同,因此往往导致人们对民事诉讼理论的误读或不理解。在我国,"本案"常常笼统地指特定的案件的争议,案件的争议既包括实体争议,也包括程序上的争议。在大陆法系国家和地区,"本案"则仅仅指实体权利义务或实体法律问题的争议。所谓"本案的审理",即是指对实体争议问题的审理。当事人的实体请求能够成立的要件,即实体要件称为"本案要件"。日本关于诉权理论的通说——"本案判决请求权说"的"本案"也就是在这个意义上使用的。参见[日]新堂幸司、福永有利编集:《诉・辩论准备》,载《注释民事诉讼法(5)》,有斐阁 1991 年版,第 28、29、40、41 页。

⑦ 张卫平:《起诉条件与实体判决要件》,载《法学研究》2004 年第 6 期。

关系,一旦进入诉讼程序,就必须按照诉讼审理的原则进行,除了不得公开审判的案件之外,所有案件都应当公开审判,这就意味着对于那些可能引起社会影响的案件就可能通过诉讼的公开审判机制而成为社会关注点,在"工具化"的司法化体制下,这种情形显然是应该尽量避免的。例如,三鹿毒奶粉事件的民事诉讼就是在北京奥运会举办后才开始"解冻"的。

从法治发展的阶段性来看,由于我国现在刚从传统法制逐步迈向现代法治,因此,作为法治初级阶段的社会,法律对社会关系的调整作用还十分有限,尽管快速地制定了大量的法律法规,但由于政治体制的原因,法律还难以充分发挥其调整作用。在认识上,也还没有充分意识到诉讼程序对维护社会安定的积极作用,反而将一些诉讼制度的运用视为消极因素。最典型的是代表人诉讼制度。该制度原本主要用于解决大规模纠纷诉讼,却被误认为不利于社会稳定,从而抑制该制度的运用,至今该制度实际上依然处于沉睡之中。

一方面,在传统的管理体制之下,大量社会关系的调控还需要借助政策进行调整。在观念上我们也还不习惯用法律来调整。法律调整主要是通过司法机关的司法来实现或体现的。如上所述,基于司法体制和政治体制的原因,法院作为司法机关还不可能拥有充分的裁判权。另一方面,在法治初级阶段,社会调控还不需要或人们还不习惯于利用法律,这也就导致对司法机关适用法律的限制,需要将更大的社会调整空间预留给政策调整,通过党的机构或行政机构进行政策调整,更直接地实现政策意图或目的。按照国外学者的概括,这一阶段的法治属于实质性法治。[8] 除了社会维稳的考虑和国际形象的政治要求之外,给当地政府对这一社会性事件的政策处理留有余地也是一个非常重要的因素。当时,石家庄市政府正在协调三鹿奶业集团与毒奶粉事件受害人之间的法律纠纷,希望能"一揽子"解决,而不希望通过司法来解决。虽然因为受害人对于赔偿方案并不买账,最终没有能够解决纠纷,许多受害人还是通过司法途径得到救济,但从政府管理的角度还是习惯于通过行政的办法解决法律争议。这是法治初级阶段必然存在的问题。从我国"小社会、大政府"的社会格局而言,政府也的确具有这种广泛干预调整的资源和能力,加之大政府观念,就必然要求司法给政策调整和政府干预留有更大的

---

⑧ 参见高鸿均等:《法治:理念与制度》,中国政法大学出版社 2002 年版,第 100 页。

空间,相对的法律调整的空间也就大大受限。这也是为何我们有大量的法律法规却很难发挥作用,成为束之高阁的纸面法律的体制性原因之一。从这方面,我们就能够很好的解释为什么我国会如此强调案件的受理和立案。现行案件受理制度必须要服从这种传统的国家调控方式,因此可以说,现行案件受理制度是法治初级阶段的必然反映。

我国现行的案件受理制度也反映了我国司法中政治思维和法律思维二重性特征。所谓政治思维和法律思维的二重性是指作为司法机关的法院并不仅仅从法律的角度实施司法行为,也需要在相当大程度上考虑政治因素,从政治的角度来考虑。我们一直强调不仅要考虑法律效果,也要考虑社会效果,考虑社会效果实际上就是政治效果,所以前些年在司法政策导向方面,我们也直接提出了在司法过程中必须考虑政治效果。一些司法实务专家也强调不能够单纯考虑法律的实施,司法机关也是政治机关,不可能脱离政治。⑨人们也常常提到一个法院的院长不仅是一个法律专家,更重要的应该是政治家,必须要从政治的角度考虑法院的运作。⑩ 因为"司法的结构和布局是应政治的需要而构成的。"⑪当下中国社会的一个特征是政治泛化,可以说当今中国具有浓厚的政治泛化特征。人们习惯于从政治层面、政治视角观察社会,习惯于政治思维,用政治方式解决和处理问题,而不习惯于从法律的角度,从法律思维、法治方式思考问题,观察社会,解决社会问题。⑫ 习惯于通过政策调整,而不是通过法律的调整就是这种社会特征的体现。因此,从政治与司法的关系角度看,有理由认为案件受理制度是我国社会政治现阶段特有的要求,是应特定的政治需要而构成的。

上述分析表明,现行案件受理制度基于一种管控型理念,其基本特征是将实体判决要件(诉讼要件)的审查前置于起诉受理阶段,而不是将实体判决要件(诉讼要件)的审理和查明置于诉讼程序过程中。正是这一特点招致了该制度必然存在相应的弊端,对这些弊端的分析有助于我们对新制度功能的认识。现行案件受理制度的主要弊端在于以下几个方面:(1)抬高起诉门

---

⑨ 参见江必新:《正确认识司法与政治的关系》,载《求是》2009年第24期。
⑩ 参见张卫平:《琐话司法》,清华大学出版社2005年版,第77页。
⑪ 参见江必新:《正确认识司法与政治的关系》,载《求是》2009年第24期。
⑫ 参见张卫平:《法治思维与政治思维》,载《浙江社会科学》2013年第12期。

槛。在起诉受理阶段,现行制度就需要审查查明当事人的起诉是否具有实体判决要件(诉讼要件),而实体判决要件(诉讼要件)所包括的内容又非常广泛、复杂,主要包括案件是否属于法院主管、是否属于受诉法院管辖、原告与被告是否属于正当当事人、是否属于一事再理、是否属于法律规定的一定期间内不得起诉的案件、双方之间是否有仲裁协议排斥司法管辖等。这些要件的审查也就必然导致起诉的高阶化,形成人们所抱怨的"起诉难"、"告状难"的社会问题。(2)致使立案迟延。由于这些要件的审查往往需要结合案件的大量实体方面的事实才能查明,因此往往需要当事人提供更多的诉讼资料,而且有的涉及法律理解的问题(如案件的性质、法院的审判权范围等),法院需要花费更多的时间进行审查判断。这也是抬高诉讼门槛的必然结果。在当下社会环境以及现行司法体制之下,法院还负载诸多政治性功能、社会性功能,因此,法院在审查当事人的起诉时,还需要对案件的审理和判决所可能涉及的社会影响、政治影响加以研判,所以常常难以按照民事诉讼法的规定在当事人起诉后七天之内作出是否予以立案的决定(鉴于人们普遍的心理期待和心理忍受度,法律又不可能规定相当长的审查期间,如一个月或三个月)。起诉受理决定了诉讼程序是否开始,如果在这一阶段不能即时立案,开始诉讼程序,对于当事人而言是难以接受的,也就违背了人们的一般期待,也进而必然形成一种社会积怨,成为社会问题。这也说明了作为专门关于法治的政治性文件——《决定》会作出要改革案件受理制度这一政策抉择的原因所在。无论是诉讼门槛的提高,还是迟延立案都最终导致人们疏远司法,这种隔离感也就必将影响司法功能乃至法治功能的发挥。人们会更多借助社会的影响力,通过伦理方式或政治方式而非通过司法途径,按照法治的方式解决争端,由此往往使普通的民事争议演变为社会争议,引发更大的事端,影响社会的稳定。(3)影响程序正义。现行案件受理制度将实体判决要件(诉讼要件)的审查前置于起诉受理阶段,使得应当通过诉讼审理的事项,仅仅是在非诉讼程序中由法院进行审查。起诉受理的审查因为不受诉讼程序诸原则的规制,不会给予当事人陈述、辩论的机会,审查的事项又涉及大量的实体问题,因此,也就难以体现程序的正义性或正当性。如果将实体判决要件(诉讼要件)事项的审理置于诉讼程序中,原告通过言辞辩论方式陈述自己的理由,并回答法官提出的质疑,通过这样的诉讼程序,在给予当事人充分陈述、辩论机会的情形下,相信当事人对于法院驳回起诉也是容易接受和理解的。如果没有开始诉讼程序,没有给予当事人充分的诉讼权利,就直接驳回起诉难以吸收当事人不满。是否能够有效地吸收当事人的不满是衡量一个诉讼制度是否具有积极价值的重要标准,也是判断该程序是否具有正义性的标准。[13] 学界实际上早在十年前就已经指出,现行案件受理制度的问题在于在起诉受理阶段就对案件的实体问题进行了审理,但没有进一步论及在这一阶段审理实体问题为何欠缺程序正当性。[14]

我们在指出现行案件受理制度的弊端时,还必须要指出人们对现行制度积极面的误识。对于现行案件受理制度的积极面,有的人认为,在起诉受理阶段对案件是否符合实体判决要件或诉讼要件进行审查,能够有效防止不能或不应由法院审理裁判的案件进入诉讼程序,因而有助于节约司法资源,防止司法资源无益消耗。[15] 这种观点的误识在于,现在的案件受理制度不过是将应当在诉讼程序中耗费的大部分资源集中在了起诉受理阶段而已,在司法资源的消耗总量上并没有减少,因此谈不上节约司法资源的问题。

三、案件受理制度改革的关键点——修正起诉条件

通过上述分析,笔者实际上已经指出现行案件受理制度的根本问题点。其根本问题就在于设定了过高的起诉条件,将实体判决要件(诉讼要件)不适当地植入起诉条件当中。在认识上将诉的利益作为诉讼要件的前提,而不是将诉的利益作为诉讼要件之一。[16] 这就必然将诉的利益等诉讼要件的审查置于起诉受理阶段,因此案件受理制度的关键是修正起诉条件,将实体判决要件从起诉条件移出,后移至诉讼程序之中,在诉讼程序中进行审理,并查明是否符合实体判决要件(诉讼要件)。现行民事诉讼法的起诉条件,不仅包括积极要件,也包括消极要件(又称"诉讼阻却要件")。《民事诉讼法》第

---

[13] 参见季卫东:《程序比较论》,载《比较法研究》1993 年第 1 期。

[14] 参见刘敏:《论裁判请求权保障与民事诉讼起诉受理制度的重构》,载《南京师范大学学报》(社会科学版)2005 年第 2 期。

[15] 参见姜启波:《人民法院立案审查制度的必要性与合理性》,载《人民法院报》2005 年 9 月 21 日。

[16] 参见姜启波:《人民法院立案审查制度的必要性与合理性》,载《人民法院报》2005 年 9 月 21 日。

119 条规定的起诉条件在学理被称为积极条件或积极要件。而有效、合法的起诉,还必须具有消极条件,即不具有某种情形。从《民事诉讼法》第 124 条、司法解释以及司法惯例来看,起诉的消极条件为:(1)不属于"一事再理"或重复诉讼;[17](2)不属于法律规定在一定期限或期间内不得起诉的情形;(3)不属于通过协议排除法院管辖的案件;(4)不属于涉外民事诉讼案件应提供诉讼担保,而没有担保的情形。

如果要对起诉条件进行修改,降低起诉门槛,需要考虑的是应当将哪些事项移出起诉条件。对这一问题,我们必须从起诉的本质来加以认识。起诉的实际功能就是当事人行使诉权,启动诉讼程序,要求法院对自己提出的诉讼请求进行司法判断,以图维护自己的合法权益。国家是否应当确认以及实现当事人的诉求应当在诉讼程序中审查判断,而不应当在起诉受理阶段。如果这些事项的审查被置于起诉受理阶段也就必然产生本文上述所提到各种弊端。从诉讼法理来看,关于法院是否应当就该争议案件的实体问题(本案问题)作出判决的前提条件就是实体判决要件(诉讼要件)。因此,现行案件受理制度的改革就应当将现行制度中关于起诉条件的规范加以修正,将实体判决要件从现有的起诉条件移出。作为修正后的起诉条件仅仅包括明确的原告、被告(不要求是适格(正当)的原告、被告)、诉讼请求、原告人主张的请求理由和事实。这些内容也是起诉状所要求的内容。起诉状对这些内容的要求在于有助于将诉讼请求、理由告知于特定的被请求人,起诉状能够送达给特定的被请求人即被告。另外,由于一般情形下民事诉讼是收费的,因此,原告还需交纳相应的案件受理费。这就是起诉或诉讼的门槛。

如此一来,对起诉的审查就变得非常简单了,因为起诉就是为了启动诉讼程序,也应当如此简单。诉权的意义就在于寻求国家的司法保护;相应地,国家也有义务提供司法服务。诉权是程序上的权利,目的就是启动诉讼程序,使得国家审判机关能够在诉讼程序中对当事人的主张进行判断。《决定》要求保障当事人的诉权,就是要求在当事人行使这种权利时能够启动诉讼程序,而非阻碍诉讼程序的开始。是否具备实体判决要件和本案要件都应

---

⑰ 关于重复诉讼的制度与法理,参见张卫平:《重复诉讼规制研究》,载《中国法学》2015 年第 3 期。

当在诉讼程序开始后进行审查和判断。理论上,诉权是一种宪法上的基本权利,[18]诉权的保障涉及法治的有效性和法治社会的实在性,因此起诉受理制度的问题关联到法治的基本问题,不容小视。正是因为诉权的重要性以及诉权的宪法属性,在设置了宪法法院的国家,如德国、韩国等,关于实体判决要件中法院主管问题的争议当事人可以通过宪法诉愿程序寻求救济。[19]

《决定》关于应当改革现行的案件受理制度,变立案审查制为立案登记制的决定,其意图就是还起诉本来的意义和作用,使得既有的案件受理制度从管控变为开放接纳,如此便有利于民众利用司法,充分发挥司法的作用,也就能够充分发挥法律的调控作用,也就是法治的基本要求。如果像现行起诉受理制度那样将实体判决要件植入起诉条件之中,也就不可能真正实现立案登记制。显然《决定》中的立案登记制,其目的不是在意"登记"这种方式,而是降低起诉受理的门槛,回归起诉的本意。立案审查制改革的实质不是对于起诉要不要审查,而是应当审查什么的问题。现在的立案审查制度要审查的是实体判决要件(诉讼要件),这种审查自然是不合理的。审查实体判决要件(诉讼要件)是目前立案审查制的基本特征,我们要废除的恰是这样的立案审查制。相应地,如果不是从立案审查制或立案登记制的本质去理解,抓住修正起诉条件这一关键点,就不能真正实现案件受理制度的改革。从这一点来讲,人们简单地将现行案件受理制度和改革后的新制度分别打上"立案审查制"和"立案登记制"的符号是不准确的。这一点应特别加以注意。

不得不指出的是,在《决定》公布后不久出台的《行政诉讼法》关于行政案件受理制度的改正并没有达到理想状态。虽然从"立案审查"到"立案登记"这种法律语言表述的变化,会在一定程度上缓解人们对起诉难或受理难的心理感受,但这种改正并没有真正抓住原有行政案件受理制度的实质问题所在,因此也无法真正消解其存在的问题。如果《行政诉讼法》的修正模式移植于《民事诉讼法》相关修正将无法实现民事案件受理制度的实质性改

---

⑱ 在现代法治理论中,裁判制度的法律基础是宪法,诉讼法也被称为"适用中的宪法",因此对诉权的认识也应当从宪法和诉讼法统合上来加以把握。参见[日]新堂幸司、福永有利编集:《诉 · 辩论准备》(《注释民事诉讼法(5)》),有斐阁 1991 年版,第 30 页。

⑲ 参见刘兆兴:《论德国的宪法诉愿制度》,载《清华法治论衡》(第 18 辑),清华大学出版社 2013 年版,第 58 ~ 76 页;李熙勲,孙汉基:《关于韩国禁止裁判诉愿的宪法评价》,载《浙江社会科学》2010 年第 5 期;孙浩林:《韩国宪法诉愿制度》,载《学术论坛》2012 年第 4 期。

革。新行政案件受理制度的问题在于,在起诉条件方面依然维持了原来关于起诉的条件构成,同样将行政实体判决要件纳入了起诉条件,没有将这些实体判决要件后置于诉讼开始后的行政诉讼辩论阶段。因此,行政案件受理制度存在的问题同样存在于民事案件受理制度。

正是由于过去人们没有意识到起诉条件的设置及其与不同事项审查阶段的关系,因而即使提出了立案登记制,也无法为审判机关的多数人所理解。对登记制持有异议的人认为,立案登记制放弃对起诉条件的审查显然是难以成立的,无论哪一个国家都不可能不对法院是否应当或可能作出实体裁判的前提条件进行审查。例如,关于诉的利益,法院就必须进行审查,如果没有诉的利益,法院就没有必要对实体争议进行审理并作出裁判。再如,如果法院对该争议不能行使审判权,法院也必须驳回起诉。[20] 这些属于实体判决要件的事项的确必须进行审理并予以查明,但是主张这种观点的人没有意识到,这些事项不应当作为起诉的条件,也不应当在起诉受理阶段进行审查,而应当在诉讼开始之后,在诉讼的辩论程序中进行审查。因此,以是否进行审查作为受理或立案制度的基本点或出发点都是偏离真问题的误识。立案制度的改革必须要和整个诉讼制度的调整结合起来考虑。主张登记制的学者没有进一步指出起诉条件与实体判决要件的关系,没有对起诉的应有条件加以分析,并且没有区分不同的审查阶段以及相应的裁判方式,没有回答登记以后怎么办的问题,如何“穿越现实屏障”(即如何过滤不能进入实体判决的争议),[21]也就难以说服反对登记制的人。[22]

也有人质疑笔者上述关于案件受理制度的改革,认为将实体判决要件(诉讼要件)从起诉条件中剥离,后置于诉讼程序阶段进行审查,只是审查阶段的不同,依然还是要审查,实质上没有变化。这种认识没有意识到同样是审查,但阶段的不同,就有了本质的不同。在起诉受理阶段的审查由于没有进入诉讼程序,就不能享有诉讼程序中的各种诉讼权利,例如对于实体判决

---

[20] 参见姜启波:《人民法院立案审查制度的必要性与合理性》,载《人民法院报》2005 年 9 月 21 日。

[21] 参见夏敏:《“立案登记制”能否穿越现实屏障》,载《中国审判》2007 年第 1 期。

[22] 参见江伟:《中华人民共和国民事诉讼法修改建议稿(第三稿)及立法理由》,人民法院出版社 2005 年版,第 46、240 页。

要件(诉讼要件)进行主张和陈述的权利,也不能就自己的主张提供证据,法院也没有义务就当事人主张、陈述作出回应,并说明理由。对于涉及法律专业知识的问题也不能聘请律师代为主张和陈述,在起诉受理阶段,律师无法实施代理活动。如果主张在这一阶段可以让律师参与,当事人也可以享有各种诉讼中才享有的权利,那么这一阶段也就不再是起诉受理阶段,而是诉讼阶段了。再加上受法院调解泛化的影响,为了拔高调解的作用,在起诉受理阶段往往会置入调解,导致起诉受理阶段诉讼化,致使对起诉案件受理的进一步迟延,也必然进一步强化起诉受阻的心理感受。在司法政策方面,我们提出要让人们在每一个案件的审理中感受到司法公正,不仅要在诉讼程序中感受到司法公正,在起诉受理阶段的处理上也要能够感受到司法的公正。

论及民事案件受理制度,有必要再次论及新《行政诉讼法》,因为它是在《决定》发布之后不久出台的,从修改的内容来看,在一定程度上回应了《决定》的要求。这种回应对《民事诉讼法》修正后的司法解释也产生了很大影响,成为司法解释相关规定的模板。

在《行政诉讼法》2014 年的这次大修中,被人们认为比较突出的修改点或亮点就是关于行政诉讼案件受理制度的修改。但笔者认为在起诉受理制度的基本结构方面依然沿袭了民事诉讼法的模式,即在起诉条件中包括实体判决要件(诉讼要件),而没有将实体判决要件(诉讼要件)移出于起诉条件。《行政诉讼法》第 51 条第 4 款规定虽然使用了"登记立案"表达,但由于起诉条件并没有修正,在起诉的积极要件中依然包含了作为实体判决要件的内容,如原告适格(正当原告)、案件适格(属于法院受理的范围)等,除此之外,起诉条件还包括不属于一事不再理等消极要件。作为一部诉讼法,我相信《行政诉讼法》也同样存在实体判决要件(诉讼要件)。由于将实体判决要件植入了起诉条件之中,也就同样存在现行民事诉讼起诉受理制度的问题——基于对实体判决要件审查所带来的起诉(受理)高阶化,实际上无法实现登记立案制的目的,真正做到登记立案,尽管使用了"登记立案"这样的字样。作为一部具有所谓"民告官"特色的程序法原本应当更注重对当事人行政诉权的保障,在目前行政法治观念依然薄弱,行政泛化、行政强势的社会背景下,至少立法应当更加强调对诉权的保障。但如果依然维系原有的起诉条件的规定,行政诉讼起诉难的问题将依然无法解决,而行政诉讼起诉难的问题比之民事诉讼的起诉难问题具有更大的社会性。因此,如果要更充分地实行依法行政,发挥行政法的规范作用,相信修正起诉条件也是今后行政诉讼法修改需要继续完成的任务。

新《行政诉讼法》对《决定》中案件受理制度的回应方式也对修改后的新《民事诉讼法》的司法解释产生了影响。2015 年 1 月 30 日《最高人民法院关于适用〈中华人民共和国民事诉讼法〉的解释》第 208 条几乎照搬了新《行政诉讼法》的规定。当然这也是作为解释性规范所能实施的最好作业。随后,最高人民法院又在 2015 年 4 月出台了《关于人民法院推行立案登记制改革的意见》㉓,核心是依法受理。作为司法解释文件也只能按照法律规定。即使司法解释的制定者或制度的改革者能够意识到起诉条件包含了实体判决要件,应当将其从起诉条件中分离,并置于诉讼辩论程序中审理查明,但因为不能改变民事诉讼法关于起诉条件的规定,因此也只能在形式上回应《决定》的要求,无法实质上实现登记立案制的目的。此外,还有学者指出,将实体判决要件的审查置于诉讼辩论程序之中,在起诉受理阶段不予审查,可能存在当事人起诉时,法院就能够准确地判断当事人的诉不符合实体判决要件(诉讼要件)。例如,当事人违反级别管辖规定直接向最高人民法院起诉,㉔或者明确不属于法院主管等案件,法院是否也要等待案件进入诉讼程序,为什么不能在诉讼系属之前驳回?笔者认为,一方面,在起诉时,法院审查起诉状的工作人员认为当事人的诉明显违反实体判决要件的,可以向起诉当事人加以说明,或行使阐明权,如果当事人仍不撤回起诉状的,法院应当接受起诉,在诉讼系属后,诉讼程序中驳回当事人的诉。此种处理方式的缺陷是,有可能给当事人双方造成诉累。不过,对于明显不符合实体判决要件(诉讼要件),法院又给予适当的释明,当事人还要执意为之的,应该不具有普遍性。

㉓ 《关于人民法院推行立案登记制改革的意见》(以下简称《意见》)就刑事、行政和民事立案制度的改革提出了整体性的具体意见,回应了关于立案改革的社会诉求。但由于受现行法律对立案条件(起诉条件)以及其他相关规定的限制,实际上无法真正实现实质上的体制性改革。当然,该《意见》也具有重要意义,最有价值的是明确规定禁止限制立案的各种"土政策",有利于维护立案的统一性。值得探讨的是,《意见》在强化立案的监督时,有可能也同时强化了司法的行政化趋势,非程序性地干涉了下级法院的独立审判。

㉔ 现行民事诉讼法关于最高人民法院可以直接受理第一审民事案件的规定有修改的必要,因为即使是最高人民法院也不应当剥夺当事人的上诉权和上诉利益。除非最高人民法院设置了上诉救济程序,如在初审法庭审理之后还可以向最高人民法院上诉庭提起上诉。

四、案件受理制度的新型态——基本结构及程序

改革现行的案件受理体制的关键是修正起诉条件,将实体判决要件从起诉条件移出,但新型的案件受理体制的改革作业并非仅仅是起诉条件的修正,还需要有相应的制度建构和程序安排,否则,新型的案件受理制度难以运作并实现其应有功能。应当承认,过去学界关于案件受理制度或立案制度的改革大多是在"破"的层面议论比较多,而在"立"的层面,即建设性方面讨论比较少,这就必然影响案件受理制度改革的进一步推进。从制度建构的角度,借鉴、结合国外的制度以及实践,笔者认为,新型的案件受理制度的基本结构及程序主要包括以下内容;

(一)对起诉状的审查

1. 当事人的特定。新型案件受理制度的中心依然是对原告起诉的审查,只是审查的内容与过去的审查内容有所不同,从这个意义上讲,将新的案件受理制度简单地认为就是去审查化、仅仅作登记,是不妥当的。改革后的案件受理制度对当事人起诉时提交的起诉状也需要审查。对于普通的民事案件而言,修改后的起诉条件重点在于两个方面:一是当事人的特定;一是诉讼请求的特定。[25] 当事人的特定即当事人确定,主要是被告的特定,并不要求当事人是适格的当事人,特定的目的在于受诉法院能够知晓原告和被告是谁,起诉状副本能够送达给被告,被告知晓原告是谁。只有审理法院、原告和被告三方存在的情形下,诉讼才能成立并开始。具体地,在当事人记载事项中,由于存在无诉讼行为能力当事人的情形,因此,还需要记载法定代理人相关的信息。也只有明确法定代理人,才能实施相应的诉讼行为,例如,对被告送达起诉状。起诉状没有记载当事人事项,缺少当事人的,属于起诉不合法,需要对起诉状予以更正或补正。通过起诉状及对原告的询问即可发现被告并不存在,例如起诉状中的被告实际已经死亡的,也视为没有特定的被告。

2. 明确的诉讼请求。诉讼请求的特定要求确定原告请求法院审判的主要内容是什么,即诉讼标的的特定化。法律规定可以口头起诉的情形也同样

---

[25] 对于某些民事诉讼案件如身份诉讼案件、公益民事诉讼案件、票据诉讼案件、第三人撤销之诉案件、不动产案件等,法律可能要求当事人在起诉时提交相应的证明材料。例如,身份诉讼案件要求提交户口簿。对这些案件的起诉要求不同,其审查的内容也不相同。

要求明确诉讼请求。需要注意的是,诉讼请求的确定只是一种大体上的确定,并不需要严格加以界定,无需明确诉的种类和请求的实体法性质。也不需要严格遵循法院案由分类的要求。至于原告起诉的案件应该归入何种案件,即案由的确定,是法院的内部作业。过于含糊和抽象的请求也属于不符合起诉状对诉讼请求特定化的要求。通过受理人员释明后依然不能明确诉讼请求的,将以起诉状不合法予以驳回。对于明显不属于法院审判权范围的诉讼请求是否应当以诉状不合法驳回,是一个有争议的问题。理论上一般认为,审判权的问题属于实体判决要件问题,属于诉讼系属之后审理的问题,在诉讼系属前的诉状审查阶段作出驳回的裁决是不合适的。但基于效率考虑,明显不属于审判权范围的,也可以予以驳回。不过从维护和尊重当事人的诉权角度考虑,还是在诉讼系属中以诉不合法驳回更具有程序正当性。

起诉状审查的范围原则上不涉及实体判决要件(诉讼要件)和本案问题。实体判决要件(诉讼要件)和本案问题都应当在诉讼系属后进行审理和裁决。这正是新型案件受理体制与现行体制的根本区别。新型的案件受理制度由于剔除了对诉讼要件的审查,因此,所谓的案件受理就是对起诉状的受理,不符合起诉状要求的,也是驳回起诉,因此在这个意义上,以往具有我国本土特色的所谓"立案"概念也应当归入诉讼制度史的范畴。

(二)新型案件受理制度的程序设计

案件受理阶段属于诉讼系属前的程序,严格而言还没有进入诉讼阶段,仅仅涉及原告与法院之间的关系。在这一阶段同样有相应的程序要求。在程序上,原告向法院提交诉状之后,应由相应的受理机构的工作人员接受并进行初步审查。对于认为符合法律对诉状记载事项要求,并按照诉讼费用的规定缴纳诉讼费用的,予以即时受理。对于口头起诉的情形,受理法院的事务工作人员应当将口头起诉内容记录于笔录之中。笔录是原告起诉行为和内容的证明。笔录过程也是对当事人起诉内容的整理,并使其清晰和准确的过程。因此,口头起诉的笔录与书面起诉状具有同等效力。诉状需要更正或补正的,应当向原告释明,如果原告坚持不补充、不更正或补充或更正不符合要求的,应向受理机构的法官报告,由法官斟酌考量,作出驳回起诉状的裁决。在裁决的方式上可适用"决定"这种方式,以区别驳回诉以及驳回请求的裁决方式,驳回诉用裁定,驳回诉讼请求用判决。

笔者曾经考虑基于起诉状内容的简单化,对于起诉状的审查和处理都可以由非法官的事务性官员,例如法官助理或实务书记官来处理。但考虑驳回起诉也涉及当事人的诉权问题,由事务性官员处理显然不够慎重,毕竟是行使法院的裁决权,因此此项权力应当专属于法官。对于诉状的初步审查以及案件的分流处理可由事务性官员,例如书记官处理。[26] 这也涉及法院组织的内部调整问题。

由于起诉状记载要求不高,因此出于当事人固执己见,不予更正或补充而被驳回诉状的情形应不多见,国外实情也是如此。但驳回起诉也直接涉及当事人的诉权保障问题,因此在法理上也应当给予一定的程序救济。不过没有必要像现行制度那样给予上诉救济,而是可以借鉴国外的做法,对于驳回诉状不服的,可即时向法院申请复议(即时复议制度),日本称为"即时抗告"[27]。这样处理既考虑了权利的程序救济,又顾及了效率即适当救济原则,是妥当的做法。

根据《民事诉讼法》第 123 条的规定,法院对于当事人的起诉,应当在 7 天之内作出受理或不予受理的裁定。案件受理的意义在于,一旦受理便意味着诉讼的开始。正是由于诉讼开始于案件受理,所以,受理环节才被人们所强化。但实际上按照诉讼原理,只有被告知晓了自己已经作为案件的当事人,也就是说,只有起诉状副本送达给被告之时起才发生诉讼系属,诉讼才开始,因为此时才构成原告、被告、法院三方之间的诉讼关系。只有一方当事人与法院之间的关系只是一种非讼关系。然而,对被告的送达是在案件受理之后。因此,补正或更正、驳回起诉状的决定的作出期间应当在起诉状送达之前。在诉讼系属以后,担任复查的法官如果再因为诉状不合法终结诉讼就不妥当了。因为有的案件适用合议庭审理,只有特定的合议庭才有权终结诉

---

[26] 参见日本司法研修所:《民事诉讼第一审程序解说》,法曹会 1994 年版,第 22 ~ 25 页。

[27] 即时抗告是大陆法系国家一般具有的一种诉讼权利救济制度。参见[日]川嶋四郎:《民事诉讼法》,日本评论社 2013 年版,第 933、934 页。

讼。诉状送达、诉讼系属之后驳回诉状也没有意义。[28] 如果我国采用诉状送达之时为诉状审查的最后期限，则与现行法关于收到起诉状之日起7日之内作出是否受理的裁定就无法一致了。要求在7日之内实现送达，在我国可能面临着困难。因此，以不规定统一期限为好。这里所说的送达是指直接送达而非公告送达，因为公告送达只是一种拟制，被告并不实际知晓被诉状态。

五、案件受理制度改革之配套——诉讼制度、司法制度的对应性调整

如本文前述，作为广义的民事案件受理制度的改革关键在于起诉条件的修改，但作为案件受理制度的改革并非仅仅是关于起诉条件的修正作业以及案件受理制度本身的调整，还必须有一系列相关诉讼制度的对应调整，才能实现案件受理制度与其他制度的配套，才能合理地运作改革后的案件受理制度，达成案件受理制度改革的目的。没有相应的配套调整，民事诉讼系统的运行将可能紊乱。与案件受理制度关联配套的制度调整主要有以下内容：

（一）实体判决要件审查及诉讼阶段与裁判制度的调整

案件受理制度的改革需要将原有起诉条件中的实体判决要件移出，与起诉条件剥离，法院不在审查起诉条件时审理实体判决要件，而是在诉讼辩论程序中审理和查明。与此相应地，就应当对诉讼阶段进行调整以及修正相应的制度规定。案件受理制度改革以后，现行的立审分离，将立案作为独立的诉讼阶段的不妥当做法也就应加以改变。立案阶段将不再是诉讼的一个独立阶段。在实体判决要件与起诉条件分离或剥离之后，实体判决要件（诉讼要件）不再是起诉合法的条件，而是作为当事人的诉是否合法的条件，对于当事人的诉不能满足实体判决要件的，法院应当驳回诉，不再像过去的制度规定驳回起诉。例如，对于当事人提起的诉属于重复诉讼或一事不再理的情形，法院在诉讼中应当予以驳回。又如，原告或被告不适格（不是正当原告或

---

[28] 在国外，如日本，也有学者主张，诉讼系属之后也可以作出补正或更正诉状命令的观点。参见［日］菊井维大、村松俊夫：《民事诉讼法》，日本评论社1989年版，第129页。也有学者主张，在口头辩论开始之前都可以作出补正或更正、驳回诉状的命令。参见［日］三月章：《民事诉讼法》（第三版），弘文堂1987年版，第376页。日本通说认为应当以诉状送达时为限。参见［日］兼子一：《新修民事诉讼法体系》，酒井书店1965年版，第179、180页。

正当被告）的情形也以诉不合法予以驳回。[29] 在裁判形式上也有相应的讲究。驳回起诉，法律规定使用裁定，对于驳回诉应当使用裁定还是使用判决与实体判决要件的规范性质有直接关系。由于实体判决要件不是本案问题，即不是关于案件实体权利义务的问题，因此应当属于程序规范的范畴，相应的本案问题属于实体规范的范畴。在大陆法系国家，程序规范问题与实体规范问题的裁决采取不同的形式，对于不符合实体判决要件的驳回采取诉讼判决，以区别于驳回诉讼请求的实体判决。根据我国民事诉讼的现有规定和理论，裁定用于处理程序问题，判决用于实体权利义务争议，因此，对于不能满足实体判决要件（诉讼要件）的，法院应当以裁定驳回诉。对于诉讼请求不能满足实体规范要求的，以判决驳回诉讼请求。

这种制度安排需要首先从理论上明确起诉与诉的关系。在我们现行的制度安排上，人们通常不需要区别起诉与诉，因此也就没有诉的观念，诉只是一个在理论上存在的概念。实际上，起诉与诉有联系，但有所不同。起诉的目的和功能是启动诉讼程序。法律上对启动诉讼程序的行为有一定的要求。例如提交起诉状、预交案件审理费用等。诉是原告针对特定的被告，就特定的法律上主张（权利主张），向特定的法院要求为一定裁判内容的请求。诉的内容包括了两个方面：其一，是原告向被告提出的法律上主张；其二，是要求法院就此作出判决。[30] 当事人提出的诉只有在满足了法律上相应条件的情形下，法院才能够对原告提出的法律上主张或本案问题（实体权利义务的争议）进行裁判，否则法院关于实体权利义务的判断也就是违法的。如果不将起诉与诉、诉讼请求加以区分，就不能理解对起诉、诉、诉讼请求[31]的不同处

---

[29] 在现行民事诉讼法起诉条件中并没有将被告适格作为起诉的积极要件，仅规定了原告适格，即原告应当是与本案有利害关系的人。对于被告仅要求是明确的。但是如果在诉讼中法院审理查明被告系非正当被告，例如被告不是有争议的法律关系的当事人时，法院却常常是驳回起诉。这就与将原告适格作为起诉条件的制度规定没有保持一致。如果不将原告适格作为起诉条件，则在理论上可以在原告不适格时以判决驳回诉讼请求。此种情况下，被告不适格也同样以判决驳回诉讼请求。这取决于是否以当事人适格作为实体判决要件。如果作为实体判决要件，则理论上应当驳回诉，而非驳回诉讼请求。

[30] ［日］新堂幸司、福永有利编集：《诉·辩论准备》（《注释民事诉讼法（5）》），有斐阁 1991 年版，第 1 页。

[31] 人们在使用诉讼请求这一概念时其含义并不统一，有的情况下，诉讼请求既包括程序上的，也包括实体上的。本文此处的诉讼请求，是指当事人在诉讼中提出的实体意义上的请求。判决驳回诉讼请求也是在实体上来使用的。

理。当起诉不符合要求的，法院可以要求起诉人予以更正或补正，如果当事人坚持依然要起诉的可以以起诉不合法，驳回起诉。[32] 在裁判方式上，笔者建议使用解决诉讼中附随性程序争议的"决定"[33]形式，以别于针对诉不合法的裁判方式。对于驳回诉的裁定，因为涉及实体判决要件这样重要的程序事项，所以当事人对此不服的可以提出上诉；对于驳回起诉状的情形，由于仅仅是涉及是否符合起诉状的要求，而起诉状的要求又非常简单、明确，因此对于法院要求更正或补正依然不愿意满足并对法院的裁决不服的，可给予即时复议的权利，而无需通过上诉方式予以救济。[34]

（二）实体判决要件（诉讼要件）制度的完善

改革前的案件受理制度是将法院不能或不应对本案问题作出判决的争议在起诉阶段予以过滤的装置。案件受理制度改革的目的不是不对所有提交到法院的争议进行过滤，而是将过滤的审查阶段置后。但关于审查的内容本身也有一个相应的制度建构与调整问题。实体判决要件不仅是理论问题，同时也是一个制度建构问题。不解决这一问题，案件受理制度的改革也难以收到良好的效果。也就是我们应当审查什么，什么内容构成标准，即"过滤网"。从民事诉讼法理的角度，这个过滤网就是实体判决要件（诉讼要件），只有符合这些要件，法院才能或才有必要对本案问题作出判决，否则判决是不合法或不适法的。[35] 实体判决要件（诉讼要件）的制度建构就是要在制度上明确哪些事项应当属于实体判决要件（诉讼要件），只有明确了实体判决

---

[32] 日本采用的是驳回诉状，裁判方式用命令。参见《日本民事诉讼法》第 137 条。我国台湾地区采取的是驳回起诉，裁判方式为裁定。参见杨建华：《问题研析——民事诉讼法》（二），台北三民书局 2010 年版，第 762 页。在德国，对于没有支付诉讼费用、诉状不规范、向不受德国审判管辖的人提起诉讼，审判长可以基于决定，拒绝送达，未经送达，起诉视为没有提起。参见［德］罗森·贝克、施瓦布：《民事诉讼法》（下），李大雪译，中国法制出版社 2007 年版，第 684～686 页。

[33] 日本法上的"命令"与我国的"决定"大体具有同样的功能。参见［日］川嶋四郎：《民事诉讼法》，日本评论社 2013 年版，第 933、934 页。

[34] 《日本民事诉讼法》第 228 条规定，对于驳回诉状的命令，原告不服的，可即时抗告。

[35] 诉讼要件与本案要件虽然是不同的要件，诉讼要件是本案要件的前提，因此理论上应当是先审理诉讼要件，然后审理本案要件。但是在审理中法院会同时接触两类事实，在理论上就存在是否应当首先查明诉讼要件，然后再对本案要件问题作出判决的问题。在日本，根据通说，法官需要首先查明诉讼要件，在没有查明是否具备诉讼要件时，即使已经明确案件缺失本案要件也不能作出驳回诉讼请求的判决。参见［日］兼子一：《民事诉讼法体系》，酒井书店 1966 年版，第 150 页。不过，现在日本许多学者认为在例外情形下，当本案要件不具备时可以直接驳回诉讼请求，不必等待诉讼要件的查明。参见［日］中森宏：《诉讼要件与本案的审理顺序》（《民事诉讼争点》），有斐阁 1976 年版，第 146 页。

要件的构成,我们才能采取相应的裁判方式加以处理。

在大陆法系国家的民事诉讼理论中,实体判决要件的内容可以分为三大类:其一是关于法院主管及管辖权限的;其二是有关当事人的;其三是关于诉和请求的。关于法院主管及管辖权主要包括,法院对该争议有裁判权,属于法律上的争议;在有裁判权的前提下属于具体的受诉法院管辖。关于当事人方面,包括当事人实际存在、具有当事人能力、当事人适格、原告不需要对诉讼费用提供担保或已经提供诉讼费用担保等内容。关于诉以及请求方面主要有:(1)当事人实施了起诉行为,且对被告进行了有效的送达;[36](2)当事人的请求具有诉的利益;[37](3)诉的合并或追加符合法律的要件;(4)不属于重复诉讼;(5)当事人之间没有仲裁契约、不起诉契约排斥诉的提起。从我国民事诉讼法的现有制度来看,在实体判决要件(诉讼要件)方面的制度建构还存在着缺失。例如,关于当事人适格、诉的合并或追加、禁止重复诉讼[38]等也都还欠缺制度规范,因此,尚需要在这方面加以完善。

(三)法院内部结构及管理的调整

由于现行受理制度将实体判决要件(诉讼要件)的审查前置于起诉受理阶段,因此,也就需要大量司法人员对所有案件的诉讼要件进行审查,也就需要设置相应的专门机构,配备足够的司法人员加以应对,于是法院专门设置立案庭成为这种制度的必然结果。在法院内部机构设置方面,立案庭同其他审判庭一样也属于所谓审判业务庭。因为立案工作还涉及社会政治问题,所以立案庭的负责人通常都要求有一定的政治敏感性,而不止单纯地运用法律知识和经验,是法院最具政治性的法律审查机构,从这个意义上立案庭绝不是单纯的审判业务庭。在起诉受理制度改革以后,随着起诉条件的降低,起诉审查内容的简单化,对起诉条件或起诉状的审查也就无需大量的法官处理

---

[36] 在大陆法系国家的民诉法理论中,通常认为,起诉以及起诉状是否有效送达本身虽然是诉讼开始的问题,不属于诉讼要件的范畴,但是如果起诉的原告不具有诉讼能力或起诉实施者欠缺代理权,将导致诉讼系属不合法,而诉讼系属的问题则构成诉讼要件的问题。参见[日]新堂幸司、福永有利:《诉·辩论准备》(《注释民事诉讼法(5)》),有斐阁1991年版,第38页。

[37] 在大陆法系国家民事诉讼理论中,诉的利益是指原告可以通过诉讼获得本案判决(实体判决)的必要性和有效性。如果对于原告而言,没有作出本案判决的必要性和有效性,原告的诉也就没有诉的利益。参见[日]小林秀之、原强:《民事诉讼法》,弘文堂2003年版,第61页。

[38] 《最高人民法院关于适用〈中华人民共和国民事诉讼法〉的解释》第247条第2款。

立案工作,也无需考虑涉及政治敏感问题的审判权范围以及诉的利益的问题,因此,对起诉状的审查和处理就无需如此多的法官,只需要从事司法辅助性工作的司法事务人员以及少量法官来处理。作为专门的受理审查机构——立案庭也没有必要继续存在,代之以立案室,真正实行柜台式处理。立案室的司法事务辅助人员主要的工作就是登记立案,并将符合诉状要求的诉状送达给被告。对于存在问题的诉状,司法实务辅助人员向立案室法官汇报诉状审查中的问题,法官对这些问题进行处理——要求当事人补正或更正诉状,对于仍不符合诉状要求的,驳回诉状。诉状受理以后,关于实体判决要件(诉讼要件)以及本案要件的审理交由相应的审判庭按照诉讼程序的要求进行审理,并作出相应的裁判。

一方面,在案件受理制度改革之后,审查起诉的工作大大简化,实体判决要件的审查和判断已不在诉讼系属之前的起诉受理阶段进行,即时登记受理成为可能,甚至立案这一传统概念也可能成为历史。也无需再规定应在当事人起诉后七日内作出是否受理的裁定。另一方面,由于实体判决要件的审查和判断的后移,立案工作也就不需要完全由对法律专业知识和经验要求很高的法官来担当。大量的诉状审查事务可由法院内的一般事务性工作人员承担,这些人员在性质上属于司法辅助人员,在司法人事分类上可称为书记官。[39] 这样就可以将法院人事改革中原来从事行政性事务的工作人员转移到立案处从事立案工作,起到消化、吸收、分流的作用。对于目前法院的改革而言,如何消化吸收哪些人事改革中的分流人员是一个难题。案件受理制度改革以后,一些有能力从事司法辅助性工作的法院工作人员可以分流从事司法辅助性工作,其中也就包括诉状受理及其他实务。相应地,原来的审判流程管理也要进行调整,各级法院内部制定的《审判流程管理规定》也要进行相应的修改。因此,起诉受理制度的改革不仅涉及法院内部机构的变动,也涉及法院人事制度的改革,是一个复杂的系统调整工程。

(四)诉讼救济程序的调整

当事人对法院在广义民事诉讼的司法行为不服,民事诉讼法规定可予救

---

[39] 与原来的书记员制度不同,书记官是专门记录诉讼审判事项的专门机构,与审案法官保持相对的独立性。书记官记载的关于诉讼程序性事项的笔录具有唯一的证明力。

济的程序主要有有上诉、异议和复议三种。上诉分为对裁定不服的上诉(适用于法律规定可上诉的部分裁定)和对判决不服的上诉;异议适用于强制执行中对法院执行行为不服的救济;复议包括本审法院复议和上一级法院的复议两类。本审法院的复议适用于民事强制措施中对罚款、拘留决定不服的救济。上一级法院复议适用于执行程序中对执行异议审查决定不服的情形。从现行民事诉讼法关于程序救济的制度设置来看,异议和复议基本不涉及审判诉讼程序。这种制度设计有将非诉讼程序的救济与诉讼程序的救济方式加以区别的意图。但是从我国民事诉讼的实践来看,有许多程序中的争议(诉讼系属之前以及诉讼系属中的程序争议)需要更为快捷的救济方式。在案件受理制度改革之后,对于驳回诉状的救济如果再适用上诉这种方式就不妥当了,需要设置一种与之相适应的快捷救济方式。正如本文第四节提到的,可以使用即时复议的方式,对于驳回诉状决定不服的可向本审法院提出即时复议。收到当事人的复议申请之后在一段时间(如三日)内作出复议决定。复议的方式也可以运用于小额诉讼程序的救济之中。目前,我国的小额诉讼程序没有设置普通的上诉救济,只有特殊救济程序——再审。如此一来,当事人对小额诉讼判决不服的,就将借助再审,使再审救济从特殊转为一般,由此也影响了小额诉讼程序的适用。如果将复议作为当事人对小额诉讼判决的救济方式,既照顾了对当事人实体权利的程序救济,又顾及了小额诉讼的效率取向。基于此,在民事诉讼法中有必要进一步完善救济程序,以适应民事诉讼程序救济的需求。

(五)诉讼费用制度规定的调整

最后,要论及的是在案件受理制度改革之后,诉讼费用制度规定的相应调整,尽管并非大的动作。在强调案件受理的原有制度语境之下,案件的立案受理是诉讼最重要的环节之一。名称、概念总是特定情境下的产物。在此语境和意识之下,当事人在法院决定受理案件之后所交纳的审理费用也被称之为“案件受理费”。实际上,该费用就是当事人预交的法院审理和裁判所要收取的费用。虽然我们可以说这笔费用是在案件受理时所收取的费用,但这种说法没有反映出该费用的实质。在对案件受理制度进行改革之后,由于这种改革实际上大大弱化了立案、受理的环节,从管控转向了开放,因此,相应的也应当将现行的“案件受理费”的称谓改为“案件审理费”或“案件裁判费",与该费用的实质保持一致,也与案件受理制度改革的目的、取向保持了一致。

结语

要提升我国的法治水平,拓展法律调控的空间,替代传统的政策性调控,增强法治的有效性,必须要改革若干基本程序性制度,如上述所言,其中之一就是要改革我国的立案受理制度,就民事诉讼而言就是要通过修正起诉条件,将原本属于实体判决要件的内容从起诉条件中剥离出去,将其放置在诉讼程序开始以后的诉讼阶段进行审理和查明,以此也就自然降低了起诉受理的门槛。在案件受理制度改革之后,案件立案受理环节将不再是诉讼最重要的环节。案件的立案审查将实质上被取消,过去人们所说的立案审查制也将不复存在。这样的改革无疑有利于保障当事人的诉权,使司法能够更亲近民众和社会,充分感受程序的正义性。改革的具体作业就是修改民事诉讼法,重构起诉条件以及相应地调整其他诉讼制度。相应地,如果要改革行政诉讼立案制度就必须再次修改行政诉讼法。

诚然,要使法院的判决具有可行性和必要性,判决实体要件(诉讼要件)的审查是所必需的,但这些要件的审查不应当在起诉受理阶段进行,这是案件受理制度问题的关键所在。只有在起诉受理阶段放弃对实体判决要件(诉讼要件)的审查,才能真正实现《决定》所提出的立案登记制。由于实体判决要件(诉讼要件)的审理和查明是在诉讼程序,准确地讲是在诉讼辩论程序中审理和查明,在这一程序中作为体现程序正义要求的公开、言辞和直接等审判原则将得以实施,因此,就使得这些要件的审理和查明具有了程序保障,也就具有了程序正当性,相比在诉讼前非程序化的审查而言,其结果更有利于吸收当事人的不满,也就有效地消解了社会对案件受理制度的不满,起诉难将不再成为一个社会问题,也就真正实现了《决定》对于案件受理制度改革的要求和目的。

要改革案件受理制度在意识上要实现法治阶段的跨越,从管控转变为开放,真正从保障当事人诉权的角度认识案件受理制度,否则依然不会接受人们早在十多年前所提出的案件受理制度改革的建议。另一方面,案件受理制度的改革也将反过来对司法体制改革甚至政治体制的改革产生一定的影响,也可以说案件受理制度的改革就是司法制度改革的一个组成部分。同时,我们也应当意识到,在法条上要做出相应的变动并不是特别难,更大的困难可能在于司法体制的限制。如果没有能够独立行使司法权的体制保障,法院依然会在实践中将涉及实体判决所要考量的因素前置于受理阶段。因此,司法体制的改革乃至政治体制的进一步改革都是非常必要的。只有司法权的独立行使真正得到保障,才能使改革后的案件受理制度能够实行,否则案件受理制度的改革依然有可能只是形式上的变更。

(原文载于《法商研究》2015 年第 3 期)

民事诉讼检察监督实施策略研究

一、引言

2012年立法机构对《民事诉讼法》进行了制定后的第二次修改,[①]也是一次较全面的修改。在这一次修改中,一个比较引人关注之处就是对民事诉讼检察监督原则和制度的修改、调整。这也是在特定背景之下,本次《民事诉讼法》修改的一个重点。总体而言,此次修改调整扩展和充实了民事诉讼中检察监督的职能。在检察监督的原则表述方面,新《民事诉讼法》将旧《民事诉讼法》第14条规定的"人民检察院有权对民事审判活动实行法律监督"修改为"人民检察院有权对民事诉讼实行法律监督"。"民事诉讼"的范围显然比"民事审判活动"要大得多。如果从广义上理解,民事诉讼不仅指诉讼程序,也包括了民事强制执行程序以及其他由民事诉讼法所规定的非诉讼程序。仅从民事诉讼检察监督的原则表述来看,民事诉讼检察监督职能得到了扩展。新民事诉讼法还进一步在其他法条中明确了民事诉讼检察监督并不限于过去民事诉讼法所规定的对审判监督程序的监督,对审判监督程序以外的其他审判程序中审判人员的违法行为,各级人民检察院也有权通过检察建议进行法律监督。(《民事诉讼法》第208条第3款)在民事诉讼法执行部分也明确了人民检察院对民事执行活动实行法律监督的职权。为了落实对民事诉讼检察监督职能扩充,民事诉讼法规定了实现检察监督职能的手段——检

① 《民事诉讼法》的第一次修改于2007年。修改重点为审判监督程序和执行程序。

察建议,[②]使得审判监督程序之外的民事诉讼检察监督有了实现的可能。

新民事诉讼法虽然对民事诉讼检察监督的原则和制度进行了调整,原则上扩充了检察机关的检察监督职能,但是应当承认除了审判监督程序的检察监督之外,其他领域的检察监督并不具体。[③] 为了使其具体化,最高人民检察院迅速地制定颁布了《人民检察院民事诉讼监督规则(试行)》(2013 年)。该试行规则对民事诉讼检察监督的具体程序作出详细的规定。对民事诉讼检察监督的具体职能通过检察司法解释的形式予以进一步的充实,也通过检察司法解释使得检察监督权行使的边界显得更加明晰,为自己划定了更为详细的检察监督"疆域"或"版图",进一步夯实了民事诉讼"多元化监督"的"新格局"。[④] 尽管关于民事诉讼检察监督尤其是对检察机关对民事诉讼的事前监督或过程监督,包括执行监督的必要性在理论上还存在异议,也曾经有过激烈的论辩,[⑤]但在法律层面都赋予了检察机关对民事诉讼的法律监督。虽然检察司法解释只是对法律的解释,但实际上检察司法解释与法院司法解释一样具有制度建构和规范作用。这里就涉及的一个民事诉讼检察监督必须解决的问题,即民事诉讼检察监督职权的具体实现问题。职权的规定与职权的具体实现并不是等值的,职权的规定是一种对权力的确认,但职权的具体实现则必须考虑实现的具体条件和风险,是一个策略问题。对这一问题的思考是一种现实主义的立场,是基于实际情况的具体考量。这种考量和视角也符合实事求是的司法政策要求。民事诉讼检察监督的实施策略虽然总体上是一种被动的过程考量,即通常是在原则、制度建构之后。但这种过程考量也包括动态中的制度建构,是一种行动过程和方案的设计。检察司法解释和法院司法解释中的制度建构措施往往也包含了对民事检察监督权具体实施的政策考量即策略。甚至可以说法律的规定,例如民事诉讼法的具体规定本

---

② 检察建议可以分为再审检察建议和一般检察建议。再审检察建议用于检察机关对同级法院生效判决、裁定、调解书认为符合再审条件而启动再审的情形。检察建议原本只是一种政策性处理措施,在审判监督实践中使用,逐渐演化为检察惯例。《民事诉讼法》修改之后检察建议上升为一种法律措施,并扩展至审判监督程序以外的其他审判程序。参见王莉:《民事诉讼与检察监督》,中国检察出版社 2013 年版,第 235、236 页。

③ 参见陈桂明:《民事诉讼检察监督之存废、定位与方式》,载《法学家》2006 年第 4 期。

④ 参见邵世兴:《民事诉讼多元化监督格局的内涵》,载《人民检察》2014 年 1 月(上半月)。

⑤ 关于执行监督必要性的论辩,参见王亚新:《执行检察监督问题与执行救济制度构建》,载《中外法学》2009 年第 1 期。

身也包含着这种策略考量。

实施策略作为一种政策性考量必须要考虑法治的最基本要求，考虑检察机关法律监督的目的和基本功能，因此实施策略也是一种法学诠释学，具有补充法律规范、制度规范不足的补充修正功能。⑥

对民事诉讼检察监督具体实施策略的研究基本思路是探究制约民事诉讼检察监督权实现的制约性条件是什么，哪些条件是可以改善的，哪些条件是难以改变的。根据已有的实践和理论框架预测实施过程中将会存在哪些风险或不利后果，哪些风险可以通过制度调整，实施策略减低风险，以便充分地考虑在这些条件制约的情形下如何发挥民事诉讼检察监督最大的效能。对于条件和风险的分析也是一种经济学视角。如果不对这些制约性的条件进行研究，对实施风险进行评估，并提出或采取相应的策略，则必然会影响民事诉讼检察监督效能，无法实现法律监督的目的，还会影响检察机关的权威。这就是策略研究的意义和魅力之所在。关于民事诉讼检察监督实施的策略问题还没有引起人们的重视，也没有学者专门进行这方面的研究，究其原因在于，一方面，人们的关注点还在民事监督权的具体内容和监督权行使的范围，还在忙于将法律给出的监督宏图加以细化，仅仅考虑了实施的制度性措施的构建，尚未考虑具体实施以及具体实施条件问题，虽然有不少人对民事诉讼的全面监督持谨慎态度，但因为还没有进行理论上的论证，因此只能是一种感性上的悲观主义情绪的流露。另一方面，虽然对制度实施条件和风险的评估在民事诉讼法修改中或在司法高层的决策之前就应当进行，但基于民事诉讼法仅仅是原则性规定，没有具体的制度化规定，而疏于对制度假设前提下的分析和预测。随着新民事诉讼法的实施和落实，民事诉讼检察监督已经走向制度化，并根据出台的检察司法解释开始实践。因此对民事诉讼检察监督实施的策略分析就特别重要了。

本文的目的就是试图深入地分析，理性地认识制约民事诉讼检察监督实现的条件和实施的风险，以及如何在这些制约性条件的情形下发挥民事诉讼检察监督应有功能，如何实施更能有效规避风险。这一研究的学术范畴应属

---

⑥ 参见[德]汉斯·伽达默尔：《真理与方法——哲学诠释学的基本特征》，洪汉鼎译，译文出版社 1999 年版，第 417、419、421 页。

于法政策学领域。

二、民事诉讼检察监督权:预想范围和方式

我国宪法第 129 条规定,中华人民共和国人民检察院是国家的法律监督机关。民事诉讼检察监督是法律监督的一部分。正是根据宪法的这一规定,最初的《民事诉讼法(试行)》第 12 条规定,人民检察院有权对人民法院的民事审判活动实行法律监督。但由于并没有在制度上具体规定检察机关在民事诉讼领域实行法律监督的范围、方式和程序,因此,对民事审判活动的法律监督成为一项无法实施的纸面条款。1991 年制定正式的《民事诉讼法》时,受原苏联民事诉讼检察监督制度和理论的影响,有学者呼吁在民事诉讼中进一步落实宪法所规定的法律监督,于是 1991 年的《民事诉讼法》不仅原则上确立了检察机关对审判机关民事审判活动的法律监督,在法律监督原则的制度化方面,《民事诉讼法》还将民事诉讼的法律监督具体化为检察机关对生效裁判的事后监督,即通过提起抗诉启动对已经生效裁判的本案再审程序,纠正审判机关的错误裁判。在民事诉讼检察监督的实际运行中主要是通过民事诉讼当事人申请检察机关抗诉这种被动方式启动检察监督。

近些年来,面对似乎越来越严重的司法腐败、司法不公,人们的不满情绪日益见涨,要求加强民事诉讼检察监督的呼声也越来越高,也引起了中央政法高层的关注。2011 年最高人民法院和最高人民检察院出台了《关于对民事审判活动与行政诉讼实行法律监督的若干意见(试行)》,以司法解释的形式初步明确规定了民事和行政检察监督的范围和程序。在 2012 年的第二次民事诉讼法修改中,立法机关回应了人们对强化检察监督的诉求,认可了"两高"关于民事诉讼检察监督的制度规范,从法律上扩展和充实了检察机关对民事诉讼的法律监督。在民事诉讼检察监督的原则规定方面,从原来民事诉讼法规定的对民事审判活动的法律监督扩展为对民事诉讼的法律监督(《民事诉讼法》第 14 条)。不仅明确规定检察机关对执行阶段法院的执行行为进行法律监督,而且在审判程序中也明确将监督的范围扩展为包括审判监督程序之外的所有审判程序,从审判的事后监督扩展为事前监督,或从结果监督扩展为过程监督。并明确规定了实现过程监督的具体方法和手段——检察建议(原来的抗诉手段本身就限定了只能是事后监督)。

不过从民事诉讼检察监督实现的角度来看,民事诉讼法的规定依然欠缺具体化。无论对于执行的检察监督,还是审判监督程序之外的程序监督,也都没有具体的操作规定。因此,作为民事诉讼检察监督行使的主体——检察机关为了进一步落实新民事诉讼法对民事诉讼检察监督的原则性规定,在很短的时间内便制定了关于民事诉讼法律监督的检察司法解释——《人民检察院民事诉讼监督规则(试行)》(以下简称《民事监督规则》)。在该规则第1条规定,为了保障和规范人民检察院依法履行民事检察职责,根据《中华人民共和国民事诉讼法》、《中华人民共和国人民检察院组织法》和其他有关规定,结合人民检察院工作实际,制定本规则。

最高人民检察院出台的《民事监督规则》主要包括两大部分内容:其一,是检察监督的外部事项。包括监督权的具体内容、法律相关概念的界定以及监督的具体实施程序等。外部事项涉及检察机关在实施检察监督过程的对外关系,例如与民事诉讼当事人、诉讼参与人以及与法院审判机构、执行机构之间的关系。具体规定如民事诉讼检察监督的原则、监督案件的管辖、回避、受理、审查、听证等。在检察监督的程序方面的规定是相当细致的,几乎可以与民事诉讼程序相媲美。其二,关于内部事项。这部分是检察机关检察监督权及程序具体操作的内部规范。主要涉及检察监督实施过程中如何处理检察机关内部上下级之间的关系,以及检察机关对检察监督人员的管理职权。内部事项的规定主要在于确定合理的分工、相互间权力行使的协调,提高检察监督工作效率,强化对检察人员行使监督权的内部监督制约。《民事监督规则》在这方面规定的相应更为细致,充分地考虑了监督权行使的自我约束问题,也是该规则的一大亮点。

《民事监督规则》关于内部事项的规定与《民事诉讼法》有关检察监督的相关规定没有直接关联,也就说是这部分内容不是《民事诉讼法》相关内容的解释和展开。与《民事诉讼法》相关的部分是《民事监督规则》关于检察监督外部事项的解释。《民事监督规则》中关于《民事诉讼法》相关规定的解释其目的和作用在于通过解释便于检察监督的具体实施。通过解释也可以实现全国范围内检察监督的统一。《民事监督规则》虽然仅为一种司法解释,但任何解释实际上也都具有规范建构的意义,司法解释尤为如此。《民事监督规则》通过两个方面实现了检察监督权内容和实现程序的制度建构。其一,通过概念解释充实或扩展检察监督权的内容,划定检察监督权的边界;其二,直接在解释文本中作出程序规定。这两个方面的解释性建构都是有必要的,否则检察监督权无法得以实现。法院的司法解释也是如此,审判权行使的边界和程序往往也是通过司法解释获得的,尤其是在法律留有或给予了足够解释空间的情形下。

由于民事诉讼检察监督涉及检察监督权与审判权、执行权的关系,因此无论是法院司法解释还是检察司法解释对于对方而言都处于一种十分微妙的关系——哪一方的司法解释都涉及对方权力的运作,实质上是两种权力的关系问题。作为司法解释者当然认为自己的解释是出自法律的本意和精神,是法律规定内涵的自然扩展。但我们必须承认任何解释都是解释主体立场的反映,特定的立场是解释的牵引导向。解释立场和认知是由主体的利益所决定的。立场就是视角,不同视角决定了解释结果的不同。关于利益与立场的关系,这一点毋庸避讳,任何主体都有自己的利益,没有利益的主体是不存在的,超越利益的主体也同样是不存在,只有利益的大小、利益之长远有所不同而已。两种解释所带来的表层问题在于,作为具有规范意义的解释对关系的相对方是否具有规范作用。规范性解释对审判机构、执行机构和检察监督机构之外的诉讼当事人和诉讼参与人具有规范作用是没有疑问的,至少实际上发生着法律规范作用。⑦ 所谓规范作用是指各自的司法解释将会实在地约束对方。法院作为司法机关其司法解释当然会对司法机关自身的司法运作发生作用,也自然会对法律监督产生约束作用。但法律监督机关是否应当受这种解释规范的约束是一个悖论性疑问,虽然作为被监督的对象和监督对象都以法律为统一尺度,但毕竟立场、认识、利益会有所不同。监督与被监督关系的微妙关系在于,检察监督仅仅在于监察审判机关、执行机关是否违法,并不能够替代审判机关、执行机关作出或实施审判行为、执行行为。问题在于监督者的认识和判断是否应当优于审判机关、执行机关。单纯从监督与被监

⑦ 也有人认为司法解释不具有规范作用,因为司法解释不是法律。参见袁明圣:《司法解释"立法化"现象探微》,载《法商研究》2004 年第 2 期。周永坤:《我国现行法律解释与法治观念的冲突》,载《现代法学》2006 年第 4 期。无论哪一种司法解释也都会因为自身利益以及视角限制而影响其公正性或中立性。法院司法解释无疑会自然偏向于审判提高效率、降低审判成本(在开庭与不开庭之间如果可以选择的话,相信法院会选择不开庭)。检察院的司法解释也不例外,而且还因为非中立性使其更具有偏向性,这是司法解释所难以避免的,也由此会产生解释之间的冲突和紧张。

督的关系来看似乎应当是肯定的,但如此监督自然就可能转化为替代了,因为审判机关、执行机关没有了自己的独立认识,有可能变为监督机关的下级机关。这涉及法律监督基本功能的认识问题。当然,我们也可以从服从解释的真理性角度看待这一问题,即彼此可以接受、吸纳对方的解释论,彼此也可以对解释上存在的差异进行研讨从而弥合差异寻求一致,也可以以学界主流共识为基础形成一致解释,或直接接受学界的主流解释或共识。微妙之处在于只要存在利益追求的差异,这种共识便难以产生,此时,学界往往成为按需所求的市场。这一问题也涉及彼此话语资源差异、话语优势、话语主导所产生的话语尊严等心理问题(所有机关、组织和团体都是虚拟的,只有人是实在的,因此存在着具体的心理反应效应)。笔者认为,凡是涉及民事诉讼法中两者关系的解释都应力求解释的一致性。如果不能达成一致的,应当寻求立法解释加以解决或不做规范性解释,否则影响司法的统一性。[⑧]

《民事监督规则》涉及检察监督与法院审判两者关系的一个重要内容是对《民事诉讼法》审判监督程序中再审事由的解释。审判监督程序是检察机关主要介入和传统介入的领域。审判监督程序中启动本案[⑨]再审的"密码"是再审事由,密码不对自然无法开启本案再审。再审事由也是检察机关抗诉或提起再审检察建议的事由。[⑩] 在新民事诉讼法颁布之前,最高人民法院关于审判监督程序的司法解释中也有关于再审事由的司法解释。[⑪] 法院关于再审事由的司法解释主要是为了保证再审司法的统一性。同样,最高人民检察院的《民事监督规则》也是这一目的。问题在于两个解释是否需要具有一致

---

⑧ 规范性解释虽然能够有效规范人们的行为包括司法行为,但也同时存在的一个消极作用,即有可能限制了司法自由裁量权而硬化司法的运作,反而不利于司法的柔性化运行。

⑨ 这里的"本案"是指原诉讼争议的案件,即原案。本案是相对于当事人提起的再审要求而言。因为当事人对原裁判不服要求再审也是一个案件。实际上再审程序包括了对当事人申请再审请求的审理和对原案的审理两个阶段。本案审理阶段单指后一个阶段。这也是"本案"概念的意义所在。

⑩ 2007 年《民事诉讼法》第一次修改将当事人申请再审与检察院抗诉的事由加以统一,并细化了再审事由的规定目的在于通过规范再审事由达到规范申请再审和抗诉的目的。但在设定再审事由时也存在事由设置与再审制度目的不一致、事由交叉、过于抽象的问题。参见张卫平:《民事再审事由规范的再调整》,载《中国法学》2011 年第 3 期。2012 年《民事诉讼法》修改时再次对再审事由进行了调整。例如删掉了"违反法律规定,管辖错误的"这一再审事由。但由于存在再审事由交叉、抽象的问题。因此,对于违反法律规定,管辖错误的情形是否可以申请再审或抗诉依然存在争议。因为适用法律确有错误(第 200 条第 6 项)这一再审事由还可以推出该再审事由。

⑪ 参见最高人民法院关于适用《中华人民共和国民事诉讼法》审判监督程序若干问题的解释(2008 年)

性。作为不同的解释主体自然不能强求一致,是解释主体自己的认知。但是这样一来必然导致再审事由司法认知的矛盾,会影响司法权威,无论是审判权威,还是检察权威。尤其是作为法律共同体的广义上的司法机关。例如关于什么是"新证据"的解释(《民事监督规则》第 78 条);[12]关于何谓"认定的基本事实缺乏证据证明"的解释(《民事监督规则》第 79 条);关于何谓剥夺当事人辩论权利的解释(《民事监督规则》第 82 条)等。

在《民事监督规则》中另一个重要内容是关于检察监督权实施范围的规范性解释。通过这一解释明确了检察监督权行使的范围。这就是关于审判监督程序之外的审判程序的解释。在民事诉讼法虽有"各级人民检察院对审判监督程序以外的其他审判程序中审判人员的违法行为,有权向同级人民法院提出检察建议。"但所谓"其他审判程序"究竟是指什么程序没有明确规定。最高人民检察院的《民事监督规则》对此予以了明确,"其他审判程序"是指(1)第一审普通程序;(2)简易程序;(3)第二审程序;(4)特别程序;(5)审判监督程序;(6)督促程序;(7)公示催告程序;(8)海事诉讼特别程序;(9)破产程序。这一规定基本上囊括了审判监督程序之外的审判程序。[13]为了进一步夯实在这一领域的检察监督权,《民事监督规则》第 199 条还明确规定,人民检察院发现同级人民法院民事审判程序中有下列情形之一的,应当向同级人民法院提出检察建议。这些规定更明确地指明哪些非审判监督

---

[12] 关于何谓"新证据",最高人民检察院《民事监督规则》第 78 条解释为:(一)原审庭审结束前已客观存在但庭审结束后新发现的证据;(二)原审庭审结束前已经发现,但因客观原因无法取得或者在规定的期限内不能提供的证据;(三)原审庭审结束后原作出鉴定意见、勘验笔录者重新鉴定、勘验,推翻原意见的证据;(四)当事人在原审中提供的,原审未予质证、认证,但足以推翻原判决、裁定的主要证据。2001 年最高人民法院《民事诉讼证据若干规定》对何谓"新证据"的解释,是针对不同阶段或法律语境的情形作出的。针对《民事诉讼法》(1991 年)第 125 条所涉及的"新证据",(该条规定,"当事人在法庭上可以提出新的证据")《民事证据规定》第 41 条的解释为:是指以下情形:(一)一审程序中的新的证据包括:当事人在一审举证期限届满后新发现的证据;当事人确因客观原因无法在举证期限内提供,经人民法院准许,在延长的期限内仍无法提供的证据。(二)二审程序中的新的证据包括:一审庭审结束后新发现的证据;当事人在一审举证期限届满前申请人民法院调查取证未获准许,二审法院经审查认为应当准许并依当事人申请调取的证据。针对《民事诉讼法》(1991 年)第 179 条第 1 款规定的"新证据",《民事证据规定》第 44 条的解释是"是指原审庭审结束后新发现的证据"。从上述规定可以看出"两高"对于"新证据"的解释是存在差异的。

[13] 严格而言,《民事监督规则》对程序事项的规定还是有所遗漏,例如,涉及仲裁的司法程序,如确认仲裁协议效力、仲裁裁决无效、不予执行仲裁裁决的程序。遗漏的原因在于《民事诉讼法》并没有明确这一程序,也没有将该程序纳入特别程序。

的程序中的违法行为应当提出检察建议实施监督。[14]《民事监督规则》的这一解释非常清晰地表明了检察机关对这些违法行为实施检察监督的意向,也就进一步实现了对审判过程在线与面上的全面监督。

三、民事诉讼检察监督限制性条件的考察与分析

从《民事监督规则》的规定及精神来看,很明显地透着一股借新民事诉讼法的颁布实施,准备大打一场全面介入民事诉讼监督之战的架势。《民事监督规则》无疑是一张宏伟的战略蓝图,在民事诉讼的各个高地或关口均插满了监督的红旗。上述笔者提到民事诉讼法为检察机关全面介入民事诉讼的确已经打开了原则的绿灯。但法律的制定总是历史的,法律的实施将是现实的。我们应当如何介入,介入的空间、时间和力度都是我们应当予以认真考虑的,这就是所谓本文的基本命题——监督的实施策略问题。为什么要如此慎重、认真地思索这一问题,是因为作为一种制度性措施的实施总是有条件的。不顾及条件,不对条件尤其是限制性条件进行评估就难以收到制度实施成效,将导致制度运行的失败。最高人民法院出台的《民事诉讼证据的若干规定》中的举证时限制度,甚至整个证据制度就是这方面的典型失败案例。[15]

检察监督作为一项制度,其实施条件包含着有利条件和不利条件,本文在此主要分析不利条件,也就是限制性条件。我们在制度建构时往往容易忽视实施条件的分析和考量。这主要基于一种"工具主义"的法律观,"认为法

---

[14] 这些行为包括:(一)判决、裁定确有错误,但不适用再审程序纠正的;(二)调解违反自愿原则或者调解协议的内容违反法律的;(三)符合法律规定的起诉和受理条件,应当立案而不立案的;(四)审理案件适用审判程序错误的;(五)保全和先予执行违反法律规定的;(六)支付令违反法律规定的;(七)诉讼中止或者诉讼终结违反法律规定的;(八)违反法定审理期限的;(九)对当事人采取罚款、拘留等妨害民事诉讼的强制措施违反法律规定的;(十)违反法律规定送达的;(十一)审判人员接受当事人及其委托代理人请客送礼或者违反规定会见当事人及其委托代理人的;(十二)审判人员实施或者指使、支持、授意他人实施妨害民事诉讼行为,尚未构成犯罪的;(十三)其他违反法律规定的情形。

[15] 2001 年最高人民法院制定了《关于民事诉讼证据若干规定》,在实施中最有争议的莫过于其中的举证时限制度。导致该制度在许多法院并没有遵循适用,处于半瘫痪状态。其中一个很重要的原因是没有对该制度的实施条件和风险进行研究,实施前或实施中也没有做好制度宣传和解释,结果招致法官和当事人的强烈抵制。关于该制度的争论和质疑,参见张卫平:《民事诉讼中举证迟延防止对策分析》,载《法学家》2012 年第 5 期;田平安、马登科:《举证时限制度的冷思考》,载《河北法学》(第 24 卷)2006 年第 2 期。

律是立法意志的产物,可以如愿的加以型塑”,[16]以致对限制性条件的评估不够。只有清醒地认识到不利条件或限制性条件才能更好地确定实施策略和方法。

1. 制度规范配套方面

在民事诉讼检察监督的实施条件中,制度规范配套是一个重要方面。我们必须承认除了审判监督程序之外,民事诉讼法并没有给予更加细化、具体的制度规定。无论是执行监督,还是审判监督程序之外的审判程序的监督,《民事诉讼法》都只是原则性的规定。民事诉讼检察监督作为一种法律规范具有强制性的色彩,因此,制度化尤其是法律制度的支持是非常重要的。虽然我们通过检察司法解释将这些原则细化,但毕竟涉及被监督主体——法院,没有法院相应的司法解释配套,是难以具备完整的制度支持。立法方面没有在《民事诉讼法》中细化民事监督规范已经从另一个方面说明或暗示了提供制度支持的复杂性和困难程度。立法方面如果要给予法律支持的话,最有效的无疑是制定单独的《民事监督程序法》之类的法律。显然,难度之大是我们可以想象的。

2. 人力及知识资源保障方面

欲广泛实施民事诉讼检察监督,相应的人力及知识资源是必备的条件。长期以来,民事诉讼检察监督主要限于审判监督程序的事后监督,由于事后监督毕竟是特殊救济途径,而且在审判监督程序方面还没有完全放开,人力资源方面还算勉强能够应对。试想一下,如果全面放开,在执行、审判监督程序外的审判程序各条战线全面介入,人力资源的缺口之大可以想象。单纯的人力资源还不是最大的问题,最大的问题是这些人才必须是具有相应民事实体和程序法律知识的人才。不仅需要这些人熟悉民事实体法和程序法规范、相应的法理知识,更为重要的是具有民事实体法和民事程序法的思维方式,相应思维方式的养成可能是最困难的。虽然都是法治思维,但公法思维、刑

---

⑯ [美]布雷恩·Z. 塔玛纳哈:《论法治》,李桂林译,武汉大学出版社 2010 年版,第 36 页。

事思维与私法思维、民事思维还有所不同。[17] 要有效地实施民事监督，就要求从事民事监督的人才必须具备扎实的民事实体法和民事程序法律知识。理论上作为监督者应该比被监督者具有更扎实的民事实体法和民事程序法律知识。检察系统是以刑事公诉为主业，其环境是典型的刑事司法环境，更为熟悉的是刑事实体法和刑事程序法体系，在刑事方面具有相应人才自我培养的环境，有这方面继续教育的能力，这是长期以来所不断积淀的结果。这样的教育环境短期内显然不能与民事诉讼检察监督人才培养需求相适应。只能依靠社会教育机构，从法律院校毕业生中获取人才，而这些毕业生尚需要通过长期的法律实践和继续教育才能成为能够担当民事诉讼检察监督的实务人才。

3. 物质资源保障方面

物质资源是任何制度运作的物质前提。全面实施民事诉讼法律监督同样需要相应的物质资源作为保障。没有充足的财政支持，检察监督是难以运作的。考察一下法院审判和执行的运作，可以很容易地发现，作为司法的审判和执行的运作在物质上虽然也是国家投入，国家财政支持，但民事司法的运作并非完全靠国家财政支持，国家财政支持只是一部分。民事司法运作的一部分费用是通过诉讼费用制度由民事诉讼当事人承担的，甚至可以说是相当大的一部分费用。[18] 在经济发达和比较发达的地区当事人所交纳的民事诉讼费用（包括执行费用）甚至大于整个司法机关实际运作的成本和支出。比较而言，由于法律监督的性质，检察监督是不可能通过监督收费为自身运作

---

⑰ 在公法领域，法律以限制公权力行使为原则。对于公权力的行使是"法无规定不可为"；相反，对于私权利则是"法无禁止则可为"。私法以个人自由选择为特征，公法则以强制或限制为内容。如在刑事诉讼中的非法证据排除规则就是针对公权力的行使，非法证据一概排除。诉讼价值追求是人权保障。私法强调自主决定，公法强调须有法律依据和权限。在决定以法律规范构建国民生活时，对这种区别应当有清晰的认识，并构建最适当的规范。在私法中讲究是契约自由、处分自由，民事诉讼中也相应地尊重当事人的自由处分，维护当事人诉讼地位的平等，非法所得证据并非一概排除。参见王泽鉴：《民法概要》，中国政法大学出版社 2003 年版，第 4 页；[日]星野英一：《民法劝学》，张立艳译，北京大学出版社 2006 年版，第 90 ~ 103 页；[日]伊藤真：《民事诉讼法》，有斐阁 2004 年版，第 18 ~ 21 页。

⑱ 法院经费和诉讼费用尚无官方公开的数据。据笔者的了解，近几年法院每年收取的诉讼费用在 100 亿元至 120 亿元。这几年政府对法院的财政支持力度有所加强，法院每年经费为 400 多亿元。就此看来，诉讼费用（主要是民事诉讼案件和执行案件）几乎占法院经费的四分之一左右。从法院实际开支的项目来看，有相当一部分并非与司法运作有直接关系。如果仅就民事司法的运作来看，民事案件的诉讼费用几乎可以支持民事司法的运作。

提供物质上的支持,如果收费则极易落入利益交易的陷阱,即使上缴财政也会因为财政激励因素导致监督权的滥用。在我国,与刑事司法不同,民事司法运作的部分费用是由民事诉讼当事人承担的。[19] 之所以由当事人承担,是因为民事纠纷是私人之间的争议,解决私人之间的争议所产生的成本就应当由民事当事人承担。[20] 又因为诉讼费用的负担在原则上是败诉方承担,使得诉讼费用的负担实际上成了违约或实施违法行为一方当事人的行为成本。

法律监督是一种公权力介入,与刑事诉讼具有同样性质(控诉方代表国家行使公诉权),其相应的费用自然由国家承担。不仅如此,为了保障人权,国家还要为被告嫌疑人提供辩护人,辩护人的费用也是由国家承担。[21] 人们可能会自然地提出,既然是法律监督那么就应当由国家财政承担,无论监督的投入有多大。但这显然是非理性和不现实的,现实的情形是国家的资源是有限的,一方面国家必须理性地考虑投入与产出的经济学问题,尤其是国家

---

[19] 在有的国家如日本、英国等刑事诉讼的部分费用也是被告承担。例如即使政府指定的被告辩护律师,其费用最终也是由被告负担。在我国,被告政府指定的律师由政府财政承担。

[20] 也有的学者主张民事诉讼也应当取消诉讼收费制度。参见《政协委员汤维建:建议对普通民事案件实行免费诉讼》,来源:中国广播网(北京)2014-03-09 21:58:00。诉讼费用全部由国家埋单恐难以成立。其一,私人之间的民事纠纷司法解决费用由国家负担,实际上就是由全体纳税人埋单,这显然是不合理的,虽然私人之间纠纷的解决涉及社会稳定和秩序,但争议的审理和裁决并非国家目前能够提供的福利;其二,在众多财政需要的压力之下,政府不可能承担纠纷解决的费用;其三,诉讼费用中案件受理费的收取对抑制滥诉有很大的作用。世界上仅有少数国家对民事诉讼免受案件受理费,例如法国、西班牙等。参见张卫平等:《司法改革:分析与展开》,法律出版社 2005 年版,第 558 页。

[21] 在我国刑事诉讼中司法运作的费用由国家承担,被告几乎不承担任何诉讼费用(被告聘请的律师辩护费用除外,严格而言被告律师费用不属于诉讼费用。在民事诉讼中当事人的代理费也是如此。)。也有的国家,诉讼费用(诉讼费用有特定的范围,按照日本《刑事诉讼费用法》第 2 条规定,诉讼费用包括:(1)应当支付给证人等的旅费、补贴、住宿费;(2)应当支付给鉴定人等的鉴定费;(3)应当支付给辩护人的旅费、补贴、住宿费、报酬。)由败诉的当事人承担,如日本、英国。在日本,根据日本《日本刑事诉讼费用法》第 181 条第 1 款规定,宣告有罪并处以刑罚时,被告应承担全部或部分诉讼费用。但是被告人因为贫困而不能交纳诉讼费用时,不在此限。该法第 183 条第 1 款规定,对于因控告、检举、请求而提起公诉的事件,在被告人被宣告无罪或者受到免诉裁判时,控告人、检举人或者请求人如果有故意或者重大过失,则应承担诉讼费用。在英国,被告胜诉时,被告辩护费用由控诉方承担或从专门设立的政府中心基金中支出。英国刑事诉讼有关诉讼费用承担的原则性规定为《1985 年犯罪控诉法》(Prosecution of Offences Act 1985)(POA)第 16~22 条中。该法第 19 条:不管被指控犯罪的性质和结果如何,法院都可以做出命令,让一方支付另一方因为其"不必要或不适当的作为或不作为"而导致另一方发生的费用。关于英国诉讼费用的负担详见[英]约翰·斯普莱克:《英国刑事诉讼程序》,徐美君、杨立涛译,中国人民大学出版社 2006 年版,第 729~733 页。在我国,即使是刑事诉讼中的自诉案件和附带民事诉讼的案件也是由国家承担。刑事附带民事诉讼之所以当事人不承担诉讼费用是基于所附带的民事赔偿争议与刑事诉讼在事实上的关联性,在该案的刑事诉讼中案件事实已经得以揭示,因此,没有必要对民事争议部分另行收费。

面临多种财政刚性需求(教育、科研、福利、就业、文化、国防、外交等)的压力之下。

另一方面,还必须考虑是否应当投入的法学、政治学问题。其一,民事诉讼检察监督作为法律监督,其目的在于保障法律正确实施、保障法律实施的统一性,实现权利的救济。但我们应当注意的是,为了实现这一目的,法律还设置了其他程序,监督程序实际上是这些程序的"后程序",监督也是一种"后行为"。在民事诉讼程序中,为了保障当事人重要的诉讼权利,对于起诉不予受理、驳回起诉的,法律设置了上诉救济程序;对于实体判决有异议的,法律设置了不服判决上诉程序;对于终审判决或生效判决、裁定、调解书不服的,法律设置了再审程序予以救济;在执行阶段,被执行人以及利害关系人对执行行为认为违法的,法律设置了执行异议程序给予执行当事人或利害关系人权利救济。问题在于,法律已经设置相应的救济程序,为这些制度的运作投入了大量人力和财力之后,国家是否还有必要给予大量或大规模的投入吗?人大个案监督制度化意图的终止的其中一个原因就是顾及监督资源配置问题。[22] 其二,如果由国家财政承担监督费用,但监督的利益是由民事争议的一方当事人获得,这实际上就是全体纳税人为私人之间利益争议的解决埋单。民事诉讼检察监督的必要性是质的问题,监督的面或者监督的程度是量的问题。质的一面,法律已经有了明确的答案,但在监督的量上,必须考虑介入程度与投入的关系。主观上我们总希望建设一座豪华的、高入云端的超级建筑,但我们必须考虑这种宏大建筑建设的现实性和必要性。

从现实的情形来看,由于民事诉讼检察监督还没有完全制度化、常态化,人们还没有知晓或习惯借助检察监督的力量。在各地检察监督的试行初期,监督还是个案,也没有进行广泛的社会宣传,检察机关当然也就还感觉不到压力所在。一旦完全制度化、常态化以后,相信各种压力会成倍增加,尤其是物质、人力资源方面。这是我们必须清醒认识到的。

四、民事诉讼检察监督实施的风险评估

民事诉讼检察监督也是一项工程,一项法律工程。工程的大小,决定了

---

[22] 参见夏正林:《也论人大对司法的个案监督与审判独立》,载《法商研究》2002 年第 1 期。

需要投入的人力、物力和时间。任何需要投入大量人力、物力或需要长时间完成的事情,都不可能没有风险。民事诉讼检察监督这项法律工程也是如此。而且这种风险还不仅仅是从经济效益的角度所看到的风险,还存在其他社会风险。因此,对于任何一项工程对其风险进行充分的评估是必要的。法律制度虽也是一种工程,但对于这样的工程人们却鲜有从风险的角度进行评估的。有论证往往也是从理想化角度展开,这可能是基于制度的规范性原因。风险评估就是要对该制度运作中可能发生或存在的不利因素或状况予以分析和评价。制度的风险评估是一种现实主义的考量。对多元化的、全面的民事诉讼检察监督也应该进行风险评估。民事诉讼检察监督也不应是可以不考虑风险、不计成本的非理性作为。对制度的风险评估其意义在于,可以通过风险评估评价其制度实施的必要性,或者考虑采取何种措施减少风险,或者对制度进行必要的调整以减少风险。预测制度实施的风险也是学术研究的目的和价值之一。

风险之一:为当事人所利用,成为当事人实现其利益的工具

民事诉讼检察监督是针对民事诉讼活动的法律监督。民事诉讼主要涉及的是私权利义务之间的争议,虽然涉及社会公共利益争议的诉讼广义上也属于民事诉讼,但这一部分涉及社会公共利益的诉讼数量很小,尽管侵害社会公共利益的纠纷不少。2012 年修改后民事诉讼法对公益诉讼作了原则性规定,但由于具体法律方面对公益诉权行使的主体限制,[23]以维护社会公共利益为目的的公益诉讼并没有真正展开。[24] 对于大量民事私权争议,检察监督的风险在于,一旦介入就可能陷入被当事人利用的陷阱之中。也许有的人会对此提出质疑和反对,检察监督是根据争议案件的事实和法律的情形下进行的监督,检察机关有自己的公正、中立的立场,只服从法律,绝不会为当事人所左右。主观上我们相信甚至坚信是如此,但细致分析就会发现一旦介入就难以避免掉入私权争议的陷阱,不自觉地丧失中立性,从而成为私人利益的

---

[23] 根据民事诉讼法的规定,享有公益诉权的主体只能是法律所规定的机关和组织。目前在消费者权益的公益诉讼中法律规定享有诉权的只有全国和各省消费者权益保护协会。(新消费者权益保护法第 37 条第 7 项)

[24] 一个有意思的现象是 2012 年民事诉讼法修改之前,公益诉讼提起的案件数量反而高于民事诉讼法修改之后。这与民事诉讼法的原则性限制有关。主要是公益诉权主体的限制。这与社会期待刚好相反。

工具。原因在于检察监督的信息管道主要来源于当事人,而且往往是一方当事人。我们当然可以要求当事人客观地提供案件事实材料,但实际上几乎是做不到的。一方面涉及一方当事人的利益,当事人会将不利于自己的事实自动过滤掉;另一方面也因为该当事人的利益视角偏差,所谓客观是很难满足的。这就必然导致案件信息的不对称和片面性。不仅因为判断所依据的信息是由一方当事人提供的,还因为最初信息对判断的初始影响(心理学上的所谓"首印效应"),造成结论的预设从而导致判断者难以摆脱一方当事人的控制。有两个方法似乎可以帮助检察机关摆脱一方当事人偏在信息的控制——独立调查和平等对待双方信息;对于前者,检察机关可以通过独立调查,核实一方当事人提供的信息。只要检察机关拥有调查权客观地收集案件信息就可以做到监督的客观公正。但这样一来又将掉入另一个陷阱——公权力对私权争议的进一步介入,导致武器不平等。而且由于行使调查权还会带来一系列的问题,例如,可否使用侦察手段或其他公权力手段进行调查的问题。对于第二种方法——平等对待双方信息。这种方法也就是民事诉讼审理的基本方法。这种方法当然有助于防止判断者偏听偏信,做到公正判断。但问题是检察监督不可能像民事诉讼那样设置一种对抗式的抗辩结构,自己作为中立的事实认定或裁决者。如果是那样又会掉入另一个陷阱——监督错位。如果能够通过诉讼对立的结构进行判断,无疑等于将事实认定的判断权交给了监督机关。必须清晰地认识到,作为理性人,维护自己的利益,利益的最大化是当事人的基本出发点。一旦在诉讼中失败,当事人总是要通过各种办法予以挽回,上诉、申请再审的当事人并非都是持有正当理由的人。有了检察监督这样一种可能改变结局的途径,当事人不可能不加以利用,检察机关的"见义勇为"的心态和举动就很容易成为当事人获益的工具。[25]

风险之二:全面介入私权争议,导致国家全面干预

如果不是有侧重的在某些民事诉讼领域或阶段实施检察监督,而是全面介入(不分具体诉讼类型),则有可能导致国家对私权争议的过度干预。从发展趋势来看,检察监督已经从原来检察机关对生效判决、裁定的抗诉监督,

---

㉕ 当事人的诉讼利益是多方面的,其中延迟诉讼,拖延义务的履行对于义务人也意味利益,有时往往是巨大的利益。

进一步扩展为对当事人之间调解的监督。在实践中,不少地方检察机关也在助推对调解的检察监督。民事诉讼是一种当事人平等对抗的诉讼结构,实行当事人处分原则,当事人对自己的事实主张和权利主张都需要当事人自己提出,并由当事人提出证据加以证明,这是当事人应当承担的责任。[26] 民事诉讼正是利用当事人趋利避害的心理结构来揭示案件事实。法院机构作为中立的裁判者主要依靠双方提出的证据认定、核实事实,并在该事实的基础上适用法律作出裁判,法院原则上不能主动揭示案件,基于中立地位也不应当主动调查揭示案件,也没有能力作出所有案件普适性的职权调查(选择性职权调查将有违法律面前人人平等的原则)。在民事诉讼中,法院必须受当事人关于主要事实[27]主张的限制,没有主张的要件事实法院不能作为裁判的依据,当事人也因此要承担主张责任[28]。这也是民事诉讼辩论原则的基本要求,是现代民事诉讼的基本特征。[29] 在经济体制、政治体制转型,政府职能转换的大趋势下,民事诉讼体制也面临着相应的转型——从原来的职权干预体制向着强调当事人主义体制转型。这种转型的基本特征弱化国家干预——通过法院。[30] 在转型过程中作为司法机关的法院不能主动介入,干预当事人对自己诉讼权利的行使,以便维护民事诉讼当事人之间的平等。那么作为国家权力机关的检察院也应当注意维护民事诉讼中当事人的平等,避免以其他形式回归国家干预。诉讼程序必须维系程序正义。对于民事诉讼双方当事人实质上的不平等,法律会通过诉讼制度的安排予以调整以尽可能实现实质上的平等。例如,在证据偏在、证据信息不对称的情形下,[31]可以通过证明责任倒置予以矫正;对于经济地位的不平等导致难以行使诉权的情形,可以通过诉讼费用的减免缓以及法律援助等方法予以弥补;对于因客观原因难以取得某些

---

[26] 关于当事人责任,详见李浩:《民事诉讼当事人的自我责任》,载《法学研究》2011 年第 3 期。

[27] 民事诉讼中的主要事实又称直接事实,是指诉讼中判断权利产生、变更、消灭等法律效果中直接且必须的事实。是与法条构成要件所列举的事实(要件事实)相对应的事实。参见[日]高桥宏志:《民事诉讼法重点讲义》,有斐阁 2005 年版,第 375 页。

[28] 参见[日]门口正人主编:《民事证据法大系》(第 1 卷),青林书院 2007 年版,第 68、69 页。

[29] 关于民事诉讼辩论原则,详见张卫平:《民事诉讼:关键词展开》,中国人民大学出版社 2004 年版。

[30] 关于民事诉讼体制转型,详见张卫平:《转换的逻辑——我国民事诉讼体制转型研究》,法律出版社 2007 年版。

[31] 现代性诉讼中的证据信息不对称、证据偏在。

证据的情形下,当事人可以申请要求法院收集证据;还可以采用文书提出命令制度尽可能揭示案件真实。[32] 因此,没有必要通过检察监督对民事诉讼实行全面介入。这种全面介入极有可能打破当事人在诉讼中的平等,也有损民事诉讼原则和精神。这一点是我们必须要考虑的。尤其是对当事人之间诉讼调解的介入更是没有必要。诉讼调解本身就是双方当事人通过权利处分就纠纷解决所达成的协议,对于违反自愿原则达成的调解,一方当事人可以通过再审予以纠正。对于虚假、违法的调解侵害第三人合法权益的救济可以通过第三人撤销之诉、[33]单独诉讼予以救济,[34]检察机关也没有必要实行常态化介入。而且在审判过程中当事人双方之间的调解是否违反自愿原则的认定[35]以及调解协议内容的违法性问题的发现和认定都是十分困难的。[36]

风险之三:取代审判或成复审

从目前法律规范、司法解释以及实际运作的情形来看,对民事诉讼的检

---

[32] 所谓文书提出命令,是指法院根据一方当事人的申请要求对方当事人或案外第三人提出其持有的对待证事项有证明意义的文书的决定。关于文书提出命令的要件和程序的规范就构成文书提出命令制度。相对于法院的命令,持有该文书的当事人或案外人就具有了向法院提出文书的义务,在法律上称为"文书提出义务"。该制度的目的主要是应对因证据偏在导致的事实揭示障碍。该制度普遍存在于证据制度发达的国家之中。参见张卫平:《民事诉讼法修改与证据制度的完善》,载《苏州大学学报》(社会科学版)2012 年第 3 期。

[33] 第三人撤销之诉的制度规定。2012 年新民事诉讼法设置了第三人撤销之诉制度。该法第 56 条第 3 款规定,前两款规定的第三人(有独立请求权第三人、无独立请求权第三人),因不能归责于本人的事由未参加诉讼,但有证据证明发生法律效力的判决、裁定、调解书的部分或者全部内容错误,损害其民事权益的,可以自知道或者应当知道其民事权益受到损害之日起六个月内,向作出该判决、裁定、调解书的人民法院提起诉讼。人民法院经审理,诉讼请求成立的,应当改变或者撤销原判决、裁定、调解书;诉讼请求不成立的,驳回诉讼请求。

[34] 需要在实体法上解决诉讼和调解欺诈的民事侵权责任问题。

[35] 诉讼调解通常都是在法院的主持下进行的。如果出现违反调解自愿原则情形,多数情形当是法院强制调解的结果(个别情形为一方当事人的行为所致,例如欺诈、胁迫等情形)。此种情况下,检察监督的介入只能是事后的,作为监督机构检察院也不可能直接宣布调解协议无效。况且在我国职权干预诉讼体制下,法院在促成调解方面拥有更大的主动权,检察监督很难有效介入。

[36] 防止调解协议违法无疑是一种良好的愿望,但我们必须注意,调解协议违法并不当然导致调解协议无效。如何认识调解协议因违法无效应比照合同违法的情形。2009 年 5 月 13 日起施行的《最高人民法院关于适用〈中华人民共和国合同法〉若干问题的解释(二)》第 14 条规定,合同法第五十二条第(五)项规定的"强制性规定",是指效力性强制性规定。这意味着司法解释对合同法第五十二条第一款第(五)项的规定进行了限制,明确缩小了合同因违反法律、行政法规的强制性规定而无效的情形。通说认为,强制性规定可以分为效力性规定与管理性规定。违反管理性规定,虽然会产生一定的其他法律上的后果,但并不一定对合同效力产生影响。与此不同,违反效力性规定则直接导致该合同无效。参见吴庆宝主编:《最高人民法院专家法官阐释民商裁判疑难问题》(合同裁判指导卷),中国法制出版社 2011 年版,第 2 ~ 3 页。如此,对于调解协议也不能因为调解协议内容违法而一棍子打死,要看是否是违反法律中的效力性规定。

察监督不外乎两种方式——“程序启动式监督”和“矫正式监督”。程序启动式监督,是指检察机关通过提起抗诉或检察建议推动审判机关再次对已经生效的判决、裁定、调解书终结的案件进行再次审理,以实现对审判活动的法律监督。矫正式监督,是指检察机关通过检察建议纠正审判程序或执行程序中的违法行为。虽然检察机关的这种监督的方式被称之为检察建议,但由于法律监督的性质是一种权力性的,因此不同于非权力性的司法建议,例如法院对行政机关、团体、组织、企业所发出的司法建议。矫正式监督的目的就是要纠正法院违法的审判行为和执行行为,因此实际上是一种规范要求。例如,要求法院的执行机关撤销错误的执行措施。与程序启动式监督不同,矫正式监督的目的不是启动某种程序,由法院展开这一程序并对争议重新作出裁决。如果原裁决是错误或违法的,法院将予以纠正。这种纠正是由审判机关自己作为的。但与此不同,矫正式监督是直接要求审判机关和执行机关对违法的审判行为和执行行为予以纠正,虽然对违法的审判行为和执行行为的纠正,例如撤销已经实施的审判行为和执行行为或改变审判行为和执行行为是由审判机关或执行机关具体实施的,但具体内容是由检察机关的检察建议所规定的。因此,矫正式监督是一种直接的权力介入,启动式监督是一种间接的权力介入。程序启动式监督是传统的检察监督方式。矫正式监督方式是新《民事诉讼法》原则上所规定的方式。虽然新《民事诉讼法》规定了矫正式监督方式,赋予了检察机关通过检察建议对审判监督程序之外的审判程序中和执行程序中的审判违法行为和执行行为进行矫正式监督,但是我们在具体实施这种方式时应当注意相应存在的风险。只有注意到这种方式可能带来的风险,我们才能采取相应的措施予以防范。

矫正式监督的风险在于,因为监督权力的直接介入,使得检察机关可能成为替代审判和执行的机关,成为“复审机构”和“复执机构”。这是由矫正式监督本身所具有的命令性和强制性所决定的。如果说对审判行为的矫正式检察建议没有命令性和强制性,就丧失了作为一种法律监督的意义,无疑等同于没有约束性的其他建议,例如法院的司法建议,社会团体、组织对行政机关所提出工作改进建议等。如果检察建议中没有具体的矫正内容,例如撤销或改变原来的审判行为(如撤销关于采取诉讼保全的裁定等)和执行行为(如撤销关于冻结被执行财产的裁定等)检察建议就没有意义。这也是矫正式监督所带来的内在难题和紧张关系所致。[37] 程序启动式监督就不存在这样的问题,这种检察监督只是启动某种程序,并不直接指示审判机关和执行机构应当如何作为。[38] 由于检察监督的本质就是督察,有些类似于现在中央派出的巡视组,有权力通过巡查发现问题,但没有直接处理权。对民事诉讼的检察监督重点在于提示法院通过自省,纠正自己的违法行为,而非直接介入,使自己成为审判机关和执行机关,导致法律地位的错位。

风险之四:身陷缠讼困境

在检察监督的实施中,无论是程序启动式监督,还是矫正式监督都存在监督请求的审查问题。检察机关不可能在没有初步审查的情形直接开始调查并进一步进行审查。检察机关只有在进行调查和审查之后才能作出相应的决定——要不提出抗诉或检察建议决定,要不驳回当事人的检察监督请求。按照最高人民检察院《民事监督规则》的规定,检察机关在收到当事人监督申请后应当及时进行审查,决定是否受理。受理之后再进一步进行调查和审理,并作出是否驳回请求或采取相应监督措施的决定。如本文前述所言,当民事诉讼检察监督全面介入之后,在民事诉讼中处于不利地位——不仅是败诉的当事人必定会利用检察监督改变不利地位,检察机关也就必然面临当事人缠讼[39]的困境问题。介入的面越大、介入越常态化,缠讼的压力也越大。虽然在民事诉讼中法院也同样面临着当事人可能缠讼以实现自己的目的,但民事诉讼法有一个装置可以在一定程度上抑制当事人的缠讼或滥诉行

---

[37] 这种难题和紧张的原因在于认识主体不同,会因为主体的认识视角、认知立场、认知者的知识结构、认识导向的不同而有所不同。这些差异导致的认识结果的差异已经在社会心理学和认知心理学上被确证。例如心理学上的"首印效应"即证明人们认识上的先入为主对事实认定的影响。参见崔丽娟、才源源:《社会心理学》,华东师范大学出版社 2008 年版,第 95 页。基于这种认识上的差异,因此,如果一定要服从监督者的认知,这种审判和执行的替代也就必然会发生了。

[38] 在执行程序中如何建构和实施程序启动式监督是一个值得研究的问题。因为如果矫正式监督存在替代执行的风险的情形下,就有必要探讨一下执行程序中的程序启动性监督的程序和机制问题。而且可以将所有对违法执行的检察监督转化为程序启动式监督。例如,执行机构驳回申请人关于请求予以执行的裁定,检察机关可以通过检察建议要求执行机关再次审查,而非直接要求执行机关开始强制执行程序。此种情形下,实质上是启动了再次审查程序,但没有直接替代执行机关对开启执行程序的裁量。

[39] 当事人向检察机关寻求法律监督的行为也是一种诉讼行为,目的在于启动检察监督,但这种权利不同于诉权,不是寻求对实体争议的司法解决,而是在特殊情形下的权利救济,因此应该受到更为严格的限制。这种限制与监督权行使的限制是一个事物的两个方面。监督权不受限制,检察申请权也同样难以限制。检察监督也就不再是特殊情形下的权利救济。

为。这种制度装置就是诉讼收费制度。具体的主要有两个制度安排,一个是败诉人承担诉讼费用(诉讼费用败诉人负担原则);[40]一个是预交案件受理费。[41] 作为经济人的当事人在实施诉讼行为时必然要考虑诉讼成本问题,正是基于此,当事人必将慎重地考虑是否应当实施诉讼行为,从而实现抑制缠讼滥诉的效果。比较而言,民事诉讼检察监督是无法设置这种制度的,作为一种公权力介入的法律监督是不可能向当事人收取费用的。检察监督对于当事人而言是"免费的午餐"。没有诉讼收费制度自然也就难以有效地抑制检察监督的缠讼问题。虽然我们可以通过细化明示检察监督受理的条件,但因为理解的差异其抑制效果非常有限。我们可以比照一下信访的情形就非常清楚了。正是因为信访的成本低,基于政治考量又不可能通过收费提高信访的成本。[42] 所以才有持久信访、专业信访的现实情景。[43] 检察监督的多元化或全面介入目前还在试行初探阶段,还没有进行广泛的宣传,一旦为人们所熟知,这种压力将可想而知。一旦不能有效应对,就可能伤及检察机关的检察权威。

风险之五:损及司法裁判权威、有碍司法裁决的终局性

民事诉讼结构的一个基本特点就是当事人对抗——请求、主张与抗辩(攻击和防御),法院作为中立的裁判机关居中裁判。法院的中立性是民事诉讼程序正义的基本要求。[44] 这种结构如果用几何图形比喻就是所谓"等腰三角形"的结构。检察监督作为法律监督虽然主要是针对法院的审判行为,但因为其权力介入,无论是在事实、证据的主张和提出,还是法律的适用方面总会对双方当事人的地位产生影响,客观上会对一方当事人带来益处,而对对方当事人不利。这样一来就可能导致原有的等腰三角形的中立平衡结构受到影响,形成一种对立的"平行四边形结构"。在检察监督介入之后,不利

---

[40] 根据国务院《诉讼费用交纳办法》(2007 年)的规定,诉讼费用包括,程序启动费和其他诉讼费用。程序启动费又可以分为:案件受理费和申请费两类。申请费又可以细分为执行申请费和非讼程序申请费。其他诉讼费用主要是程序进行中所实际开支的费用。

[41] 财产案件的案件受理费的高低与诉讼标的数额大小有关。非财产案件的案件受理费按件依照标准交纳。执行案件的申请费也与执行标的数量相关。

[42] 信访作为一种执政者获取社会底层信息的重要渠道,有利于维系政治秩序的稳定和权力的集中。从意识形态理念上是执政党政治路线——群众路线的具体反映。参见冯仕政:《国家政权建设与新中国信访制度的形成及演变》,载《社会学研究》2012 年第 4 期。

[43] 参见周永坤:《信访潮与中国纠纷解决机制的路径选择》,载《暨南学报》(哲学社会科学版)2006 年第 1 期;童之伟:《信访体制在中国宪法框架中的合理定位》,载《现代法学》2011 年第 1 期。

[44] 参见张卫平:《我国民事诉讼辩论原则重述》,载《法学研究》1996 年第 5 期。

的一方当事人自然地与裁判机关的法院站在了同一战线。相反,有利的一方当事人与检察机关形成了"统一战线"。最终不仅是私权当事人之间的对抗,也导致公权力机关的对抗。我们当然可以理直气壮地说,我们不是站在哪一方当事人一边,我们只站在事实和法律的立场上。但我们不能否认我们的主要信息来自一方当事人,人的是非判断容易受到先入为主的影响,检察机关也无法像裁判机关那样自然处于中立的位置,虽然检察监督的介入过程中也可以设置力争客观,防止偏听偏信的听证程序,但毕竟在机制上不是自然中立的,因为不是裁判者。正是因为检查监督对民事诉讼的介入存在着这种对诉讼对抗结构的改变,影响司法的中立性,也可能伤及司法权威——审判权威和检察权威。这也是司法权与司法监督权特殊构成所必然内涵的一种紧张关系。

司法裁决的终局性是司法权威的本质要求和内涵。没有司法裁决的终局性就不可能有司法权威。司法裁决的终局性还基于对所裁判法律关系的安定性考虑。没有司法裁决的终局性,被裁决的法律关系就始终处于不稳定的状态,将会对人们之间的社会关系的发展和稳定产生消极影响。由于我国司法体制的特殊性,已经作出终局裁决的裁判还可以通过审判监督程序予以推翻,虽然相对于一般救济程序而言,再审的启动更加困难,但与国外的情形相比,我国的本案再审率要高得多。[45] 本案再审率高有多方面的原因,但不可

---

[45] 在设置再审程序的大陆法系国家,考虑到再审对既决判决的冲击影响法律关系的稳定性,因此再审率都控制得很低。德国虽然也有再审程序,在符合再审事由的情形下可提起生效判决无效之诉。(关于德国民事诉讼再审事由,参见[德]罗森贝克:《民事诉讼法教科书》,李大雪译,中国法制出版社 2007 年版,第 1210 ~ 1211 页。)但实践中,再审的提起几乎只是理论上的可能。经查询,德国联邦最高法院从 2000 年至今仅受理过一件无效之诉(再审)的案件(案件编号 XI ZR 358/03),且该案件在 2005 年已被法院驳回。因为再审案件极少,所以在德国法院的司法统计数据上甚至没有设置再审案件的数据一栏。(德国联邦最高法院判决书链接:http://juris. bundesgerichtshof. de/cgi-bin/rechtsprechung/document. py? Gericht = bgh&Art = en&sid = bdfde9890501135dca23246d954786f3&nr = 33018&pos = 0&anz = 1。)相比较日本的再审还不仅仅是理论上的可能。以日本 2000 年司法统计数据为例。该年日本全国各级法院受理民事案件总数 3,045,276 件,再审案件 305 件,再审率为 0.01%,即万分之一。(该数据源于日本最高裁判所官网——司法统计数据)。关于再审申请和裁定再审案件的数量,我国司法机关没有格式化、标准化的司法统计数据。依据现有的非官方公开的数据,2012 年全国新收民商事一审案件 7,316,463 件,新收民商事再审案件(指符合再审事由,裁定本案再审的案件)34324 件(比上一度下降 9.05%),其再审率为 0.46%。数据来源,袁春湘(最高人民法院研究室):《2012 年全国法院民商事案件审理情况分析》("法制咨询网"发表时间:2013 年 5 月 7 日。http://www.legaldaily.com.cn/zbzk/content/2013 - 05/07/content_4437551.htm? node = 25497)相比较之下,我国的再审率比日本高出了 46 倍。

否认检察监督是一个重要方面。高再审率对司法裁决的终局性和法律关系的稳定性有相当大的冲击。[46] 因此,从这个角度可以看出检察监督与司法裁决的终局性之间存在着一定的紧张关系。

我们必须承认检察监督作为一种对审判权的权力制约,在维护法院的审判权威与保障法律的统一性方面的确存在着一定的紧张关系。正是因为如此,才需要在实施检察监督时应讲究实施策略和方法,谨慎地处理法律监督与维系平等对抗、武器平等的诉讼结构和价值,维护司法权威。检察监督是一种为实现实质正义目的所设置的矫正机制,因此只有民事诉讼中明显存在妨碍实质正义实现的情形下检察机关才应当予以介入,而非轻易出击、四面出击。我们必须考虑以什么的方式能够更有效、更合理地实现或保障实质正义。

执行阶段与民事诉讼的结构完全不同,执行阶段中法院作为执行机构不是裁判者(执行争议的裁决是另一个层面),执行机关是强制实现权利的机构与被执行人之间是一种权力与权力相对人的两面关系,与诉讼中的等腰三角形完全不同。检察机关在执行阶段中法律监督当然不存在对平等对抗的影响,也就不存在对法院中立裁判地位的影响。在这个意义上,检察机关积极介入执行监督不会存在这方面的风险。不过应当顾及的是对执行效率的影响问题。在执行阶段,执行在性质类似于行政机关的行政行为,[47]与诉讼阶段不同,追求效率是执行的择优选项。检察监督的介入可能会对执行效率实质上造成影响。这种影响的消极性在于执行监督往往是一种"后救济程序",即通常是在被执行人或利害关系人已经通过执行异议等救济程序之后再启动并实施的程序,因此必然会再次阻止执行机构实施的执行,影响执行的效率。我们必须充分考虑执行效率与执行公正的衡平关系问题,谨记迟来的正义为非正义。

---

[46] 按照《民事诉讼法》的规定,有下列情形之一的,当事人可以向人民检察院申请检察建议或者抗诉:1. 人民法院驳回再审申请的;2. 人民法院逾期未对再审申请作出裁定的;3. 再审判决、裁定有明显错误的。根据该规定,就意味着当事人在申请再审被法院驳回之后还可以向检察机关申请检察建议或抗诉。也就必然导致双重审查或复审。不仅影响法律关系的稳定,导致司法资源的耗费。当然,没有这种前置程序也会导致司法资源耗费,这也反映出审判监督中的审判权与检察监督权的紧张关系。

[47] 关于执行行为性质的论述,参见牟逍媛:《析民事执行行为的性质》,载《政治与法律》2004 年第 5 期。

风险之六:感染腐败

有一种风险是人们不太注意的,即因为监督而感染腐败。权力产生腐败,腐败是权力的影子,此言正确性的前提是权力不受制约。从理论上,监督权是对审判权的制约,但如果没有对监督权的制约监督权同样也会产生腐败。监督权的腐败是被审判权的腐败所感染的,这是因为监督权一旦具有实质上的替代作用时,因为司法权实质意义上的分权,也因为腐败的社会结构性存在,[48]检察监督也同样不能"免疫"。现在人们没有对民事诉讼检察监督腐败发出声音是因为检察监督没有常态化,也没有形成对审判的实质干预,多数停留在启动式监督层面,在这种情形下,监督权虽然作为权力但毕竟还只是一种相当受限的权力。但一旦实质性介入,从启动式监督扩展为矫正式监督,实现全面、常态化监督,大面积的腐败必然会发生。表面上审判权有了检察监督权制约,审判权的腐败有可能有所减轻,但问题又转化为监督权由谁制约,回答如果是自身的制约(内部纪律监督和程序制约)以及传统制约方式(舆论监督、政党监督、人大监督等社会监督)就等于没有回答,因为审判权的制约也可以如此作答。如果再建构设置相应的监督机制则将导致制度无限重叠,监督成本无限增加的情形。还有一点我们应当清醒地认识到,检察官同样处于导致法官腐败的社会环境和条件中,并非说检察官天生就具有与法官不同的腐败免疫力,而且完全处于另一个纯净的环境之中。感染腐败同样难以避免,因此,为了规避这种风险当然就需要考虑监督的方式和介入选择的实施策略问题。[49]

五、民事诉讼检察监督实施的策略考量

基于本文关于民事诉讼检察监督实施的限制性条件和风险的考察、评估,笔者认为对民事诉讼的检察监督必须根据条件和风险考虑检察监督的具体实施策略问题。实施策略就是要讲究检察监督实现的方法、基本思路,检

---

[48] 所谓社会结构性腐败,是指这种腐败本身具有结构性,不因为权力实施的领域不同而有所不同,不因为权力行使者的不同而有所不同,权力腐败中的"前赴后继现象"正说明了这一点。在权力同等的情形下其腐败程度应当是等量的。我们感觉有些权力部门可能腐败程度低一些,往往是因为权力行使的空间要小一些。

[49] 这也从另一个角度说明,如果司法的社会环境和体制环境有所改善,检察监督也就可能成为极特殊的应对装置。

察监督的重点,检察监督的可实现性或有效性。实施策略的思考不仅仅从条件和风险的角度,还要从法治的基本要求、法治的基本价值追求、司法权的维护、资源有效分配、民事诉讼的本质特征、民事诉讼的基本原则、价值追求以及纠纷的性质诸多方面加以考虑。

关于民事诉讼检察监督实施策略,笔者的基本观点是虽然在法律框架下民事监督的范围已经大致划定,监督权行使的基本手段也已经给定,但是并不等于我们可以全面出击,多条战线齐头并进,没有重点,没有方向地实施监督。对此,我们可以从检察监督的点与面两个方面加以界定。民事诉讼并非是单一板块,而是由若干根据不同纠纷类型、不同程序、不同阶段构成的一个复杂的立体结构。对民事诉讼的检察监督的实施必须考虑不同的纠纷类型、不同程序、不同阶段,有针对性地进行监督。因为不同纠纷类型、不同程序、程序的不同阶段都有自己的特点,不加以区别对待就可能违背法治、法律的基本原则、影响检察监督的效能、损害检察权威。

(一)监督范围的重点选择

作为检察监督的实施策略考虑在整个监督范围之中理性地选择应当重点予以监督的领域是明智的,是有效发挥监督职能的现实主义立场,是一种科学的、实事求是的态度。

在民事诉讼中根据民事法律关系的性质不同,可以分为债权纠纷(债权纠纷又可以分为民事合同之债纠纷、民事侵权之债纠纷)、物权纠纷、婚姻家庭纠纷、身份关系纠纷(收养);在民事纠纷中又可以根据权益主体的不同加以分类,例如消费者权益纠纷、环境污染纠纷、国有资产流失纠纷等。根据涉及权益主体的规模或数量还可以将侵权纠纷分为大规模侵权纠纷和一般侵权纠纷。对民事纠纷或诉讼的具体类型的划分与检察监督实施的联系在于,通过对不同纠纷类型的认识我们就可以结合检察监督的职能以及条件确定检察监督介入的重点,实施有效的监督。检察监督是国家的法律监督,首先应当将涉及国家利益、社会公共利益、人权利益的诉讼作为检察监督的重点。例如,涉及环境污染的案件、涉及众多消费者合法权益的案件、大规模侵权的案件、涉及国有资产流失的案件(非直接侵害国家财产利益)、涉及身份关系的案件以及其他具有社会性的案件。一般的民事案件,检察机关不宜介入,至少不应常态化介入,对一般民事案件诉讼的全面介入或常态化介入,在条件和风险方面都有很大制约。与此不同的是,涉及国家利益、社会公共利益、身份关系、[50]社会影响面大的案件因为已经超出了一般民事主体之间单纯的民事权益争议,涉及国家、社会、人权方面的利益或问题,检察机关基于基本职能的要求应该介入,也有条件介入,其介入更能有效地发挥国家法律监督者的作用,因此毫无疑问这些领域应当成为检察监督的重点。

在此,需要厘清民事公诉、公益诉讼与一般民事诉讼三者之间的关系。在实践中,我们往往把民事公诉与公益诉讼和涉及国有资产、社会公共利益的民事诉讼混为一谈。在民事诉讼法没有修改确定公益诉讼的情况下,由于没有法律上的界定,出现这种混淆是可以理解的。但在民事诉讼法已经原则确定公益诉讼,对公益诉讼的基本构成有原则规定的情形下,就不应该再予以混淆了。

笔者主张只有不特定主体所享有的社会公共利益所引发的纠纷才能纳入公益诉讼的客观范围。这种理解是出于新民事诉讼法关于公益诉讼原则性规定。新《民事诉讼法》第55条规定,"对污染环境、侵害众多消费者合法权益等损害社会公共利益的行为,法律规定的机关和有关组织可以向人民法院提起诉讼。"正是因为社会公共利益主体的不特定性,才使得社会公益利益的维护无法通过直接关系主体启动诉讼程序,从而借助司法的力量加以实现。因此,需要在法律上赋予基于超越直接利害关系的机关、团体、组织甚至个人以诉权,使其能够根据其法定职能、价值追求、自我设定的相关社会职能来实现对社会公共利益的维护。这种特殊的诉讼方式成为专门应对公益纠

---

[50] 所谓身份关系的诉讼又称"家事诉讼"或"人事诉讼"包括涉及婚姻关系、亲子关系、收养关系的诉讼。通常认为,家事纠纷虽然表面上看属于私人之间的争议,但实质上关系国家和社会的利益,因为家庭是社会的基本构成要素,家庭关系的稳定是社会稳定的基础。为了维系家庭关系的稳定,国家应当予以适当干预。参见张乃根:《西方法哲学史纲》,中国政法大学出版社1997年版,第302页。家事诉讼或人事诉讼的诉讼标的涉及的身份关系和能力关系,诉讼的结果不仅影响诉讼当事人的权益,也有可能影响到社会秩序与国家利益。参见陈计男:《民事诉讼法论》,台北三民书局1994年版,第412页。正因为家事纠纷的特殊性,一些国家例如日本制定了专门的《人事诉讼法》。与普通的民事诉讼不同,在人事诉讼中实行职权干预主义限制当事人的处分权。在制度上实行调解前置、强调职权探知、限制诉的变更和反诉、裁判生效后禁止相关诉讼等。参见[日]松本博之:《人事诉讼法》,弘文堂2006年版,第16~17页。在一些国家或地区检察机关可以作为家事诉讼的当事人或诉讼参与人参加诉讼,以维护国家利益、社会利益和特定人的利益。参见张晓茹:《家事裁判制度研究》,中国法制出版社2011年版,第130~136页。既然检察机关可以作为当事人、诉讼参与人对家事诉讼进行干预,因此对家事诉讼实行检察监督也是必要的。

纷的诉讼方式。民事诉讼法列举的两类纠纷类型——污染环境或侵害众多消费者权益的纠纷——均有一个限定,即社会公共利益,且应理解为限定于不特定主体的社会共同利益。厘清这一点十分重要。同一污染环境的事件或侵害消费者权益的事件既有可能侵害特定人的财产或其他利益,也可能侵害不特定人的利益或权益,后者是公益诉讼可救济的社会公共利益。被侵害的财产或其他利益的主体为特定的时,如果人数众多则可能构成大规模侵权纠纷。[51]

关于国家利益与社会公共利益。在我国的特定体制、意识形态和语境之下,国家利益这一概念涵盖非常广泛,在广义上可以说能够满足国家生存发展需要,也就是对国家有益的一切方面都是国家利益。也只有在我国特有的历史、权力架构体制、社会形态、意识观念之下,国家的概念才如此被强调,国家与社会的界分才如此不明晰,国家利益才会如此被强化。正因为国家利益涵盖的广泛性,才使得在立法过程中人们会认为在利益客体方面国家利益难与社会公共利益划清界限。[52] 国家利益和社会公共利益在某些方面的确难以清晰划界,但应当承认两者毕竟有所不同,在许多方面也可以清晰划界。如果不指明其界限,则法律制度的建构和运行都会遭遇尴尬和矛盾。在法律上,国家利益有着明确的主体即国家,社会公共利益没有特定的主体。因此,法律责任的实现也就有所不同。损害国家利益的,其赔偿的受偿主体也是国家。而侵害社会公共利益的赔偿,其受偿主体因主体的不特定,赔偿方法也有其特殊性,即使赔偿给国家,国家也只是代为受偿而已。在环境污染的事件中,既有利益主体特定的,如个人或国家,也有利益不特定的。属于特定的情形,特定的利益受害人如果是个人可以行使一般民事诉权提起损害赔偿诉讼,如果特定的利益受害人是国家,国家则可以向加害人提起损害赔偿诉讼,由加害人承担民事责任。在这种情形下检察机关完全可以代表国家提起诉讼,也就是所谓的民事公诉。对于国有资产流失的情形也是如此,因为国有资产流失损害了国家这一特定主体的利益,基于检察机关的职能,检察机关也可以就此提起民事公诉,防止或制止国有资产的流失。当然,由于国家与

---

[51] 参见张卫平:《民事公益诉讼原则的制度化及实施研究》,载《清华法学》2013 年第 4 期。

[52] 参见王胜明主编:《中华人民共和国民事诉讼法释义》,法律出版社 2012 年版,第 101 页。

国有企业之间复杂的关系,在何种情形下检察机关可以作为民事公诉人提起诉讼维护国有资产是一个需要认真研究探讨的问题。[53]

厘清公益纠纷、侵害国家利益的纠纷以及大规模侵权纠纷三者之间的关系的重要意义在于,不同的纠纷其解决纠纷的诉讼方式也不同,检察机关在诉讼中的角色也是不同的。对于公益诉讼检察机关可以行使公益诉权,根据是国家具有维护社会公共利益的职责和职能,而检察机关又具有代表国家行使该职能的资格;对于直接侵害国家利益的案件,例如,环境污染和国有资产流失,检察机关可以行使民事公诉权提起民事诉讼维护国家的利益。[54] 对于大规模侵权纠纷,检察机关不是行使诉权,不管是公益诉权还是民事公诉权,而是行使检察监督权。[55] 还应当注意,笔者更细致地区分了直接侵害国家财产利益与可能涉及国家财产利益的不同,对于直接侵害国家财产利益的,检察机关可以直接行使民事公诉权维护国家财产利益,而可能涉及国家财产利益,如在涉及国有资产的民事诉讼,检察机关就积极行使检察监督权(实践中也有这方面成功的案例[56]),虽然这与一般检察监督权的行使没有本质区别。

---

[53] 这一问题的复杂性在于,作为国有企业对国有资产拥有经营管理权,有权处置其财产,但该财产的所有人是国家。企业管理者在经营中造成国有资产流失或损失时,检察机关是否可以作为原告直接宣告企业的交易行为无效,追回或要求返还其国有资产。这种权力是由国有资产管理行政部分,还是由检察机关或共同分享该权力。同样也存在通过打击严惩国有资产经营管理者的违法行为防止国有资产受损,还是直接代表国家行使财产权利的问题。

[54] 对环境污染的侵权事件,检察机关无论是行使民事公诉权,还是行使公益诉权维护国家利益和社会公共利益,不仅在具体的制度方面存在障碍,在检察体制方面也同样存在障碍。因为检察体制的外部行政化、地方化,检察机关难以独立行使诉权。环境污染侵权事件的发生往往是政府失灵所致,在外部行政化的情形下,政府失灵必然连带司法失灵。在检察独立的情形下,当政府行政监管失灵时,检察机关可以作为替代者,但因为行政化、地方化,替代作用也将失灵。

[55] 虽然在我国《宪法》中规定了检察机关是法律监督机关,似乎由此可以推出检察机关行使的职权都是监督权(参见陈桂明:《民事诉讼检察监督之存废、定位与方式》,载《法学家》2006 年第 4 期。),但是根据《检察院组织法》的规定,检察权被具体分为了法律监督权和其他检察权,即检察权是一个上位概念,检察权包含监督权和其他检察权,公诉权和侦察权。关于检察监督权,参见傅郁林:《我国民事检察权的权能与程序配置》,载《法律科学》2012 年第 6 期。当然,我们也可以从解释论上将《宪法》的规定视为广义上的监督权,将具体法律中规定的监督权界定为狭义监督权。正是因为没有厘清两者的关系,所以人们在论述监督权的性质时往往是混乱的。参见张文志:《民事诉讼检察监督论》,法律出版社 2007 年版,第 31 ~ 32 页。

[56] 2007 年浙江上虞市检察机关接到举报,认为上虞市人民法院在该案的执行过程中确有不当之处。根据检察机关的调查结果,上虞市检察院向该市法院发出了民事执行监督意见书,指出了法院执行中的不当之处,并提出了检察建议。在收到意见书后,法院有针对性的进行了整改落实并及时回函反馈。避免了国有资产的损失。参见上虞市人民检察院网站,最后访问时间:2014 年 3 月 15 日。

如果在制度方面，检察机关不能获得公益诉权提起公益诉讼，[57]则公益诉讼将成为检察监督的重点，因为这涉及社会公共利益。与大规模侵权的诉讼相比，虽然涉及的是特定主体的利益，但由于人数众多通常具有很大的社会影响，因此也是检察监督的重点。检察机关如果作为民事公诉的原告主体，则检察监督权就必须放弃，否则就存在两种权利与权力行使的矛盾状态。

按照《民事诉讼法》以及《民事监督规则》的规定，除了审判监督程序以外的审判程序也可以实施检察监督。从监督的范围来看就跨越了民事纠纷领域，进入了非讼领域，例如特别程序、督促程序、公示催告程序等。适用非讼程序处理的案件是非争议的案件，其中绝大部分是民事案件。[58] 对于这些案件检察机关也没有全面介入的必要。

1. 关于适用特别程序的非讼案件

(1) 人民调解协议的司法确认

2012 年《民事诉讼法》修改后增加了人民调解协议的司法确认程序。申请司法确认调解协议，由双方当事人依照《人民调解法》等法律，自调解协议生效之日起三十日内，共同向调解组织所在地基层人民法院提出。设置确认人民调解协议程序的意义在于，通过这一程序使得双方当事人之间调解协议一旦得到司法机关的确认，即可获得强制执行的效力。司法确认只是由法院对双方之间达成的调解协议的审查确认。在确认调解无效的情形下，当事人双方可以通过调解方式变更原调解协议或者达成新的调解协议，也可以另行提起民事诉讼加以解决。既然是双方当事人共同要求法院确认调解协议有效，也就不可能对确认调解协议有效的裁定不服，《民事诉讼法》没有必要设置救济程序，检察机关也更没有必要介入实施监督。

---

[57] 《民事诉讼法》第 55 条对提起公益诉讼的主体仅仅是原则性规定，因此就给公益诉讼提起的主体的具体制度化留下研讨的空间。《民事诉讼法》修改中之所以没有明确公益诉讼主体的范围，是因为主体的范围的划定必须考虑环境保护和消费者保护等各领域的具体情形，在修改环境保护法和消费者保护法的过程中具体加以确定。《民事诉讼法》在原则上将机关和有关组织限制在“法律规定”的这一前提之下。对于法律规定存在着不同的解释，一种解释为必须有具体的法律明确规定。例如关于消费者权益的公益诉权主体，修改后的新《消费者保护法》仅仅将消费者保护协会作为唯一的主体。按照这些解释检察机关对此类公益诉讼无法提起诉讼。但如果“法律规定”解释为只要法律有关于抽象、概括的职能规定，就可以获得公益诉权，则检察机关具有公益诉权。从当下社会公共利益受损的严峻形势下应鼓励具有维护国家利益和社会利益职能的检察机关提起公益诉讼。相应地，个人、组织享有公益诉权也是应当的。

[58] 特别程序中选民名单案件不是民事案件，而是涉及公民政治权利的案件。

(2)实现担保物权的非讼案件

《民事诉讼法》2012年修改后还在特别程序中设置了实现担保物权的非讼程序。该程序的目的是为了更为便捷地通过司法机关实现已担保的物权。该程序不涉及当事人之间关于担保物权的争议。法院在程序中不是实体权利义务争议裁判机构,而是审查、执行机构。如果申请人或被申请人对法院的裁决——驳回或认可权利人的申请的裁决不服,且涉及实体权利义务的争议的,可以另行向法院提起民事诉讼。[59] 一旦义务人提起民事诉讼,法院予以受理的,关于担保物权的执行程序应当中止。[60] 检察机关也没有必要在该非讼程序中实施检察监督。

(3)其他适用特别程序的非讼案件

在特别程序的案件中最应当予以监督的是选民名单案件,因为这种案件涉及公民的基本政治权利,不过由于政治生态的原因这类案件极少。特别程序中关于认定公民无行为能力、财产无主、公民失踪、死亡等案件由于涉及公民民事权利的行使以及财产归属,又无争议相对方,因此这些案件可以是检察机关行使监督权的重点。对于其他非讼案件救济程序已经十分有效,检察监督无须介入。

2. 关于督促程序的案件

督促程序又称为支付令程序,是指人民法院根据债权人提出的给付金钱或者有价证券的申请,不经过开庭就直接向债务人发出支付令,如果债务人不在法定期间内提出异议,则该支付令就具有强制执行力的程序。[61] 由于支付令的法律效力是在当事人双方权利义务没有争议的条件下才能发生,因此如果义务人对支付令不服只要申明异议,支付令就自动失效,案件将自动转

---

[59] 参见程啸:《论抵押权的实现程序》,载《中外法学》2012年第6期。在法院没有对担保权的实体争议作出裁决时,权利义务人对担保权利义务的义务就应通过民事诉讼解决,而不能适用非讼程序。

[60] 目前《民事诉讼法》尚未将此种情形明确作为执行中止的事由。这里涉及有关担保物权的诉讼与担保物权执行的关系问题。当法院经审查认可该担保物权后,权利人就可能向法院申请执行,此种情况下,义务人可能向法院提起民事诉讼要求裁决关于该担保权的争议,也有可能在执行程序中提出异议阻止执行。对此,在法律上就涉及以下几个问题:1. 义务人是否可以对担保物权的执行提出异议?2. 如果当事人就担保物权提起民事诉讼,关于该担保物权的执行是否应当中止?3. 如果在审查担保物权的非讼程序中,义务人向法院主张异议的是否意味着法院只能驳回权利人的申请?对这些问题,现行《民事诉讼法》均未作出规定。

[61] 参见张卫平:《民事诉讼法》,法律出版社2013年版,第434页。

入民事诉讼(《民事诉讼法》第 217 条)。因此,检察机关介入督促程序没有必要。

3. 关于公示催告程序的案件

公示催告程序是指人民法院根据申请人的申请,以公示方式催告不明的利害关系人在法定期间内申报权利,如果逾期无人申报权利,将根据申请人的申请依法作出除权判决的程序。公示催告程序在性质上是一种非讼程序。因为它并不解决双方当事人之间的实体争议,而只是以公示的方式,从程序上解决票据被盗、遗失或者灭失的有关问题和法律规定的其他事项。

公示催告程序的主要作用在于通过催告利害关系人在法定期间内申报权利,并且在无人申报权利的情况下,根据申请人的申请作出除权判决,从而恢复权利人票据上的权利。

在公示催告期间内,票据权利人可能会因为某种正当理由没有及时申请权利。由于除权判决是不能上诉的,票据权利人的合法权益必然会受到损害。为了给公示催告期间内因为某种正当理由没有及时申请权利的票据权利人提供救济,根据《民事诉讼法》第 223 条的规定,利害关系人因正当理由不能在判决前向人民法院申报的,自知道或者应当知道判决公告之日起 1 年内,可以向作出判决的人民法院起诉,通过普通诉讼程序来解决票据权利义务纠纷,给利害关系人以必要的救济。利害关系人的权利已经有了便利的救济途径,检察机关也没有必要予以介入。

(二)监督阶段的重点选择与定位

本节第一部分主要是从监督范围的角度来谈监督重点的选择。本部分主要是从监督的程序阶段的角度来分析监督的重点选择与定位的问题。论题的背景是,民事诉讼法虽然原则上确定了监督在程序阶段可以从裁判生效时段的事后监督扩展为对诉讼整个程序的监督,包括了事前监督即过程监督。从原来的民事审判的监督扩展为对民事审判和执行活动的监督。但作为监督实施策略也要从具体条件、检察监督的基本职能、目的、实施风险等方面考虑,监督应当有重点,而非全面介入。

在监督阶段的重点选择方面,仍然应当坚持以事后监督、抗诉为重点和中心,过程监督是非重点、非常态化监督。最高人民检察院主张的以抗诉为中心正是一种正确的实施策略考量。[62] 抗诉监督是一种程序启动式监督，而且是一种事后监督。这种监督就能够避免因为对审判过程的事前监督导致对审判的干预和替代。就检察监督权的性质而言，只能是一种辅助性、保障性，而非决定性、替代性权力。[63] 为什么没有最终决定权，为什么不能替代审判机关作出裁决，其根本原因就在于我们必须承认审判机关或法官的司法自由裁量权[64]，必须给予审判机关根据具体的案件事实、根据审判机关对法律的理解作出裁判，否则审判机关就不再是司法机关。“没有一个法制体系中的司法活动可以完全有规则来支配，而不受法官的意志和他对于眼前的案件应采取何种行为才能获得正义的结果的个人情感的影响。”[65]一如昂格尔所言：“不管实质正义如何定义，它只能通过不同情形不同对待的方法才能实现”。[66] 司法权的核心——司法裁判权必须归特定的主体独享，无法分享。[67] 各级法院均享有独立的裁判权，不过是裁判权的内部分工，而非分权。我们也没有充分的根据和理由认为其他的主体（包括检察机关、政法委[68]，甚

---

[62] 以抗诉为检察监督工作的中心是最高人民检察院在全国检察机关第二次民事行政检察工作会议（2010 年 7 月）中提出的基本方针。现在有学者质疑这种认识，认为应当全面介入没有中心。关于这一认识，参见邵世兴：《民事诉讼多元化监督格局的内涵》，载《人民检察》2014 年 1 月（上半月刊）。

[63] 关于监督权的辅助性、保障性的论述，参见谢鹏程：《前苏联检察制度》，中国检察出版社 2008 年版，第 5 页。

[64] 司法自由裁量权包括程序事项裁量权和实体事项裁量权。实体事项裁量权又包括事实认定的裁量权和实体法律规范适用的裁量权。事实认定的裁量权又具体包括证据能力、证明力、证明标准、证据与待证事实关联性的裁量权。

[65] ［美］罗斯科·庞德：《法理学》（第二卷），封丽霞译，法律出版社 2007 年版，第 282 页；［美］罗斯科·庞德：《法理学》（第二卷），邓正来译，中国政法大学出版社 2007 年版，第 347 页；Roscoe Pound, Jurisprudence, Volume Ⅱ: Part 3. The Nature of Law, New Jersey: The Lawbook Exchange, Ltd., 2002, p. 355.

[66] Unger, *Law in Modem Society*, p. 198，转引自［美］布雷恩·塔玛纳哈：《论法治——历史、政治和理论》，李桂林译，武汉大学出版社 2010 年版，第 160 页。

[67] 在英美法系国家，案件争议事实的认定权可以由陪审团行使。

[68] 地方政法委的个案监督方式包括个案督察和个案复查。个案督察主要是落实涉诉信访。个案复查是近几年来地方践行的措施。通常是在地方政法委的主导下，通过借调专业人士，主要是律师对案件进行重点批次复查。无论是个案督察还是复查都不是制度安排，是非程序化的，根据形势需要所为的政策性应对。如此，必将面临诸多问题。例如，复查的程序、如何保证复查的中立公正、复查的费用负担、复查之后的处理（职权启动再审，还是其他措施）、如何避免运动性复查等。

至人大[69])就一定比法院审判机关对案件事实的认定更准确,对法律的理解更正确。相反,如果从诉讼审理的亲历性(最为重要)、民事诉讼审理和裁判经验、审判人员的知识构成、专业素质的角度而言法院有可能更胜一筹。在何种情形下司法人员最有可能出卖职业道德、牺牲法律,完全违背事实、违反法律作出裁决?答案当然是司法人员徇私枉法的情形。因此,对司法人员徇私枉法行为的打击是我们保障司法公正的重点,是检察机关作为国家公诉机关最主要的职责。从程序正义理论上讲,在司法人员没有徇私枉法的情况下,只要程序上是正当的,又无客观上的反对依据,我们就应当且必须接受程序结果的正当性。[70]"程序结果在内容上的正当性问题,实际上已经转化为是否充分满足程序条件的问题。"[71]如果不承认将程序正当性对程序结果正当性的判断标准,必将以实质正义的终极追求为由,导致无休止的缠讼和司法信访,严重影响司法的安定性和终局性。

在将监督重点置于事后监督——对生效判决、裁定、调解书的监督之后,还应当监督重点放在对程序违法、伪造证据、是否有新证据等方面的监督上。不应过多地关注案件的事实认定和适用法律的错误与否。从事实认定的复杂性与再审救济程序的特殊性来看,将事实认定的错误排除在再审事由之外也并非没有道理。从我国的两审终审制结构来看,由于我国的上诉审不仅涉及法律问题,也涉及事实问题,因此,再通过再审程序加以救济的必要性已经降低,再加之对于事实的认定,在时间维度上应当是越接近案件的发生时点,

---

[69] 从我国人大与审判机构的关系来看,法院的审判权来源于人大权力,法院并受人大的监督,由此,似乎可以逻辑推出人大对法院审判的个案监督(有学者就指出,《宪法》第126条没有将国家权力机关纳入审判干预排除的主体范围,并非在暗示国家权力机关就可以对法院进行干涉。参见王晨光:《论法院依法独立审判权和人大对法院个案监督权的冲突及其调整机制》,载《法学》1999年第1期。同理,该条未将党的机关排除在干预主体范围,也不意味着党的机构可以对审判进行干预。)同样基于对司法腐败、司法不公、对司法不信任,许多地方人大应涉诉信访的要求选择性地实施了个案监督。但由于个案监督存在为当事人所利用、个案监督滥用、干预审判等问题,人大个案监督同样难以避免司法审判所面临的腐败问题,因此人大个案监督受到人们普遍质疑。个案监督也最终没有法律化。关于人大个案监督的质疑,参见范愉:《对我国司法独立及司法监督问题的几点意见》,载《人大研究》2004年第3期;王利明:《论权力机关对法院独立行使审判权的监督》,载毕玉谦主编:《中国司法审判论坛》(第二卷),法律出版社2002年版,第35页;夏正林:《也论人大对司法的个案监督与审判独立》,载《法商研究》2002年第1期。

[70] 参见[日]谷口安平:《程序的正义与诉讼》,王亚新、刘荣军译,中国政法大学出版社2002年版,第10页。

[71] [德]N.罗曼语,转引自[日]田中成明:《程序性正义与裁判》,载《法学教室》1988年第3期。

案件事实的认定也越接近真实,而非离案件发生的时点越远越接近案件真实。因此,在经过两审之后,再纠缠案件的事实问题是不恰当的。从国外的情形看,即使对于未生效的判决可以提起第三审,该第三审也不涉及事实问题,只能就法律问题的裁判提出质疑。从大陆法系国家民事再审的事由规定来看也不涉及事实问题。[72] 法律适用问题则涉及审判机关的法律适用裁量权的问题。法律的适用与事实认定同样也应当给予审判机关自由裁量权。没有这种裁量权,法院无法根据案件的具体情形作出事实认定和法律适用。从国外再审事由的规定来看基本上不涉及法律适用问题。我们可以从2012年民事诉讼法关于向法院申请不予执行仲裁裁决的法定事由的修改调整认识这一点。新民事诉讼法删掉了原来规定的"适用法律错误"这一事由。修改的直接理由是与仲裁法保持一致(仲裁法没有规定这一事由。见仲裁法第58条)。但仲裁法为何不做这样的规定显然是为了尊重仲裁机构适用法律的裁量权。

对于非徇私枉法裁判错误的纠正,国家在审判程序上设置了两审终审制度和审判监督制度。这些制度基本上可以保障司法在程序上和实体上的公正。如果认为还不够,还不能保障和实现司法的统一性,作为国外普遍设立的第三审程序——法律审的建立也是可以考虑的。[73] 检察机关的司法监督权仅仅是辅助性、监察性的。为了防止干预法院的审判权或替代审判权就应当避免对审判过程的干预。况且一些重要的审判过程或阶段也可以通过对终结性裁定的事后监督予以实现。例如,关于法院不予受理、驳回起诉这样一些涉及当事人诉权行使的基本权利的裁决,民事诉讼法规定可以通过上诉加以通常救济,也可以在裁定生效后通过再审予以救济。对非审判监督程序以外的程序和阶段的监督介入必须考虑必要性的问题。也就是所谓的监督利益的问题,如同民事诉讼中的诉的利益一样。[74] 虽然当事人可以起诉,法院也

---

[72] 关于大陆法系国家再审事由的规定,参见张卫平:《再审事由研究》,载《法学研究》2000年第3期。

[73] 作为第三审的法律审的主要目的就是维护法律适用的统一性。关于法律审详见张卫平:《民事诉讼法律审的功能与构造》,载《法学研究》2005年第3期。

[74] 诉的利益,是指当事人所提起的诉中应具有的,法院对该诉讼请求做出判决的必要性和实效性。必要性是指法院有无必要通过判决来解决当事人之间的纠纷。实效性是指法院能否通过判决实际解决该纠纷。参见[日]伊藤真:《民事诉讼法》(1),有斐阁1995年版,第131页。

有权受理,但还必须考虑审判的必要性。例如,对一审未生效裁判就没有必要在生效之前介入检察监督,因为对一审判决不服的,当事人还可以通过上诉予以救济。上诉审是民事诉讼法所设置的通常救济程序,而检察监督是一种特殊情形下的辅助性救济手段,特殊救济手段相对通常救济手段是成本更高、代价更大的手段。毫无疑问在救济手段方面,应当首选通常救济手段,而非特殊救济手段。

对诉讼或审判过程的监督也影响诉讼的效率,提高诉讼成本,这一点也是过程监督所必须考虑的,诉讼效率和成本问题同样是诉讼正当性的价值追求之一,是正义的一个重要维度。诉讼过程是一个线性展开的时序空间,可以切分为具体的诉讼阶段。以一审为例,可以分为起诉受理阶段、开庭审理前的准备阶段、开庭审理辩论阶段。在这些阶段中当事人将实施若干诉讼行为,法院也相应地将实施审判行为——审理和裁决。虽然诉讼最终结果的错误是过程的错误所致,但如果在诉讼过程中对每一个行为都实施监督,必然会因为监督的分块切入影响诉讼效率,打乱诉讼的节奏,导致诉讼迟延,还不仅仅是影响当事人诉讼平等的问题。对于诉讼迟延有期待利益的一方当事人也必将通过寻求、刺激检察机关对过程的监督到达诉讼延迟的目的。试想一下如果可以对起诉受理、管辖权行使、当事人地位认定、证据交换、证据保全、诉讼保全、诉讼文书送达、当事人传唤、审判相关人员回避、辩论权利的行使、主要证据的采信、延期审理、诉讼中止等都可以实施监督介入,诉讼将被监督之刀切割得支离破碎是不难想象的。从诉讼效率和诉讼成本的角度,事后监督、结果监督相对应当是最合适的、最有效的。基于此,检察监督的重点应当放在审判监督程序。这种定位也是基于审判权与检察监督权的特殊关系的考虑。诚然,在现行民事诉讼法的原则框架之下,既然已经划定了监督行使的边界,在此框架下就不能排除诉讼的过程监督,但不应是监督工作的重点,可根据具体情形裁量实施。例如,重大案件(数额巨大、社会影响大)中涉及诉讼保全明显违法的情形,检察机关不妨介入。因为保全措施虽然只是一种保障性手段,但对当事人的利益影响重大。

检察监督权的强化与扩充与我国的国情——司法的现状有直接关联,我国司法的一个严峻现实是社会反响强烈的司法腐败问题,正是由于司法腐败集中反映在法院的审判过程和执行过程中，尤其是执行领域更是腐败高发地带。[75] 司法腐败必然导致裁判不公、执行违法。虽然裁判不公、执行违法与司法腐败直接关联，但要查处司法腐败并非易事，且需要相当时日，因此，人们尽管希望能够通过打击司法腐败获得公正裁判与执行，但更希望通过权力纠正手段直接防止或制止裁判不公、执行违法的结果。司法腐败作为一种社会现象被普遍化之后，严重的社会后果是人们对司法公正的不信任，司法公信力和司法权威的丧失。在这种社会认知的背景之下，检察机关作为法律监督机关自然就有了更广泛和更有力介入民事诉讼的理由。民事诉讼法对执行阶段的检察监督的认可也是民事诉讼法修改对这种诉求的积极回应。也就是说检察监督在民事诉讼领域的扩充是基于一种应对特定社会诉求，而且是针对当下司法腐败的社会形势所采取的政策性措施。检察监督作为一种法律监督权并不是直接针对司法腐败行为，而是针对司法中的裁判违法和执行违法，司法腐败成了人们要求强化监督的认识背景和形势。如果司法腐败得以遏制，则监督扩充的必要性程度将会降低。因此，作为一种政策性应对措施在不同时期也要根据形势予以调整，而不是一种固化的形态。司法腐败的防止虽然是一个社会顽疾，但只要有决心推进政治体制改革和司法体制改革，司法腐败将得以有效遏制。在这种情形下，法官的权威和司法公信将得以重塑，法官的裁判和执行中的自由裁量也将得到肯定，相应地，检察监督也将政策性收缩。例如，在当下因执行领域腐败严重，加强执行监督非常有必要，但这依然是一种政策性应对，而非常态化的全面介入。

结语

民事诉讼检察监督实施的策略问题是一个典型的中国法制语境中的问题，交织着历史与现实、政治与法律、意识形态与法理，是典型的“中国问题”。认识这一问题既要从中国的具体情形加以考量，也必须顾及司法权行

---

[75] 执行领域之所以较之诉讼阶段腐败更加严重，原因在于诉讼阶段法院处于中立的地位，并受制于双方当事人。在执行阶段，法院作为执行机构直接面对被执行人，执行过程和执行救济程序的公开程度远不如诉讼阶段。（诉讼通常为两审终审，执行通常为复议）加之执行中执行机构的裁量余地大，权利人又具有急于实现财产权利的心理，特别是在经过长期诉讼过程之后。这些都为执行腐败提供一定的便利。

使的规律,考虑不同诉讼价值追求——实质正义、程序正义、诉讼效率、诉讼成本、对当事人民事权利处分的尊重、司法权威——的衡平。检察监督权的行使并非无条件和无代价的。认真分析、考量检察监督权实施的具体条件、效果和风险负担,权衡司法审判权、执行权与监督权之间的关系,才能有效地、合理地达成我国法治和司法的基本要求。虽然现行民事诉讼法原则上划定了民事诉讼检察监督权行使的范围,但不意味着监督权的行使没有重点,可以一味扩充,全线出击。如此不仅现实条件不允许,相应地也存在很大风险,不当实施就有可能走向监督目的的反面。其他非司法性监督,如地方人大、地方政法委的个案监督的实践负面效应也给检察监督予以了一定的警示作用。权力的扩展是权力的秉性,因此需要人们理性地予以限制,检察监督权作为一种权力自然也不应有例外,尽管监督权本身具有一定的限制性(辅助性、被动性、启动性)。不可否认监督权的扩充对特定群体必然会带来相应的利益——物质和精神的,有助于检察权威和地位的提高。监督权的权力制约的"大使形象"也使得这种权力更具有扩张的便利性和容许性。对检察监督权实施策略的考量是一种限制性视角,这种考量的理性意义在于监督权作为一种权力,也应当予以适当限制。除了完善程序上的自我监督外,有重点地在民事诉讼领域中实施检察监督也是一种限制,是权力具体行使的边界,有助于防止监督权的滥用。监督权的膨胀和滥用都将违反监督权的本质。监督是权力的笼子,同时监督权自身也应当在制度的笼子之中。将监督权的性质界定为权力监督本身就是对监督权的限制。当然,如何行使检察监督权,才能实现检察监督的功能,又不至于逾越监督权的范围,无疑是一个中国法制语境下实践和理论的双重话题。本文的议论仅为引玉之砖。

(原文载于《政法论坛》2015 年第 31 期)

民法典与民事诉讼法的连接与统合

——从民事诉讼法视角看民法典的编撰

引言

当下,我国民法典编撰程序已经正式启动。民法典的编撰也再次成为法学界关注的热点和焦点。民法典是调整平等主体之间的人身关系和财产关系的基本法律规范,而平等主体之间的这两种关系是一个社会中最重要、最基本、最广泛的社会关系。因此,民法典的编撰无疑将极大地推动我国社会的进步和发展;将有助于现代社会价值的建立、维护和保障;有助于我国社会的繁荣、和谐、稳定。我国的商品经济社会也只有在一部科学民法的基础上才能得以安定。因而民法典的编撰是我国建设法治国家、依法治国最重要的举措之一。

毫无疑问,民法典的这些重要价值和功能是否能够实现,首先取决于民法典本身的科学性,是一部好的民法典,是一部科学的民法典。[①] 一方面,一部科学的中国民法典应当是一部适应中国国情,满足中国社会现实和发展需要,体现和反映现代社会的价值观,能够与其他领域的实体法充分统合与协调的法典;另一方面,一部科学的民法典还必须考虑民法典所规定的价值命题能够得以充分实现的可行性。不具有可实现性的法典只能是一张画饼。众所周知,实体法的实现必须依靠相应的程序及程序规范。民法典作为民事实体法的基本法也必须依赖于民事诉讼程序(广义的)才能得以实现。这种依赖关系使得民法典的编撰不是孤立的,可以独自前行的立法作业。民法典

---

① 参见[德]马丁内克:《德国民法典与中国对它的继受》,《德国民法典》译本导言,陈卫佐译,法律出版社2007年版,第12页。

的编撰必须充分考虑与民事诉讼法的对接、协调和统合。

在过去的民事诉讼法制定和修改中，人们大体上注意了民事诉讼法对各民事实体法内容的关照与协调；相反，应当承认我们在民事实体法的制定和修改中，人们对民事诉讼程序和民事诉讼法的关照与协调往往不够。这与我国法制和理念上历来"重实体/轻程序"的传统有直接的联系。因为民事实体法与民事程序法彼此之间具有同样的精神，具有不可割裂的内在联系，彼此联动、依赖，所以民事实体法与程序法之间必须彼此关照。一旦缺失彼此之间的相互关照，就可能因为实体法规定的错误、缺失或不合理，导致了民事程序法规定的错误与矛盾；或者因为民事程序法规定的错误、缺失或不合理导致与实体法的冲突和矛盾。因此，在民法典的编撰中必须充分关照民事诉讼法。这种关照从实体法的视角自我审视往往对两者关联的观察存在盲区或盲点。因此，也就需要从民事诉讼法的视角反观民法典的编撰，通过这种多视角的观察与思考，使得民法典与民事诉讼法能够充分对接、协调和统合，由此将更有利于民法典规定的价值命题的实现。

一、民法典编撰——对民事诉讼法发展的契合与引导

民法典作为一个非常庞大的规范体系，其中有许多部分与民事诉讼程序相关，且有的规范是以民事诉讼法的既有规定为前提的。正是由于民事诉讼法的某些规范对民法所具有的这种先决性或前提性，因此，民法典的规定也就必须将某些具有先决性、前提性的民事诉讼法规范及概念植入民法典之中，彼此形成契合。由此，也就提出的这样问题，即由于民事诉讼法自身也有一个不断修改、更新的过程，因此，民法典的制定必须注意民事诉讼法的这一完善、发展过程，不能将即将过时、陈旧的民事诉讼法规范植入一部崭新的法典之中。另一方面，一旦民法典将其加以规定，也势必反过来对民事诉讼法的完善和发展形成桎梏，给民事诉讼法的修改设置新的障碍。

下面，我们以民法中的时效制度为例加以说明。时效制度是民法典中必须明确规定的基本制度。我国规定为诉讼时效制度。在诉讼时效制度中，关于诉讼时效中断的规定是其主要内容之一。诉讼时效的中断必然涉及诉讼时效中断的法定事由。因此，民法典也必须对诉讼时效中断的原因作出规定。各国民法典也都相应地对时效中断的事由做了规定。从国内学者的一

般认识来看,通常将权利人提起诉讼或起诉作为诉讼时效中断的法定事由。现行《民法通则》第140条即规定诉讼时效因提起诉讼而中断。根据现行民事诉讼法的规定,对当事人的起诉存在受理、不予受理或驳回起诉三种处理。对于起诉经审查符合起诉条件的,人民法院予以受理;经审查不符合起诉条件的,告知不予受理,坚持起诉的,裁定不予受理;受理以后发现不符合起诉条件的,裁定驳回起诉。对于人民法院受理起诉的,诉讼时效发生中断,问题是,对于人民法院裁定不予受理或驳回起诉的,诉讼时效应当如何处理?通常认为法院不予受理或驳回起诉的,不发生诉讼时效中断。对此,现行《民法通则》没有明确规定,不能说不是一个缺陷。本次民法典对此应当予以明确规定,否则可能在诉讼实践中产生混乱。但如果要加以规定就将涉及民事诉讼法的相关制度。从笔者所看到几个《民法典建议稿》中,均规定权利人提起诉讼为诉讼时效中断的原因之一。有的《民法典建议稿》又进一步规定,尽管提起了诉讼,但在法院对起诉不予受理或驳回起诉时,不发生时效中断。笔者认为,民法典应当将提起诉讼后存在哪些情形下不发生时效中断的情形也明确加以规定。

1. 关于提起诉讼与时效中断

如果依然将不予受理或驳回起诉作为不发生时效中断的事由,在表述上就存在不妥之处。上述建议稿的如此规定无疑与我国现行民事诉讼法的起诉、诉以及裁判制度有关。现行民事诉讼法的确明确规定了不予受理、驳回起诉的制度(《民事诉讼法》第123、154条)。但从完善和改革起诉的角度来看,现行起诉立案制度必须改革,而且已经在政策范围内推行。党的十八大四中全会明确指出要改革案件受理制度,变立案审查制为立案登记制。我国现行的民事起诉受理(立案)制度的结构性问题,在于将诉讼要件植入了起诉条件之中,在起诉受理阶段中相应地对这些诉讼要件提前进行审查必然导致起诉的高阶化、起诉难。② 改革的正确措施是将诉讼要件(诉讼的合法性要件)如法院主管、管辖、当事人的存在、当事人能力、诉讼能力、是否重复诉讼、当事人是否适格或是否有诉讼实施权、是否在一定期间起诉等从起诉条件中移出,将诉讼要件的审理判断放在立案登记之后,进而使得起诉条件大

② 参见张卫平:《起诉难:一个中国问题的思考》,载《法学研究》2009年第6期。

幅度降低,也才有可能实现登记立案。[③] 诉讼要件的审理置于立案阶段之后,对于欠缺诉讼要件的诉讼,法院不再是驳回起诉,而是以裁定驳回诉的形式进行处理。因为诉讼要件不是起诉条件,当然不能以原来驳回起诉的方式处理欠缺诉讼要件的情形。一旦改革起诉受理制度之后,由于起诉条件的降低(起诉状只要求有明确的原告、被告及其送达地址,按规定交纳诉讼费用),几乎不存在审查的问题,起诉之后即可登记立案。因此,现行民事诉讼法中的所谓不予受理和驳回起诉的规定都将不复存在。[④] 与此改革发展一致,民法典关于诉讼时效的中断事由也就不能使用"驳回起诉不发生诉讼时效中断"的说法,正确的表述应当是"时效因提出裁判上的请求而中断","但裁判上的请求,[⑤]在诉被驳回或撤回时,不发生诉讼时效中断的效力。"

这里需要注意的是,有的人会疑问,日本民法典不也是规定"裁判上请求,在驳回起诉或撤回起诉时,不发生中断时效的效力",使用的不也是驳回起诉、撤回起诉的概念?[⑥] 实际上这是译者的误译,可能由于译者对日本民事诉讼法和我国民事诉讼法不够了解,将我国现行法中的驳回起诉和撤回起诉的概念和表述套用在了日本民法典的中译本之中,将"訴え"误译为"起诉",撤回诉就是撤回起诉,从而导致了人们的误读。这可能就是翻译中最难的地方。要让中文读者能够理解,最好的方法就是用我们理解的已有概念去对接外文表达,然而这往往会发生无法直接对接的情形。在没有详细了解中外概念内涵时勉强对接必然导致不准确或错误。当然这很难避免。虽然日语"当用汉字"中也有"起訴"的说法。但在日本民事诉讼法中"起訴"不是一个法律概念,也没有所谓"起诉条件"。因此,也就没有"驳回起诉"和"撤回起诉"的概念和制度,其使用的是"驳回诉"和"撤回诉"的概念。驳回诉是指案件

---

③ 目前实践中的案件受理制度改革,在没有修改起诉条件的前提下,利用现行法中的驳回起诉制度,根据司法政策上在一定程度上放弃了在立案阶段对某些起诉条件的审查,其实质是忽视这些起诉条件,从而降低起诉门槛实现立案登记的政策要求。其他起诉条件放置在立案进行审查,例如原告适格、法院主管、管辖、重复诉讼等。经法院审理不符合起诉条件要求的,驳回起诉。这种做法虽然可以达成降低起诉门槛,实现立案登记的目的,但在法律适用上及逻辑上均存在问题。按照现行民事诉讼法,在立案阶段就是必须对起诉条件进行审查,放弃审查是违反现行民事诉讼法的。这也是我们在改革中常常存在的问题。要实现立案登记制度,真正的出路就是修改民事诉讼法,改造起诉立案制度。

④ 详见张卫平:《案件受理体制——反思与重构》,载《法商研究》2015 年第 3 期。

⑤ 裁判上的请求是一个概括抽象的表达。裁判上的请求还包括提起诉讼、申请支付令、申请诉前保全、禁令、申请具有可强制执行的诉前调解等。

⑥ 参见渠涛编译:《最新日本民法》,法律出版社 2006 年版,第 36 页。

系属之后(相当于受理之后)诉欠缺诉讼要件时的处理。撤回诉相当于撤回诉讼请求。如果简单地将提起诉讼等同于我国的起诉,并对接上起诉条件,就容易发生误识了。因为在日本也包括其他大陆法系国家,可以说几乎不存在起诉条件,因此也就不存在驳回起诉的裁决。对于当事人提交的诉状不符合法定要求的,裁判长可要求其更正,不予更正的,以命令驳回诉状(《日本民事诉讼法》第137条)。诉不具备诉讼要件的,以诉讼判决驳回诉;当事人的实体请求不能成立的,以本案判决驳回诉讼请求。我国台湾地区法律上虽也有起诉和驳回起诉的概念,但其驳回起诉实际上相当于日本的驳回诉状。[⑦]驳回诉同样是因为诉讼欠缺诉讼要件(诉不合法)。因此,法律上没有撤回起诉,而是撤回诉。这看似不大的差异,其实在制度目的和制度构成上却大有不同,在更深层次上反映了不同的司法与治理的理念及法治的阶段性。[⑧]

2. 关于无独立请求权第三人追加与时效中断

在现行民事诉讼法中规定有无独立请求权第三人制度。按照《民事诉讼法》第56条第3款的规定,无独立请求权第三人实际上又包括了两类:一类是申请参加他人之间诉讼的所谓辅助型第三人;另一类是所谓被告型第三人。后者因为是本诉的被告要求法院追加到诉讼中来的第三人,目的是替代自己成为义务人或责任人。也许是因为该第三人实质上是被请求的人,因此,在《最高人民法院关于审理民事案件适用诉讼时效制度若干问题的规定》(以下简称《诉讼时效制度若干规定》)中,将被通知参加诉讼的情形也作为中断诉讼的具体事由。但是法院的这种依职权通知第三人参加诉讼的做法显然是不符合民事诉讼处分原则的,既然要求第三人承担民事责任就必须有权利人的请求,在没有权利人请求的情形下,按照处分原则法院不能依职权强制第三人参加诉讼。[⑨] 虽然现行民事诉讼法从职权主义诉讼理念对此作了规定,但这一制度注定是要被淘汰的。因此,在民法典制定中就有责任引导民事诉讼体制的转型,支持体现民法和民事诉讼法同样精神的处分原则。避免现行民事诉讼制度中的不当。民法典明确将权利人的"请求"作为中断

---

⑦ 参见陈荣宗、林庆苗:《民事诉讼法》(修订第四版),台北三民书局2005年版,第373页。

⑧ 参见张卫平《案件受理体制——反思与重构》,载《法商研究》2015年第3期。

⑨ 关于无独立请求权第三人制度的问题点及改革,详见张卫平:《第三人类型及展开》,载《民事程序法研究》(第一辑),厦门大学出版社2004年版。

事由才是非常正确的。

总而言之,我国民事诉讼法还有很大的完善和修改空间,民事诉讼体制也面临转型的问题,如果民法典的制定能够充分考虑民事诉讼法的发展,超前地在民法典相应部分进行改革预设,从而引导民事诉讼法的发展,无疑将为民事诉讼法的完善和修改作出了巨大的贡献。所以,笔者认为民法典的编撰不能只是民法学者独自前行,也不是民法典独善其身的过程,需要民事诉讼法的修改相伴一路同行!

二、民法典编撰——与民事诉讼制度的对接

毫无疑问,民法典与民事诉讼法有着不可分割内在的联系。这种内在联系包括民法规范与民事诉讼规范彼此的相互依赖,彼此不可或缺。这种相互依赖关系又是通过某些具体制度规定连接起来的。虽然在法典形式上各自是分立的,但各自的法典中都有相应的与之衔接的“接口”或“端口”。如果没有这些“接口”,民法典的运行便会因为无法与民事诉讼法连接而发生阻滞。因此,合理地设置“接口”或“端口”对于民法典与民事诉讼法的顺畅的连接具有重要的意义。而如何设置接口就必须从实体法和程序法两个方面加以考察和分析,没有考虑或仅仅从一个方面考虑,就可能发生因为没有接口或虽有接口却无法连接的情形。

为了说明这一点,我们再以诉讼时效制度中的中断为例。作为诉讼时效制度的一个有机组成部分,关于诉讼时效中断的规范是不可或缺的。诉讼时效中断的规范又必须包括关于诉讼时效中断的事由或不发生时效中断情形的规定,仅有诉讼时效中断事由的规定是不完整的。关于发生何种情形将不发生诉讼时效中断情形的规定就必须充分考虑与民事诉讼法的对接。正是民事诉讼法的相关制度规定决定了是否发生诉讼时效中断的效果。但是,仅有客观存在的民事诉讼法的相关制度规定,没有民法典的对接性规定即所谓“接口”,必将影响根据民事诉讼法相关制度规定作出正确的裁判,人们就有可能在某项制度是否发生诉讼时效中断的问题上存有争议。民法典设置相关的规定作为“端口”将有助于时效制度适用的确定性。在这一方面具体涉及以下几点:

1. 与督促程序的对接

督促程序又称为支付令程序，是指人民法院根据债权人提出的给付金钱或者有价证券的申请，不经过开庭审理即可直接向债务人发出支付令，如果债务人不在法定期间内提出异议，则该支付令就具有强制执行力的程序。督促程序是督促债务人向债权人偿还债务的一种程序。对于债权债务关系明确，双方均无争议而债务人因为各种原因长期没有还债的案件来讲，适用督促程序进行审理，不仅可以简化诉讼程序，方便当事人诉讼和法院审理案件，而且还可以加速纠纷的解决。因此，许多国家和地区的民事诉讼法中都有关于督促程序的规定。我国《民事诉讼法》也设立了督促程序。债权人向法院请求支付令，目的是获得强制执行的根据，因此申请督促程序的行为作为一种请求当然是中断时效的事由，这比较容易理解，民法典可以不作规定，但在展开了督促程序的情形下何时不发生时效中断就应该予以明确规定。《日本民法典》（第150条）中规定，"支付督促，因债权人没有在《民事诉讼法》第392条规定期间内就假执行的宣告提出申请而丧失其效力的，不发生时效中断的效力。"⑩之所以不发生时效中断是因为没有在一定时间内申请执行支付令而失去效力。根据我国督促程序制度的规定，债务人在债权人获得支付令后十五日内不提出异议又不履行支付令的，债权人可以向人民法院申请执行。但我国民事诉讼法没有规定，债权人在多长时间内没有申请执行，导致支付令失效。我国民事诉讼理论一般将发生效力的支付令作为执行根据，如此，按照《民事诉讼法》第239条的规定，则支付令可申请执行的期间即为二年，而且适用诉讼时效中断。这样的规定显然不符合督促程序制度快捷实现权利的目的。⑪ 支付令因为没有在规定期间申请执行而失效，与支付令因债务人异议失效是两个不同的法律效果。后者由于异议而自动转为诉讼程序，时效依然中断，前者将不发生时效中断的效果。对于在规定期间没有申请执行导致支付令失效的，由于可以再行申请督促程序，也可以提起诉讼，因此不发生时效中断。再行申请督促程序或提起诉讼才会发生时效中

---

⑩ 在域外民事诉讼法中，所谓假执行宣告是指，对于未确定的终局判决，赋予可实现其内容之效力的形成性裁判。

⑪ 《日本民事诉讼法》第392条规定：债权人于可提出假执行宣告申请之时起30日内未申请时，支付督促失效。

断的效果。[12] 对于此种情形,无论是民法典还是民事诉讼法都应该加以明确规定。当下,正值民法典的制定,因此可利用这一立法时机在民法典中对此作出明确规定,为民事诉讼法的相关规定预留或预设“接口”,也有助于推动民事诉讼法的完善。

2. 与诉讼外调解制度的对接

诉讼外调解尤其是人民调解是我国纠纷解决的重要机制和制度。权利人常常通过人民调解实现其权利,向人民调解组织申请调解也是请求的一种方式,也应当发生时效中断的效果。因此,也同样存在于何种情形下,人民调解或者其他非讼调解不发生时效中断的问题。《中华人民共和国调解法》第32 条规定,经人民调解委员会调解达成调解协议后,当事人之间就调解协议的履行或者调解协议的内容发生争议的,一方当事人可以向人民法院提起诉讼。当事人双方就调解协议的履行或者调解协议的内容发生争议,意味着调解协议没有被遵守,如果要获得强制执行就必须向法院提起诉讼以获得执行根据,或者事先由双方共同向法院申请司法确认,使得该调解协议具有可执行性。在没有向法院申请司法确认的情形下,也就存在在多长期间内没有向法院提起诉讼是否发生中断时效的问题。因为不可能认可调解协议于不被遵守的期间内一直处于时效中断的状态。因此,民法典就必须考虑明确规定诉讼外调解不成立或不履行时经过多长期间后不发生时效中断,不能为此留下规制空白。民法典也同样应当在这一点上为与民事程序的对接预留接口,以便为以后修改《民事诉讼法》和《调解法》做好对接准备。

3. 与诉前措施、强制执行制度的对接

目前我国已在法律和司法解释规范中规定诉前财产保全和诉前临时禁令等诉前措施。《民事诉讼法》第 101 条规定,利害关系人因情况紧急,不立即申请保全将会使其合法权益受到难以弥补的损害的,可以在提起诉讼或者申请仲裁前向被保全财产所在地、被申请人住所地或者对案件有管辖权的人民法院申请采取保全措施。诉前保全就包括了诉前财产保全和诉前行为保全。《最高人民法院关于对诉前停止侵犯专利权行为适用法律问题的若干规

---

[12] 参见[日]石川明、高桥宏志主编:《注释民事诉讼法(9)——再审·督促程序·票据诉讼·判决的确定·执行停止》,有斐阁 1995 年版,第 200 页。

定》(2001 年)第 1 条明确规定,根据《专利法》第 61 条的规定,专利权人或者利害关系人可以向人民法院提出诉前责令被申请人停止侵犯专利权行为的申请。在民事纠纷发生后,虽然权利人没有提起诉讼,但一旦申请诉前保全或诉前禁令也同样是一种请求,因而具有中断时效的效力。在最高人民法院《诉讼时效制度规定》中也明确将诉前财产保全和诉前临时禁令认定为与提起诉讼相同的中断事由。法律目前缺失的是关于诉前措施在启动相应程序之后,存在何种情形时不发生时效中断的规定。笔者认为,民法典应当对此统一作出相对明确的规定。针对诉前措施,包括诉前财产保全和行为保全,民法典可明确规定诉前措施由于权利人请求或其他非法律上的规定撤销时不发生时效中断的效力,以及诉前措施不是对享有时效利益的人作出,并在未通知该人之前不发生中断时效的效力。

按照《诉讼时效制度规定》第 13 条的规定,申请强制执行也是中断诉讼时效的规定,因此,在诉讼时效制度的规定方面,民法典的制定同样应当考虑明确规定不发生中断的情形(关于诉讼时效概念和制度的问题,笔者将在文章第三节详述)。从原理上,对执行申请不予受理、驳回执行申请、撤回执行申请,不发生中断时效的效力。在此,民法典的制定还应从整个强制执行法的完善和调整来加以考虑。现行民事诉讼法是将保全措施与强制执行措施分离的,以其各自的目的不同加以区分,并分别加以规制。但实际上两者在形式上是完全一样的,不同的仅仅是阶段而已。保全措施包括冻结、扣押、查封等,这些具体的措施也同样是执行阶段中的执行措施,并没有区别,都是限制处分的措施。原本在执行制度的改革中应当将这些措施统一起来,均作为独立的保全性措施,不再区分为诉讼阶段的保全性措施,还是执行阶段的保全性措施。但由于民法典(部分)的编撰有可能在单行的执行法制定(目前尚未进入立法程序)之前完成。因此,在民法典编撰中可考虑对保全性强制措施作出统一规定,提前介入民事诉讼和执行制度的相关改革。虽然也会加重民法典制定的负担,但基于民法典与民事诉讼法的“血肉联系”,对涉及民事诉讼法的相关问题作出原则性的规定在短期内也并非不可能,毕竟我国在立法方面有着后发优势。

以上,笔者仅以中断时效为例略有展开地论及了民法典与民事诉讼法的对接问题。实际上,民法典与民事诉讼法对接需要考虑的绝不仅仅是时效制度。如果对此加以展开的话,可以说几乎涉及民事诉讼的所有领域,如民事审判权行使的范围、诉权、管辖、诉讼参加人、诉讼标的、诉的种类、证据与证明、裁判方式与效力、执行等,都将涉及民法典与其合理对接问题。这也再次说明民法典制定绝非仅仅是独善其身的过程。

三、民法典编撰——与民事诉讼法相关概念、制度的统合

民法典的编撰作为一项巨大的系统工程,不仅仅涉及实体法内容,也将涉及民事诉讼法的内容。民法典的编撰实际上也是对民事实体法规范的一次大的清理,甚至"整肃"。由于民法典与民事诉讼法的内在联系,这次民法典制定过程中对实体法的大清理也必将涉及民事诉讼法,也应当统一全盘考虑民法与民事诉讼法概念的统一问题。由于实体法与程序法的分离,在两种规范的制定或修改中往往存在自说自话、自我定义、自我表述,彼此不予关照、统一的封闭现象。这次民法典的制定就应当尽量避免这种现象的发生,尤其是作为基本大法、私法的宪法必须对此高度重视。

特定的概念表达了特定的理论认识,是其理论的高度抽象,因此概念上的统一实际上意味着理论认识的统一。概念的统一也意味着在一定程度上化解理论认识上的不统一。在概念上需要统一的事例很多,这里仅就民法与民事诉讼法均会涉及的证明责任制度为例。司法裁判一般是按照三段论的方式进行。法律规范为大前提,案件事实为小前提,通过推论作出裁判结论。在实体权利义务争议的审理裁判方面,当事人必须对适用或不适用相应的特定实体法规范的要件事实加以主张和证明。在法院实体裁判时,不能对其加以证明的一方当事人就要承担相应的不利后果。这种后果在民事诉讼证明理论上称之为"证明责任"。过去,受台湾地区民事证明理论的影响,内地也有用"举证责任"概念。[13] 但举证责任实际上存在两种不同的责任——行为意义上的(亦称主观的)与结果意义上的(亦称客观的)举证责任。我国《民事诉讼法》第64条规定的"当事人对自己提出的主张,有责任提供证据"是指行为意义上的举证责任,目的是促使当事人提出证据以便法院查清案件事

---

[13] 我国台湾地区法律界早期从日本引入举证责任概念时,日本学界尚未使用证明责任概念以替代客观举证责任。20世纪70年代之后,日本学界逐渐以证明责任替代客观举证责任,因为习惯,我国台湾地区沿用至今。

实，理清裁判的小前提。与此不同，结果上的举证责任其功能是在确定某要件事实处于真伪不明，法官难以判断是否存在时，哪一方应当承担其相应的不利后果。因为是依据事先确定的规范，从结果来判断谁应当承担不利后果，因此称为结果意义上的举证责任。为了不至于混淆两种不同的责任（实务中存在着严重混淆的情形），民事诉讼法学界通常将结果意义上的举证责任称之为“证明责任”，因为强调的是不能证明的后果；相应地，行为意义上的举证责任称为“举证责任”，因为强调的是提出证据，即所谓“举”。在2015年实施的最高人民法院《民诉法司法解释》中使用的是“举证证明责任”一词表示证明责任的含义。在《中华人民共和国侵权责任法》中，多处涉及对证明责任分配的规定，[14]但在概念上使用的依然是“举证责任”。显然，再使用“举证责任”一词容易导致或加重两种举证责任的混淆，因此，建议民法典中明确使用“证明责任”这一概念，厘清两种责任的区别。在民法典颁布之后随之对《侵权责任法》的表述进行修正。

如前所言，民法典的制定是对我国实体法规范的一次清理和“整肃”，从而保证其自身的统一性、确定性、科学性、自洽性。在实现这一目的方面，民法典的编撰是一次绝佳的机会。民法典的编撰对制度和概念的清理也必然使民事诉讼法获益匪浅。我们不得不说，民事诉讼法的有些问题甚至误识应当归责于实体法的规定，可以说是实体法上的某些误识感染或传染了民事诉讼法及其理论。当然这种传染也正说明了民法与民事诉讼法之间的内在联系。我们依然以最具联系的诉讼时效制度为例。

我国民法中诉讼时效的概念、理论和制度来源于原苏联。[15] 原苏联的《苏俄民法典》第44条规定：“起诉权，逾法律规定的期间（诉讼时效）而消灭。”按照原苏联民法学家斯·恩·布拉都西教授的说法，《苏俄民法典》第44条的诉讼时效是指届时消灭诉权的期限。[16] 对诉讼时效颇有研究的学者诺维茨基指出，“《苏维埃民法典》第44条所指的不是向法院提出要求这件

---

⑭ 例如《侵权责任法》第66条规定，因污染环境发生纠纷，污染者应当就法律规定的不承担责任或者减轻责任的情形及其行为与损害之间不存在因果关系承担举证责任。

⑮ 参见马骏驹、余延满：《民法原论》（第二版），法律出版社2005年版，第244页。

⑯ [苏]斯·恩·布拉都西主编：《苏维埃民法》，中国人民大学民法教研室译，中国人民大学出版社1954年版，第175页。

事本身,即不是程序意义上的诉讼,而是指应诉讼而消灭的诉权,是实体意义上的诉权,也就是满足诉讼的权利。"⑰按照现在的说法,诉讼时效的标的是诉权(胜诉权、实体意义上的诉权)。这显然与大陆法系国家法国、德国、日本等民法中时效的标的为请求权就有了很大的区别。⑱ 这里的问题是如果依照民法通则的规定,使用诉讼时效的概念并将其标的解释或理解为诉权(胜诉权),则必然存在胜诉判决生效(确定)后,请求权是否还存在时效的问题。按照诉讼时效理论,胜诉判决作出之后,诉权已经实现就不存在诉讼时效的问题。从请求权的角度看,虽然胜诉判决认可了请求权,但请求权本身并没有得以实现。那么,在判决作出之后,是否也存在消灭时效或时效的问题呢?同样,本文前述中也提到督促程序支付令的时效问题,即支付令生效之后,也存在时效问题。按照现行民事诉讼法的规定,如果权利人在判决生效后两年期间内不申请执行的,便不能启动强制执行程序,实现其实体权利。《民事诉讼法》第 239 条后段又规定,申请执行时效的中止、中断,适用法律有关诉讼时效中止、中断的规定。显然,这里的问题是,申请执行时效的中止、中断为什么要适用诉讼中断的规定?所谓申请执行时效的标的是什么?诉讼时效如果是届时消灭诉权的含义,那么执行阶段的执行时效适用诉讼时效的规定就是很奇怪的事情,在逻辑上难以站住脚。我们可以提出一个新的不同于诉讼时效的概念——"执行时效",以督促人们申请执行,不再让申请人在申请执行权上睡大觉。但是如果认真分析所谓执行时效的标的时,就很容易发现其标的实质上依然是请求权。既然如此,我们就应该使用时效或消灭时效的概念,而不应当使用诉讼时效的概念,只有使用时效或消灭时效的概念才能清晰、统一地说明和解释。在当事人获得执行根据之后,包括作出确定判决或生效判决之后,时效将重新计算,只有在申请执行时才会中断时效或消灭时效。

其实,原苏联回避使用时效或消灭时效的概念,而使用诉讼时效这一概

---

⑰ [苏]诺维茨基:《法律行为·诉讼时效》,康宝田译,中国人民大学出版社 1956 年版,第 248 页。

⑱ 日本民法受法国民法的影响,基于取得时效和消灭时效两种制度的共同性,将两者作为时效的下位制度统一规定在民法典总则之中,而没有像德国那样,认为两者适用条件、法律效果方面各有不同,因而在总则中规定消灭时效,在分则中规定取得时效。参见[日]川岛武宜编:《注释民法(5)总则(5)期间·时效》,有斐阁 1967 年版,第 12 页;另参见王利明、杨立新、王轶、程啸:《民法学》,法律出版社 2015 年版,第 134 页。

念与其意识形态的认识有关。从特定的意识形态出发,原苏联坚决否定取得时效的概念和制度。立法者和理论家们认为,这种将实际占有转变为所有权的取得时效制度就是“剥削阶级国家的立法”。[19] 一旦取得时效的概念被否定,作为孪生概念(均以一定期间经过为前提)的消灭时效也自然会被否定。于是在将时效的标的——请求权置换为诉权之后(置换的依据是回归罗马法,但却没有真正回归,真正回归就应当是请求权),自然也就成了诉讼时效(在罗马法中时效的标的就是诉权),[20]但问题在于,当时罗马法中的诉权(action)在其含义上也包含现代意义上的私法请求权(Anspruch),且主要是私法上的请求权。[21] 罗马法中的诉权消灭时效(Klagverjaahrung)中的诉权就是请求权。[22] 因为在罗马法中,程序法尚未与实体法分离。[23] 即使在法国民法和德国普通法时期,时效也包含着诉权时效。[24] 但是现在的诉权概念已经发生了很大的变化,原苏联的二元诉权论已经过时。可以说当时诉讼时效的概念“创新”在很大程度上是为了隔离原苏联与西方资产阶级民法法统的联系。因此,与其我们为了法理逻辑将诉讼时效解释为消灭时效,[25]将诉讼时效标的还原为请求权,还不如直接还原使用时效的概念或消灭时效为好。我们可以利用民法典的制定之机,校正我们过去抄袭原苏联的错误。如果不是意识形态的原因,我们大概不会走原苏联的路子。现在我们也应逐渐告别原苏联法统,走向应为的轨道。

实际上,我国绝大多数民法学者也认为诉讼时效相当于消灭时效。[26] 诉讼时效适用范围原则限于请求权。[27] 最高人民法院《诉讼时效制度若干规定》也同样将诉讼时效制度理解为消灭时效,不再仅仅将诉权作为诉讼时效

---

⑲ [苏]诺维茨基:《法律行为·诉讼时效》,康宝田译,中国人民大学出版社1956年版,第154页。

⑳ 参见[意]彼得罗·彭梵德:《罗马法教科书》,黄风译,中国政法大学出版社1992年版,第107页。

㉑ 参见[日]中村宗雄:《民事诉讼理论的再构成》,洋洋社刊1955年版,第175页。

㉒ 参见[德]萨维尼:《现代罗马法体系》(第五卷),[日]小桥一郎译,成文堂2003年版,第252、10页。

㉓ 参见[日]中村宗雄:《民事诉讼理论的再构成》,洋洋社刊1955年版,第174页。

㉔ 参见[日]川岛武宜编:《注释民法(5)总则(5)期间·时效》,有斐阁1967年版,第13页。

㉕ 参见马骏驹、余延满:《民法原论》(第二版),法律出版社2005年版,第245、246页。

㉖ 参见马骏驹、余延满:《民法原论》(第二版),法律出版社2005年版,第134页。

㉗ 参见魏振瀛主编:《民法》,北京大学出版社2000年版,第195页;王利明、杨立新、王轶、程啸:《民法学》,法律出版社2015年版,第134、135页。

的标的。正因如此,才会在其规定中明确将申请强制执行作为“与提起诉讼具有同等的中断诉讼时效的效力”。这与大陆法系国家和地区将申请强制执行作为时效中断事由的做法是同样的。强制执行就是实现私法上的请求权。[28] 但如果使用诉讼时效本身的含义(诉权消灭),这样的规定就很难理解了——判决既然已经作出并生效,实体意义上的诉权(胜诉权)已经得以实现,为何还存在因申请强制执行发生诉讼时效中断的问题?如果使用诉讼时效的原有含义自然无法解释(在大陆法系,判决确定之后,时效将重新开始[29])。为此,我们只好用“执行时效”这一概念加以弥补,成为一种制度上的“补丁”。由此也正说明诉讼时效概念的缺陷。这种打补丁或简单地以“旧瓶装新酒”的做法也没有必要。一旦回归了消灭时效的概念,则所谓“执行时效”的概念也就丧失了实用意义,也避免了这一错误概念的存在所引发的混乱。实际上,申请执行的有效期间与时效根本没有任何关系,因为完全不涉及私权(实体权利),而是单纯程序上的权利,与任何诉讼上的权利行使一样,都有可能存在行使期间的问题,例如起诉的期间、举证的期间、上诉的期间等。决不能认为这些期间都是实体法上的时效期间。超过法定期间,因不行使而导致诉讼权利的失权并非时效的私法问题,而是公法问题。[30] 与此可见,通过民法典的制定、编撰对于原有概念和规范的清理对于民事诉讼法及相关概念的纯化也极为重要。

再如,关于实体权利义务争议与民事诉讼的关系问题。这一问题在民事诉讼法中一直存在不清晰,甚至混乱的现象。这种现象的产生与实体法未做原则性规定有直接关系。在纠纷解决的原理上,原则上涉及民事实体权利义务的争议,当事人都有权要求通过民事诉讼程序,通过诉讼的方式加以解决。

---

[28] 参见[日]竹下守夫:《民事执行中的实体法与程序法》,有斐阁 1990 年版,第 271 页。

[29] 参见[日]川岛武宜编:《注释民法(5)总则(5)期间·时效》,有斐阁 1967 年版,第 154 页。

[30] 在此需要说明的是,由于存在并完善了消灭时效制度,因此在一般情形下,规定起诉的期间(特殊情形除外)、申请执行的期间都是没有必要的。因为只要请求权没有过时效,权利人就可以提起诉讼获得胜诉或申请强制执行。如果请求权时效,则无法获得强制执行,因此再规定所谓申请执行期间就是多余的。再发散开来,一旦回归到正确的时效概念,则必然涉及民事执行制度的诸多修改问题,如执行异议体制的改革。对此,笔者将另文专论。

非民事实体权利义务的争议则通过非讼程序加以解决。[31] 但是,在实践中我们往往为了追求效率价值而故意避开这一原理和原则,涉及实体权利义务的争议却要通过非讼的方式加以裁判,尽管我国的民事诉讼程序就已经呈现出一种非讼化状态。[32]

过去在执行中,涉及案外人财产所有权的争议时就是直接通过执行异议程序作出裁决。直到2007年修改民事诉讼法时,才规定在执行过程中,执行根据没有错误,执行标的错误的,案外人可以提起异议之诉,通过诉讼方式予以确认执行标的物的财产所有权。即使在执行中关于财产所有的问题得以了解决,但在执行中依然还存在诸多涉及实体权利义务的争议没有规定以诉讼方式加以解决的情形。最典型的是关于执行中分配争议的解决。依据上述原理,执行中的分配争议因为涉及实体权利义务,因此应当通过诉讼方式加以解决,即所谓执行分配异议之诉。但在我国法律上执行关系诉讼[33]包括分配异议之诉尚有缺失[34],使得涉及实体权利义务的争议仍然采取非讼化的方式解决,因此未能保障其争议解决的程序正当性。[35] 另外,我国的执行回转制度作为一项具有"特色"独有的制度也典型地说明我们对实体权利争议解

---

[31] 诉讼程序和非讼程序在程序的设置、方法和要求均有所不同。诉讼程序原则上要求实行公开辩论原则、直接原则、言辞辩论、对审原则,实体争议须以判决方式裁决。关于诉讼程序与非讼程序以及诉讼案件与非讼案件的差异和区别,参见[日]新堂幸司:《民事诉讼法》,林剑锋译,法律出版社2008年版,第16页;[日]三月章:《日本民事诉讼法》,汪一凡译,台北:五南图书出版有限公司1997年版,第18~20页。

[32] 所谓诉讼程序非讼化状态,是指诉讼程序所要求原则不能得以遵循。其中诉讼案件的泛调解化就是非讼化的一种表现。

[33] 所谓执行关系诉讼,在大陆法系国家是指因执行所引起相关诉讼,如债务人异议之诉、案外人(第三人)异议之诉、分配异议之诉、执行文异议之诉、执行文附于异议之诉等。这些诉讼涉及的是私法上的实体权利,争议的对方也不是执行机关,因而属于私法关系的诉讼。详见[日]吉野卫、[日]三宅弘人等:《注释民事执行法(2)强制执行总则》,文唱堂1985年版,第498、499页。

[34] 关于分配异议之诉,《民事诉讼法》没有规定。最高人民法院《关于适用〈中华人民共和国民事诉讼法〉执行程序若干问题的解释》(2008年11月3日)第25、26条虽然明确了分配方案异议之诉制度,对当事人、管辖法院、起诉期限等问题进行了规定,形成了分配方案异议之诉的基本轮廓,但该条规定仅是概念意义上的界定,对具体程序规定则付之阙如,导致实务中应如何运作该诉讼制度存在很多盲点。

[35] 参见[日]竹下守夫:《日本民事执行法理论与实务研究》,刘荣军、张卫平译,重庆大学出版社1994年版,第54页。

决方式诉讼化的忽视。[36]

关于实体争议非讼化的问题，我们从担保物权实现程序的现行制度也可以清楚地看到这一点。2007 年的《中华人民共和国物权法》第 195 条第 2 款规定，"抵押权人与抵押人未就抵押权实现方式达成协议的，抵押权人可以请求人民法院拍卖、变卖抵押财产。"2012 年《中华人民共和国民事诉讼法》最终回应了《物权法》的该项规定，明确将担保物权实现案件归入非讼程序，以非讼程序弥补拍卖、变卖程序的缺失。物权法和民事诉讼法均以追求效率为由，没有采纳通过诉讼程序获得执行根据的做法。问题在于"担保物权的实现"本身就已经蕴含了民事权益的争议。虽然可将没有争议作为非讼化的正当理由，但没有争议不过是一种主观假设而已。如果没有争议，通过诉讼其实也可以快捷实现。例如，通过诉讼调解。问题在于我们是否应该坚守其基本法理的问题。

为了避免诉讼权益被非讼化所消解，就应当坚持民事实体权利义务的争议在司法范围内通过诉讼方式加以解决的原则，这也是作为诉权——司法裁判请求权的要求。对此，作为私法基本法的民法典应该对此应该有一个明确的态度。

四、民法典编撰——程序规范的分工与布局

民法和民事诉讼法在程序规范方面的分工、布局这一问题的提出，一方面是源自实体法与程序法在法律性质和规范形式上是分离的（对于不那么强调分离的最高人民法院关于民诉法的司法解释而言，这一问题的提出就没那么重要的意义。因为实体规范和程序规范是混成的）。但另一方面，两者又

---

[36] 现行民事诉讼法第 233 条规定，执行完毕后，据以执行的判决、裁定和其他法律文书确有错误，被人民法院撤销的，对已被执行的财产，人民法院应当作出裁定，责令取得财产的人返还；拒不返还的，强制执行。该条规定即为所谓执行回转的法律依据。执行回转制度的特殊性在于，执行回转无需通过获得新的执行根据便能够简便高效率地实现救济。应当注意，法院撤销原判决、裁定或其他法律文书的裁判文书并不是执行根据。这里涉及的问题是，执行程序已经终结之后，再开执行，还是否需要执行根据。从理论上讲，执行程序已经结束，如果要实施该执行——财产回转的执行——也应当具有执行根据。在大陆法系国家和地区，例如，德国、法国、日本、韩国以及我国台湾、香港、澳门地区的民事执行制度，即使原执行根据被撤销，但如果没有新的执行根据时，执行机构不能通过强制执行恢复原执行前的状态。要想通过执行恢复原来的状态，就需要原被执行人提起要求原申请执行人或债权人返还被执行财产的诉讼，在获得该胜诉判决后，以该判决为执行根据要求予以执行。

是联系的。民法虽然法律属性上总体是实体法,但在规范的内容上却不仅仅是实体的,也包涵相当数量的民事程序性规范。“作为一项规范,在性质上是实体法规范还是程序法规范,并不是由这一规范是规定在实体法中,还是规定在程序法来决定的。”[37]就笔者所知而言,几乎不存在单纯实体法内容的民法典。最为突出的是法国民法典,相当多的程序规范(诉讼程序和非讼程序)被规定在民法典中,甚至包括对特殊证据形式的规范,尤其是家事法领域。法国民法典明确规定了婚姻无效诉讼(第五编第四章)、离婚诉讼程序(第六编第二章)(相关的程序包括司法诉讼前或司法诉讼中的和解)、亲子关系诉讼程序(第七编第三章)以及遗产分割之诉(第三卷第一编第八章)、债的证据与清偿证据等。即使试图尽量纯化实体法规定内容的德国民法典也不可避免地或不得不规定程序性规范和内容。例如,德国民法典在关于多数债务人和债权人这一章中就涉及相关判决和给付之诉的规定。德国民法典也多条涉及管辖(如第132条)、书证(如第126、128条)、诉讼上的和解(如第127a条)、送达(如第132条)、强制执行、假扣押(如第135条)等程序性的规定。之所以必须包含程序规范是因为实体法规范在有的情形下离开程序规范就无法独立表达和完成,原理上自然是基于实体与程序内容的密切联系。

反之,民事诉讼法虽然其法律属性总体上是程序法,但在规范的内容上也并非仅仅是程序性规范,也包括少量实体法规范的内容(相对数量少的原因在于作为程序规范相对容易独立加以规定)。例如,我国民事诉讼法第220条第2款关于公示催告期间,德国民法典中关于转让票据权利的行为无效的规定。有的规范内容既可以说实体的,也可以说是程序性的。最为典型的是有关证明责任的分配规范。正是由于这种实体法与程序法的联系,使得程序规范的分工问题成为一个真问题,是民法典编撰中必须正视的问题。

基于实体法与程序法的分离,原则上当然是“上帝的归上帝,恺撒的归恺撒”,实体法的内容尽量归于实体法——民法;程序法的内容归程序法——民事诉讼法。但也必须考虑哪些程序性内容基于不可分割的要求应当规定在民法典之中。尤其是那些具有双重性的规范,既可以规定在实体法中,又可

---

[37] [日]兼子一:《实体法与诉讼法——民事诉讼的基础理论》,有斐阁1975年版,第6页。

以规定在程序法中。那么就有一个置于哪一个规范中更为合理的问题。

笔者认为,对于上述问题的处理,原则上相对特殊的、具体的程序性规范应考虑规定在实体法中;相对一般的、抽象的程序规范规定在民事诉讼法中。这样原则可以称为"特殊与一般分配法"。"特殊与一般分配法"的分配根据是,民事诉讼法虽然也要对一些特殊的诉讼类型的程序作出规定,但相对而言,民事诉讼程序的规范总是倾向于一般性的、抽象的程序规定。即使对于那些特殊类型的诉讼程序的规定也是从大类予以考虑。如果将各种具体的诉讼案件的特殊性都一一加以规定,必然会使民事诉讼法法典变得非常庞杂,也使得由于具体的程序性规范与实体规范分离而不易把握。只有将这些特殊的、具体的程序性规范分配给实体法,在实体法规范中作出相应的规定更为贴切和有针对性。从原理上讲,程序性内容规定得越具体越能契合实际,也就越能实现实质正义。

按照这种"特殊与一般分配法",从民事诉讼程序的角度考虑,以下几个方面的程序性内容应当规定民法典之中。因为这些方面往往容易涉及程序性事项的特殊情形。

其一,家事法中的某些特殊、具体程序性规范应当规定在民法典之中。

之所以要规定在实体法之中,原因在于家事法中法律关系的多样性和复杂性,其相应的程序也具有各自的某些差异性。程序法原则上应尽可能对类型化的事件作出抽象和概括的程序规定。尽管为了照顾家事程序的特殊性,有可能将家事程序规范独立于民事诉讼法成立单行的家事程序法(非讼程序法)和人事诉讼法(关于身份关系案件的诉讼法)。但家事程序法与人事诉讼法也只能就一般性程序作出规定。反之,与各类家事实体关系差异相伴的程序差异也就很自然地在实体法规范附带地作出规定。当然,有的程序规范为了对接或链接的需要,在民法和民事诉讼法都需要作出规定,即使有一定的重合。典型的如家事非讼事件的程序规范,实体法和程序法都需要作出规定。

其二,关于各类民事法律关系形成或存在过程的特殊证据应当明确规定在民法典之中。

案件的裁判依赖于对争议案件的事实认定,正确的事实认定是公正裁判的前提。而事实认定正当性保障的前提是证据运用的正当性。虽然,民事诉讼法对证据的认定和运用都有一般性规定,但民事诉讼法无法对每一类案件具体情形下如何确定证据和使用证据加以规定,尤其是特殊情形下的证据资格和证明力作出具体的规定。这些特殊情形下对证据资格和证明力的规定可以说就是人们所谓的法定证据。例如,《法国民法典》第 1322 条就规定,“私文书针对某人提出时,经该人承认、或者依法认定属于此种文书者,在此种文书签名的人之间以及在他们的继承人与权利继受人之间,具有与公文书相同的效力。”[38]虽然,在民事诉讼中,对证据的判断原则上是自由心证,法官只受经验法则和职业道德的约束,但于特殊情形下,证据资格和证明力的法定化也是有必要的。例如,票据诉讼中采取的就是书证主义,唯有书证是有效证据。[39] 按照“特殊与一般分配法”,对于特殊具体情形下的证据规范就尽可能地规定在民法典的相应实体条款之中,以便确定实体法律关系发生或存在的事实。如果在实体法中缺失这些具体的规定,而民事诉讼法又无法加以规定时,就必然影响有关实体争议事实认定的正当性,导致证据的运用与事实认定的混乱。这在实践中是经常遭遇的问题,加之我国司法权威、法官权威的问题,使得这一问题愈加突出。虽然对特殊具体的证据作出规定需要大量的实践积累和外国法的研究借鉴,但这一作业是必要的。

其三,关于各类民事法律主要事实或要件事实的证明及证明标准。

在民事纠纷解决的实践中,法律关系的主要事实或要件事实的判断至关重要。基于民事诉讼的对抗式结构,法院判断所依据的事实主要来源于当事人双方的主张和举证。因此,民事诉讼法要求当事人应对自己提出的事实主张提出证据加以证明。当法院依据当事人提出的证据依然难以判断案件主要事实或要件事实时,就涉及哪一方应当承担相应不利后果的问题,即承担所谓证明责任的问题。由于在过去的立法中,人们还没有意识到这种客观证

---

[38] 《法国民法典》,罗洁珍译,中国法制出版社 1999 年版,第 318 页。该条译文中的“私证人”、“公证书”相应地应译为“私文书”、“公文书”。私文书与公文书是对应的文书,在证据法有不同的证明效力和证明规则。译为“公证书”容易与公证机关所制作的公证书混同。

[39] 从票据法原理而言,票据是一种“文言证券”,票据上的权利关系只有证券上的文字才能专门加以证明。因此,不允许通过其他证明方法变更或补充证券上的文字含义。另外,票据是无因证券,票据关系与票据原因关系脱离,以实现流通和信用功能,正是因为票据是无因证券、文言证券,因此,在票据诉讼中奉行书证原则。参见[日]石川明、[日]高桥宏志:《注释民事诉讼法(9)再审、督促程序、票据诉讼、判决的确定、执行停止》,有斐阁 1996 年版,第 231 页。

明责任的重要意义,因此民事诉讼法没有对此作出规定。为了弥补这一缺失,最高人民法院在《民诉法司法解释》中就证明责任的基本含义以及证明责任分配的一般原则作出了规定。该司法解释第 91 条规定,人民法院应当依照下列原则确定举证证明责任的承担,但法律另有规定的除外:(1)主张法律关系存在的当事人,应当对产生该法律关系的基本事实承担举证证明责任;(2)主张法律关系变更、消灭或者权利受到妨害的当事人,应当对该法律关系变更、消灭或者权利受到妨害的基本事实承担举证证明责任。但因实际生活中法律关系的复杂性,一概依照这些原则决定证明责任的承担就可能影响纠纷解决的实质正义。证明责任分配的原则只是对一般情形的概括和抽象,无法适用于特殊情形。这就要求民法典针对各种特殊的法律关系就证明责任的分配作出明确的规定。最典型的就是特殊侵权案件的证明责任分配问题。在民法典的制定过程中,立法者需要有意识地注意案件的特殊性,尽量对证明责任的特殊分配作出规定。而不是将这些特殊证明责任分配的作业转移给具体案件的裁判者或司法解释、民事诉讼法来完成。因为具体的证明责任分配必须与具体的实体法结合。例如,在《侵权责任法》中,就对环境侵权案件中侵权行为与结果之间因果关系的证明责任作出了明确的规定。该法第 66 条规定,因污染环境发生纠纷,污染者应当就法律规定的不承担责任或者减轻责任的情形及其行为与损害之间不存在因果关系承担举证责任。应当注意的是除了环境侵权案件之外,尚有不少案件也需要考虑特殊证明责任的规定,例如侵害消费者权益的案件。

证明标准决定了负有证明责任的人是否已经证明了相应的案件事实。如果达到了证明标准就应该裁判该当事人主张的事实成立,该当事人也就不应承担法律所规定的相应不利后果。按照《民诉法司法解释》,对于案件主要或要件事实的一般证明标准为"高度盖然性"(第 108 条);[40]对欺诈、胁迫、恶意串通事实的证明,以及对口头遗嘱或者赠与事实的证明,需要满足更高的证明标准——"排除合理怀疑"(民诉法司法解释第 109 条)。这一证明标

---

[40] 关于民事诉讼一般证明标准,参见张卫平:《证明标准:客观与主观》,载《民事诉讼:关键词展开》,中国人民大学出版社 2005 年版。

准与刑事诉讼有罪裁决的证明标准等高。[41] 虽然,民诉法司法解释对欺诈等主观恶意以及口头、赠与等特定事实规定了特殊的证明标准,但也依然不能就许多特殊情形加以明确规定,且司法解释的规范效力有限。因此,按照“特殊与一般分配法”,关于特殊情形的证明标准——比一般证明更高或更低的证明标准[42],也都需要在民法典编撰时加以注意,充分考虑针对特殊情形规定相应的证明标准,使得证明标准更为符合民事法律关系变化的具体情形,如此,关于这些民事纠纷的裁判也就更能够体现实质正义。

其四,关于特殊的诉讼请求及行使条件的规定。

在通常情形下,民法只要规定了权利义务,相应的权利就有相应的请求权。依据该请求权,权利人也就可以向法院提起诉讼寻求司法救济。该实体权利义务的争议便被纳入民事诉讼程序予以解决。因此,实体法不需要对特定请求权行使的程序性事项作出规定。不过,民法典在制定中也需要注意,对于某些特殊请求权的诉讼行使应作出明确的安排,以便照顾这些实体权利的实现。相反,在民事诉讼法中不大可能细致地照顾到每一种特殊请求权与诉讼程序的对接。这也符合笔者本节前述所指出的关于程序性规范分配的“特殊与一般分配法”。在本节中,笔者已经谈到在家事法领域中,其实体法就需要根据自身的特点,对相应纠纷的程序作出特有的安排,例如强制调解。

除家事法之外,在物权法领域,对于占有之诉,考虑其特殊之处,法国民事诉讼法典就对其特殊的程序性事项作了明确的规定(《法国民事诉讼法》第 24 ~ 27 条)。与此不同,虽然日本民事诉讼法的制定也参照了法国民事诉讼法,但却没有在民事诉讼法中对占有之诉的类型、各种占有之诉的机能、占有之诉的主体、占有之诉提起的期间均作出规定,而是将这些内容规定在民法典之中(《日本民法典》第 197 ~ 202 条)。德国民法典虽然没有像日本民法典那样如此详细地规定占有之诉,但也明确规定,为了排除占有妨害,占有人可以提起不作为之诉(《德国民法典》第 862 条第 2 项)。日本民法典明确规定了占有之诉的三种类型——占有保持之诉、占有保全之诉和占有回复之诉。在占有保持之诉,占有人可以在占有受到妨害时,通过占有保持之诉,请

---

[41] 参见沈德咏主编:《最高人民法院民事诉讼法司法解释理解与适用》,人民法院出版社 2015 年版,第 361 页。

[42] 对于一些程序性事项的证明往往仅要求到达较高盖然性程度即可。

求停止妨害及损害赔偿;在占有保全之诉,占有人可以通过占有保全之诉妨害预防及损害赔偿的担保保障其权利;在占有回复之诉,可以通过占有回复之诉,请求将其物返还以及损害赔偿。对于占有回复之诉被告适格,日本民法典也有明确的规定,该诉不能对占有侵夺人的特定承继人提起。但其承继人知其侵夺事实除外(《日本民法典》第200条第2项)。针对人们可能存在占有之诉与本权之诉关系的误识,日本民法典还明确规定了两者的关系——两种诉讼互不妨碍。尤其是明确规定,不能依据与本权有关的理由就占有之诉作出裁判。[43] 虽然日本民法典关于占有之诉的预防性机能可以为一般诉讼中的假处分[44]所替代,[45]似乎没有必要专门加以规定,但关于占有之诉的主体、提起诉讼的有效期间、占有之诉与本权诉讼的相互关系等似有在民法典中规定之必要。

应当说明的是,限于笔者对民法了解的欠缺,因此无法全面、准确地指出在民法的哪些领域中存在需要加以特别规定的程序性事项,所以,其复杂艰辛的工作只能藉由民法专家们来完成。

---

[43] 因为占有请求权与本权(如所有权)是不同的请求权,因此,即使是对立的双方,一方依据占有请求权提起占有保全之诉,而对方依据所有权提出标的物的交付之诉,两者都是允许的。对于占有人提出的妨害除去请求之诉,被告可以根据所有权提出所有物交付请求之反诉。如果在占有之诉没有提起之前,占有人已经在本权诉讼中败诉,则占有请求权即告消灭。善意占有人在本权诉讼中败诉时,自该诉讼提起之时,其视为恶意占有人(《日本民法典》第188条第2项)。在占有之诉的裁判中,法院不能以本权相关的理由为依据对占有之诉作出裁判。占有人既无需对占有的根据予以证明,对方也不能以自己拥有所有权进行抗辩。因为如果以本权相关的理由作为裁判依据,占有之诉将没有意义。如果占有请求权与本权竞合时,按照民事诉讼旧诉讼标的理论,可以同时提起占有之诉和本权之诉,也可先后提起。但按照新诉讼标的理论,则在请求权的竞合的情况下,仅有一个请求权,只能提起一个诉。如果依据另一个请求权提起诉讼则构成重复诉讼。关于占有之诉与本权之诉的关系,参见[日]广中俊雄、中村哲也:《占有的效力》,载川岛武宜编:《注释民法(7)物权2》,有斐阁1967年版,第273~277页。诉讼标的理论与重复诉讼,参见张卫平:《重复规制研究》,载《中国法学》2015年第2期。

[44] 对系争标的物的假处分指的是为了保全金钱债权以外的权利的实现而实施的保全处分。另外还有假扣押,假扣押是为了保全金钱债权的强制执行而实施的保全处分;两者应保全的权利不同,但目的均是为了将来顺利实现强制执行。确定临时法律地位的假处分是临时预先实现本案的权利关系。参见[日]山崎潮监修、濑木比吕志等编著:《注释民事保全法》(上),社团法人民事法信息中心1999年版,第54页。

[45] 《日本民法典》关于占有保全之诉的规定,原本是想通过保全的特别的规定,实现比本权诉讼更快排除占有妨害的目的,但从《日本民事诉讼法》规定的假处分措施来看,这些特别的规定其实是没有必要的。详细论述见[日]广中俊雄、中村哲也:《占有的效力》,载川岛武宜编:《注释民法(7)物权2》,有斐阁1967年版,第245页。

结语

民法与民事诉讼法的联系是如此的紧密和广泛,本文的以上阐述不过是从民事诉讼法的视角、观念、思维去反观民法典制定和编撰,提醒人们需要注意从民法典与民事诉讼法的联系、对接,民法典规范的程序实现来思考民法典的制定和编撰。既然要实现制定一部中国最好,乃至能够立于世界最好民法典之列的民法典,这种思考是必须的。除了从静态和动态的层面考虑民法典与民事诉讼法的规范对接、分工布局之外,民法典和民事诉讼法自身也要考虑各自体系、概念、制度的自洽,不至于对其适用造成不利。例如,作为诉讼请求、诉讼标的、诉的类型基础的请求权规范对于民事诉讼法的运作具有非常重要的影响,关联到裁判的中心、攻击防御的范围、诉的合并与分离、重复诉讼的判断、既判力的主观范围与客观范围的确定等重大诉讼问题。因此,明确请求权的要件以及何谓真正的请求权竞合对于民事诉讼法的适用尤为重要。

除此之外,以下方面也是民法典制定需要从民事诉讼法视角加以特别关注的:(1)民法典是否应对民事主管的积极范围作出原则性规定是需要考虑的问题;(2)作为民事实体法或私法基本法的民法典似应明确规定,法院不得拒绝处理民事纠纷,人民法院不得以法律以及法律解释、行政法规、地方性法规、自治条例和单行条例、司法解释没有规定为由拒绝民事纠纷的受理或者裁判。进而以便与民事诉讼当事人的诉权相配合;(3)在管辖方面,管辖法院的确定依赖于实体法对当事人所在地、行为地的确定,因此明确、合理地规定人与行为的所在十分重要;(4)在当事人方面,适格当事人的确定、当事人的变更、承继都需要以实体法为根据;(5)在诉讼标的的确定方面,则需依赖实体法对实体请求权和利益的规定加以确定;(6)在诉的类型方面,需要以实体法的相关规定加以分类和界定;(7)在证据方面,实体法的规定是证据合法性即证据采信与否的重要根据;(8)在证明方面,相关的法律推定需要实体法的具体明确规定,以减少事实认定的困难;(9)裁判方面,既判力的主观范围、客观范围的界定都与实体法的规定相关。

因为民事诉讼法中的诸多问题源于实体法,所以有些诉讼法上问题需要从本源上加以彻底解决。当然有些实体法技术和理论上争议的解决也可以将民事诉讼程序的要求作为取舍、裁断的重要参数和标准。总之,一部好的民法典和民事诉讼法都需要民法学者和民事诉讼法学的共同努力才能成就。

(原文载于《法学研究》2016 年第 1 期)

诉讼公正的制度保障：
庭审笔录的法定化

一、问题的提出

党的四中全会决定提出，推进以审判为中心的诉讼制度改革。从整个司法的宏观运行视角来看，党这一司法政策指示的改革重点不仅仅局限于刑事诉讼领域，强调刑事诉讼中各个诉讼阶段之间的关系，同时也是对民事诉讼制度改革重点的指示。无论是刑事诉讼、行政诉讼，还是民事诉讼，改革的重点都应当置于审判阶段，以审判为中心。因为司法的功能和性质集中体现在审判阶段，只有科学地完善了审判制度，才能充分保障审判的公正性，体现司法的公正性。虽然在整个诉讼过程中，一些案件不会通过判决解决案件争议，而是通过当事人之间达成的诉讼调解解决案件争议。但是，审判过程、审判制度是保障司法机关公正行使司法权的程序机制，在当事人不能通过调解解决纠纷时，就必须要通过审判程序予以裁决。而审判程序的公正性是司法裁决的正当根据。

审判程序的核心和中心是庭审程序。因此，民事诉讼制度的改革的中心也应当置于庭审程序制度的改革。为了保证庭审程序的公正性，民事诉讼法需要诸多相应的诉讼原则和制度，例如公开原则、直接原则、言词原则、对审原则、不间断审理原则等，使民事诉讼争议的双方当事人能够在公开的审理程序中，直接面对审理者用言词提出自己的主张并进行辩论，审理者在庭审的过程中直接听取、询问双方当事人以及证人的陈述，进行证据调查，进而充分地予以质证和认证。如果所有庭审辩论调查都是在依据上述各原则的前提下进行，相信审判程序的公正性就是无可置疑的，也就能够充分吸收争议当事人对案件解决的不满,实现民事诉讼的功能和任务。

意识到以审判为中心改革民事诉讼程序的重要意义,就应当着眼于庭审程序的保障,这不仅需要建立和完善如辩论原则、处分原则、公开原则、直接原则、言词原则、不间断原则等相关的民事诉讼基本原则以及细化相应的诉讼制度,还需要有保证庭审程序实在化的诉讼制度和司法制度的双重构建。因为上述诉讼原则只是保障庭审公正的一个方面,确切地讲更侧重于外在性、原则性保障。如果只有这些诉讼原则,缺乏具体的制度,依然不能保证庭审程序在内容或内在方面的公正性和正当性。庭审程序的公正性是由具体的各种程序以及法院的审判权以及当事人、诉讼参与人的诉讼权利义务的行使和承担的正当性来体现的。在庭审中,当事人具体提出了何种实体和程序主张;提出事实主张的当事人有无提出证据,对方当事人对对方当事人的主张有无进行抗辩;法院对重要的证据是否进行了质证,是否当庭对重要的或主要的证据进行了认证;对于对方提出的证据方法是否进行调查,对于提出的证据不予采纳的理由是什么;对于实体争议解决相关的前提问题是否作出认定;庭审当中是否围绕庭前会议确定的争议焦点进行辩论;相关的证人是否出庭作证,传唤的证人没有出庭的原因何在;一方当事人对对方当事人主张的事实是否有过承认,承认的事实主张究竟为何种事实。庭审中的各种具体程序的科学设置以及贯彻、实现是庭审公正的保障和体现。

庭审过程中审判行为和诉讼行为是否正当实施,仅仅依赖于法院或法官抽象的权威是不足以说服当事人、社会的,尤其是在当下,社会在一定程度上缺失司法信赖感的现实场景之下,庭审过程的正当性就需要有更为具体的诉讼制度,甚至相应司法制度加以保障,以保障庭审辩论程序如实地按照民事诉讼法的要求进行,证实法官正当地行使了审判权(包括诉讼指挥权、释明权、裁决权等),当事人和诉讼参与人正当地行使了法律要求的诉讼权利、承担了相应的诉讼义务。然而,从我国民事诉讼法的制度构建来看,在这一方面是存在重大缺失的,可以说是一个空白。这就直接导致庭审程序的空洞化、虚无化,对庭审程序轻视。庭审程序的非实在化直接导致了当事人对审判程序公正化的质疑。当事人双方往往会因为庭审程序中的具体诉讼程序的实施、诉讼权利的行使以及证据的主张与质证、认证而争论不休。最常见的是关于是否存在对对方当事人事实主张的自认;当事人关于事实主张的陈述、主要的证据是否提出、对提出的主张是否提出了证据予以证明、当事人在庭审中是否要求变更诉讼请求、是否提出反驳或抗辩、法院是否驳回当事人要求再次开庭的请求、法院是否允许当事人提出新证据等。尤其是二审和再审中会对一审或原审中的程序性事项争论不休,不仅影响了一审程序的功能,也严重影响了人们对审判公正性的认同。因此,庭审程序实在化的保障性制度的建构是以审判为中心、以庭审为核心的诉讼制度改革和完善必须完成的要务。

本文对于庭审程序实在化保障的制度建构主要在于,在诉讼制度方面,通过建立庭审笔录法定化制度,使得庭审笔录真正成为一种庭审程序的公证证明文书和法律文件,进而对于庭审程序的实施以及辩论内容具有证明效力;在司法制度方面,改革现行的书记员制度,改革法院书记员仅仅是承担文字记录的法官辅助人员的从属地位和角色,建立具有与法官相对独立的书记官制度。一方面,通过书记官的记录使得诉讼过程中发生的事实能够很好地予以保存,以便为最终裁判提供事实根据;另一方面,书记官的特点还在于对程序性事项的记载是独立的职权行为,不受法官支配,进而成为关于程序性事项和庭审实质性内容的法定的公证证明机关。①

当下,法院系统正在按照四中全会决定的要求在推行以审判为中心的一系列的诉讼制度改革。在这些若干改革举措中"主审法官负责制"无疑是一项主要的改革措施。主审法官负责制的目的在于通过权责统一具体落实法官审判责任,提高审判水平和效率。在主审法官负责制的具体机制建构方面,一些试行法官负责制的法院又推出了以主审法官为办案核心的审判团队运行机制。所谓审判团队运行机制,就是由主审法官和审判辅助人员组成审判团队,在主审法官领导下实施审判行为的制度。审判辅助人员包括法官助理和书记员。例如,有的法院的审判团队为1名主审法官+1名法官助理+1

---

① 在公证法理上,只要是法定事项或事实提供具有法定证明效力文书的主体即称为公证机关。在国外除了对特定事实提供一般公证证明文书的公证人之外,诉讼中的书记官也是具有这种公证职能的主体。

名书记员或1名主审法官+1名书记员的审判团队模式。② 按照这种审判团队运行机制,所有的团队成员都应当受制于主审法官,包括书记员在内。虽然这种审判团队有利于提高审判效率,成为有效率的“生产单位”。但在强化内部聚合力时,却导致内部制约的缺失,形成利益共同体,产生单位利益及共同诉求,甚至衍化为“家长化”现象。诉讼的公正性要求的不仅仅是效力,更为强调程序的公正性。因此,如果不能正确认识审判组织内部的制约性,未构建以笔录法定化以及与其相应的书记官制度,我们的主审法官负责制的改革有可能走入误区。

在庭审笔录法定化的研究中,本文将集中探讨以下几个问题:庭审笔录的法定证明效力;庭审笔录的性质;庭审笔录与案件庭审的实录资料载体是一种什么关系;法定化庭审笔录的制作、订正与更正;我国的书记员制度与书记官制度有和不同;书记官在哪些方面具有相对独立性;庭审笔录与传统意义上的法庭笔录有何不同等。笔者相信对上述问题的探讨正是本文的理论和实践价值之所在。

二、现行庭审程序空洞化的原因——法定化庭审笔录制度的缺失

如上所述,庭审程序在民事诉讼程序中处于中心地位。这是因为:(1)作为法院实体判决基础的主张、证据和事实基础源于庭审程序。没有经过庭审程序的主张、证据事实不能作为判决的基础;(2)之所以只有在庭审中提出的主张、证据和事实能够作为判决的基础和依据,是因为只有经过庭审,才能使当事人双方能够更充分地行使主张、陈述和辩论等最重要的诉讼权利;(3)也只有在庭审中,法官才能同时直面双方当事人,更充分地听取当事人双方的主张、陈述和辩论。在双方当事人在场的情况下,更充分地进行证据调查。经过质证,正确认定证据,认定确认案件事实,并在此基础作出判决。尤其是在重视以一审程序为基础或中心的所谓一审程序中心主义的情

---

② 参见胡月:《主审法官负责制》,载《淮安日报》2014年11月3日。云南省高级人民法院召开全省人民法庭审判权运行机制改革试点工作推进会,在全省22个试点法庭建立以主审法官为核心的“1+1+1”审判团队模式,对审判权运行机制改革进行先行先试,探索推进主审法官办案责任制。参见茶莹、姜光鑫:《“1+1+1”团队模式推进主审法官办案责任制》,载《人民法院报》2015年3月17日第1版。

形下,一审重在解决事实认定和法律适用,二审旨在解决对一审裁决不服的事实法律争议,因此,一审庭审程序的重要性就愈加突出。一般而言,大多数民事案件都会通过庭审程序。考虑到诉讼效率与诉讼救济的特殊性,上诉审程序则没有必须一律经过庭审程序的制度规定。

在论及庭审重要性的问题时,有一个问题是需要阐明的,即对于英美法系国家,尤其是美国的民事诉讼而言,庭审并不是大多数案件所必须经历的程序,按照通常的说法,仅有3%左右的案件进入庭审程序。绝大多数案件都在审前程序予以解决,一般情形下是证据开示程序(Discovery)之后通过当事人之间的和解、自愿撤诉或者其他处置性动议(dispositive motion)加以解决。[③] 与此不同,大陆法系国家均十分重视庭审程序即所谓言词辩论程序或口头辩论程序。这里需要注意的是,美国民事诉讼中,之所以经过庭审(trial)的案件很少,其原因在于美国民事诉讼在庭审(trial)之前还设置有诉答程序(pleading)以及复杂的审前程序(pretrial)。在审前程序中还有进行相当复杂细致的证据开示(Discovery)和审前会议(conference)。尤其是证据开示程序(discovery)利用各种制度、方法能够充分地披露大量证据信息,[④]实际完成了大陆法系言词辩论程序的证据发现职能。通过这些程序之后,当事人则可以选择是否将双方之间的争议付诸于庭审(trial)程序,进而由法官予以裁决。庭审前这些程序能够发挥如此大的作用与美国发达和成熟的律师制度有密切的关系。在这些审前的诉讼程序中,律师发挥非常重要的作用,没有律师将无法实施这些程序,完成当事人双方的主张与抗辩,以及事实与证据的提出。大陆法系国家将主张、陈述和辩论统统置于言词(口头)辩论程序之中,实际上将美国审前程序需要解决的事项置于了言词辩论程序之中。这种差异反映了不同的审判文化和观念。大陆法系国家更强调审理中的公

---

③ 参见[美]史蒂文·苏本、玛格瑞特·伍:《美国民事诉讼的真谛——从历史、文化、实务的视角》,蔡彦敏、徐卉译,法律出版社2002年版,第123页。本书提供的比例数字1997年为3%,1999年为2.3%。

④ 关于证据开示程序的制度与功能,参见[美]斯蒂文·苏本等:《民事诉讼法——原理、实务与运作环境》,傅郁林等译,中国政法大学出版社2004年版,第295~311页;[美]杰克·弗兰德泰尔、玛丽·凯恩、阿瑟·米勒:《民事诉讼法》,夏登俊等译,中国政法大学出版社2003年版,第367、368页。

开原则、对审原则、言词辩论原则、直接原则。[5] 美国的审判文化和观念与美国社会对法官和律师有着充分的认知度有密切的关系。离开这种特殊的审判文化和观念,离开对法官和律师的充分认同,美国民事诉讼的运作方式是无法实现的。

正是基于大陆法系国家对法院和法官地位的特殊认知,才对言词辩论程序(庭审程序)如此重视,也才如此强调公开原则、直接原则、言词原则,进而保证言词辩论程序(庭审程序)的公正性。按照言词原则的要求,双方当事人通过自己的言词申明自己的权利主张和事实主张。法官通过言词进行询问和了解案件的事实;根据直接原则,审理法官必须亲历案件审理的过程,直接面对当事人、证人以及其他诉讼参与人的陈述和辩论;不间断审理原则保证法官对案件审理的连续性。这些诉讼原则而是保障言词辩论程序实在化的机制和措施。除此之外,还特别强调裁判机关的内部制约。进而形成从司法制度和诉讼制度两个方面充分地保障和支持了庭审程序的公正性的有效机制。客观地讲,我国现在法院和法官的社会处境与法国大革命时期有某些类似之处,因为社会环境及司法体制的原因,法院和法官的社会认同度都受到相当程度的质疑。所以,在程序上强化对法官的制约是必然的。

我国虽然在诉讼程序结构上大体按照大陆法系的框架搭建了民事诉讼程序,并且在法律层面也强调开庭审理的作用,尤其是在第一审程序中。按照民事诉讼法的规定所有民事案件(除了庭审前达成调解的之外)都需要开庭审理。民事诉讼法和民诉法司法解释也规定了开庭审理的相应程序。但

---

⑤ 日本学者就普遍认为,从美国民事诉讼的程序构成和实践来看,美国并不重视公开审判原则、言词原则。参见[日]新堂幸司、福永有利编集:《诉·辩论的准备》,有斐阁 1998 年版,第 429 页。相对而言,大陆法系国家的诉讼程序更加重视诸多旨在制约法官的原则,典型的就是公开原则、言词原则和合议制原则。两大法系诉讼制度的差异与两大法系的历史、法官制度、法官的社会认同有关。两大法系的差异又与英美两国与欧洲大陆不同的政治史、社会史和智识史的巨大差异有关。参见[德]K. 茨威格特、H. 克茨:《比较法总论》,潘汉典等译,法律出版社 2003 年版,第 375 ~ 377 页。具体而言,大陆法系司法制度和诉讼原则的形成与法国大革命的影响有极大的关系。在法国大革命中,法国的司法贵族制度成了大革命的目标,这种司法制度不仅倒向了土地贵族统治者,也在于混淆了司法和立法的界限。法院成了拒绝适用新法,阻止社会改革的障碍,导致了社会对法院和法官的不满和不信任。与此不同,英美国家的司法传统使得法院常常站在社会改革的一边,成为反对统治者滥用权力的进步力量,从而获得了民众和社会的认同,英美司法没有成为当时西方革命的对象,反而因为革命树立了司法不可动摇的权威。参见[美]约翰·亨利·梅利曼:《大陆法系》,顾培东、禄正平译,法律出版社 2004 年版,第 15、16 页。

是由于这些程序缺乏制度化的落实措施,因此难免使得庭审程序空洞化和虚无化,进而使得庭审程序成为一种程式化的过程。程序空洞化的表征主要有以下两个方面:(1)虽有庭审程序,但庭审不能成为主张、陈述、辩论的唯一空间,大量庭审外的主张、陈述和辩论可以不通过庭审程序作为判决的基础;(2)证据调查有时不在庭审程序中进行,法官可以将庭外收集的证据直接作为判决的依据。

庭审程序的空洞化和虚无化成为当事人大量通过庭外活动干预和影响裁判者的判断的原因之一。这当中主要的表现便是借助外部和内部权力关系对裁判者施加压力,直接或间接地干预审判活动;由于庭审的空洞化,证人庭前作证义务也同样被弱化,作证的内容常常被转化书面证词。虽然,其中也存在证人出庭难的原因,但也不乏庭审空洞化的影响。⑥

导致庭审程序虚无化或空洞化的原因是多方面的,主要有两个方面:

其一,在民事诉讼基本原则方面缺失约束性辩论原则的约束。我国民事诉讼法原则体系中关于当事人双方享有辩论权利的规定,仅仅是作为一项具有政治含义的民主性权利被加以规定,对于法院裁判并没有约束性。约束性辩论原则⑦要求包含以下三层含义:(1)直接决定法律效果发生或消灭的必要事实或主要事实只有在当事人的辩论中出现的,才能作为裁判的基础。法院不能将当事人没有在辩论中主张的事实作为裁判的依据;(2)法院应当将双方当事人之间没有争议的主要事实作为判决的基础。(3)法院进行调查的证据仅限于当事人提出申请的证据。职权证据调查原则上被禁止。⑧ 正是由于约束性辩论原则强调直接决定法律效果发生的必要事实或主要事实必须是辩论中出现的,因此庭审程序或言词辩论程序才会成为最重要的诉讼阶段和程序。反过来,如果在民事诉讼法中缺失有约束性辩论原则这一基本原

---

⑥ 关于庭审空洞化现象,正如现任最高人民法院副院长李少平所指出的,在庭审实践中往往存在在庭外进行调查、调解、形成裁判意见的现象。参见李少平:《看得见的正义》,载《求是》2007 年第 8 期。

⑦ 笔者之所以将我国民事诉讼法中当事人可以行使关于辩论权利的规定称之为非约束性辩论原则,是因为这一规定在形式上是作为民事诉讼原则加以规定的。详见拙文《我国民事诉讼辩论原则重述》,载《法学研究》1996 年第 6 期。

⑧ 参见[日]高桥宏志:《民事诉讼法——制度与理论的深层分析》,林剑锋译,法律出版社 2003 年版,第 331、332 页。

则,也就必然产生轻视和忽视庭审程序的严重后果。关于这一点笔者在研究辩论原则问题时有专门的论述,故不在此详述。

其二,在具体诉讼制度和司法人事制度方面缺失制度约束。

1. 在诉讼制度方面,缺乏证明诉讼程序或诉讼行为是否实施的,具有法定证明性质的方法和手段。

庭审程序中,通常会涉及以下事项:当事人、代理人是否到庭;当事人是否提出过权利主张、事实主张,提出过何种权利主张与事实主张;被告当事人是否对原告当事人主张的权利予以认诺;当事人是否提出过攻击或防御方法,提出过何种攻击或防御方法,包括各种证明自己主张的证据方法;法院是否对双方当事人提出的主要证据进行过质证,尤其作为最终裁判依据的证据;对当事人提出的事实主张和证据是否采纳,如果不予采纳该证据,是否有理由,其驳回的理由是什么;有鉴定意见的,当事人是否就鉴定意见提出异议,鉴定人是否出庭就鉴定意见出庭说明;是否应当追加当事人的有关事项;当事人、诉讼参与人是否出席庭审的情形;第三人在庭审中是否主张、陈述以及是否提出过证据,该证据是否被质证、认证;法官是否进行释明的情形等事项。

我国民事诉讼法虽然规定书记员应当将法庭审理全部活动记录记入笔录(《民事诉讼法》第 147 第 1 款),但是这种庭审笔录并没有被赋予法定的证明效力。这表现在:

(1)在庭审笔录中没有记录的程序性事项,并不能被认定为没有发生;(2)已经记载于笔录的事项在法院裁判时也可以置之不理。因此,在第二审中当事人以笔录记载为依据主张推翻原审裁判的,第二审法院并不当然以一审庭审笔录作为一审违法审判的依据。最常见的是在上诉或再审中,当事人就作为一审或原审判决主要依据的证据是否经过质证的异议。按照民事诉讼法第 68 条的规定,证据应当在法庭上出示,并由当事人互相质证。鉴定意见作为一种证据是否应当作为判决的根据也涉及庭审中的程序性问题。依照民事诉讼法第 77 条的规定,当事人对鉴定意见有异议或者人民法院认为有必要出庭的,鉴定人应当出庭作证。经人民法院通知,鉴定人拒不出庭的,鉴定意见不得作为认定事实的根据。支付鉴定费用的当事人可以要求返还鉴定费用。无论是民事诉讼法关于证据应当予以质证,还是关于鉴定人出庭作证都属于庭审中的程序性事项,一旦没有履行这些程序事项,没有质证的证据或鉴定意见就不能作为判决的根据。但是,在上诉或再审中,上诉法院或再审法院很少以庭审笔录作为是否实施该程序性事项的法定证明文书。这是因为记载庭审中关于程序性事项的庭审笔录本身并没有被认为是一种具有法定证明效力的法律文书。因此,庭审笔录既不向当事人公开,当事人也不能在上诉或再审中利用庭审笔录。实践中,当事人为了能够在上诉审或再审寻求救济改变原判,通常是通过关系获得笔录作为具有事实证明效力的资料,该笔录在上诉或再审中也不具有法定证明效力,仅仅在事实上对上诉法官或再审法官的心证判断产生影响。

2. 在司法制度方面,制作庭审笔录的书记员仅仅被认为是单纯记载庭审活动的记录人员,且笔录的制作行为完全受制于独任法官和合议庭或主审法官,是审判团队中的司法辅助人员。庭审笔录的记录、补充、更正均听命于法官,也没有法律上的要求,即使在事后补充、更改、删减也都没有相应的约束。因此,这样的庭审笔录自然也就难以作为一种对庭审程序事项予以证明的法律文书。由于单纯将书记员对笔录的制作视为一种对庭审活动的记录,被视为法院作出裁判的依据,笔录也就成为单纯弥补法官记忆的工具。在庭审实践中,一些法院干脆使用庭审全程录音、录像以替代书记员庭审笔录。当然也不需要当事人签字确认。当下,以庭审全程录音、录像取代庭审笔录的做法,在有的地方法院甚至成了审判方式改革的一项主要措施。如此一来,书记员即原来的记录员更多的是从事其他非司法辅助性工作。问题在于,现行的司法人事制度安排无疑忽视了在庭审过程中,形成一种相对独立的内部制约力量实现对法官庭审活动的制约,从而进一步弱化了庭审的程序重要性。

庭审活动内部制约机制的空位,对庭审程序性事项记载予以证明的法律文本的缺失,辩论原则的非约束化,以及缺乏庭审诸原则对庭审的基本规范,最终导致庭审程序空洞化和虚无化。这些制度上缺失不仅与我们传统审判理念上忽视程序价值,轻视程序正义有密切关系,而且也与我们轻视诉讼制度的设置和运作的细致化、精细化的理念有关。[9] 没有意识到现代民事诉讼必须告别粗放式的传统运作方式,需要有更精致、更专业、更充分地实现程序正义的程序和制度,以满足人们对程序正义的普遍要求。庭审笔录的法定化、庭审笔录制度的完善以及相应司法制度的改革是我们完善民事诉讼法、推进我国民事诉讼现代化的一个重要步骤。

三、庭审笔录的法定化

(一)非法定化庭审笔录——对我国现行庭审笔录制度的考察

如上所述,要想发挥庭审的功能,强化庭审的程序性和公正性,提高法官庭审水平和能力,防止庭审程序空洞化就必须建构法定化的庭审笔录制度。在构建法定化的庭审笔录制度前,我们应对我国民事诉讼中的笔录制度有所了解。在现行制度中,诉讼中的笔录是一种记录诉讼事项或诉讼行为的文本载体。从民诉法和民诉法司法解释的规定来看,我国民事诉讼中的笔录可以分为两大类:一类为非特定化的笔录;一类为特定化的笔录。

非特定化的笔录主要根据诉讼的需要将要记载事项予以记录而形成的文本,没有特定的名称。例如关于口头起诉、口头申请、异议不成立的内容的笔录、口头裁定的笔录、法庭外法院进行调查时所制作的询问笔录等。

特定化的笔录是指民诉法和民诉法司法解释中专门规定的笔录,例如合议庭笔录(民诉法第 42 条)、勘验笔录(民诉法第 63、79 条)、调解笔录(民诉法第 98 条)、调查笔录(民诉法第 130 条)、法庭审理笔录或法庭笔录(民诉法第 147 条)、口头起诉笔录、口头答辩笔录、委托他人代理诉讼的口头委托笔录、询问当事人笔录、审理笔录、送达笔录、宣判笔录(以上为民诉法司法解释第 263 条规定)。有的笔录,例如勘验笔录已经作为一种特定的法定证据类型。

---

⑨ 应当注意的是,诉讼制度的精致化或精细化与民事诉讼程序的多元化是两个层面的概念。对于相对更追求效率的民事诉讼程序而言,过于精致化或精细化是没有必要的。诉讼制度的精致化或精细化针对的一种相对更讲究公正性而非效率性的诉讼程序而言是必要的,也是必须的。民事诉讼的现代化追求的是纠纷解决程序的多样化,根据纠纷解决的需求来设置不同的诉讼程序。既要简单或简约化的纠纷解决程序,也要有能够满足更高程序正义要求,涉及更为细致、精致的诉讼程序。这样的多元化程序体系是一种纠纷解决程序进化的表现。关于多元化的程序构建,参见傅郁林:《分界、分层、分流、分类——我国民事诉讼制度转型的基本思路》,载《江苏行政学院学报》2007 年第 1 期。

在我国民事诉讼中,无论特定化还是非特定化的笔录,其功能都在于单纯地记录法院和当事人的诉讼行为,而且法庭审理笔录或法庭笔录与其他笔录并没有任何区别。然而,作为具有证明文书意义的笔录最有价值的应该是庭审笔录。勘验笔录作为一种证据形式已经被法定化,调解中的调解笔录、以及宣判笔录都因为有调解书、[10]判决书等法律文书的存在而意义不大。其他如口头委托笔录、口头起诉笔录等不过是委托、起诉文书化的方式。由于庭审笔录记录的是整个庭审过程中多面诉讼主体的诉讼行为,不仅包括当事人行使诉讼权利的行为,也包括法院的审判行为以及其他诉讼参与人尤其是证人的诉讼行为。具有证明意义文书的庭审笔录不仅应当作为法院在辩论终结之时合议或独任裁判的资料,而且是对庭审的程序性事项实施的证明文书,在庭审程序性事项的证明方面具有唯一性。也就是说,在上诉审和再审程序中,关于一审或原审程序的程序性事项发生争议时,法院判断的唯一依据就是庭审笔录。一旦发生争议,双方当事人就可以利用庭审笔录作为平息争议的法定根据,对于维系程序的安定性具有重要意义。

需要特别注意的是,我国的现行的庭审笔录还仅仅是一种记录性文本,并没有将其作为一种具有法定证明效力的文书。正是由于现行的笔录只是一种单纯的事实记载载体,因而就非常容易在电子化数字化的时代被全程录音、录像所替代(其弊端已经在实践中显现)。[11] 但实际上法庭中录音录像或速记本身只是庭审事实的原始记录,不能作为法定证明文书的笔录。如同公证机关对当事人提交的有法律意义的法律事实或法律文书的证明文书一样,公证机关的公证书证明的对象是法律事实或法律文书,被证明的法律事实或法律文书不过是客体而已。没有专门的公证人员公证活动,公证书不具有证明效力。作为法定化的庭审笔录应当由专门资质要求的专业人员按照法定

---

⑩ 在大陆法系国家(例如德国、日本)或地区(例如我国台湾地区),当事人达成和解的,因为可将和解协议的内容记入笔录,和解笔录就成为执行根据。在我国,当事人之间达成调解协议,需要由法院制作调解书,以便将其作为执行根据。如果我们将笔录作为一种证明调解协议内容的法律文书,也就当然可以作为执行根据,而无需由法院制作调解书,也因此避免了因为调解书包含法院的司法行为而发生的尴尬。如果没有调解书,则完全可以通过设置专门撤销程序直接撤销当事人的调解协议,而无需通过诉的方式撤销调解书。

⑪ 实践中反映出来的问题是,未经书记员笔录整理的电子实录不仅没有因此减轻法官的审理负担,反而加重了法官的负担。书记员也从记录人员转为其他事务性辅助人员,看似对书记员工作负担解脱,实际上使得书记员原本尚存的一点旁证作用也被彻底消解。

要求制作。因此,具有法定证明意义的笔录是具有公证证明性质的主体(在国外就是书记官,也称为"公证官"[12])对庭审事实或庭审程序的过程记录的法律文本,是庭审录音录像、速记所不能替代的。在国外,例如日本、德国作为言词辩论期日的笔录都有专门的法定格式和制作要求。作为一种法定证明文书,言词辩论笔录必须可以为当事人所阅览和使用,而不仅仅是一种法院为制作裁判文书所准备的内部资料。这一点非常重要。在我国,由于庭审笔录不是一种公开的法律证明文书。因此,在涉及庭审程序事项和庭审证据调查和认定中发生争议时,庭审笔录就不能作为判断的标准。在上诉或再审诉讼中,当事人不能直接引用,进而无法定分止争。

需要说明的是,由于我国内地民事诉讼法上没有言词辩论原则的要求。因此,诉讼中庭审所有事项和内容的笔录也就称为"庭审笔录",而非大陆法系国家或地区所谓的言词辩论笔录或口头辩论笔录。"庭审笔录"在语义上强调的是特定空间——法庭中的审理活动,是以法院的活动为中心,而"言词辩论"强调的是一种对抗式的诉讼方式。正是由于我国传统诉讼没有强调言词辩论,而是一种具有职权色彩的审判方式,进而忽视了当事人言词辩论的重要性,法官的"审"也就成为诉讼活动的主要方面,因此也就自然而然地使用"庭审"这样的概念。另外,言词辩论强调的是法官与双方当事人之间的直接对话,并不强调对话的空间位置。因此,只要在言词辩论期日,即使是庭外进行证据调查活动,只要有法官和当事人参与,也属于言词辩论阶段的诉讼活动。当然,在法律上未明确言词辩论原则的情形,也基于习惯不妨继续使用庭审笔录的表达,但我们应当在言词辩论的理念之下对庭审概念有新的认识。在民事诉讼法最终确定言词辩论原则之时回归于言词辩论笔录的表达。

从我国现行的庭审笔录在程序证明效力、公开阅览使用、制作要求、制作主体的非独立性等方面来看,我们可以将其大致概括为"非法定化庭审笔录"。

(二)法定化庭审笔录的含义及主要内容

相对于我国现行的非法定化庭审笔录制度而言,法定化的庭审笔录制度

---

[12] 参见[日]石井浩:《新民事诉讼法中的裁判所书记官》,载[日]竹下守夫、今井功编:《讲座民事诉讼法》(1),有斐阁1998年版,第69页。

要求庭审笔录是一种由于庭审法官相对独立的公证官员制作,能够为当事人阅览或使用的,具有法定证明效力的文书。

法定化庭审笔录,就其内容的不同性质可分为庭审程序性或形式内容的笔录和实质性内容的笔录。[13] 由于笔录的内容不同,其笔录作为文书的证明效力也就有所不同。关于笔录的证明效力将在本节(五)中专门阐述。

1. 庭审程序性事项的笔录。程序性事项的笔录主要记载与庭审有关的程序事项和内容。包括庭审案件、庭审地点、时间、庭审法官或合议庭法官、书记官、庭审翻译、是否申请相关人员的回避以及相应的处理、出庭当事人及相关信息、法定代理人、诉讼代理人、出庭的其他诉讼参与人(诉讼辅助人、证人、鉴定人)及相关信息、庭审公开与否,如不公开,[14]其理由为何、辩论的重要过程。[15] 我们决不可以轻视这些程序性事项,无论是外国,还是中国,这些事项上的违法都可能构成严重的程序违法,是上诉或再审的事由。

2. 庭审实质性内容的笔录。所谓实质性内容是指涉及具体辩论事项的内容,包括:(1)诉讼请求或诉讼标的方面:当事人关于诉讼标的变更、诉讼请求的放弃、权利认诺。(2)证据方面。事实主张的自认、证据主张的提出(由于在大陆法系国家或地区,没有向法院申请提出的证据是不会进行庭审证据调查的。[16])、放弃、证人和鉴定人的陈述、作为裁判依据的证据的质证和认证(民事诉讼法和民诉法司法解释明确将证据的质证与否作为证据采信的程序规定,因此关于质证的笔录就显得十分重要)。(3)当事人主张、陈述方面。关于当事人主张的笔录是对当事人在庭审中的所有事实主张的证明文书。当事人事实主张的笔录也是最重要的笔录之一。按照辩论原则的要求,没有主张的主要事实不能作为裁判的依据。关于事实主张笔录的法律意义在于,如果在笔录中没有记载的事实主张常常被视为当事人没有在辩论阶段

---

⑬ 在日本民诉法法理上通常认为,《日本民事诉讼法》第143条所规定的笔录记载的内容即为形式上的记载事项。该法144条的规定笔录内容为实质上的内容。参见[日]岩松三郎、兼子一主编:《法律实务讲座民事诉讼编》(3),有斐阁1958年版,第374页。

⑭ 在我国民事诉讼理论中有一个误识,即审判存在公开与否的问题,但庭审不存在是否公开的问题,所有案件均一律公开。其实庭审也有是否应当公开的问题。一方面,审判公开应当与庭审公开保持一致,庭审公开是审判公开的内容之一。

⑮ 关于程序性内容,参见《日本民事诉讼法》第143条,《德国民事诉讼法》第160条。

⑯ 正是由于我国内地没有证据申请的限制,因此也就大大影响庭审证据调查的效率,也就影响了审判效率。

提出,也就有可能不会作为裁判的依据。在一审中心主义的审判模式下,没有在一审中主张的事实在二审中不得再行主张,除非存在特殊情形。(4)当事人对审判违反诉讼程序行为的异议。(5)关于诉讼的其他重要事项的主张和陈述、法官释明、裁判的宣判及主要内容等。

为了防止人们庭审之后对庭审辩论问题的争执,影响已实施程序的安定性,有必要对庭审辩论中的重要事项或内容分别单独制作笔录,以便对具体的辩论内容和事项提供证明。例如,当事人陈述笔录、证据主张笔录、证据申请笔录、证据调查或质证、认证笔录、程序异议笔录、认诺笔录、证人笔录、鉴定人陈述笔录。我国现行笔录操作就存在着记载内容过于笼统、含混的情形,这种笔录方式不利于当事人将其作为法定的证明手段。因此,细化笔录的做法也是程序细化的具体要求。

(三)法定化庭审笔录的制作、成立、订正、更正

法定化的庭审笔录不同于现行庭审笔录,是一种具有法律证明文书,就必须有相应的要求,否则不能成为一种具有法定证明效力的法律文书。法定化的庭审笔录的制作主体应当是与庭审法官保持相对独立性的司法人员。在大陆法系国家和地区,例如,德国、日本和我国台湾地区称为书记官。其相对独立性表现在,在程序性事项的记载方面不受庭审法官的支配,法官不能干预书记官笔录制作行为。对非程序性事项,例如庭审中的证据调查内容,法官有支配权。因为对证据的调查或质证以及认定具有一定的心证性,调查中法官需要根据具体情形和经验予以判断,因此,当记载的内容与法官的认识不同时,书记官应当按照法官的要求予以订正、补充,虽然书记官也可以对法官的订正补充要求提出异议。⑰

由于庭审笔录不是庭审诉讼行为的单纯记录,而是证明特定诉讼行为发生与否的法律文书。记录素材如庭审速记、录音、录像等只是庭审笔录的根据。按照德国民诉法第160条之一的规定,这些记录资料在闭庭后应立即作

---

⑰ 按照日本最高裁判所"关于民事案件口头辩论笔录的样式及记载方法的通知",这种异议将在笔录中予以说明。参见[日]新堂幸司、福永有利编集:《诉·辩论的准备》(注释民事诉讼法5),有斐阁1998年版,第342页。

成笔录。在日本,庭审笔录的原则是所谓“一期日一笔录”,⑱即在每个辩论期日都必须制作独立的言词辩论笔录。在一个辩论期日中,都将根据言词辩论的内容制作不同的言词笔录,例如当事人陈述笔录、自认笔录、权利主张认诺笔录、法庭调查笔录、法庭外调查笔录等。按照日本最高裁判所关于《民事案件口头辩论笔录的样式及记载方法的通知》的规定,根据笔录的内容不同,笔录有相应的格式要求。作为法律文书,法官、书记官必须在言词辩论笔录上署名签字。制作笔录书记官的签名以及言词辩论法官的签署是笔录的法定有效要件。没有法官、书记官的签署,判决如果是依据该笔录作出的,将构成一审程序违法的理由,导致撤销原判发回重审。⑲ 庭审(言词辩论)笔录的制作权限归于书记官,法官则对笔录有认证的义务。与此不同的是,我国的现行庭审笔录似乎只是对当事人陈述和证人陈述的记录,因此只要双方当事人和证人对速记记录结果签字认可即可。

笔录作为一种证明文书必须清晰地表述或表达相应的审理行为和诉讼行为,尤其是庭审中程序性事项。所以,庭审笔录总是在庭审程序完成之后经过一段时间才制作完成。从国外的制度规定来看,虽然没有具体的时间要求,但由于言词辩论笔录是当事人可以利用的法律文书,当事人有可能根据本次辩论的情形决定下次言词辩论或以后诉讼行为的实施,因此这就要求笔录应当在该辩论期日终结之前完成。⑳ 我国民事诉讼法尚无辩论期日制度的规定,实践中庭审笔录作为一种对当事人在庭审中陈述的内容的记录,通常都是在庭审结束后对原始记录认可签字即告完成,然后放入诉讼卷宗。

庭审笔录在法官签署并被编入案件记录卷宗之后,庭审笔录即为成立,称之为“外部性成立”,可意译为“形式上成立”。㉑ 从此刻开始,当事人即可

---

⑱ 参见[日]新堂幸司、福永有利编集:《诉·辩论的准备》(《注释民事诉讼法(5)》),有斐阁1998年版,第337页。

⑲ 参见陈荣宗、林庆苗:《民事诉讼法》(修订第四版),台北三民书局股份有限公司2005年版,第547页。

⑳ 但在国外,如日本,笔录制作的实践中往往是在本次辩论期日终了之后一周左右完成笔录的制作。因为笔录必须根据速记进行整理,因此往往需要花费比庭审陈述更多的时间。学者也指出要求在本次辩论期间终了之时即完成庭审笔录是不现实的。正是由于笔录的制作需要一定的时间,因此下次辩论期日通常要在一个月以后。参见[日]新堂幸司、福永有利编集:《诉·辩论的准备》(《注释民事诉讼法(5)》),有斐阁1998年版,第343页。

㉑ [日]新堂幸司、福永有利编集:《诉·辩论的准备》(《注释民事诉讼法(5)》),有斐阁1998年版,第346页。

申请阅览这些笔录,并使用这些笔录作为证明文书。按照日本笔录规范,笔录不得随意更改,尤其是更正的情形。学理上将笔录的更改分为订正与更正两类。订正是指笔录在形式上成立之前书记官对笔录的更改;更正是笔录在形式上成立之后,书记官对笔录的更改。无论是订正还是更正都要求不能涉及笔录记载的实质内容,仅对错漏之处以及显而易见的错误予以更改。订正或更正之后需要法官再次进行确认。更正最迟应当在诉讼记录卷宗移送上诉法院之前进行。

(四)庭审笔录的阅览和使用

庭审笔录不仅作为裁判资料为法官裁判所使用,庭审笔录作为诉讼资料也应当为当事人和诉讼利害关系人所使用。当事人和诉讼利害关系人有请求阅览的权利。庭审笔录不仅由书记官制作,同时也由书记官保管。制作和保管庭审笔录都是书记官特有的权限。庭审笔录阅览请求也是直接向书记官行使。为了防止庭审笔录的丢失和损坏,阅览只能在法院特定的场所进行。原则上,书记官不得拒绝当事人和诉讼利害关系人阅览庭审笔录,除非该阅览妨碍庭审笔录的保管以及法官制作裁判文书或其他事务的情形。如果按照审判公开原则的要求,庭审笔录也应当向社会公开,因此法定化的庭审笔录也成为社会监督审判的一种方法,也是具体落实法官负责制,监督法官公正司法的有效方法。在实行法官弹劾制的国度,理论上,包括庭审笔录的所有诉讼记录也都可以成为弹劾法官的事实根据。[22]

(五)庭审笔录的证明效力

庭审笔录是关于法院、当事人、诉讼参与人在庭审中实施诉讼活动的法定证明文书。其中包括法院、当事人、诉讼参与人诉讼行为和程序性事项的记载,也有关于庭审辩论的实质性内容。如当事人、诉讼参与人尤其是证人关于案件事实的陈述内容。庭审笔录中关于庭审程序性事项的笔录具有绝对证明效力,其他证据无效。当人们对这些事项是否发生产生争议时,笔录

---

[22] 参见[日]宫泽俊义:《全订日本国宪法》,有斐阁1988年版,第698页;[日]斋藤秀夫、小室直人、西村宏编:《注释民事诉讼法》(第二版)(4),第一法规出版社1991年版,第63页。

是唯一的证明,不允许提出反证。[23] 这也是理论上所谓的法定证据。庭审笔录没有记载的程序性事项,即视为没有发生或实施。

庭审笔录中关于辩论实质性内容事实的证明虽然也具有重要的证明作用,但不具有唯一的证明性。[24] 也就是说,即使该笔录中没有反映的内容或事实,也不能认为绝对不存在,不能作为裁判的事实依据。有相应的证据证明时,依然可以为法官所采纳。这是因为庭审笔录毕竟不可能完全记载和反映整个庭审中的所有事实以及证明过程,所以,如果在裁判中完全以庭审笔录的记载事实作为唯一的依据显然是不妥当的。

庭审笔录作为一种法律文书在性质上相当于书证法理上的公文书。[25] 在诉讼中,一方当事人对庭审笔录的真实性提出质疑,质疑的一方当事人应提出反证加以证明。如此,在性质上作为法定证明文书的笔录与我国现有的单纯作为记录文本的笔录就有了本质上的差异。

四、庭审笔录法定化与司法制度改革

在国外,言词辩论笔录法定化的正当依据是笔录制作权限和程序的法定化,不仅是笔录制作需要满足法定要求,更重要的是制作主体对笔录制作的法定权限以及特殊的法律地位。这种特殊的法律地位集中体现在只有法律所规定的书记官才能制作笔录,而且书记官在笔录制作过程中与审理法官保持相应的独立性。根据国外的制度和法理,书记官在诉讼中具有辅助性和独立性双重属性。一方面,从笔录记载辩论和证据调查的内容有助于法官作出公正裁判的角度而言,书记官制作笔录的行为对法官的裁判具有辅助性;另一方面,就笔录对辩论程序性事项的记载内容而言,书记官独立于审理法官,不受审理法官的干预。庭审程序性事项的有无,以书记官笔录为依据,作为

㉓ 《德国民事诉讼法》第 165 条对庭审笔录就程序性事项证明唯一性有明确的规定。该条规定,“关于是否遵守为言词辩论所规定的方式,只能用笔录证明。只有在证明笔录是伪造时,才能否定笔录中关于辩论方式的内容。”

㉔ 参见[日]岩松三郎、兼子一主编:《法律实务讲座民事诉讼编(3)》,有斐阁 1958 年版,第 374 页。

㉕ 关于公文书在诉讼法上的特性和意义,参见[日]门口正人主编:《民事证据法大全第 4 卷(书证)》,青林书院 2003 年版,第 11、12 页;张卫平:《民事诉讼法》(第三版),法律出版社 2012 年版,第 192、193 页。

对该程序事项的证明文书具有唯一性。同时书记官对笔录具有保管责任。[26]正是这种书记官的相对独立性,从一个方面保障了庭审程序或言词辩论程序的实在化,保证了审理法官对庭审程序的尊重,有利于程序的安定性,平息当事人之间就庭审程序性事项的实施所发生的各种争议,有利于吸收当事人对审判程序的不满。因此,毫无疑问,具有法定独立地位的书记官制度是庭审笔录法定化、庭审程序实在化的前提和保障机制。

如前所述,我国庭审程序空洞化的原因就在于没有使庭审笔录法定化。无法获得法定化的一个重要的体制性原因,就在于没有建立为此提供保障的书记官制度。我国现行的书记员制度仅仅是将书记员作为庭审的事务性辅助人员,并且完全依附于审理法官。这种没有独立地位和权限的主体所制作的实录文本自然也就难以法定化。因此,必须对我国的书记员制度进行改革,使之成为具有相对独立性的,更具有专业特征的书记官制度。应当将书记官制度的建立作为我国司法人事体制改革的一个重要内容。遗憾的是,我们现在似乎还没有明确地意识到这一点。

作为这一轮司法改革的核心之一是法官负责制。而作为法官负责制的一个重要举措就是打造有助于高效审理的审判团队。审判团队的内部结构是以主审法官为核心,以法官助理和书记员为辅助。这种新型的审判团队虽然具有提高审判效率的功效,但却进一步强化了集中,弱化了司法权行使的内部制约。作为传统笔录制作主体的书记员作为审判团队的一员与团队形成更为紧密的利益团体,也就完全丧失其独立地位,也就难以使其笔录成为具有法定证明效力的法律文书,即使法律上予以规定,其正当性也会受到质疑。如果从笔录制作主体的相对性独立地位角度考虑,这种打造审判团队,强化司法权绝对集中化的改革路径就需要慎重考虑了。

在当前全面推进司法体制改革的过程中,作为司法体制改革重要环节的司法人事体制改革也应当充分考虑与诉讼制度改革的契合,通盘考虑,整体布局,在有利于提高诉讼或审判效率的同时,更要顾及充分实现诉讼公正的问题。从目前的改革来看还尚未注意或考虑到将书记员制度改造、提升为更

---

[26] 有关内容参见[日]新堂幸司、福永有利编集:《诉・辩论的准备》(《注释民事诉讼法(5)》),有斐阁 1998 年版,第 336~338 页。

符合诉讼运行规律,更有利于实现诉讼公正的书记官制度。如果能够从细化司法权运行内部制约规制,提升司法公信力的角度充分认识书记员制度的改革,引进书记官制度,使其成为相对独立的内部制约的主体,将有助于兼顾审判效率和审判公正的提升。

在司法协助方面[27],书记官作为司法协助人员,将协助法官实施审判管理、指挥诉讼的活动。法官在诉讼中也需要与书记官磋商如何更好地推进或处理诉讼程序和诉讼事项。在立案阶段,可以协助法官从事立案登记工作;在整个诉讼过程中成为法官与当事人、诉讼参与人、证人等其他协助司法人员、单位、团体的沟通和联系人,传达法官的指示以及当事人的反馈意见;[28]在调解活动中协助法官进行调解;在具体的各个诉讼环节中从事推动诉讼进行的辅助工作,如督促当事人举证、进行证据交换、证据整理、帮助法官进行案件争点整理、送达各种法律文书、协调庭内诉讼活动、协助法官开展庭外证据调查以及其他相关事项调查活动。

在日本,书记官也可以直接从事某些司法辅助工作,部分分享司法权,从事部分相对次要的司法活动。例如,独立进行调解;决定诉讼保全;发出支付令;决定是否公示送达;决定诉讼费用负担;受法官委托进行证据调查等。在日本,这些原本属于法官的职权也已经转移给了书记官。书记官也就不再是

---

[27] 为了明确区分书记官在具体诉讼活动中与法官的不同关系,笔者使用了“司法协助”的概念,以便与“司法辅助”的概念加以区别。书记官对法官的司法协助,是指按照法官的指示,从事协助性的事务,例如收集资料,与当事人、诉讼参与人等进行沟通和联系,帮助整理证据资料和案件争点等;书记官的司法辅助是指,书记官独立地从事次要的,不属于审判程序裁判事项的其他司法事务。目的主要是为了减轻法官的司法负担。德国司法制度中的司法辅助官就是这种含义上的官员。虽然是称之为司法辅助,但其司法辅助活动的实施是独立于法官的,并非受法官的指示下实施。但在德国,司法辅助官依然不是德国基本法和法院组织法意义上的法官。司法辅助官不能作为审判程序的裁判者。正是在这个意义上,与日本从事司法辅助的书记官有相同之处。日本书记官制度变化当中的所谓书记官负担司法辅助职能,也是指德国法中司法辅助的含义。也就说日本的书记官也具有一定的司法权,或者书记官在次要程度上分享了传统法官非裁判权中的司法权部分。关于德国司法辅助官制度,详见Rosenberg/Schwab/Gottwald,Zivilprozessrecht,17. Aufl. ,Verlag C. H. Beck Muenchen 2010, § 25 Rn. 1。中文资料可参见李大雪所译该书第16版,中国法制出版社2007年版,第156~159页;日文资料见《德国司法辅助官法》中村英郎教授日文译本及报告:《德国司法辅助官制度》,(《全国书记官协会会报》第34期,1971年4月)两者均收录于中村英郎:《诉讼及司法制度研究》(民事诉讼论集第二卷),成文堂1979年版,第175~239页。

[28] 在日本,除了庭审之外,法官几乎不与当事人、诉讼参与人直接接触和联系,所有联系沟通都由书记官来完成。关于日本民事诉讼中书记官对法官事务的协助(非司法辅助)情形,详见王亚新:《对抗与判定——日本民事诉讼的基本结构》,清华大学出版社2002年版,第3~29页。

单纯的公证官。[29] 这些权限也已经通过日本民事诉讼法的修订予以确认。[30] 与此不同,在德国,日本书记官所从事的司法辅助工作专由司法辅助官担当,书记官具有司法辅助的职能。

另一方面,也是最重要的一面,是书记官的笔录工作尤其是庭审笔录工作。在理论和制度上,书记官都是独立的公证机关(公证官),笔录行为是一种证明庭审诉讼行为和过程的公证行为。[31] 在日本的书记官制度的发展历史上,人们最初并没有在意书记官司法的辅助性即司法辅助权限,主要职能是通过制作笔录为司法活动提供公证证明。随着司法运作的复杂化和审判负担加重,书记官的司法辅助职能才得以认可。[32] 当然,这一变化有日本的特殊语境,在德国,书记官就不具有司法辅助权限。我国今后的书记官是否也应当赋予部分辅助性司法权,还需要认真研判后作出决策。有一点应当强调,书记官的第一要务依然是笔录活动,司法协助或司法辅助应当是次要职能。

在法院司法人事构成方面,笔者倾向于由法官、司法辅助官、书记官和执行官四大系列构成。法官负担的减轻以及审判效率的提高可以通过设置司法辅助官和法官助理来加以解决。司法辅助官专门从事司法辅助工作,书记官不从事司法辅助工作,以免混淆书记官与法官、司法辅助官的职能界限,但书记官可以从事司法协助工作。如果像日本那样,书记官也从事司法辅助工作分享司法权,有可能将权限问题复杂化,不易处理法官与书记官两个系列的关系。司法辅助官、书记官、执行官均为单独系列,与法官系列没有对接关系。因为司法人事体制改革的问题不是本文的主题,故不在此展开。

针对我国的现实情形,笔者认为,我国一旦建立了书记官制度,书记官也不应该是审判团队的成员。实际上,也不需要通过打造所谓审判团队来提高审判效率。只要主审法官依法承担相应的审判责任,书记官依法承担书记官相应的笔录责任和协助责任,注意两者工作的协调,审判就是有效率的。未来主审法官、司法辅助官、法官助理与书记官的协调属于审判管理中的事项,

---

[29] 参见[日]西野喜一:《书记官权限的扩大》,载《法学家》1996 年第 10 期,总第 1048 期。

[30] 参见[日]上北武男:《新民事诉讼中裁判所书记官的作用》,载《同志社法学》第 49 卷第 4 号。

[31] 参见[日]新堂幸司、福永有利编集:《诉・辩论的准备》(《注释民事诉讼法(5)》),有斐阁 1998 年版,第 341 页。

[32] 参见[日]石井浩:《新民事诉讼法中的裁判所书记官》,载[日]竹下守夫、今井功编:《讲座民事诉讼法》(1),有斐阁 1998 年版,第 69 页。

需要法院从审判工作的效率性和公正性角度整体予以考量。

书记官是专门从事诉讼和执行活动笔录以及从事司法协助的司法人员,虽不同于法官系列,但其任职资格、薪酬、升迁、惩戒、罢免、监督等身份保障措施和程序都应有相应的制度要求。[33] 有了这些制度就能够保障和保证书记官履行独立的笔录职责以及其他司法协助职责。这些制度建构也应当是司法制度改革的重点之一。

结语

要做到以审判为中心,强化庭审辩论功能,实现和充分反映诉讼的程序正义,除了完善和落实关于庭审的各项诉讼原则外,庭审笔录的法定化,使庭审笔录成为对庭审活动的法定证明文书,具有法定证明效力,是一项十分重要的制度建构。这项诉讼制度的建构也是对我国原有笔录制度的彻底改革。这一改革不仅涉及庭审笔录的制作方法、制作要求、法律效力等规范,还涉及笔录制作主体的司法人事体制的改革问题。只有建立现代书记官制度以取代现行的书记员制度,设置拥有相应科学合理的任职资格、薪酬、惩戒、罢免、监督的制度保障,才能真正发挥书记官在诉讼中庭审笔录的独立制约作用以及司法协助的作用,实现诉讼效率和诉讼正义的提升。庭审笔录法定化和书记官制度的建构应当作为完善诉讼制度、推进司法体制改革的重要举措引起人们的高度重视,充分考虑庭审笔录的法律功能和地位,真正认识书记官庭审笔录行为对法官司法的制约作用,尽快在再次修改民事诉讼法和法院组织法的过程中完成庭审笔录法定化和书记官的制度化。在再次修订民事诉讼法时,应当明确书记官的公证地位和相应的法律地位;明确庭审笔录的法定证明效力。在法院组织法修订时建立书记官制度,将书记官的任职资格、惩戒、职能权限、监督、免职等事项与书记官与法官、助理法官、执行官的关系等作出原则性的规定。这些都是两部法律修订的当务之急,应当尽快推进。

由于通过修改法律确立书记官制度和法定化笔录制度还有相当长的过程,因此,解决当下制度的缺失,作为向书记官制度和法定笔录制度改革的过渡,可以考虑通过司法解释的规范功能,在民诉法解释或其他司法解释(例如

---

[33] 参见[日]兼子一、竹下守夫:《裁判法》(第四版),有斐阁2003年版,第276页。

关于加强诉讼笔录的专门司法解释)中就书记员制作笔录的具体权限、笔录的制作程序以及笔录的证明效力、书记员在笔录制作方面的独立地位等作出明确规定。这种过渡或临时性制度的实施也可以为今后法定制度的形成积累经验。

(原文载于《中外法学》2015 年第 4 期)

执行和解制度的再认识

一、问题的提出

执行和解制度是我国民事强制执行法中一项颇具自身特点的制度，也是民事强制执行实践中经常适用的一项制度，同时也是学术界(不仅为民事诉讼法学界，也是民法学界)争议最多的一项制度。一直以来，学术界和实务界对于执行和解制度的结构、性质、实际运用都有许多议论，关于执行和解制度的讨论从来都是学界关于民事强制执行领域的重要和主要话题之一。学者们对执行和解概念的定义也不统一。有的定义强调执行和解是针对执行依据确定的权利义务关系；有的强调不仅是对已确定权利义务关系的变更，还包括就其他执行事项，如履行时间、履行方式等达成的协议；有的则没有强调对执行依据的变更，只是强调和解是对生效法律文书义务如何履行的协议；有的定义指出执行和解的效力在于使原执行程序不再进行；有的则指出和解协议的效力在于停止或者结束执行程序。虽然这些定义都是建立在现行法律规定和司法解释基础上，但在理解上还是存在微妙的差异。① 通过检索，笔者发现关于执行和解的论文数量在民事强制执行领域中高居第二位。② 可见人们对这一问题的关注度。在国外执行法理论中没有执行和解的概念，与我国执行和解含义类似的是执行契约。所谓执行契约，是指当事人之间就现在

---

① 国内有关执行和解的概念，主要参见江伟、肖建国主编：《民事诉讼法》(第七版)，中国人民大学出版社 2015 年版，第 425 页；沈德咏主编：《民事诉讼法司法解释理论与适用》(下)，人民法院出版社 2015 年版，第 1245 页；谭秋贵：《民事执行法学》(第三版)，北京大学出版社 2015 年版，第 200 页。

② 2016 年 6 月 3 日，在“中国知网”上以“民事执行”为篇名检索条件，共检索到 2557 篇。以“执行和解”为篇名检索条件，检索到相关论文有 569 篇处于第二位。第一位为“民事执行监督”，585 篇(这方面论文数量较多的一个原因可能是这一问题的研讨还涉及检察机关这一特殊主体)。

或将来请求权的执行,以产生直接或间接影响为目的达成合意。③ 在国外诉讼法理上,执行契约也属于广义上的诉讼合意。④ 相比之下,国外无论是理论界还是实务界对执行契约的关注,远不如我国理论界和实务界对执行和解问题的关注。这一强烈的反差现象与不同的执行体制和执行环境有极大的关系。

虽然执行和解问题是我国理论界和实务界特别关注的问题,但关于执行和解的问题——无论是理论问题,还是实践问题——并没有因为有如此多的论文而得以解决,反而有使问题变得更加扑朔迷离的趋势。实践中的问题难以得到解决,通常都与制度设计有关。如果执行和解制度规范本身存在着设计缺陷,那么制度上的问题许多是无法通过解释在实际中予以解决的。制度结构上的问题只能通过法律完善加以解决。有迹象表明,有可能在不长的时间内,将制定《民事强制执行法》或《民事执行法》。人们希望通过制定《民事强制执行法》或《民事执行法》的契机,通过立法彻底解决执行和解制度结构上存在的问题。

然而,问题在于,执行和解制度的修正或完善的前提是,对执行和解本身应当有一个正确的认识。没有一个正确的认识,执行和解制度的完善只能是一句空话。对执行和解的正确认识应当是在应然的层面了解和认识执行和解是什么。作为制度上的完善,不是局限于现行制度,解释执行和解是什么,而是要解决执行和解应当是什么。首先,作为应然状态的执行和解其性质是什么?执行和解属于能够产生执行法效力的程序契约,还是实体法上的私权制约?执行和解协议是对原执行根据的替代、变更,还是在原执行根据权利的处分?如果不能正确地认识其性质,我们将无法按照其性质进行制度建构。其次,执行和解应该具有什么样的效力?从应然层面而言,执行和解与执行根据的执行是一种什么关系?执行和解的达成是否意味着中止执行?如果双方没有履行执行和解协议,是应当恢复原执行根据的执行,还是强制执行和解协议本身?还是再通过诉讼程序或者甚至非讼程序确认和解协议

③ 参见[日]兼子一:《诉讼合意》,载《民事法研究》(第一卷),酒井书店1977年版,第288页。

④ Kohler, UUber processrechtliche Vertraage und Greation, Ges. Beitr. S. 163 – 174;德文资料来自[日]斋藤秀夫:《执行契约》,载民事诉讼法学会编:《民事诉讼法讲座》(第四卷),有斐阁1966年版,第1044页;[日]兼子一:《诉讼合意》,载《民事法研究》(第一卷),酒井书店1977年版,第247页。

中的权利义务,如果不履行,则再次进入执行程序?

近年来,人们已经更清晰地认识到现行执行和解制度存在的问题,认为应当对执行和解进行制度上的修正或重构。2007 年和 2012 年,我们两次错过了对执行和解制度进行修正的机会。由于学界研究还不够深入,理论上欠缺足够的准备以及立法程序、修正理念的局限,即使进行修正也难以实现制度上的完善。当下,民事执行法的制定再次为执行和解制度的完善提供了契机。有关部门(例如最高人民法院)也在通过制定民间草案的方式,积极推动和参与民事执行法的制定。在理论上,人们也有诸多关于完善执行和解的理论探讨。这些探讨除了依据我国的执行实践之外,还逐渐结合了域外制度和理论。因此,在认识上有所推进和深化,尤其是关于执行和解性质的认识方面。

不过,总体而言,学界似乎还没有对执行和解的主要问题给予更充分、更深入、更清晰的说明和阐释,尽管有一些认识和观点仍是非常具有建设性和启发性的。这一方面,是因为有些讨论局限于现有的制度框架,或是在现行制度的实然与应然之间徘徊,尤其是在执行法的基本理论以及实体法与执行法两者的关系上尚缺乏清晰和正确的认识,使得实体法学者很难认同执行和解的制度构成以及程序法学者的解释。同时,也因为缺乏对国外或域外相关制度和理论全面、扎实的了解,无法结合我国的情形,对我国的制度构建提出相应的合理化建议,并予以充分阐释。诚然,国外或域外也有类似于我国执行和解的概念和制度——执行契约(Vollstreckungsvertraage),但国外或域外的执行契约与之不同,执行契约不仅存在于执行开始之后,也存在于执行开始之前,甚至执行根据成立之前。执行契约成为执行开始的妨碍事由之一,只要存在不执行契约,则作为执行根据(执行名义)的执行便不能启动或实施。我国的执行和解只是在执行过程中执行根据中的债权人与债务人之间就执行事项达成的协议。在国外,违反执行契约的当事人通常是债权人,而在我国,不履行执行和解的当事人通常是债务人,这种差异表明了中外在执行环境、政策及制度上的差异。这些差异的原因,学者们还没有认识并予以说明和阐释。

本文试图通过对现行制度结构的再透视,在学界已有认识的基础上,结合国外和域外的执行法理论与制度,特别是执行契约理论与制度,对我国执行和解制度进行基础性的理论分析,以期进一步揭示执行和解的性质、应有的法律效力,建构与执行法、民事诉讼法、民事实体法原理相应的制度结构和程序,进一步推进执行和解制度的研究。

二、现行执行和解制度的基本结构

现行执行和解制度规范主要由《民事诉讼法》和《民诉法司法解释》的相关规定构成。从《民事诉讼法》和《民诉法司法解释》有关执行和解的规定可以看出执行和解制度具有以下构成:

1. 执行和解协议是债权人与债务人双方就执行事项或债务履行达成的协议。从执行和解的实践来看,执行和解协议的内容是关于执行根据确认的债权债务的减少或免除、债务履行的时间、方式、执行财产标的的限定等。

2. 执行和解协议是双方当事人在执行过程中达成的。执行和解也被定义为执行中的和解,不包括执行开始之前当事人有关执行事项的合意。

理论上,当事人之间关于债务履行的合意可能有以下几种情形:

其一,诉讼之前,当事人关于债务履行的合意。虽然,还没有形成诉讼,甚至形成争议,但也有可能双方之间就今后债务的履行,也包括今后的执行达成合意。如同双方之间就争议解决方式的合意一样。由于诉讼中的和解协议不具有法律效力,因此,这种诉讼前的和解协议也没有约束力。不过,从诉讼契约的角度来看,如果承认不起诉契约,那么这种关于执行的契约也并非没有约束力。[5]

其二,在诉讼中,执行根据成立之前,当事人双方就债务履行达成的和解。由于民事诉讼法没有承认诉讼和解的约束力,因此,这种协议或约定既不具有终结诉讼的效力,也不具有约束执行法院的效力。一旦关于该债权债务的法律文书发生效力,债权人依然可以不受该和解协议的约束,向法院申请就生效法律文书强制执行。在最高人民法院发布的指导案例——《吴梅诉四川省眉山西城纸业有限公司买卖合同纠纷案》(以下简称吴梅案)中明确指出,在诉讼中当事人双方达成的和解协议,属于诉讼外的和解协议不具有

---

⑤ 关于诉讼契约,参见[日]兼子一:《诉讼合意》,载《民事法研究》(第一卷),酒井书店 1977 年版,第 247 页;张卫平:《论诉讼契约化——完善我国民事诉讼法的基本作业》,载《中国法学》2004 年第 3 期。

法律上的效力。最高人民法院案例指导办公室就吴梅案所做的解释中进一步指出,法律文书生效之前双方当事人达成的和解,包括债务履行达成的和解都不是执行和解。⑥

其三,债权人在取得执行根据之后,执行开始之前,双方当事人之间达成有关执行事项的协议,例如双方协议,债权人放弃请求权。在我国几乎不存在执行开始前,执行根据成立之后双方就执行事项和解的情形。执行和解通常都是在执行开始之后,双方当事人就执行事项达成的协议。执行和解的协议在内容上也都是以限制债权实现为基本内容。对于这种情形下双方达成的有关执行事项的和解协议应当具有何种效力,我国民事诉讼法和司法解释均没有予以规定。由于我国仅对执行中有关执行和解协议作出了相关规定,承认其有限的效力,因此,可以反过来推论,执行根据成立之后,执行开始之前双方当事人达成的有关执行事项的和解与诉讼外的和解协议一样没有法律上的效力。在现行制度下,即使在和解协议中约定放弃请求权,在执行开始之后,债务人也不能以该和解对抗债权人的执行申请。与我国的情形不同,国外承认执行根据成立之后,执行开始之前双方可以达成有关执行事项的执行契约,包括不执行契约的情形。如果债权人不遵守不执行契约,向法院申请执行,法院受理执行的,属于不当执行,债务人可以向债权人提起债务人异议之诉予以救济。⑦

其四,执行开始之后,双方当事人就执行事项达成的和解。只有这种情形下的和解才是《民事诉讼法》和《民诉法司法解释》所规定和认可的执行和解,是执行中的和解。人们一般讨论的执行和解都是在这个含义上的执行和解。

3. 关于执行和解协议的效力

关于执行和解协议的效力,尽管《民事诉讼法》和《民诉法司法解释》都有相关的规定,但是依然存在着模糊地带。如何理解存在很大的争议。从法律规定和司法解释来看,关于执行和解协议的效力具体涉及以下几种情形:

---

⑥ 参见最高人民法院案例指导办公室:《指导案例 2 号"吴梅诉四川省眉山西城纸业有限公司买卖合同纠纷案"的理解与参照》,载《人民司法》2012 年第 7 期。

⑦ 参见[日]山本和彦等编:《民事执行法》,日本评论社 2014 年版,第 101 页。

(1)执行和解达成的情形。

关于执行和解协议与执行程序的关系是一个相当模糊的问题。按照民事诉讼法的规定,债权人与债务人达成和解协议的,当事人可以申请中止执行。从司法解释条文的文义上理解,如果当事人没有提出中止执行申请的,执行程序并不当然中止。执行程序没有中止,意味着执行程序依然还在发挥作用,法院原来采取的执行措施依然有效,法院也可以继续推进执行程序,实施相应的执行措施。这里涉及的问题是,从《民事诉讼法》第320条第2款规定的"恢复对原生效法律文书的执行"的表达来看,可否理解为原执行程序已经中止。不过,从最高人民法院相关部门的认识而言,执行和解协议一旦达成,并记入笔录,当事人双方签字或盖章的,执行程序应当中止。⑧

(2)执行和解协议不履行的情形。

按照民事诉讼法的规定,一方当事人不履行执行和解协议的,对方当事人可以向法院申请恢复原执行根据的执行。这里所谓的不履行,包括债务的全部不履行和部分不履行(注意,不是不能履行)。申请恢复执行原生效法律文书的,其申请的期间也适用民事诉讼法关于申请执行期间的规定。依照《民诉法司法解释》的规定,和解协议已履行的部分应当扣除(第467条)。按照《民事诉讼法》第239的规定,申请执行的期间为二年。申请执行时效的中止、中断,适用法律有关诉讼时效中止、中断的规定。

除了不履行执行和解协议,可以申请恢复原生效法律文书的执行之外,还存在申请执行人因受欺诈、胁迫与被执行人达成和解协议的情形。但这种情形与执行和解协议的诉讼上效力没有关系,因为申请执行人受欺诈、胁迫所达成的执行和解协议本身就是可撤销的协议。要注意的是,所谓"不履行和解协议"的表述是非常笼统和模糊的。实际上,因为执行和解协议的内容不同,情形也应当有所不同。究竟是没有按照和解协议约定的债务数额,还是没有按照协议约定的时间、方式、标的履行等。这里存在的问题是,是否无论涉及履行的何种内容都要恢复原生效法律文书的执行。而原生效法律文书可能除了债务数额之外,其他履行事项根本就没有涉及。这种情形下的恢

⑧ 参见最高人民法院案例指导办公室:《指导案例2号"吴梅诉四川省眉山西城纸业有限公司买卖合同纠纷案"的理解与参照》,载《人民司法》2012年第7期。

复执行还有什么意义。

《民事诉讼法》关于在不履行和解协议时,将恢复原生效法律文书的规定,潜伏了关于执行和解效力的巨大争议,成为理论界和实务界关于执行和解制度争议的主要问题之一,甚至是最具争议的问题。民事诉讼法没有规定在当事人不履行执行和解协议时,可以通过强制执行方式实现执行和解协议而是恢复原生效法律文书的执行。对这一制度设计,学者们的一般解释是,当事人不履行执行和解协议约定义务的,执行名义(生效法律文书)确定的实体权利义务关系就没有消灭,因此,需要恢复原执行名义(生效法律文书)的执行。[⑨] 这里涉及如何认识执行和解的性质、作用问题。即如果认为执行和解具有替代或改变原生效法律文书已确定的实体权利义务,则原生效法律文书所确定的实体权利义务也就不复存在了,也就自然不存在恢复原生效法律文书的执行问题。对此问题,笔者将在文后予以详述。

(3)按照执行和解履行的情形。

当事人按照和解协议履行完毕的,人民法院不再恢复执行。实际上就是意味着,只要执行和解协议得到全部履行,本案执行程序即告终结。

4. 关于执行和解的生效要件

《民事诉讼法》第 230 条第 1 款规定:“在执行中,双方当事人自行和解达成协议的,执行员应当将协议内容记入笔录,由双方当事人签名或者盖章。”该条规定是否是执行和解的生效要件,存在争论。一种观点认为执行和解协议的成立与生效是两个不同的概念,在执行过程中,只要当事人双方就执行事项形成合意,该执行和解协议就成立了,但执行和解生效还需要满足一定的条件,《民事诉讼法》第 230 条第 1 款的规定就是执行和解协议的生效要件,如果没有将执行和解协议的内容记入笔录,且有双方当事人签名或者盖章,该执行和解协议虽然成立但并没有生效。另一种观点则主张,执行和解未必需要将其记入笔录,由当事人双方签字或盖章作为生效要件。但从法律条文的结构关系来看,执行和解协议记入笔录,当事人双方签字或盖章应当是执行和解协议的生效要件。否则,《民事诉讼法》没有必要在条文资源稀缺的情形下专门对此加以规定。

---

⑨ 参见谭秋桂:《民事执行法学》(第三版),北京大学出版社 2015 年版,第 201 页。

三、执行和解协议的本质

现行执行和解制度一直深受人们诟病,不少人都认为现行执行和解制度存在诸多问题。其核心或实质问题是执行和解的效力问题。

执行和解的效力包括,(1)当事人双方达成和解协议之后,该和解协议或和解行为对已经开始的执行程序有何影响,是否具有中止执行的作用;(2)执行和解协议履行完毕之后,是否具有终结执行的作用;(3)执行和解没有履行,包括没有完全履行时,是强制继续履行,还是恢复原生效法律文书的履行?如果将执行和解扩展为执行根据成立之后,执行开始之前的双方就执行事项达成的和解协议,则还会存在该和解协议是否约束执行法院和当事人双方的问题。例如,和解协议内容是放弃实体请求权,则在债权人向法院申请强制执行时,债务人可否以该和解协议对抗强制执行。由于现行制度并未涉及这一问题,因此,虽然在实践中肯定存在这种和解协议,但在我国执行实践的背景下,这一问题没有成为或实践尚未显现的问题。关于执行和解协议得以完全履行时执行便得以终结,法律上有明确的规定,因此,也没有成为实践中的问题。所以主要和纠结的焦点问题在于第一个和第三个问题。

关于执行和解协议效力的问题,制度设计者始终在执行和解的政策性目的与执行和解的性质之间纠结和徘徊。所谓执行和解的政策性目的,是指执行和解制度的设定是出于对特定执行环境的考量。这种考量一方面是基于社会传统伦理的因素,另一方面是基于执行难的窘境。前一种考量因素与支持诉讼调解的考量因素相似,是基于纠纷解决中庸之道,维系社会关系稳定。尽管这种理念与强制执行的基本取向具有内在冲突,至少具有紧张关系。由此,也能隐隐感觉到传统文化、观念与现代权利观念的内在紧张。后一种考虑是基于我国执行难的现实。执行难在某种意义上是一个典型的中国问题,是我国特定语境下存在的问题。[10] 执行难的含义和执行难的因素都是一个很难给定适当标准,予以界定的问题。执行难的问题与我国特定的社会环境和法治环境有内在的关联。因此,在很大程度上不是执行制度的设计能够解决

---

[10] 关于所谓中国问题的理解,详见张卫平:《起诉难:一个中国问题的思索》,载《法学研究》2009年第6期。

的。但我们总是希望在执行的政策层面有一定程度的化解。正如一些学者所指出的,执行和解是以部分实体权利的处分来换取执行名义所定权利内容的实现,和解协议是为了实现权利义务所达成的协议,而不是为了其他目的所设立权利义务的协议。执行和解的功能就是化解执行难。[11] 也就是说,执行和解是通过权利让步换取执行难问题的解决。其潜台词是,如果不让步可能就根本无法实现权利,语境实质是司法权的问题,而非无财产可供执行。

基于这一司法理念,执行和解在执行实践中就必然会得以强化,如同诉讼调解一样(在实践中也存在着由法院主动主持的执行和解,在这个意义上执行和解与执行调解没有什么区别。唯一有区别的是制度上有无约束力的问题)。但在制度上又纠结于执行和解的性质问题。这里所谓性质并非学理上所谓的性质——是实体法上的契约,还是程序法的契约。而是执行和解中当事人处分自由与国家司法权的关系问题。从强化执行和解的角度,实际上赋予执行和解协议强制执行的效力可能更具有意义。如同在强调大调解的司法政策影响之下,为了赋予人民调解协议以强制效力,而规定经过司法确认的人民调解协议具有相应的法律效力。不过,从我们传统的法律理念而言,自然是国家权力高于个人权利。就立法者早期的法律理念而言,一般不会涉及或运用公法与私法、公权力与私权利这样的法理框架来认识执行和解的问题。公法与私法的视角和理念是近些年来学者们的视角和解释工具。基于国家权力与个人权利的认识范畴,人们不会认同执行和解对生效法律文书的变更和替代。从传统诉讼理论中的相对处分自由认知,也无法使得执行和解具有变更和替代生效法律文书的正当性。由此,也必然难以明确执行和解协议一旦达成就具有中止执行的效力,也不可能像对待人民调解协议那样规定经过非讼的司法确认而具有执行力。《民诉法司法解释》只是在后来受域外执行制度和理论的影响,有限接受了国外执行契约理论,才明确规定申请执行人和被执行人达成和解协议后请求中止执行或撤回执行申请的,人民法院可以裁定中止执行或终结执行(也导致了民事诉讼法关于中止执行和终结执行的事由的规定成为列举式开放性规定)。

---

⑪ 参见汤维建、许尚豪:《论民事执行程序的契约化——以执行和解为分析中心》,载《政治与法律》2006年第1期。

现行法规定在执行和解协议不履行时,可以根据执行申请人的申请恢复原生效法律文书的执行。这样的制度安排实际上可能还有一个很重要的原因,就是立法者试图将恢复执行看作一种督促债务人积极履行执行和解协议的手段,讲究的是债务人履行的自愿,而原生效法律文书的执行是底线,以防止当事人利用执行和解制度迟延债权的履行。对于执行中的和解协议,人们处于一种比较矛盾的心态。一方面基于传统伦理认知,希望债权人对债务履行给予更多的宽容,给予再生或继续发展的机会,以维系社会和谐。因此,在司法政策上自然会鼓励执行和解,也与强调诉讼调解类似,甚至变相强制地推进执行和解。另一方面由于司法政策上的这种取向,债务人也就会利用这种政策取向争取达成执行和解以实现减免、迟延债务履行的目的。对此,在立法的应对上就采取了恢复原生效法律文书的执行,而不是强制执行执行和解协议。但这种考量的预设前提只能是,债务人实际上虽然存在债务履行能力,但主观上不愿意履行。否则,如果在债务人履行能力有限的情形下,与其恢复原生效法律文书的执行,还不如强制执行和解协议。这种情形的恢复原生效法律文书的执行就具有了惩罚意义。

要彻底理顺和解决现行执行和解制度的结构问题,还是必须要厘清执行和解的本质。在正确认识和理解执行和解本质的基础上重新构建执行和解制度。以往的认识,要么误读了执行与实体权利的关系;要么虽触碰到了执行和解的实质,但其分析和阐释还不够清晰和充分,缺乏从现代执行法的基本机理,执行法与实体法、民事诉讼法的内在关联上来认识和把握。我们所建构的现代执行法应当是与实体法高度契合的执行法。

所谓民事执行,就是强制实现私法(民事实体法)上的请求权。⑫ 作为民事执行的法律规范当然要服从于实现私法上权利的要求。私法或民事实体法的原则也必然应当在执行法以及执行程序中得以反映和体现,尽管执行法具有公法的性质。因此,无论是在执行之中,还是执行之前,当事人双方对自己实体权利的处分都是自由的。在诉讼中,为了实现对实体权利的处分,也需要有对相应的诉讼权利的处分。例如,起诉权。在执行中,也可以通过为

---

⑫ 参见[日]竹下守夫:《日本民事执行法——理论与实务研究》,刘荣军、张卫平译,重庆大学出版社1994年版,第11页。

实现实体权利的处分,自由支配相应的执行程序权利。例如执行请求权。执行和解作为当事人关于执行事项的合意就是当事人实体权利和程序权利的处分。在认识执行和解的本质时,有几点需要注意:

其一,关于执行和解的处分范围。

以往,人们对于当事人在执行中,可以通过和解协议处分自己的实体权利,这一点几乎没有疑问。但有不少人却认为执行和解协议只能限于部分处分,而不包括放弃自己的实体权利,尤其是在执行过程中。理由是债权人与债务人达成和解协议,就是为了更好地实现自己的实体权利,是以退为进的一种策略,为了最大限度地争取自己的利益。因此,执行和解协议就其性质而言,只是对作为执行根据的生效法律文书的一种修正或变通。这种修正或变通不是为了放弃权利,而是实现生效法律文书已经确定的权利的一种方法。[13] 的确,在执行实践中,债权人完全放弃债权的很少,否则,债权人不会向法院申请执行。但就作为一种实体权利的处分自由而言,我们绝不能规定当事人只能部分处分自己的权利,而不能全部处分自己的权利。

其二,关于执行和解协议与执行根据(债务名义)的关系。

债权人与债务人在执行过程中就执行事项达成合意。该合意与执行根据(债务名义或称生效法律文书)的关系是一个人们最容易产生误识之处。对此,人们通常争论的是,执行和解协议是否替代或变更了执行根据或生效法律文书?主张否定执行和解协议具有约束力的人,其最有力的论据就是执行和解协议是当事人之间的合意,不能替代或变更执行根据(生效法律文书)。引用的法理根据是所谓"私权不能变更公权"。的确,这一法理是来自于著名法谚——"私契约不能变更公法"(Ius publicum Privatorum pactis mutari non potest)。[14] 不过,私契约不能变更公法,并不意味对私权处分自由的否定。民事诉讼法、执行法等程序法作为保障私法秩序的实效性、达成私法规范社会生活的目的之法律,总体上可以称之为公法。但作为公法的执行法和民事诉讼法也要尊重和保障实体法上的权利处分自由。民事诉讼法的辩论原则(约束性辩论原则)、处分原则、诉讼契约和执行法中的执行契约

---

⑬ 参见金俊银:《对执行和解若干问题的探讨》,载《法律适用》2005 年第 9 期。

⑭ 参见[日]兼子一:《诉讼合意》,载《民事法研究》(第一卷),酒井书店 1977 年版,第 249 页。

(执行和解)就是程序法对实体权利处分的认可。

生效法律文书是根据法律规定,通过一定程序对实体权利义务的确认。执行和解是当事人在执行根据确认的权利范围之内对其权利的处分,因此不存在变更的问题。正因如此,在法理上,对于扩张性执行契约不予认可,是无效的。其无效的原因就在于,扩张性执行契约超出了法律规定或所确认的权利范围以及相应的条件要求。所谓扩张性执行契约,是指当事人双方达成的,有利于债权人的,目的在于降低或取消权利实现的法定一般要件或特殊要件的契约。⑮ 例如,约定无须执行根据也可以对双方约定的财产标的予以执行;对人身的执行;对违反伦理和人权规则的执行(典型的扩张性执行契约就是所谓"夏洛克契约"⑯)等。与扩张性执行契约不同,在法律规定以及确认的权利范围内的所谓限制性执行契约则是执行法所许可的。所谓限制性执行契约是指双方当事人之间所达成的,对债务人有利的,以加重或限制权利实现的法定要件等为内容的契约。限制性契约包括几种情形:(1)双方约定不执行、撤回执行、在一段时间之前不得执行;(2)双方约定对特定的财产予以执行或不执行。例如仅对债务人的动产执行,不得对债务人的不动产执行;(3)双方约定执行的方法。例如,对不动产的执行,只能采用强制管理的执行方法。⑰ 各国法律所认可的执行契约均属于限制性执行契约,我国的执行和解大体上也属于限制性执行契约。

从执行法理而言,执行根据或债务名义是对实体权利的存在具有高度盖然性证明的公文书。⑱ 强制执行的要件之一就是必须要有这种能够实际高度

---

⑮ 参见[日]岩野彻等编:《注解强制执行法》(1),第一法规 1974 年版,第 13 页。

⑯ 在欧洲中世纪,法律曾允许对人体实现强制执行,例如约定在不能以财产或金钱偿债时,将割掉债务人身上的一块肉以替代财产债务的履行。英国大文豪莎士比亚的喜剧《威尼斯商人》中贪婪、吝啬、冷酷的商人夏洛克就是一个这样的债权人。约定债务人安东尼奥如果到期不还,将从其身上割下一磅肉。

⑰ 参见[日]岩野彻等编:《注解强制执行法》(1),第一法规 1974 年版,第 13 页。在学术上,德国学者 Kohler 最早对诉讼契约进行了研究。在日本研究执行契约的第一人为兼子一教授。在德国诉讼法理中,执行也是广义民事诉讼程序的一部分,因此,诉讼契约也包括执行契约。Kohler 将人们现在所谓的限制性执行契约称为"排除契约"(Exclusivverytraage),扩张性契约则称为"积极契约"(positive Vertraage)。不过,现在德国学理上一般不再使用"排除契约"和"积极契约"的说法。参见[日]斋藤秀夫:《执行契约》,载民事诉讼法学会编:《民事诉讼法讲座》(第四卷),有斐阁 1966 年版,第 1043、1044 页。

⑱ 参见[日]竹下守夫:《日本民事执行法——理论与实务研究》,刘荣军、张卫平译,重庆大学出版社 1994 年版,第 13 页。

证明实体权利的公文书——执行根据或债务名义的存在。除了执行根据或债务名义之外,没有其他更好的方法来证明实体权利的存在。[19] 执行根据或债务名义之所以能够作为实体权利的证明文书,是因为执行根据是经过一定的法定程序——诉讼程序、仲裁程序、公证程序,这些程序的正当性能够保障对实体权利有争议或异议的利害关系人行使相应的程序权利,阻止执行根据或债务名义的成立,从而维护自己的合法权益。因此,执行和解协议是在执行根据确认的权利范围内处分自己的权利,即限制性处分就不是对执行根据的否定。如果执行根据对于执行而言,其功能在于对实体权利的高度证明,并由此使得强制执行执行根据或债务名义的权利具有了正当性,则当事人双方达成的执行和解一旦经过一定程序的确认,作为继续执行的根据也就应该没有问题。由于执行和解只是在执行根据或债务名义的范围内对实体的处分,因此,只要执行法院能够确认执行和解的内容没有超出原执行根据确认的实体权利范围,关于执行事项的其他约定没有违反公序良俗,就可以将经法院确认的执行和解协议作为执行根据。在这个意义上,执行和解协议的确可以说是替代原生效法律文书(执行根据)成为新的执行根据。

其三,关于执行和解协议的性质。

国内(内地)近些年来也会在讨论执行和解时随带谈及执行和解(执行契约)的性质问题。但这些阐述主要是一种资料性的介绍,资讯主要来自我国台湾地区。由于语境差异,对于国外就这一问题讨论的实际意义并不是十分清晰和明确。关于执行契约性质的讨论同样源于德国。对执行和解协议性质的讨论,语境是实体问题与程序问题的界分,并与执行救济方式或途径选择相关联。关于执行契约的性质主要有两种观点——诉讼行为说和私法行为说。

1. 诉讼行为说或称"诉讼法合意说"。[20] 该说认为,在执行中,当事人之间的执行契约能直接产生强制执行法上的效力,不仅当事人应受执行契约的

---

[19] 参见[日]竹下守夫:《日本民事执行法——理论与实务研究》,刘荣军、张卫平译,重庆大学出版社 1994 年版,第 12、13 页。

[20] 关于执行契约性质的学说,参见 Raatz,S,39;foorster-Kann,Vor 704,11 b。[日]兼子一:《诉讼合意》,载《民事法研究》(第一卷),酒井书店 1977 年版,第 247 页;[日]斋藤秀夫:《执行契约》,载民事诉讼法学会编:《民事诉讼法讲座》(第四卷),有斐阁 1966 年版,第 1053 ~ 1057 页;陈荣宗:《强制执行法》(修订新版),元照出版公司 1999 年版,第 17 页。

约束,执行法院在实施强制执行时也要受执行契约内容的约束。如果执行法院违反执行契约的约定,例如,债权人与债务人之间达成了不执行契约后,债权人违反不执行契约而申请执行,法院受理执行,并予以实施,则债务人可以以执行违法为理由,向执行机关提出执行异议。经审查,当事人双方不执行执行契约有效的,执行机关应更正或撤销执行行为。

诉讼行为说面临的主要问题是,这种观点有违执行请求权不得放弃之原则。因为执行请求权是一种针对国家的公权,而不是针对对方债务人的私权。当事人之间对执行请求权的约定不能约束法院。同时,诉讼行为说还面临违反禁止任意诉讼或随意诉讼之原则的质疑。按照禁止任意诉讼的原则,诉讼程序和制度是国家设定的,当事人不得任意对法律设定的诉讼程序和制度进行变更。禁止任意诉讼原则划定了当事人诉讼合意或契约的界限。[21] 禁止任意诉讼原则也包括任意对其他民事程序的变更。依据诉讼行为说如果执行契约能够直接产生执行法上的效力,也就意味着实际上当事人可以通过契约对执行程序进行变更。

2. 私法行为说或称为"私法债权契约说"。该学说则认为执行协议只能是私法上之契约,执行契约只能发生实体上的拘束力,不能发生强制执行法上的拘束力,不能约束执行机关。强制执行机关违反执行契约内容实施的执行行为,不构成执行违法,而是属于不当执行。例如,同样是双方之间关于不执行的契约,债权人具有不得申请执行的不作为义务。如果债权人违反不执行契约,向强制执行机关申请执行时,执行机关实施执行行为的,债务人可以提起债务人异议之诉,将执行契约的存在作为妨碍实体请求权实现的事由。而非由通过执行异议请求法院撤销执行行为。从国外关于执行契约的学说现状来看,私法行为说或私法契约说为学界通说。日本判例也持私法行为说。对于双方之间存在放弃执行或不执行契约的,不得提起执行抗告或执行异议,但可提起请求异议之诉。[22]

---

[21] 关于禁止任意诉讼原则,参见[日]兼子一:《诉讼合意》,载《民事法研究》(第一卷),酒井书店1977年版,第247页。禁止任意诉讼原则的概念来自德国。关于德国的有关论述,参见Raatz,a. a. O.,S. 26Anm. 49;Schiemair,a. a. O.,s. 55 Anm. 26。德文资料出处,转引自[日]斋藤秀夫:《执行契约》,载民事诉讼法学会编:《民事诉讼法讲座》(第四卷),有斐阁1966年版,第1057页。

[22] 参见[日]山本和彦等编:《民事执行法》,日本评论社2014年版,第101页。

关于执行契约的两种学说——诉讼行为说与私法行为说的差异决定了违反执行契约的救济途径的差异。按照诉讼行为说就必然将违反契约的行为视为违反程序性事项的行为,因为是程序问题,因此,其救济方法只能是执行异议;按照私法行为说,执行契约属于实体法上私人之间的契约,因为是实体问题,因此,违反该契约的救济方法只能是债务人异议之诉。也就是说,关于执行契约性质的讨论有两个语境前提,一是程序问题与实体问题的界分;二是程序问题与实体问题通过不同的救济路径予以解决。在大陆法系诉讼理论上,实体问题的解决需要通过诉讼的路径,程序问题则无需通过诉讼路径,本质上是非讼的。如果不能理解这一语境前提,就不能理解关于执行契约性质争论的实际意义。

其四,执行和解成立的效力。

如果承认执行和解对债权实现的限制,那么执行和解一旦达成就必然会对原有的执行程序发生作用。过去,鉴于执行和解不能对抗执行程序的不恰当理解,因此,认为不能因双方当事人执行和解的达成就自然中止执行。虽然执行和解不能对抗执行程序,但执行和解的成立可以作为原执行中止的事由。因此,在当事人向法院申请中止,法院又对执行和解协议予以认可的,法院应当中止原执行根据的执行。在当事人双方没有告知的情形下,法院不可能知道存在执行和解协议,自然也就不可能根据这一事实作出中止的裁定。现在的法律障碍是《民事诉讼法》第 256 条没有将执行和解的达成作为中止原执行根据执行的法定事由。《民诉法司法解释》第 466 条为了弥补规范空白,明确规定申请执行人与被执行人达成和解协议后,请求中止执行的,人民法院可以裁定中止执行。也只有这样的规定,才能够合理解释《民事诉讼法》第 230 条关于双方当事人不履行和解协议时恢复原生效法律文书执行的规定。但如果将执行和解协议替代原生效法律文书作为执行根据,则就不存在中止以及恢复原生效法律文书的执行问题。因此,执行和解成立的效力问题核心还是执行和解协议的本质问题。

四、执行和解的制度重构

笔者认为,我国现行执行和解制度的问题反映出我们在构建执行和解时,在理念、基础理论方面存在一定的偏差和缺失。没有完全从执行法的原理、实体法与执行法应有的关系和结构上来考量和设计执行法的基本框架结构。这就导致了现行执行和解制度与现代执行原理、执行救济、执行程序的非契合性,不能充分体现和涵盖执行合意的本质与外延。因此,在建构现代执行制度之际,我们应当遵从执行法的原理和理念、实体法与执行法的内在关联,以此为据建构我国的执行法。相应地,执行和解制度作为执行制度的一个组成部分,也应当与执行法的基本结构相一致。

其一,重新定义执行和解的含义,将关于执行事项的合意纳入制度规制的范畴之中。

现行的有关制度将执行和解定义为执行中当事人双方就执行事项达成的和解,并就此社会关系予以调整和规范。这过于狭窄,没有能够涵盖执行和解的全部领域,因此,在制度建构方面存在缺失。

执行和解[23]是当事人之间就执行事项达成的合意。这种执行契约在内容上包括了对实体请求权的处分——实体请求权的放弃或不行使、实体权利的部分处分、实体请求权实现的时间(在约定的时间实施执行)、实体请求权实现的条件(例如,约定在特定的条件才能实施执行)、实现的方法或方式(例如,约定债务分期履行的期限或数额;在一定的情形下,以提供劳动服务的方式偿还债务;对不动产执行的,只能采取强制管理的方式执行等)、实体权利实现的范围(例如,仅对特定的部分财产予以执行,对其范围内的财产,即使生效法律文书或执行根据中已经确认为债权人的财产,也可以通过约定排除在执行财产之外)等内容。在程序阶段上,既包括执行开始后执行终结前的执行过程,也包括执行开始之前的阶段,甚至包括执行根据生效之前的债权人与债务人之间达成的有关执行的合意。只要这种合意没有违反法律禁止性规定以及公序良俗,我们就应该承认其契约对双方的约束性。在这一点上,执行和解作为当事人之间的执行契约,与其他法律主体之间为了实现利益调和的目的而达成的契约没有什么本质上的不同。即使在执行根据成立生效之前的诉讼阶段,当事人双方就今后权利的实现达成合意,只要在执行

---

[23] 笔者认为,实际上,将当事人双方就执行事项的合意称为“执行契约”更为准确。“执行契约”的重点在于合意,“执行和解”的重点在于一种结果。合意或契约的核心强调的是约束,和解只是目的或结果,显然约束性是契约的本质。因此,笔者建议在《民事执行法》中使用“执行契约”这一概念,而不再使用“执行和解”概念,也便于与国外或域外的概念对接。

过程中能够得到法院的确认,对实体请求权实现的限制是在执行根据确认的范围之内,也同样对当事人双方和执行法院具有直接和间接的约束力。当然,并非说执行和解与实体法上和解完全没有区别。因为执行和解协议是关于执行事项的协议。执行事项之中也并非均为实体事项,其中也包括程序事项,涉及对执行的直接或间接影响。因此,执行和解与和解协议就有了很大的不同。考虑到执行和解协议对请求权的限制,所以双方当事人就执行和解协议发生的争议不具有可诉性。按照一些实体法学者的理解,和解协议是不能单方让步。[24] 如果这一观点成立,则执行和解与实体法的和解在这一点上就有了区别,因为执行和解与诉讼调解(和解)显然是认可单方让步的。所谓限制性执行和解就是债权人在债务名义之内的单方让步。

其二,执行和解制度必须建立在相应的执行法法理基础之上,充分反映实体法的精神和原理。

在法理上,强制执行的目的是实现实体上的私权利,因此,作为公法的执行法也就必须契合私法,承认和尊重民事实体法的精神和原则。其中最重要的就是契约自由和处分自由。在执行法领域中最能体现民事实体法这一核心命题的就是执行和解制度。执行和解制度不应当否定和限制这种精神,而应当充分尊重这种精神。至于当事人之间有关执行事项的合意是否是真实的意思表示、是否存在违反法律禁止性规定以及违反公序良俗、执行合意是否真实存在,则是另一个问题。既不能因为现实当中大量存在欺诈的执行和解以拖延、逃避债务的履行而否定当事人双方之间关于执行事项合意的正当性,否定权利自由处分,因噎废食;也不能因为简单对接或对应和谐、稳定的理念,在违背双方当事人的意志前提下达成执行和解,使权利"打折"。与任何私法契约一样,只要符合自愿、合法的前提条件,则都是正当的,应当予以承认。但就现行的执行和解制度的设计来看,在这一点上并没有得到充分体现。主要问题是执行和解应有的效力没有得到承认。当事人双方达成的关于债务履行的执行和解协议,债务人不履行协议的,不是强制执行和解协议,而是恢复生效法律文书即执行根据的执行。从表面上看,这样的制度安排维

---

[24] 参见庄加元:《和解合同的实体法效力——基于德国法视角的考察》,载《华东政法大学学报》2015 年第 5 期。

护了实体权利人的权利,但却否定了当事人双方之间的合意,违背了实体法的意思自治和处分自由。实际上,就债权人而言,违反双方执行合意在行为上恰恰体现在要求恢复原生效法律文书的执行。因此,现行制度关于恢复原生效法律文书的规定恰恰具有反讽的意蕴。

如果承认当事人的处分自由,只要执行和解协议关于实体权利的处分是在原生效法律文书确认的权利范围之内,并且得到执行法院的认可,就应当确保执行和解协议的履行,而非恢复原执行根据的执行。和解协议相对于请求权而言是限制性的,因此,对债务人是有利的。在逻辑上,债务人更愿意履行和解协议,而非对生效法律文书的执行,但因为执行和解往往是以拖延执行为目的。因此,对执行和解的强制执行就有助于防止债务迟延履行。虽然当事人之间达成的执行和解协议在性质上视为替代原请求权的新的私法契约,但在一般情形下私法契约没有法定的法律文书证明之前不能作为执行的根据。通常情况下,需要通过诉讼或仲裁等其他法定程序使得实体请求权获得高度证明。但如果执行和解协议的实体权利是在已生效法律文书确认的范围内,即执行和解属于限制性的,则只要执行法院在形式上予以认可——例如,将执行和解协议记入笔录,当事人双方签字或盖章——即可将执行和解协议作为执行根据,而无需通过其他复杂的程序再次予以确认,因为已经具备和满足了正当执行所要求的高度证明。对执行和解协议本身有争议时,也因为没有诉的利益,不能就执行和解协议的争议提起诉讼或仲裁再行争议。执行和解成立并经法院确认的,应当中止执行程序,债务人没有履行和解协议,经债权人申请,启动执行和解协议的强制执行。

也有的学者为了很好地解释民事诉讼法关于执行和解协议不履行与恢复原生效法律文书执行的关系,采用了"新债与旧债并存说"的观点。这种观点将执行和解协议中的债权视为一种新的债权——"和解债权"。认为这种新的债权不是替代原生效法律文书所确定的债权,而是两个债权并存,当和解债权履行之后,原生效法律文书所确定的债权才归于消灭。一旦和解债权得不到履行,则原生效法律文书确认的债权依然可以强制执行。[25] 用新债旧债并存的观点解释执行和解协议不履行时为何可以恢复原生效法律文书

---

[25] 参见肖建国、黄忠顺:《执行和解协议的类型化分析》,载《法律适用》2014年第5期。

的执行,的确有其新意,作为一种解释论,有一定的说服力。但这一观点面临的问题是,请求权是基于一定的实体法律关系而产生的,原生效法律文书不过是对基于这一实体法律关系产生的请求权的确认。执行和解协议只是对这一已经存在的请求权的限制而已,是否肯定产生了新的请求权是个很大疑问。因此,以这一理论不足以解释现行制度自身的合理性。现行和解制度本身的不合理是无法用其他任何理由加以掩饰的。

最高人民法院关于民事执行法的建议草案(第六稿)在如何处理执行和解与执行程序的关系方面有了很大的改进。但这一方案在表达方面依然存在不足之处。例如,该草案第59条规定,"执行当事人达成执行和解协议后,执行债权人请求中止执行的,执行法院应当裁定中止执行。中止执行的请求以一次为限,期限最长不超过三个月。执行债权人申请撤回执行申请的,执行法院应当裁定终结执行。"问题是,中止执行的期限超过三个月时应当如何处理没有明确,究竟是恢复原生效法律文书的执行,还是执行和解协议呢?为了解决这一问题,该草案第60条紧接着规定,如果当事人明确以和解协议替代原生效法律文书的,并经法院审查认可的,法院裁定终结原生效法律文书的执行。一方当事人不履行和解协议的,对方当事人可以申请执行认可和解协议的裁定。这种当事人明确表示代替原生效法律文书的执行和解称为"特殊执行和解协议";没有明确表示代替原生效法律文书的执行和解为"一般和解协议"。最高人民法院"执行法草案"的思路实际上是将执行和解协议作为替代原生效法律文书的执行依据。这一点是值得肯定的。但将和解协议分为特殊和一般没有意义。草案的规定无非是强调和解协议的约束力。是否明确约定替代原生效法律文书,是和解协议内容本身的问题,与特殊与否没有关系。另外,在表述上也不宜将和解协议划分为"特殊"和"一般"。不仅在语义上容易导致误解,而且划分根据亦有可质疑之处。所谓特殊的和解协议不外乎就是经过了法院的确认,不存在特殊与一般的关系。"一般"往往理解为普遍、多数、通常;"特殊"理解为个别、少数、例外。显然草案的规定不是人们通常所理解的特殊与一般的含义。而且,执行和解协议是对请求权的限制,为了保证这种限制的真实性,才有了法院的审查确认,由此也具有了作为执行根据的效力。从这个层面上讲,没有特殊的含义,是必经程序。

其三,执行和解制度的建构应尊重民事诉讼的基本原理。

执行和解制度也是一种纠纷解决制度,虽然制度的基本功能是权利的实现,而非权利的确认。当事人在执行以及执行和解的履行方面也会面临涉及实体事项的问题和涉及程序事项的问题。面对这些问题时,我们必须遵循和尊重民事诉讼的基本原理。民事诉讼的原理之一,就是凡是涉及民事实体权利义务的争议均需要通过诉讼程序加以解决,非民事实体权利义务的争议通过非诉讼程序加以解决。诉讼程序必须遵循权利人主张权利、提出事实主张并予以证明,相对人提出抗辩并予以相应证明的对抗程序,由中立的裁判机关对事实作出认定,并在该事实认定的基础上适用法律。诉讼程序与非讼程序有着各自应当遵守的原理、原则和价值取舍。例如,诉讼程序需遵守公开原则、言辞原则、直接原则、平等原则等。正因为如此,我们构建执行和解制度以及整个执行制度时也就需要按照这一原理,根据不同的争议事项确定不同的解决和救济途径。将非实体事项的争议按照诉讼程序处理必然增加争议解决成本、延迟争议解决周期;反之,将涉及实体权利义务的争议,按照非讼程序加以解决,也许能够减少成本、快捷方便地解决争议,但却因为没有贯彻诉讼审理原则,无法获得实体争议解决的程序正当性。尽管我们会质疑实体事项与程序事项、实体权利义务争议与非实体权利义务争议界分的清晰性和绝对化,但我们也应当承认在一般情形下这种界分是可能的、有意义的。

在实体事项与程序事项可能界分的前提下,相应的救济路径的分道设计也就具有了可能性。在当事人双方之间存在放弃实体请求权的执行合意时,一旦债权人违反该执行合意,申请强制执行的,债务人即可提起债务人异议之诉(请求异议之诉)。放弃请求权的执行和解协议属于实体请求权消灭或针对请求权行使的异议事由,[26]因为涉及的是实体事项,因此,需要通过诉讼程序加以解决。通过债务人异议之诉的审理,法院审理确认执行和解成立的,就可以做出债务人胜诉的裁判,债务人可以依据该裁判要求撤销对其执

[26] 请求权消灭事由是指,债务人主张债权人与债务人之间,债权人的请求权已全部或部分不存在;请求权妨碍事由是指,债权人的请求权仍然存在,但该请求权的全部或部分暂时不能行使。请求权消灭事由除了执行契约成立之外,还包括清偿、提存、抵销、免除、混同、解除条件成就、契约解除或撤销、债权转让、债务承担、消灭时效、债务人破产、公司重整完成等。对于债权转让、债务承担、消灭时效等事由究竟属于请求权消灭事由,还是属于妨碍事由理论上有不同认识。详见沈建兴:《强制执行法逐条解释》(上),元照出版公司2014年版,第266、267页。

行。相反,如果执行中涉及的是程序事项而非实体事项,则可以按照非讼程序予以解决,即由当事人提出执行异议(在日本,有执行抗告与执行异议两种非讼方式),通过执行异议程序解决。例如,作为执行根据的法律文书尚未生效,就是程序问题,不能提起请求异议之诉,只能声明执行异议,通过执行异议程序予以解决。正是因为有了实体事项和程序事项的界分,也才有了违法执行与不当执行这两个具有特定含义的概念。违法执行的判断标准系是否违反强制执行法上的程序规定;不当执行是以是否具有实体法上的依据为标准。执行法院依照执行根据实施执行,即使债权人的实体权利已不复存在,其执行也不构成违法执行,只是不当执行。当事人之间存在不执行契约,债权人违反该契约申请强制执行,法院也实施了执行措施的情形就属于不当执行,而非违法执行。违法执行与不当执行的救济手段也就由此有所不同,对违法执行可申请执行异议;对于不当执行可提起请求异议之诉。[27]

分析我国现行执行制度构造,可以发现现行制度的问题之一,是没有实体事项与程序事项的清晰界分,也没有完全按照实体事项与程序事项或实体问题与程序问题界分的前提来设计执行争议的解决路径。在执行中,无论是实体上争议还是程序上的争议大体上都是按照非讼程序予以解决。《民事诉讼法》第225条的规定就是明证。该条规定,"当事人、利害关系人认为执行行为违反法律规定的,可以向负责执行的人民法院提出书面异议。"在该条规定中没有区分违反法律规定的执行行为是涉及程序问题,还是实体问题。《民事诉讼法》第227条也仅规定案外人在涉及实体问题时可以提起诉讼,以解决执行中涉及第三人权益的争议问题。就方便、快捷的实用主义角度而言,在执行中,无论是实体问题还是程序问题,一律通过非讼的执行异议程序加以解决似乎更好。但问题在于这种"笼统主义"做法必然有违民事诉讼关于实体权利义务争议应通过诉讼予以解决的基本原理,也将否定实体权利人的诉权。在执行中,不区分实体事项与程序事项的"笼统主义"是我国执行制度构建中的本根问题。"笼统主义"的认识和构造也必然对执行和解制度的构建造成不利的影响,遮蔽了人们对执行和解效力的正确认识,导致了执

[27] 参见[日]斋藤秀夫:《执行契约》,载民事诉讼法学会编:《民事诉讼法讲座》(第四卷),有斐阁1966年版,第1062页;陈荣宗:《强制执行法》(修订新版),元照出版公司1999年版,第13页。

行救济制度的缺失和紊乱。最典型的就是本文前述所提到的,在存在放弃请求权的执行和解协议时,债务人是提起执行异议,还是请求异议之诉?虽然有的情形下,因为区分的困难我们可以两可,但绝不能在所有场合都持两可态度。法律的价值追求是明确和清晰,法学理论就是为了探究法律的明确和清晰而存在。虽然在民事诉讼的发展中也呈现出某些诉讼事项非讼化的特征,但这只是一种个别和特殊的现象,实体争议与程序争议的界分客观存在,诉讼与非讼也必然要清晰界分。[28] 现代纠纷解决制度追求的是多元与精细化,程序的多元和精细正是纠纷解决制度演进的必然结果。

结语

如本文文首所言,执行和解是我国执行领域中理论界和实务界都非常关注的一个问题。就诉讼中的和解或调解而言,在双方达成和解或调解之前,其权利义务是不确定的。基于对诉讼成本和关系的考量,人们可能会更多地追求诉讼和解或调解。与此不同,执行和解的基本取向就是限制债权人请求权的行使,对债权人是不利的。如果不是基于长远利益关系,在实体权利已经被确认的情形下,债权人通常没有必要与债务人达成对己不利的执行和解协议。因此,执行和解应当是一种特殊的情形,而非普遍现象。但在我国,基于各种外部因素,如破产制度适用的限制、司法权威的缺失、执行力度的不足等,导致执行和解成为一种比较普遍化的法律现象。这也反映了一种权利普遍打折的社会现实。因此,执行和解的重构虽然可以在制度层面上解决问题,但不能完全解决因社会大环境所致的问题,执行和解的相关问题依然会伴随着执行难的问题而长期存在。对此,人们应该有清醒的认识。

在国外或域外,人们很少议论执行契约的问题,几乎没有多少文章专门问津此事。在执行的著作中,执行契约作为请求异议之诉的事由,通常只是在请求异议之诉或债务人异议之诉中简单地一笔带过。在执行契约方面,关注的重点是债权人违反执行契约的法律问题。在日本,关于执行契约问题,几十年中仅有数篇文章,与我国有几百篇文章的热闹情景形成强烈的对比。

---

[28] 关于非讼程序的扩大化或诉讼案件非讼化问题,详见张卫平:《民事诉讼法》(第四版),法律出版社 2016 年版,第 445 页。

这其中也折射出问题的语境差异。其中执行制度的差异是一个十分重要的原因。相信一旦理顺执行制度,关于执行和解问题的议论将归于平静。鉴于执行制度与民事诉讼法及民事实体法的血肉联系,执行和解制度的构建和实施必须坚守民事诉讼法和执行法的基本原理,坚持执行和解的自愿原则和合法原则,坚持私权自治、意思自治的私法原则,坚守实体权利义务规制的原理。只要坚持这些原则和原理,而非人为地制造自己的特色,依然凭感觉在没有理论、原理的指引下的"土法"式建构,执行和解才能成为现代执行制度的有机组成部分。执行和解制度也就不会成为一种让权利打折的工具,真正成为双方当事人之间利益调和的手段。

(原文载于《政法论坛》2015 年第 4 期)

转型时期我国民事诉讼法学的主要任务与重心

引言

毋庸置疑，我国目前正处于社会大转型时期——从原来计划经济转向市场经济、从传统法制转向现代法治、从万能政府转向简政放权、从追求 GDP 转向环保型可持续发展、从封闭转向开放。在这样一个社会大转型的过程中，全面推进法治即是社会转型的重要特征，也是社会转型的基本作业。全面推进法治并非仅仅是实体法规范的建构和实施，相比较而言，现代法治的建构和推进在现阶段更重要的是程序法的建构和推进。程序法的建构和有效实施是与传统法制的主要区别之一。[①] 广义的民事诉讼法作为现代法治程序规范中最为重要的组成部分之一，没有发展和完善的民事诉讼法，不能有效地实施民事诉讼法就谈不上现代程序法治，也谈不上法治的发展和建设。民事诉讼法与其他部门法一样也必须适应这样的社会发展，推动社会的快速转型，为全面推进法治发挥积极的作用。不言而喻，民事诉讼法的发展和完善必须依赖于民事诉讼法学的发展，从民事诉讼法学中汲取理论营养。民事诉讼法学应当为民事诉讼法的建构、完善和有效实施提供理论营养是民事诉讼法学的基本任务和目的。

在不同的时期，民事诉讼法学的任务或重点又有不同。从国外的情形来看，例如日本。在明治维新前后民事诉讼法学研究的任务就是如何移植，如

① 现代法治与传统法制区别的主要是两个方面，一是法的精神和观念。现代法治是保障人权、财产权和追求的自由发展为前提。二是重视和承认程序的价值和程序建构的意义。没有坚持这两点再多的法也没有意义，依然是传统的法制。

何正确地理解被移植制度的法理依据,以便正确按照该制度的法理予以实施。

回望历史,“二战”中日本战败,日本社会进入社会变革和转型时期。日本在政治、经济、文化、观念等方面发生了巨大的变化。日本法律构架发生转型,法学研究的任务也随之发生移转。其中,民事诉讼法学的任务也转向探讨在新的社会转型过程中,如何建构具有现代法治精神的程序法规范,注重对程序价值的追求。② 在其民事诉讼程序建构和积累到一定程度之后,为了应对民事诉讼程序在解决纠纷中存在的过于刚性、高成本、长周期、低效率、单一化、单纯形式化的弊端,在20世纪八九十年代日本民事诉讼法学界又将其研究任务的中心和重点转向如何提高效率、控制诉讼成本、缩短纠纷解决周期、讲究武器平等、追求纠纷解决的多样化、替代性方面。除了日本之外,其他大陆法系国家(例如德国),也有这种变化态势。③

再看看原苏联的民事诉讼法学。基于国家对维权性、制约性的法律本身的虚无化,对程序及功能先天的戒备以及法意识形态的对立,原苏联民事诉讼法学的主要任务,从一开始就是服从于意识形态的需要,无情地对西方资产阶级的民事诉讼制度和理论进行批判。虽然也有一些学者在理论层面研究民事诉讼制度的运用,但这并不是他们的主要任务,主要任务就是论证苏维埃民事诉讼制度特殊性、独创性,从历史阶段论和阶级论论证苏维埃民事诉讼制度的优越性,并反证西方资产阶级民事诉讼制度如何腐化和虚伪。④ 作为一个非现代法治国度的苏联,民事诉讼法学在很大程度上就是政治学的分支或政治经济学在民事诉讼中的运用。⑤ 法学在很大程度上就是法政治学。

显然,我国所处的社会阶段既不同于发达法治国家的现阶段,也不同于

---

② 参见[日]竹下守夫:《日本民事诉讼法的修订经过与法制审议会的作用》,载《清华法学》2009年第3期。20世纪70年代,有日本民诉法学者受美国程序正义理论及程序保障实践的影响,提出了在日本再建新程序保障体系,以程序保障为新的视角审视现行的诉讼制度以及以往的理论,掀起所谓“程序保障第三次浪潮”。详见[日]井上治典:《程序保障的第三次浪潮》,收录于井上治典:《民事程序论》,有斐阁1993年版,第4页。

③ 日本在这方面的制度建构集中体现为1996年最大规模的民事诉讼法修订。

④ 参见[苏]阿·克列曼:《苏维埃民事诉讼》,刘家辉译,法律出版社1957年版,第88~89页。

⑤ 参见张卫平:《民事诉讼处分原则重述》,载《现代法学》2001年第5期。

原苏联解体之前的社会阶段。与国外发达的法治国家相比，在某一个方面，我们可能正处于它们曾经走过的历史阶段，如果更准确地讲处于混合阶段——法制大规模建构、纠纷形态现代多样、法治观念刚刚启蒙、传统与现代纠结、高新技术日新月异、资信爆炸和泛滥、阶层分化与固化并行、经济发展与环境严重冲突。因此，在这样一个特有的社会转型时期，我国民事诉讼法学的主要任务应该是什么？这是民事诉讼法学界必须回答的问题。

一个学科不同时期研究任务的设定和描述是宏观的，论述的是一种大的趋势。这种设定不是对学者个人研究兴趣的限制。每个学者会根据自己对这种宏观趋势的判断和自身的研究条件（包括外语工具、本科、研究生、博士教育背景、具象与抽象思维的能力）、学术竞争优势（学术研究成效或社会效应、研究成本投入与产出率，学术研究并非一定是种瓜得瓜）、研究兴趣等选择自己的研究方向和课题。兴趣不同，研究任务的设定就有所不同——有的可能对概念的梳理、概念及制度的历史考察有兴趣；有的可能制度形成的外部因素——政治的、文化的、经济的有兴趣；有的可能对中国传统文化与诉讼制度的关联有兴趣；有的可能对制度实施的实况有兴趣。每一个学者个体的研究虽然是个性化，但其研究往往无法摆脱研究的目的性，不可能是无目的的研究，目的将指引你的研究，于是对研究目的的判断就很难离开对一定时期民事诉讼法学任务的宏观认知。符合发展规律和发展趋势的研究才有可能是有成效的研究。在建构现代民事诉讼法体系和民事诉讼法学理论体系的大趋势过程中，注重对过去传统方式的研究虽然有助于加深我们对民事诉讼现代化的认识，但对于现代民事诉讼法而言建构所需要的理论体系才具有更重要的意义，对现代民事诉讼理论的研究才更具有积极意义和实际效益。毕竟我们可以从传统中获取的建构资源是非常有限的，因为传统毕竟与现代具有内在的冲突。

一、民事诉讼法学的任务与时事变迁

回望历史，在新中国建立之处基于革命和政权更替的需要，我们坚决而彻底地废除了过去的法统。基于法统的断裂和法观念、法意识的改变，原有的民事诉讼程序和民事诉讼法也与过去的法统一起被埋葬。与过去法统相依相随的民事诉讼法学理论也一同被掩埋于制度的废墟之中，成为旧法统的陪葬品。从20世纪50年代到80年代,虽然也有民事纠纷——主要是离婚诉讼,也有相应少量极其简易化或半隐形化的程序,但在人们的头脑中基本不存在程序价值和程序约束的观念,所以程序也就处于完全虚无化的状态。⑥在没有程序法的这种状态下,自然也不可能有民事诉讼法学存在的余地,民事诉讼法学及理论继续存封于历史的尘埃之中。

改革开放之后,随着法制的重建,作为程序基本法的民事诉讼法得以再度重生,民事诉讼法学也如枯树逢春。改革开放之初最紧迫的法制建构任务就是民事诉讼法的制定,哪怕是最简单的民事诉讼法,在当时的情景之下也只需要简单的程序。基于这种急切的需要,已经存封已久的民事诉讼法理论也有了重启的机会,虽然在运用时还需要经过适当的"漂白"处理。在民事诉讼法试行制度过程中,过去民事诉讼法的理论实际上在悄然发挥着作用,因为制度运行必须有相应的解释。我们毕竟不同于革命更为彻底的柬埔寨。⑦ 但受原苏联民事诉讼理论、传统纠纷解决观念和文化的影响,民事诉讼法学其再生之初并未真正走向应有的轨迹,而是严重地与实体法的精神脱离,与市场经济的社会转型和政治体制改革发展方向背道而驰,凸显口号式、标语式论说。虽有曲折、迂回,但经过几十年的发展,总体上我国民事诉讼法在具体制度的建构方面有所完善和发展。不过还应当承认在基本理念、诉讼体制、原则、基本制度或基础性制度的探究和建构方面依然还有提升、匡正、拓展和发展的空间。新时期民事诉讼法的进一步发展需要民事诉讼法学能够提供足够的动力,需要通过全面深化研究,为民事诉讼法的转型和发展提供理论资源。

在1982年《民事诉讼法》(试行)颁布实施之后相当长的一段时间,民事

---

⑥ 改革开放之前的法制状态。可参见高其才、左炬:《"为中心工作服务":基层司法机关"专政工具"角色的确立与强化——1949年至1956年华县人民实证研究》(上)(下),载《清华法学》2009年第2期、第3期。

⑦ "文革"之前,整个中国处于始终革命的年代,法治完全没有存在的价值。从20世纪50年代开始,统治者已经逐渐将人们的头脑中保存不多的法意识几乎完全格式化了。"文化大革命"期间革命意识达到了顶峰。当时的政治意识是天下大乱达到天下大治。相比更加极端的柬埔寨,我国还算是幸运的。在柬埔寨红色高棉时期,人们做得更为彻底,干脆将法学家和法律专家在人体予以消灭。那个时期柬埔寨的法学家和法律专家都基本已经被处决。后来在重新制定《柬埔寨民事诉讼法》时,人们再也找不到过去参与《柬埔寨民事诉讼法》制定和对《柬埔寨民事诉讼法》有研究的学者和专家。《柬埔寨民事诉讼法》是由日本民事诉讼法学者帮助完成的。参见[日]竹下守夫:《柬埔寨民事诉讼法的制定》,2001年,法务省国外法制协力报告。

诉讼法学的任务就是阐释民事诉讼法,解答民事诉讼法条的含义。尽管民事诉讼法的条文很少,但也给了民事诉讼法学很大的压力,因为对于当时中国的民事诉讼法学界而言从事民事诉讼法理论研究的人力资源相当有限。民事诉讼法知识相当贫困。那时的研究生已经是很有学问的专家学者了。不过由于那时民事诉讼法适用的实践还不能充分反馈,民事诉讼法的适用也不规范,从而客观上减轻了理论解释的压力。

从 1982 年《民事诉讼法》试行至今,民事诉讼法已经走过了三十多年的历程,民事诉讼法一直在不断的建构之中。从现在的情形来看,民事诉讼法也还没有完成其大规模的建构,在这个方面,与我国的社会转型和社会发展的情形完全一致。关于这一点我们从民诉法司法解释的制定和初步实施可以清晰地看到民事诉讼法规范建构的艰巨性。虽然民诉法司法解释尽量基于民诉法文本予以展开,但实际上司法解释已经创设了许多具体的制度。证据制度部分的解释最为典型。民事诉讼法关于证据制度部分的条文仅有 18 条,约 1800 字。民诉法司法解释关于证据制度部分有 34 条,约 4500 字。其中创设的新制度不计其数,例如,证明责任与分配、自认制度、书证提出制度、证人、当事人陈述保证书制度、证明标准、无需证明的事实范围、公文书证明等。即使民诉法司法解释在证据制度方面已有所补充和完善,但距离建构完善的证据制度还有很远的距离。有些证据制度的建构也是司法解释无法承受之重,例如,关于对证人伪证、伪造证据的惩罚等。甚至连最基本的证据程序都还存在严重缺失。证据提出的程序是什么?证据应当何时提出?法院调查证据的范围是什么?应当以何种方式、何时公开证据调查结果?对法院证据认定不服的如何救济?我们以民诉法解释关于书证提出义务为例。关于书证提出义务在现行的《民事诉讼法》中并没有规定,民诉法司法解释为了解决因诉讼中证据偏在导致案件真实不能充分揭示,从而影响实质正义实现的问题,明确规定书证为对方当事人所持有的,另一方当事人可以向人民法院申请要求书证持有人提出该书证。这一规定的确是有意义和价值的。但民诉法司法解释仅有简单的一条规定,对于书证提出义务诸多应当细化的规范却没有规定。应当提出的书证的范围?在何种情形下持有该书证的当事人可以免于提出?涉及职业或职务秘密的文书是否应当作为书证提出?涉及个人隐私、商业秘密的文书是否应当提出?为自己工作、业务和私人生活的文书是否应当提出？在程序上，书证提出申请应当何时提出？以何种方式提出？对法院驳回申请的裁决应当如何救济？法院审查判断的程序是什么？这些最基本规范民诉法解释都没有规定。[8] 这必将影响书证提出义务这一制度的有效和正当实施。除了证据规范之外，基本的民事诉讼的程序也还有许多需要建构的制度，可以说，在某种意义上讲，民事诉讼法仅仅是建构了一个大致的程序框架，框架之中还有许多具体的运作程序尚未设置。而民事诉讼制度的大量建构就需要民事诉讼法学研究者提供制度建构的理论依据。真可谓任重而道远。

二、转型时期我国民事诉讼法学的主要任务和重心

与我国经济体制改革过程极为类似，民事诉讼法的建构在很大程度上也是经验主义的，即摸着石头过河，缺乏民事诉讼理论的充分指导。在当我们观念和理念存在偏差时，就必然摸错方向，误入岔道。历史明确地告诉我们，在民事诉讼法的完善和发展中，民事诉讼理论一直处于供给的极度短缺之中。从 2012 年民诉法的修改，尤其是之后的民诉法司法解释的制定过程，更突出地表明民事诉讼法理论资源的严重不足。可以肯定地说，现有的民事诉讼理论远不能令人信服地回答、解释具体诉讼制度的结构、具体诉讼制度间的相互关系、制度适用的诸多问题。在民诉法司法解释制定的过程中，几乎每一个方面都充斥着争议和疑义。司法解释的具体制定者发现民事诉讼法学界关于许多问题都没有达成共识，当然有的问题是具体制定的认识问题。这说明民事诉讼法学研究还没有对这些问题提供令人信服的答案。

从表面上看，这些不足是因为民事诉讼法学对具体制度理论研究的欠缺，但实际上是民事诉讼法学对基本的理念、基本原理、基本制度缺乏深入的了解。令人遗憾的是，在民事诉讼法学研究资源本身十分匮乏的情形下，大量研究资源又因为政策导向的原因被投入了规范分析法学、法教义学、法解释学之外，规范分析学者并不擅长的诉讼调解、司法制度、大调解等诸多领域，在这些领域中重要的不是制度建构和规范解释，更多的是实际操作技术

---

⑧ 关于书证（文书）提出义务制度，参见张卫平：《民事诉讼法》，法律出版社 2016 年版，第 207～209 页。

和运用。另一方面,在这些领域中往往与政治形势关联,因此容易陷入司法政治游戏的秀场之中,导致民事诉讼法研究任务上的偏移,学者注意力的转移,导致精神资源——智力和物质资源——人财物的无谓消耗。

我们以诉讼调解或法院调解为例。诉讼调解是在法院的主持下依照当事人双方的意愿就纠纷解决达成协议以避免通过适用实体法规范裁判争议。从诉讼调解的应遵循的规范而言,必须遵循当事人双方的意愿。法院的作为就是引导双方正确辨识权衡利害关系。在追求调解率的司法政策指导下,诉讼调解成功率主要取决于对双方当事人心理的把握。与诉讼理论没有关联,如果要说理论更多涉及的是实践心理学或临床心理学的问题。实际上主要是经验的积累和运用。国外对调解或和解的理论总结也主要是调解实践经验的概括和总结。将大量的学术研究资源投入诉讼调解,为司法政策背书是没有必要的。所谓"大调解"是政府主导下的多元纠纷解决机制,是民事诉讼纠纷裁决的替代形式。原本多元纠纷解决机制虽然也是民事诉讼法学研究的一个重要领域,但毕竟在研究方法上多采用规范分析之外的社会科学方法。因此,不是民事诉讼法学研究的主要领域,也就不是民事诉讼法学的主要任务。并且我国的"大调解"是在政府主导下的政治作为,带有很强烈的行政色彩,而且也是基于特定的政治需要,因此大调解在纠纷解决方面并没有发挥作用。将有限的理论研究资源吸引到这一政治秀场之中无疑是浪费学术资源。

司法制度研究一直是法学界的一个研究重点。因为司法制度与民事诉讼有紧密的联系,因此,司法制度也是民事诉讼法学界关注的一个重点。从理论上讲,也应该是一种学术研究重点。司法体制改革被视为体制改革,尤其是政治体制改革的一个重要组成部分,司法体制改革也是改革关注的重点,因此也吸引了民事诉讼法学大量的人力资源。许多关心改革的人也都认为民事诉讼法学界应当积极投入司法体制的改革,并且主张,如果司法体制不改,民事诉讼的改革也没有实际意义。这种观点也并非没有道理。而且基于政治改革的社会关注度,投身司法制度的研究更具有社会效应,与民事诉讼制度的研究相比,可谓事半功倍。笔者也一度将研究重点转向司法制度的研究,关注司法体制改革,许多民事诉讼法的学人也与笔者一样,投身于司法体制改革的研究之中。但我们没有注意到,司法体制虽然是法律制度的一部分，不过，在我国特殊的政治架构之下，司法制度与政治体制有着更为密切的联系。在许多情形下司法制度的构建不能依据传统的法理予以决定，甚至不是依据法理逻辑，而是政治逻辑。司法权的定位和架构涉及政治体制、意识形态、历史传统等诸多关联，不是通过法理原理可以解决的问题。在这一领域常常是政治高于法理、意识高于理性、信仰高于科学、现实高于理想。司法制度的研究更多是实证性的，需要掌握司法的实际运行状态——司法人员、物质资源的配置情况。在司法统计信息没有充分公开，甚至不公开，以及统计信息的大量失真的现实状态，对司法制度实际情况的了解方面，司法机关远比学者更为清楚，对于隔离于司法机构以及现实的学者而言，对司法制度的研究无疑是扬短避长。虽然可以通过司法制度的政治性揭示或解释民事诉讼中的一些现象，但对于探究民事诉讼的原理而言，这种研究分属于不同的研究路径和学科领域——政治学或法政策学。在民事诉讼法学研究人力资源相对稀缺的情形下，将研究资源用于司法制度的政治性分析，无疑分散了民事诉讼法学研究注意力，也进一步导致了民事诉讼法学研究资源的紧张。

由于研究课题的政治性导向，大量的课题资源向具有政治性的话题倾斜。在司法的研究课题方面，关于调解和司法制度改革的课题占据相当大的比例。有一年社科基金关于司法体制的改革重大和重点项目就同时有三个研究团队分别承担。最终也没有见到这些项目的研究对司法体制改革决策有什么重要的影响。人们也不会关注和关心这些研究成果是否能够转化为制度建构和制度运用。因为这些研究课题的设置本身就是政治性的，而非基于学术和制度建构的需要。如果从全国范围和立体地看，关于调解和司法体制改革具有相当大的重复度。在法院系统，几乎每一个中级法院，甚至许多基层法院都设有关于调解和司法体制改革的研究课题或项目。有些课题作为经验总结无可厚非，但将这些研究转化为一种政治性行为就失去了研究本身的目的性，更加重了司法机关的政治性特征。课题项目的研究是学术性，而实际改革则是对策性。而且由于课题价值指向的诱导性，对命题的肯定已经预设为命题的必然证成结果，导致绝大多数研究者成了命题价值的坚定支持者，无法做到马克斯·韦伯所提倡的价值中立。对调解的研究最终成为对以审判为中心这一基本命题的贬斥，对裁判功能的批判。也正因为这些领域中政治性因素和理念的诱导,大量的研究课题从物质和精神两个方面吸食民事诉讼法学已经匮乏的人力资源和精神资源(导致人们偏离对主要任务的关注),且这些研究又存在相当程度上的重复性,致使研究资源的浪费。在有些方面,例如司法体制改革的研究,由于其“天花板效应”,司法制度的研究只能通过“变脸”的技巧来满足体制改革作秀的需要。如此种种,进一步加剧了对民事诉讼法制度建构的理论供给短缺。

就民事诉讼法的建构和实施而言,民事诉讼法学的一个基本任务就是对民事诉讼基本理念、诉讼体制、基本原则、基本原理和基本制度的深度研究,真正厘清我国民事诉讼法建构的基本路径和基本架构。例如,我们应当构建什么样的诉讼体制?我们是否应当坚持辩论原则和处分原则?辩论原则和处分原则的真正要义是什么?应该如何在具体诉讼制度的建构和适用坚持辩论原则和处分原则。如果我们对辩论原则的真正要义不了解,我们也就无法真正理解自认制度,所建构起来的自认制度也自然存在先天缺陷或在建构的同时已经被解构(民诉法司法解释关于自认的规定就十分清晰地说明了这一点)。再如,我们是否应当坚持公开、直接言辞原则,如何体现和坚持这些原则?是否应当建构既判力制度?如果已经有了既判力制度某些构成,在既判力制度方面还有哪些缺失?如此,尚有诸多问题都等待我们的认真回复。民事诉讼法的正确实施也有赖于我们对民事诉讼原理、原则的深入研究。民事诉讼法的实施必然要遭遇民事诉讼法的解释问题。实施中如何理解民事诉讼法的规定、如何协调制度之间的关系、在存在法律规定冲突、漏洞时应当如何处理才符合民事诉讼法的基本原理、价值理念、基本原则等。

改革开放以来,我国的民事关系已经基于社会的快速发展变得日益多样化、复杂化,民事法律规范也相应变得日益复杂化,另一方面,由于民事关系的复杂化,民事纠纷的样态也变得多样化和复杂化。但由于我们的传统纠纷解决观念——凭感觉、无依据、无规范、靠感性解决纠纷,以及潜意识中的愚民认知,对百姓智识的肆意矮化,导致民事诉讼规范的建构和实施远远没有跟进,程序理念没有到位,依然是粗放式地简单应对纠纷解决的过程,忽视纠纷解决的程序正当性。在缺乏实体规范、程序规范以及相应的事实认定和裁判技术能力的情形下,只能靠模糊事实和规范界限的调解方式来解决纠纷。而大量的调解又试图进一步麻痹、忽略人们对程序正当性的要求,忽视社会程序规范性、对纠纷解决规则细化和技术化的追求。造就一种规则细化和纠纷解决程序技术的虚无化。由此,也就使得民事诉讼法学完全没有了理论探讨的必要和需求,没有了生长的激素刺激。加之,民事诉讼法学的研究人力和财力资源又大量地流入非规范分析的研究领域——调解、司法制度,因此也就使得我国民事诉讼法学在贫困化的道路上越走越远。

应当承认,由于我国民事诉讼实践不够,民事诉讼实践与民事诉讼理论的隔离,民事诉讼理论研究的积累不够,规范分析研究在很大程度上还不能形成自创,还没有足够的自信,还必须研究国外发达国家已有的民事诉讼理论构成和具体应用,通过这样的研究来武装自己。但如果片面强调所谓理论创新、本土化研究必然导致人们对国外理论的排斥与蔑视,缺失应有的敬畏与尊重。我们应该清楚,在法治建设中,我国还只是一张白纸。在没有厘清和了解制度的构成原理、适用环境和条件的情形之下,我们的借鉴就完全可能画虎成猫,南橘北枳。我国新设的民事诉讼中的第三人撤销之诉可以认为是这方面的典型案例。在没有厘清第三人撤销之诉与其他诉讼制度的相互关系、既判力制度的作用功能,简单地与原有的第三人制度挂钩必然导致制度的误用和运用的混乱。这些问题源于我们对民事诉讼理论深度研究的缺失,主要根子还在民事诉讼法学自身,虽然也关联立法的封闭性。这使人很容易与最近股市"熔断机制"被"熔断"的事例联系起来。⑨ 熔断制度引进的失败,不在于熔断原理本身,而在于引进者完全没有弄清熔断机制的运行条件,就盲目地引进、实施,这必然导致其失败的命运。在民事诉讼法的建构中,我们也同样有着这样的经历。

三、民事诉讼法学任务与民事诉讼法学研究的开放性

改革开放是我国这些年快速发展的成功之道。欲取得大的发展,民事诉讼法和民事诉讼法学也同样应当坚持改革开放这样一条正确的道路。因为

---

⑨ 熔断机制(Circuit Breaker),也叫自动停盘机制,是指当股指波幅达到规定的熔断点时,交易所为控制风险采取的暂停交易措施。具体来说是对某一合约在达到涨跌停板之前,设置一个熔断价格,使合约买卖报价在一段时间内只能在这一价格范围内交易的机制。2015 年 12 月 4 日,上交所、深交所、中金所正式发布指数熔断相关规定,熔断基准指数为沪深 300 指数,采用 5% 和 7% 两档阈值。2016 年 1 月 1 日起正式实施。但熔断机制的适用效果适得其反,不仅没有阻止股市下跌,反而进一步导致股市下挫。于是便于 2016 年 1 月 8 日紧急暂停。这一改革可谓最短命的改革。

我国民事诉讼法体系还处于建构的初期阶段。民事诉讼法的实践还没有充分的积累。因此，我国民事诉讼理论还远没有达到可以自说自话、自我发展的程度。基于此，研究、分析、借鉴国外的理论尤其是与我国法制和理论具有形式上亲和力的大陆法系国家的民事诉讼理论就显得非常重要。我们决不可以否认实践和理论的积淀对制度和理论先进性的作用。必须相信人类的进步在于人类智识的共享，相信法治建构原理的普适性。由于改革开放我国的经济发展一直处于高速增长阶段，经济总量不断攀升，以经济发展和实力为基础，大国、强国的意识也开始有所膨胀。在意识上由过去的自卑开始急剧地转向自大，并存在走向自闭的态势。由此显示出一种下意识的、不自觉的排斥心态。在法治建构过程中，这种经济自信加上意识形态上的差异和隔离，人们开始相信传统文化在法治建构的自主作用，随之不断强化对国外法治理论的排斥。在民事诉讼法领域也是如此，尤其是民事诉讼法领域中与司法制度的关联更容易滋生这种情绪。应当看到，在民事诉讼法领域，与发达的法治国家相比，我们还处于初级阶段，无论是民事诉讼制度的建构还是民事诉讼制度的实施。开放式地，规范地实施民事诉讼法并没有多长时间。因此，在民事程序法治建设方面亦不能有任何封闭自大的心态。在这一点上，实体法如民法学应该是民事诉讼法学的榜样。虽然，民法学在借鉴方面更有优势，而民事诉讼法学受司法制度的牵连障碍更大一些。但是民事诉讼法学应该跟上学习借鉴的步伐。我们应该承认民事诉讼法哪一个进步，不与借鉴国外的理论和制度相关？学习、借鉴就是我国民事诉讼法的后发优势。

国内一些学者，主要是一些学科“跨界”学者，从“法制特殊论”出发，认为所谓国外法治理论（并特别指出系欧陆法系理论）完全不适合中国，无需向这些先进的法治国家学习借鉴。笔者认为，这些学者还是对法律制度和理论缺乏更深入的了解，不承认法治建构的原理性，以特定国家，特定时期法律理论中的后现代法学、结构主义法学视角看待法治，强调对法治的解构。这种只有法治解构而否定法治原理和法治建构的做法，对我国法治建设和法学理论的发展有着极大的伤害，是法律虚无主义的翻版。当然，这也反映了我国法治初创阶段的混沌和转型过程中的方向不明所带来的极度紧张和焦虑。我们必须认真对待人类文化智慧的共同性和社会规范的普适性。人类法治建设的历史明确告知我们，正是不断地学习和借鉴才促进了人类法治文明，才推动了社会的进步。

民事诉讼法学研究任务的中心或重点与法治的阶段性有密切的关系。我国正处于法治的初级或初创阶段,民事诉讼法学的任务就是要为民事诉讼法的初创服务,初创就是要打下坚实的基础和基本框架,进行大量的制度建设——类似于城市的基本建设。如果比较大陆法系民事法制发达的国家,如德国、日本,甚至韩国等,在制度建设方面已经基本成熟,就如同这些国家的城市建设,很难看到大规模的道路、公共设施和商住楼盘的建设。与此不同,我国的程序制度建设,尤其是民事程序制度的建设,犹如我国城市建设还有很大缺口,还需要大兴"土木"。就民事诉讼程序而言,我国还没有分化并完善"家事诉讼法""商事诉讼规则""民事执行法""非讼程序法""知识产权诉讼规则""大规模诉讼规则""票据诉讼规则""小额诉讼规则""公益诉讼规则"等。这些程序法规范的建设,需要坚实的制度基础和正确的基本框架。制度基础和框架的建构不能离开基本原理、原则和基本制度的研究,需要用理论、原理指导所有的制度建设。例如,在非讼程序规范的建构方面,我们需要了解知道非讼程序规范与诉讼程序规范究竟应该有何不同,这些差异的原因和根据是什么?应当将哪些事项纳入非讼程序?非讼案件与民事诉讼案件的区别何在?规范非讼程序的基本原则是什么?在民事执行规范方面,需要在原理和理论上探讨的问题就更多。民事执行法的基础是什么?民事执行法与民事诉讼、实体法、实体权利、请求权是什么关系?民事执行的救济是否应当区分程序事项和实体事项?程序事项和实体事项的处理程序是否应该有所不同?执行异议程序与执行救济诉讼是一种什么关系?执行和解协议的本质是什么?应当如何构建执行关系诉讼的体系?因此,加强民事诉讼法学的规范分析研究,以开放的心态,全面深化民事诉讼基本原理的理论研究是当前和今后相当一段时间民事诉讼法学研究任务中的重中之重。

民事诉讼法的学者有相当大的一部分是经过规范分析、法教义学的方法教化而成的,虽然早期的法学教育在规范分析和法教义学方面还不规范。因此,在思维方式或分析方法上更熟悉的是规范分析,也只有规范分析才能对口民事诉讼法规范原理的研究。因此,我们更多的学人也应当把研究重点置于民事诉讼基本原理的研究。对于民事诉讼法规范之外的研究不是规范分析思维和方法用武的地方,应当交由其所谓社科法学的学者去完成,否则参与其中就必然是扬短避长。我们需要了解法律与政治、社会、经济、道德交叉的领域,需要关注这些学科的视角以及它们的观察结果。但不是放弃我们自己的“自留地”——民事诉讼法学。当然,那些擅长规范分析和社科分析的两栖学者或仅擅长社科分析的学者另当别论。

诚然,在研究任务方面,我们也不能忽视民事诉讼制度适用的研究,尤其是制度适用的法解释学方法和原理的研究。除此之外,民事诉讼制度适用的法律实证研究也是民事诉讼法学不可或缺的一项重要任务。通过对民事诉讼制度的法律实证研究,充分了解和验证民事诉讼具体制度运用的实用性,以便对这些具体制度和理论进行修正和调整,以发挥其具体制度的最大功效,完善理论构成都是很有意义的。正因为如此,法律实证研究在民事诉讼法学中也是一项新兴的研究。但应当注意的是,法律实证研究是一门非常专业,技术性要求严谨的学问。并非只是做做问卷调查和数据统计就可以完成的作业。即使从问卷的设计而言也是有严格的规范要求,在这个意义法律实证研究也必须是规范的,否则缺乏科学支撑。

结语

随着中国社会转型和社会的发展,经济关系及相应的社会关系也越来越复杂和多样化,由此,民事法律关系也越来越复杂和多样化,民事纠纷和民事诉讼也必然越来越复杂化。民事诉讼法也必然复杂化,对于民事诉讼的这种现实,民事诉讼法学的研究所面临的挑战也越来越多,越来越大。在民事诉讼法规范建构和实施中,民事诉讼法学研究应当为其提供有力的理论支持,这就需要我们以更大热情投入到民事诉讼基本原理、基本制度以及各项具体诉讼制度的研究之中。毫无疑问,民事诉讼法学的研究必定任重而道远,因而我们每一个民事诉讼法学人都应该责无旁贷,有所担当!

(原文载于《北方法学》2016 年第 6 期)

公益诉讼:制度与原理的解读

一、民诉法的相关规定与公益诉讼的原则化

新《民事诉讼法》第55条规定,“对污染环境、侵害众多消费者合法权益等损害社会公共利益的行为,法律规定的机关和有关组织可以向人民法院提起诉讼。”新法颁布以后,不少人认为我国确立了民事公益诉讼制度,并为此而欢欣鼓舞。实际上,该条规定并不是关于民事公益诉讼的制度性规定,仅仅是一个关于民事公益诉讼的原则性或宣示性规定。也就是说,只是原则上确认对某些领域中侵害公共利益的行为可以由非直接关系的主体提起诉讼,通过诉讼程序维护公共利益。

民事诉讼法之所以仅作原则性规定,笔者分析认为主要有两个方面的原因,一是制度规定的困难。这些困难又与相应法理知识储备、实证调查不够充分有关。这一方面又与民事诉讼法修改的时效性或时限性牵连。法律的修改通常要求在一届人大任期中完成。由于时限限制或制约了人们对新制度建构及理论的研究和探讨,最典型的是民事诉讼法关于第三人撤销之诉的原则性规定。与第三人撤销之诉制度原则规定不同的是,笔者认为,之所以民事诉讼法仅对公益诉讼的原则性规定,更重要的是基于对政治性因素的考量。虽然第三人撤销之诉的规定也有这方面的影响,但影响力不及公益诉讼。所谓政治性因素的考量,是指民事诉讼法关于公益诉讼的规定首要考虑的是如何满足社会性要求。

从我国的社会基本架构是一种权力广泛的社会,行政权力深入社会的各个方面,形成一种大政府、小社会的特有社会框架。在这样一种社会框架中,如果政府不失灵,关于公益受损的情形都是可以避免的。又由于这种架构中司法权不属于独立的权力,因此,在政府失灵的情形下,理论上依赖于司法实

现对公共利益的维护或保障是难以成立的。这也是我国公益诉讼制度化及其实施在今后所面临的主要问题。在大政府以及现有的权力架构之下，地方政府远比地方司法的影响要大得多，而公益受损又与地方利益或权力人得益形成关联，在司法地方化的司法体制束缚之中，要求司法对抗权力与利益的联合体是非常困难的。虽然如此，但人们在认知逻辑上会认为，一旦政府不能有效监管导致公益利益受损，而侵害社会公共利益的行为又都是违反法律的行为，因此，人们自然会想到法律，想到司法。希望通过法律获得保护和救济，借助司法的力量避免和救济因他人的违法行为对公共利益造成的损害，弥补政府失灵所带来的后果。在各种法律救济手段中，大多数人认为公益诉讼制度系维护社会公共利益的一种很好的手段，建构公益诉讼制度也就成为一种普遍的社会诉求。普遍的社会诉求也就是一种政治诉求。在我国这样一个高度重视政治的国度，对于这种政治性的社会诉求是极其重视的，也就需要立法作出相应的回应。

之所以民事诉讼法的修改需要对公益诉讼的社会诉求作出回应，又与民事诉讼法作为民事司法的基本法——所谓的民事宪法——的地位相关。如果从单纯法律技术上讲，作为现行民事诉讼法上的原则性规定，明确环境和消费者保护领域实际上没有必要，仅需规定“对侵害社会公共利益的行为，法律规定的机关和有关组织可以向人民法院提起诉讼”即可，至于哪些领域可以具体提起公益诉讼交由相应的法律明确规定。也就是说，如果要具体化完全可以交给相关的《环保法》和《消费者权益保护法》的修订予以实现，由这两个专门法律承担制度回应的任务。但对于一个基本的司法规范——民事诉讼法不加以回应，就势必与人们的预想有所背离，因此必须要予以回应，即使是宣示性的。民事诉讼法对公益诉讼的原则性规定就是最好的回应。作为一种政治性回应主要满足社会的抽象诉求。公益诉讼制度的搭建还需要借助于各个专门的法律，因为每个具体规范领域情形是有所不同的。

也应当看到，民事诉讼法对民事公益诉讼的原则性规定也并非仅仅是政治性回应，也有其法规范的实在性。这些原则框架对以后民事公益诉讼制度化将发挥基本规范作用。关于民事公益诉讼的具体制度化——无论是关于环境的法律规范，还是关于消费者权益保护的法律规范，在相应的公益诉讼程序的设计上都必须以民事诉讼法的原则性规定为基准。比如，关于民事公益诉讼的客观范围,尽管民事诉讼法采取的是列举式规定,一般而言,不排除具体的相关实体法可以将列举之外的其他侵害社会公共利益的行为纳入民事公益诉讼范畴,但绝不可以将已经列举的关于污染环境、侵害消费者公共权益的行为排除在民事公益诉讼之外。再如,关于民事公益诉讼主体原则上就只能是法律规定的国家机关和有关组织。相应的实体法规范可以将其具体化,但不能够违背这一原则性规定。

二、民诉法司法解释的意义——公益诉讼程序的制度化

由于民事诉讼法的修改仅仅对公益诉讼作了原则性的规定,虽然是政治上的回应,但对于人们而言却不仅仅是政治上回应,尤其是在人们对法治寄予莫大希望的情形下,法院必将现实地面对公益诉讼的提起。因此,人们寄希望于通过《消费者权益保护法》、《环保法》的修订将相关公益诉讼制度化。但是,从《消费者保护法》和《环保法》的修改来看,关于公益诉讼的制度化依然没有完成。究其原因主要是两个法的修订都存在不宜将程序问题,尤其是具有共性的问题在实体法中规定的误识。认为程序性问题应该在民事诉讼法中加以规定。这就导致了两部法中对公益诉讼程序制度规定的缺失。如此一来,公益诉讼程序制度的建构就只有由最高人民法院司法解释加以完成。最高人民法院民事诉讼法司法解释的出台在一定程度上完成了公益诉讼的制度建构。司法解释规范的实验(试行)性、[①]制度细化、强调可操作性、针对性,[②]以及法院系统的资源利用等方面都使得最高人民法院有条件利用司法解释完成公益诉讼制度,尤其是程序制度的建构。

2014 年 12 月 8 日最高人民法院审判委员会第 1631 次会议通过了《最高人民法院关于审理环境民事公益诉讼案件适用法律若干问题的解释》(自 2015 年 1 月 7 日起施行,简称《公益诉讼司法解释》),虽然稍后最高人民法院通过了民诉法解释,关于公益诉讼的部分也包含了环境公益诉讼的解释规范。在民诉法司法解释规范的相互关系上,最高人民法院环境公益诉讼司法

---

① 关于司法解释的实验性特征,参见小额诉讼制度部分中的阐述。

② 司法解释的针对性,是指司法解释主要是针对具体的法律适用问题,因此无需像法律规范那样讲究其体系化和完整性,所谓有什么问题,解决什么问题,因此也就更为灵活,避免了许多学术上的追问。

解释应当视为民诉法司法解释的特别规定。因此,关于环境公益诉讼应当首先适用环境公益诉讼司法解释,该解释没有规定的,应当适用民诉法关于公益诉讼司法解释的一般规定。也许今后最高人民法院还将对消费者权益保护公益诉讼作出单独的司法解释。

最高人民法院关于公益诉讼的程序规定主要从诉讼具体实施角度来加以规范,例如,对起诉条件、管辖、公益诉讼与私益诉讼的关系、公告、诉讼告知、和解与调解、判决效力等程序问题做出的规范。从这个意义上,实际是对广义民事诉讼法的相关司法解释,对于公益诉讼的具体实施在制度上起到了积极作用。从民诉法司法解释就公益诉讼的基本态度而言,对公益诉讼持谨慎的态度,总体上是限制性的,通过试探公益诉讼的实施,然后再总结经验调整规范。可以说制定者已经充分考虑了公益诉讼实施中可能遭遇的政治问题,因此避免过度展开可能使法院处于尴尬的境地,激化司法与行政的矛盾,干扰政府的政策调控。

三、公益诉讼的客体适格

客体的合法性或正当性是客体的适格问题。公益诉讼的客体是指公益诉讼的对象或诉讼的客观范围。在理论上可以将公益诉讼的客体定义为关于公共利益法律关系的争议。问题的核心是,什么是公共利益?如果不能回答这一问题,也就很难处理公益诉讼与私益诉讼的关系,也很难回答在环境纠纷中涉及国家利益的诉讼是否是公益诉讼的问题。一方面,从法律给定的方式上讲,因为公益诉讼的方式是特定的、特殊的,其特殊性在于,诉讼的提起不是按照直接利害关系人的意愿,而是以抽象的利益关联为依据,使公益诉权的行使超越了纠纷具体直接利害关联。纠纷解决方法的特殊性决定了适用对象的范围或类型。另一方面,法律之所以赋予这种诉讼方式以特殊性,又因为纠纷类型和特点的需要。从《民事诉讼法》第 55 条关于公益诉讼的规定来看,将公益诉讼的客体限定为"对污染环境、侵害众多消费者合法权益等损害社会公共利益的行为"所发生的纠纷。显然,民事诉讼法的规定对消费者保护领域的公共利益有一个人数的限定——众多消费者的权益。但这不等于说只要是众多消费者权益受到侵害的纠纷都是公益诉讼的客体。因为如此一来,必将把涉及众多消费者权益争议的代表人诉讼与公益诉讼混淆起来。尽管在同一事件中侵害了多数消费者的权益,但由此而引发的诉讼完全有可能是私益诉讼,而非公益诉讼。虽然民诉法司法解释具有对民诉法相关规定予以进一步解释或细化的功能,但鉴于对于公共利益的多义性以及界定的困难,民诉法司法解释没有正面回答这一问题。但民诉法司法解释又使用了公益诉讼与私益诉讼这两个概念,并且提到在公益诉讼中,公益诉讼与私益诉讼的关系,因此,无论是制度运用,还是理论阐释都必然面临公益诉讼与私益诉讼的界分问题。

笔者坚持认为,同一污染环境的事件③或侵害消费者权益的事件既有可能侵害特定人的财产或其他利益,也可能侵害不特定人的利益或权益,后者应当是公益诉讼可救济的社会公共利益。存在特定利益主体的争议就不是我国民事诉讼法中公益诉讼的客体。这是特别需要强调的。因为在不同法治环境中,各国对于公益诉讼有自己的表达。笔者强调的是在我国民事诉讼法与制度的特定语境之下。如果存在特定利益主体的,要不是公权(国家利益或简称国益)诉讼,要不是私权诉讼或私益诉讼,而非公益诉讼。存在特定利益主体的诉讼,不论是因为破坏环境,还是基于消费者侵权都是私益诉讼。这样就很容易将公益诉讼与私益诉讼、公权或国益诉讼加以区分开来。笔者注意到,由最高人民法院主持编写的民诉法司法解释注释书——《民事诉讼法司法解释与适用》中实际上也认同公益诉讼案件具有受害主体不特定的特点这一观点。④

环境利益是不特定的人所享有的共同社会利益,虽然环境污染的事件中也可能直接侵害特定主体的财产或其他利益,也有可能不涉及特定主体的利益,但一定会涉及不特定主体的共同利益。例如,对河流、湖泊、海水、山川、大气等污染。国外环境法理论认为,环境或生态属于一种公共利益(öffentliches Gut),具有开放性与利益人多数性,可以由任何人使用消费,而不具有竞争性

---

③ 新修订的环保法已明确将环境污染与破坏生态两类侵害行为加以了区分(新环保法第6条第3款)。民诉法修订在环保法修订之前,因此,民诉法中的环境污染应当包含生态破坏。学者们一般认为,污染环境的行为将直接导致对人的健康、生活造成危害,而破坏生态的行为则是间接地、长远对人类生存造成危害。因此,破坏生态的行为一定损害不特定主体的整体利益,是典型的公共利益。环境污染的行为侵害的有可能是不特定主体的利益,也可能是特定主体的利益。

④ 参见沈德咏主编:《最高人民法院〈民事诉讼法司法解释与适用〉》,人民法院出版社2015年版,第755页。不过,民诉法司法解释的注释书中也存在着不一致的地方,一方面承认公益诉讼主体的不特定特点,但又认为特定主体为人数众多的诉讼也属于公益诉讼。见该书第768页。这主要受民诉法第55条关于公益诉讼表述的影响,以及对国外公益诉讼概念含义的误读。

和排他性,不能归属(Zuweisung)于任何权利人格体。[⑤]

在侵害众多消费者合法权益的纠纷中未必一定是侵害社会公共利益的行为。社会公共利益一定涉及众多人的利益,但并非只要涉及众多人的利益就一定是社会公共利益。如果能够特定其受侵害的主体,那么就没有必要适用公益诉讼的方式,也不能以公益诉讼的方式加以解决。尽管某一侵害行为损害了众多消费者的合法权益,但不一定构成消费者公共利益。人数再多,如果受害主体是特定的,则通过一般的民事诉讼即可加以解决。也由于有特定的主体,因此,才有可能提起具有具体损害结果的损害赔偿诉讼。像三鹿奶粉事件中,虽然有众多消费者受到了有害奶粉的侵害,但其受害主体是特定的,因此,提起普通的民事诉讼即可。对于人数众多的特殊情形,民事诉讼法专门规定了代表人诉讼制度,通过诉讼代表人可以使得众多利害关系也可以通过这一机制实现自己的诉讼请求。当然,三鹿奶粉事件也并非仅仅只涉及消费者个人私益,也涉及不特定主体——不特定消费者的利益,这就构成了社会公共利益。例如,制作和销售大量有害奶粉的行为就是损害社会公共利益,其侵害主体是不特定的。为了维护不特定消费者的利益,在行政管制失灵的情形下,就可以提起有关的公益诉讼,要求其停止生产、销售和销毁产品。由于既涉及社会公共利益,又涉及私益,因此公益诉讼和一般民事诉讼都是可以提起的。

公益诉讼作为一种特殊的诉讼形式,因为自身结构的原因,不可能像一般解决私益纠纷的民事诉讼那样发挥某些功能,如损害赔偿。其适用是应当受到限制的。涉及众多利害关系人的纠纷应当尽可能地通过私益诉讼方式加以解决。涉及众多利害关系人的纠纷往往可能形成社会性纠纷,但社会性纠纷与涉及社会公共利益的纠纷不是一个层面的概念。不能将具有社会影响的众多人利益的纠纷等同于社会公共利益的纠纷,将具有社会影响的诉讼等同于公益诉讼。至于大规模侵权诉讼中所遭遇的高额诉讼费用(如高额鉴定费用)、举证难问题,以及因为诉讼复杂而产生其他问题完全可以通过完善法律援助制度、诉讼费用减免、调整举证和证明规则以及适用或建构代表诉讼、团体诉讼加以解决,无需搭公益诉讼的“便车”。[⑥]

---

⑤ Säcker F J, Die Einordnung der Verbandsklage in das System des Privatrechts, München: Beck, 2006, S. 2。

⑥ 参见李艳芳:《美国的公民诉讼制度及其启示——关于建立我国公益诉讼制度的借鉴性思考》,载《中国人民大学学报》2003年第2期。

在界定公益诉讼的客体时,必然涉及国家利益与公共利益两者的关系问题。在我国的特定体制、意识形态和语境之下,国家利益涵盖非常广泛,在广义上可以说能够满足国家生存发展需要,也就是对国家有益的一切方面都是国家利益。也只有在我国特有的历史、权力架构体制、社会形态、意识观念之下,国家的概念才如此被强调,国家与社会的界分才如此不明晰,国家利益才会如此被强化。正因为国家利益涵盖的广泛性,才使得在立法过程中人们会认为在利益客体方面国家利益难与社会公共利益划清界限。因此,也才有了《民事诉讼法》第55条模糊的表达。⑦

诚然,国家利益和社会公共利益在某些方面难以清晰划界,但应当承认两者毕竟有所不同,在许多方面也可以清晰划界。如果不指明其界限,则法律制度的建构和运行都会遭遇尴尬和矛盾。在法律上,国家利益有着明确的主体即国家,社会公共利益没有特定的主体。因此,法律责任的实现也就有所不同。损害国家利益的,其赔偿的受偿主体也是国家。而侵害社会公共利益的赔偿,其受偿主体因主体的不特定,赔偿方法也有其特殊性,即使赔偿给国家,国家也只是代为受偿而已。

无论是环境保护领域,还是消费者保护领域,相关的行政管理部门都有权对污染环境和侵害消费者合法权益的行为采取法律所赋予的行政手段,以维护环境利益和消费者的利益,不能由行政机关直接强制的,也可以借助司法强制执行程序实现。从目前的法律规定和实践来看,只有涉及损害赔偿的才必须通过民事诉讼程序获得强制执行的根据。⑧ 近年来已有不少环境管理部门向环境加害人提起所谓公益诉讼的情形。⑨ 人们也常把这些案件作为行

---

⑦ 参见王胜明主编:《中华人民共和国民事诉讼法释义》,法律出版社2012年版,第101页。

⑧ 之所以必须通过民事诉讼程序,是因为其赔偿的性质是民事赔偿。这里涉及相关的问题是,如果是国家利益受到损害,且国家作为公法主体,而非私法主体时,还存在民事赔偿,如何通过民事诉讼程序来获得执行根据?

⑨ 1.昆明三农农牧有限公司、昆明羊甫联合牧业有限公司在治污设施未竣工验收的情况下,将养殖废水渗入地下水系统,导致人畜饮水困难。行政部门虽对其罚款50万元,但仍未停止侵害。于是,在昆明市检察院支持下,昆明市环保局作为原告提起民事诉讼。2011年1月昆明市中级法院判决两企业立即停止对环境的侵害,向"昆明市环境公益诉讼救济专项资金"支付417.21万元及评估费13.252万元,用于治理被污染的水源。载中国公益诉讼网:http://www.pil.org.cn。2.佛山市丹灶镇政府诉广东天乙集团有限公司和苏国华等环境污染侵权纠纷案(广东省佛山市南海区人民法院:http://fayuan.nanhai.gov.cn/cms/sites/nhfayuan/index.jsp,最后访问时间:2013年6月18日);3.安宁市国土资源局诉戴望相等案等,参见昆明市中级人民法院,文号:(2011)昆环保民初字第4号。

政机关提起公益诉讼的典型案例。实际上,笼统地将行政机关代表国家就环境污染提起的损害赔偿诉讼称为公益诉讼未必是妥当的。问题在于,能否肯定地说环境利益的主体就是国家。如果利益主体特定为国家,则赔偿的受偿主体也应当是国家。行政机关提起公益损害赔偿诉讼就是代表国家行使赔偿请求权。但如果环境利益属于社会,没有特定的利益主体,则国家只是基于维护环境和社会公共利益的职能,由其行政机关代表国家提起实现其职能的公益诉讼。在国外的理论中同样认为,由于环境或生态利益不能归属于任何主体,国家只能作为公共利益的受信托人。[10] 该认识能够成立,则虽然行政机关也可以提起诉讼请求赔偿,但受偿主体不是国家,所受赔偿的款项只能通过适当的方式用于环境利益的恢复,或者分配给社会(包括在一定地域内受事件影响的公民)。笔者认为,也只有在这个意义上行政机关提起此类诉讼才能称之为公益诉讼。如此,国家机关与组织在公益诉讼上的主体地位才是一致的,彼此是平等的。如果环境利益主体特定为国家,一旦向国家赔偿之后,个人、团体、法人便无法再请求赔偿了,可见环境利益是无法分割的。

根据我国《环境保护法》第2条的规定,环境是指影响人类生存和发展的各种天然的和人工改造的自然因素的总体。这里环境既包括生活环境,也包括生态环境。从资源的角度,也包括自然资源。如果从利益归属的角度来看,与自然资源或财产联系的环境利益归属,毫无疑问应当归属于国家。但这之外的环境利益因其客体的特殊性而无法归属于特定主体,如生活环境和生态环境所带来的利益,无论是国家,还是个人、团体、组织。环境利益是一种人们所共同享有的利益。个人在环境污染中所遭受的损失可能体现为具体的财产损害、人身损害,包括精神损害。正是从这个意义上讲,个人才具有环境利益,也就是环境权的私益性所在。从权利的含义上讲,所谓"环境权"就是一种抽象的权利,而非具体的权利。因此对环境利益造成的损害,其赔偿也不能特定其受偿主体。与侵害国家所有的土地、矿产资源、国有资产的

---

[10] 西方法治国家的环境法治理论的基石是环境权论,而公共信托理论(public trust doctrine)又是环境权论的现代发展和重要理论基础。根据该理论,国家对财产和自然资源管理的权力来源于全体公民的信托。参见汪劲:《环境法学》,北京大学出版社2011年版,第59~60页;另见Wagner,Die gemeinschaftsrechtliche Umwelthaftung aus der Sicht des Zivilrechts(2005-02-01)TX2 Versicherungsre-cht,Datenbank VERSRA,Karlsruhe Heft 4. S. 177。

情形不同,后者的权利主体是特定的,国家有权通过法律手段要求侵权人予以赔偿。相关机关代表国家具体行使请求权。当然,在国与国的关系来看,环境利益必须特定于一定的国家,因为一定疆域的环境与一国的生存发展相关。

四、公益诉讼原告适格

(一)公益诉讼原告适格的基本理论问题

公益诉讼原告适格问题即公益诉讼提起的主观范围(主体范围)问题。这一问题与公益诉讼客观范围是密切相关的。可以说,客观范围在一定程度上决定或限定了公益提起的主观范围。公益诉讼的基本特点是公益诉讼的提起主体是没有直接利害关系的机关或组织。我国《民事诉讼法》第55条规定,“对污染环境、侵害众多消费者合法权益等损害社会公共利益的行为,法律规定的机关和有关组织可以向人民法院提起诉讼。”由于该条规定是对公益诉讼的原则性规定,因此,也表明对公益诉讼提起的主体作了原则性的规定,即只有法律规定的机关和有关组织可以提起公益诉讼。明确将个人排除在提起公益诉讼的主体范围之外。这种限制的理论依据是国家代表权论,即只有国家才能代表这种不可分利益,组织的代表权也是国家所委托的,因此必须有法律的规定。[11]

由于《民事诉讼法》第55条对提起公益诉讼的主体仅仅是原则性规定,因此就给公益诉讼提起的主体的具体制度化留下了解释和研讨的空间。民事诉讼法修改中之所以没有明确公益诉讼主体的范围,是因为主体的范围的划定必须考虑环境保护和消费者保护等各领域的具体情形,在修改环境保护法和消费者权益保护法的过程中具体加以确定。民事诉讼法在原则上将机关和有关组织限制在“法律规定”的这一前提之下。在2012年《民事诉讼法》修改之前,有的地方性条例已经明确授予检察机关和其他机关团体提起环境公益诉讼的权利。[12] 也有地方司法机关以及相关部门在具体的实施意见

---

[11] 参见[德]巴尔:《欧洲比较侵权行为法》,张新宝、焦美华译,法律出版社2001年版,第482页以下。

[12] 2010年3月1日起施行的《贵阳市促进生态文明建设条例》第23条规定:“检察机关、环境保护管理机构、环保公益组织为了环境公共利益,可以依照法律对污染环境、破坏资源的行为提起诉讼,要求有关责任主体承担停止侵害、排除妨碍、消除危险、恢复原状等责任。”

中明确了这些机关的环境公益诉权。[13]

国家机关是否享有公益诉权的问题,本质上是国家作用的界限问题。以功能主义取向,从国家应当代表社会共同利益的立场上,国家介入公益纠纷的解决是理所当然的。国家对社会的具体干预通过其职能加以确定。国家机关具有公益诉讼原告资格正是基于特定的国家机关的职能。例如我国《宪法》第26条规定,"国家保护和改善生活环境和生态环境,防止污染和其他公害。"也正是因为与国家机关的相关职能有关,所以国家机关只有在其法定职能范围内才具有原告资格,在其范围内具有当事人能力。从国家的职能和职责来看,提起公益诉讼似乎存在矛盾之处,因为国家如果维护社会公共利益的职能和职责,则完全可以直接运用国家权力实现其职责,尤其是在我国这样国家权力如此广泛介入社会的情形。不过,国家或政府职能的分工使得部门职责的履行存在缺失,职能监督成为必要,在这个意义上,赋予某些国家机关提起公益诉讼有其现实性。

(二)环境公益诉讼的原告适格

修改后的《环保法》对环境公益诉讼的原告适格问题作出了专门规定。按照《环境保护法》第58条的规定,对污染环境、破坏生态,损害社会公共利益的行为,符合下列条件的社会组织可以向人民法院提起诉讼:

(一)依法在设区的市级以上人民政府民政部门登记;

(二)专门从事环境保护公益活动连续五年以上且无违法记录。

并且规定,符合前款规定的社会组织向人民法院提起诉讼,人民法院应当依法受理。同时要求提起诉讼的社会组织不得通过诉讼牟取经济利益。

《最高人民法院关于审理环境民事公益诉讼案件司法解释》(以下简称《公益诉讼司法解释》)第3条对上述第一个条件,即"设区的市级以上人民政府民政部门",解释为是指设区的市,自治州、盟、地区,不设区的地级市,直辖市的区以上人民政府民政部门。

---

[13] 2008年11月,昆明市中级人民法院、市人民检察院、市公安局、市环保局四部门联合发布了《关于建立环境保护执法协调机制的实施意见》(昆环保〔2008〕520号),其第六项规定:"环境公益诉讼的案件,依照法律规定由检察机关、环境保护行政执法机关和有关社会团体向人民法院提起诉讼,并负责收集证据、承担举证责任。环境保护行政执法机关应对环境污染事故进行鉴定,并委托有资质的机构对造成的损害后果进行评估,对环境公益诉讼提供必要的技术支持。"

该解释第4条进一步对符合上述条件的社会组织,予以了界定,即社会组织章程确定的宗旨和主要业务范围是维护社会公共利益,且从事环境保护公益活动的,可以认定为《环境保护法》第58条规定的"专门从事环境保护公益活动"。所谓无违法记录,解释为"社会组织在提起诉讼前五年内未因从事业务活动违反法律、法规的规定受过行政、刑事处罚的"情形。

(三)消费者权益公益诉讼的原告适格

新修订后的《消费者权益保护法》根据民事诉讼法的相关规定,对消费者权益公益诉讼的原告资格作出了明确的规定,即对侵害众多消费者合法权益的行为,中国消费者协会以及在省、自治区、直辖市设立的消费者协会,可以向人民法院提起诉讼。不知为何最高人民法院的《民诉法司法解释》的注释书却未对此规定加以引用,而是说"有关组织"的界定,有待司法解释进一步规定。[14] 难道司法解释还有可能超越《消费者权益保护法》(以下简称《消法》)有关原告主体的规定?

《消法》关于消费者公益诉讼原告资格的规定,其突出特点就是对于公益诉权的高度垄断,只有中国消费者协会以及省、自治区、直辖市设立的消费者协会才有权提起消费者公益诉讼。立法的动机是防止滥用消费者公益诉权。问题是,这种高度垄断同样可能导致利益交易和"寻租"行为的发生,而且也不方便维护消费领域中的公共利益。加之,现在的消费者协会实际上已经不是民间组织,其经费是政府行政划拨的。原本民间组织就是为了补充和弥补政府监管、保护失灵而存在的,将公益诉讼的诉权交由准官方的消费者协会来行使,这种补充、弥补的功能也就丧失了。消费者公益诉讼的提起也应当允许竞争,允许其他组织提起消费者公益诉讼,更为有效地维护消费者的合法权益。其实完全可以按照环境保护法的模式对其他消费者维权组织的诉权加以规定。需要进一步思考的问题,由于司法解释将消费者公益诉讼解释为众多消费者权益的诉讼,而对众多的解释低限是十人以上,因此就可能面临大量的涉及十人以上的消费者权益纠纷都可能要求消费者保护协会提起公益诉讼,对此,消费者协会如何应对?如果不提起必将面临社会压力,

---

[14] 参见沈德咏主编:《最高人民法院〈民事诉讼法司法解释与适用〉》,人民法院出版社2015年版,第756页。

如果提起的话是否有能力做出应对,是不得不考量的问题。总之,我们期待《消法》的再次修改。

(四)关于检察机关的环境公益诉讼原告适格问题

检察机关作为宪法和法律所规定的法律监督机关,就其监督职能而言应当具有提起环境公益诉讼的权利,这也是学术界较普遍主张的认识。⑮ 2000年,最高人民检察院发出了《关于强化检察职能、依法保护国有资产的通知》,明确提出检察机关应充分发挥检察职能,对侵害国家利益、社会公共利益的民事违法行为提起诉讼。在2012年《民事诉讼法》修改之前,地方检察机关也有提起环境公益诉讼的实践尝试。例如,浙江省平湖市检察院诉嘉兴海宁蒙努集团等5家公司环境污染侵权案。⑯ 如果将《民事诉讼法》第55条中的"法律规定"理解为,须具体法律对于检察机关的公益诉权权能明确加以规定,则目前检察机关尚不能就任何公益诉讼享有提起诉讼的权利,因为目前尚未有法律对此明确加以规定。在这一点上有一个解释论的问题,如果在政策上我们希望检察机关更多地介入公益诉讼,则可以将民事诉讼法此条中的"法律规定的有关机关"理解为法律对其基本监督职能予以规定的那些机关,也就说,只要宪法上对检察机关的法律监督职能做了规定,也就没有必要在其他相关的法律中一一加以规定。是否需要检察机关更多的介入,也涉及检察机关的检察监督的范围和实际应对能力的问题。在应对能力方面,一旦开放检察机关的公益诉权,检察机关是否能够有效应对是一个必须面对的现实问题,尤其是环境公益纠纷不断增加的情形下。有学者认为,在现有法律制度框架内,检察院以直接起诉的方式维护公共利益缺乏明确、直接的法律依据。也很难通过法律解释的方法使这种"司法实验"具有合法性。如果

---

⑮ 参见齐树洁:《环境公益诉讼原告资格的扩张》,载《法学论坛》2007年第3期;吕忠梅:《环境公益诉讼辨析》,载《商法研究》2008年第6期。

⑯ 嘉兴市绿谊环保服务有限公司受嘉兴海宁蒙努集团、浙江宏昌制革有限公司、浙江大众皮业有限公司、海宁瑞星皮革有限公司4家公司委托处理制革过程中产生的5000余吨污泥(铬浓度为1.09%),将污泥倾倒在平湖市的池塘内,对饮用水源造成了严重污染。环保局对绿谊公司做出《行政处罚决定书》,责令限期清除污泥,并处以最高罚款5万元。但,行政处罚不能弥补环境污染造成的直接经济损失和处理污染所需费用。2011年11月,平湖市检察院以原告身份对5家企业提起了诉讼,要求判令被告赔偿直接经济损失54.1万元,包括污泥场地边河堤加固费5.94万元、污泥场地后续处理费约23.35万元等。12月,经法院调解达成和解协议:绿谊公司支付因环境污染造成的直接经济损失541,373元,诉讼费4607元。

要推行检察院提起的公益诉讼，需要修改《民事诉讼法》中的检察监督条款、案件受理条件条款，也需要修改《人民检察院组织法》中的检察院职责条款。因此主张检察院通过督促起诉、支持起诉的方式来推动公益诉讼程序的启动，在推动无效的情形下才直接起诉，即所谓“间接型”。[17] 也有学者直接反对检察机关具有公益诉讼原告资格，认为对于社会公益利益已经有其他国家机关行使职权加以维护，检察机关的介入没有必要。[18] 这一问题涉及检察监督职能的深层问题。从党的十八届三中全会决定中提到探索检察机关提起公益诉讼制度的要求来看，未来检察机关作为公益诉讼的原告是有可能的。

五、公益诉讼的若干程序问题

（一）公益诉讼案件的管辖

1. 公益诉讼案件的地域管辖

地域管辖是关于同级法院之间管辖权的横向划分，以确定某个特定的民事一审案件应由哪一个人民法院管辖的制度。地域管辖划分主要根据案件不同的性质，以当事人所在地、合同履行、侵权行为地等因素作为划分根据。按照《民事诉讼法》第 55 条的规定，公益诉讼案件在性质上属于侵权案件，因此民诉法司法解释明确规定适用民事诉讼法关于侵权案件的管辖规定，公益诉讼案件由侵权行为地或被告住所地人民法院管辖。

2. 公益诉讼案件的级别管辖

级别管辖是关于上下级人民法院之间管辖权的纵向划分，以确定某个特定民事一审案件应该由哪一级法院受理的制度。案件标的数额大小、复杂程度通常是分工的主要根据。关于公益诉讼案件的级别管辖，民事诉讼法没有专门的规定，民诉法司法解释根据级别管辖与案件重要程度的关联，认为公益诉讼案件具有重大的社会影响，涉及案件事实往往比较复杂，因此规定公益诉讼案件由中级以上人民法院管辖。

---

[17] 参见韩波：《公益诉讼制度的力量组合》，载《当代法学》2013 年第 1 期。

[18] 参见章礼明：《检察机关不宜作为环境公益诉讼的原告》，载《法学》2011 年第 6 期。

3. 公益诉讼案件的专门管辖

专门管辖是指,有些案件由专门的法院如海事法院予以管辖的制度。专属管辖是相对于普通法院的地域管辖而言;专门管辖是相对于不同法院类别而言的。由于公益诉讼案件中有些案件属于海洋环境污染侵权的案件,因此按照海事诉讼特别程序法的规定,应当由海事法院专门管辖。对此,民诉法司法解释第 285 条第 3 款专门做了规定。

4. 公益诉讼案件的集中管辖

由于侵害公益的事件行为地有可能跨管辖区划,也就有可能对同一侵害行为引起的案件在不同管辖法院提起,因此,为了防止不同法院作出矛盾裁判以及节省诉讼资源,民诉法司法解释规定,对同一侵权行为分别向两个以上人民法院提起公益诉讼的,由最先立案的人民法院管辖,必要时由它们的共同上级人民法院指定管辖。这一规定也有助于解决对同一事件有可能存在两个以上原告分别提起诉讼所导致的上述问题。

(二)禁止反诉

在一般的民事诉讼中,民事诉讼法允许本诉的被告向本诉的原告提出与本诉有牵连关系的相反请求,即所谓反诉。反诉制度的目的在于,通过反诉与本诉合并审理,减少当事人的讼累,降低诉讼成本,便于判决的执行。然而对于公益诉讼来讲,反诉应当予以禁止,一方面公益诉讼的原告本身只是代表公共利益主体行使诉权,与公益诉讼的被告之间不存在基于诉讼标的和事实上的直接利害关系;另一方面如果允许反诉将会导致诉讼的复杂化,不符合反诉制度设置的目的。如果公益诉讼的被告认为原告(机关或组织)侵害了自己的权益可以通过另诉的方式寻求救济。

关于在公益诉讼中禁止反诉,民诉法司法解释虽然没有规定,但在诉讼法理上是成立的。在环境公益诉讼司法解释中对于环境公益诉讼禁止反诉有明确规定。环境民事公益诉讼案件审理过程中,被告以反诉方式提出诉讼请求的,人民法院不予受理(《环境公益诉讼司法解释》第 17 条)。

(三)公益诉讼的告知程序

《民诉法司法解释》第 286 条规定,人民法院受理公益诉讼案件后,应当在十日内书面告知相关行政主管部门。由于行政机关对于公益侵权事件本身就负有行政监管责任,因此公益诉讼案件都与特定的行政机关关联,公益诉讼提起后首先告知相关的行政机关,以便行政机关采取适当的措施与公益诉讼对接。也有可能在公益诉讼提起之后,行政机关通过行政方法妥当地解决该公益纠纷,公益诉讼案件也就没有必要继续进行。公益诉讼告知也有利于促使行政监督机关采取相应的措施,防止或制止侵害的扩大。不过,从现有的体制来看,这样规定实际意义不大,在现行的体制下通过统管机制,行政机关早在公益诉讼提起的同时就已经知晓诉讼的发生。

(四)其他适格原告的诉讼参加

民诉法司法解释规定,人民法院受理公益诉讼案件后,依法可以提起诉讼的其他机关和有关组织可以在公益诉讼案件开庭前向人民法院申请参加诉讼。人民法院准许参加诉讼的,列为共同原告。公益诉讼司法解释更明确地规定了申请参加的期限,及其效力。环境公益诉讼司法解释还进一步规定,对于环境公益诉讼的场合,有权提起诉讼的其他机关和社会组织在公告之日起三十日内申请参加诉讼,经审查符合法定条件的,人民法院应当将其列为共同原告;逾期申请的,不予准许。

司法解释将有资格提起公益诉讼的其他机关和有关组织在申请参加时作为共同原告主要是为了避免重复提起相同的诉讼。不过,在理论上需要探讨的是,此种共同原告参加的诉讼在类型是属于必要共同诉讼还是普通共同诉讼,抑或是一种特殊的共同诉讼类型。因为必要共同诉讼和普通共同诉讼的划分根据,按照民诉法的规定,是以共同诉讼人对于诉讼标的是共同,还是同种类加以划分的。而司法解释对于诉讼标的为共同的理解则是共同共有和连带关系。⑲ 由于公益诉讼共同原告之间并不存在诉讼标的的共同,也不存在诉讼标的的同种类,因此可以推论公益诉讼共同原告的诉讼应当属于特殊的情形。作为共同诉讼的原告,面临的问题是,提起公益诉讼的原告之一能否独自享有撤诉权。如果共同享有起诉权,则不能独自享有撤诉权。但是拥有原告适格的机关或组织又都是可以独自享有起诉权的,因此,似乎可以得出结论,撤诉权也是可以独自享有的。但问题是,其他原告不同意撤诉的,依然不能发生撤诉的效果,实质上等于不能独自行使撤诉权。由此可以得出结论,在公益诉讼中只要针对同一事件(诉讼标的),当原告为二人以上的共

⑲ 参见民诉法司法解释中关于共同诉讼部分。

同原告的情形,原告所有诉讼行为(至少不利行为)的实施都必须得到一致同意才能发生相应的法律效果。这表明公益诉讼原告共同诉讼时,其共同诉讼人之间的关系类似于必要共同诉讼,需要按照必要共同诉讼规制要求。

(五)公益诉讼与私益诉讼的关系

《环境公益诉讼司法解释》第10条第3款规定:公民、法人和其他组织以人身、财产受到损害为由申请参加诉讼的,告知其另行起诉。《民诉法司法解释》第288条规定:人民法院受理公益诉讼案件,不影响同一侵权行为的受害人根据民事诉讼法第一百一十九条规定提起诉讼。

上述两个司法解释的规定均涉及一个问题——同一侵权事件所导致的公益诉讼与私益诉讼的关系问题,也必然涉及公益诉讼与私益诉讼的界分问题。如果按照笔者的划分,不特定主体共同的利益是公共利益,侵害不特定主体共同利益的诉讼为公益诉讼,那么侵害特定主体(无论是国家、公民、法人还是其他组织)利益的都是国益和私益诉讼。在实践中,大量因污染环境和侵害消费者权益的诉讼都是私益诉讼,尽管人数众多。当然,也存在同一侵权行为造成的损害,其主体既可能特定的,也可能是不特定的。也就是说由此发生的诉讼既有私益,也有公益诉讼。最典型的是因为环境污染所发生的侵权,既有可能是不特定主体的社会公共利益,也可能是特定主体——法人、公民的私益以及国家的利益。消费者侵权的情形也是如此。各自都有自己的诉权和诉的利益。因此,在公益诉讼提起的情形下,自然就不会影响因为同一侵权事件所引发的私益诉讼的提起。但如果按照民诉法司法解释,将消费者公益诉讼理解为只要是人数众多就构成公益诉讼,[20]那么必然导致混乱。其混乱在于当消费者组织提起消费者权益公益诉讼后,其他消费者是参加诉讼?还是另行诉讼抑或不能提起诉讼?按照笔者的观点则不会发生这样的问题。从民诉法理论而言,私益诉讼,也就是一般民事诉讼的诉权只能通过委托由他人行使,是不可能由他人——机关、组织强制代行,代行的只能是公益。而有的人的理解恰恰忽视了这一点。

(六)公益诉讼的和解与调解

《民诉法司法解释》第289条规定,对公益诉讼案件,当事人可以和解,人

---

[20] 参见韩德培主编:《环境保护法教程》,法律出版社2007年版,第760页。

民法院可以调解。《环境公益诉讼司法解释》第25条规定,环境民事公益诉讼当事人达成调解协议或者自行达成和解协议后,人民法院应当将协议内容公告,公告期间不少于三十日。

对于民诉法司法解释就当事人可以对公益诉讼案件可以和解,人民法院可以调解的规定,应当如何理解,是一个涉及上述关于公益诉讼基本含义如何理解的问题。民事诉讼中当事人之间能够和解和调解都是基于当事人对自己实体权利和诉讼权利的处分为前提的。无论是和解还是调解都是司法政策所鼓励的,但对于公益诉讼是否也应如此重视和解和调解是一个问题。

可以肯定的是在公益诉讼中,公益诉讼的原告与对方当事人之间是不能进行和解或调解的。因为原告只是获得了提起公益诉讼的资格。原告作为提起公益诉讼的机关或组织对其诉讼仅仅享有部分诉讼权利,因为他们毕竟不是公共利益实体上的代表,因此,不应对公益诉讼案件的实体问题享有处分权,其诉讼权利也应受到相应的限制。基于此,应该得出原告不得与公益诉讼的被告人进行和解和调解的结论。而且,还因为公益诉讼一般情形下不涉及赔偿问题,也就不存在就赔偿的数额双方之间进行和解和调解的问题。在一般民事侵权案件中,双方之间通常会围绕着仅就赔偿数额进行调解,这是基于权利人对自己实体权利的处分自由。在环境污染事件的行政处理程序中也存在关于损害赔偿责任和赔偿数额的所谓"行政调解",[21]不过,这种调解依然是基于具体权利主体的权利处分。由于公益纠纷的性质,公益诉讼案件加害与否以及损害的有无不应成为调解的对象,必须由法院加以认定。由于公益诉讼的特殊性,在公益诉讼中至少调解或和解不应得到政策支持。如果认可和解或调解很容易在原告与被告之间形成一种利益交易,引发对公共利益再次损害。

依照民诉法司法解释和环境公益诉讼司法解释,在当事人之间是可以进行和解,法院可以进行调解。从民事诉讼的理念和原则来看应当没有问题。但问题是,在公益诉讼中,谁是当事人是个问题。加害人是当事人没有问题,但受害人是当事人吗?一般我们说当事人应当是指诉讼当事人。狭义的当事人就是原告和被告,广义的当事人还包括有独立请求权第三人以及承担责

[21] 参见韩德培主编:《环境保护法教程》,法律出版社2007年版,第347页。

任的无独立请求权的第三人。民诉法司法解释所言的“当事人之间”的“当事人”应该不完全是指通常民诉理论上所言之当事人,实际上是指那些实际受到侵害的权利人,例如受环境污染的实际受害人或被同一侵害行为损害的众多消费者。如果是这样,则应该表述为“权利人与加害人之间可以达成和解,人民法院可以进行调解”,使用当事人这一概念容易造成误解与混乱。当然,权利人与加害人之间可以和解和调解都必须建立在利益主体是特定的场合,例如具体的环境污染受害人或众多消费者。但如果依照笔者的理解,这些存在特定利益主体即特定权利主体的情形其实都不应当属于社会公共利益,无需通过公益诉讼的方式解决,完全是私益诉讼,可以通过代表人诉讼(或者司法解释中所说的集团诉讼方式加以解决)。如果公益诉讼的公共利益界定为不特定主体的利益,则就存在和解与调解的问题。因为没有特定的权利主体。因此,这种意义上的公益诉讼,在请求类型也是受到限制。[22]

---

[22] 社会公共利益受侵害的情形,采取公益诉讼的方式能够实现的请求通常限于停止侵害、恢复原状、消除危险。一般情形下,由于侵害社会公共利益的行为所造成的损失往往很难加以确定,尤其是造成大面积河水、湖泊、海洋污染、土地污染、大气污染等情形。不能确定损失则无法确定赔偿责任。另一方面,即使能够确定大致的损失,也由于受害主体的不特定性,使得赔偿金无法具体给付给具体的受害人。对于大规模侵权所导致损害,国外近些年来,采取了设立专项赔偿基金的制度来解决受害群体广泛,救济成本高,难以实现公平受偿的问题。我国也有这方面的尝试,例如三鹿事件处理中所设立的医疗赔偿基金。在康菲石油泄漏污染事件中,也有人主张设立由中海油和康菲石油公司设立赔偿基金,专门用于受害人的损失赔偿。不过这类赔偿基金主要是用于对已经发生损害的赔偿以及今后基于同一侵权事件衍生或发现的损害的赔偿,目的在于应对大规模侵权导致的赔偿难的问题。这一问题与笔者本文中所涉问题不是同一个问题,本文所涉及的问题是由于受害主体的不特定,损失难以确定的情形下,公益赔偿诉讼请求便难以实现。当然,如果能够大致确定损失,即使具体受害人不确定,也可以考虑通过赔偿国家,再由国家在一定范围内对相对确定的受害人予以补偿。只要这种赔偿机制能够得到承认,公益赔偿的诉讼请求也才能够提出。不过目前这样的赔偿机制在我国尚未得到法律的认可。即使这种机制得到法律上承认,也必须考虑如何防止因此可能存在的“寻租”行为。正是基于上述理由,一些国家对于非利害关系人所提起的诉讼,都不允许提出损害赔偿诉讼请求,仅仅许可提起要求停止侵害、恢复原状等请求。例如,德国的团体诉讼就被限于对不作为请求,依据的是实体法上的不作为请求权。因为德国团体诉讼的功能仅在于保护权利人的权利不受侵害,而非赔偿救济。美国的集团诉讼中也有一种仅在于通过集团诉讼以获得禁止令状或宣示性判决为目的的集团诉讼。在谈论公益诉讼请求类型的问题上,如果不将诉讼限制于公益诉讼,而是设定为包括社会公共利益,也包括特定多数人利益的诉讼时,那么损害赔偿请求也自然是成立的。不过,这种针对小额多数的损害赔偿的多数人诉讼在制度设计上就复杂多了。必须考虑诉讼代表人与被代表的多数人之间的意思表示的一致性;单个受害人损失的证明;损害赔偿金的分配等一系列问题,也就是美国集团诉讼制度中所面临的所有问题。由于在我国民事诉讼法已经设立了诉讼代表人制度,虽然还存在诸多需要完善的地方,只是基于理念、认识的问题,没有充分发挥其功能,因此,没有必要重构另一种类似的制度,应当将公益诉讼单纯化。关于公益诉讼请求类型问题,详见张卫平:《民事公益诉讼原则的制度化及实施研究》,载《清华法学》2013 年第 1 期。

（七）公益诉讼判决的效力

《民诉法司法解释》第 291 条规定,公益诉讼案件的裁判发生法律效力后,其他依法具有原告资格的机关和有关组织就同一侵权行为另行提起公益诉讼的,人民法院裁定不予受理,但法律、司法解释另有规定的除外。

在民事诉讼中,任何生效(确定)判决都有既判力,即法院不得就已经判决的实体争议事项再行审理和裁判,即使判决也不得与前诉判决的主文判断相矛盾;当事人也不得就已经裁判并已确定的实体争议事项再行起诉。相对于当事人不得对该判决申明不服,具有终结诉讼程序的形式上的约束力(形式上的确定力)而言,判决确定之后所具有的这种效力在理论上就称之为"实质上的确定力"。如果当事人在就已经判决的实体争议再行提起诉讼,法院对此再行审理,从既判力角度将构成重复诉讼或一事再理。同时,当事人和法院对同一诉讼标的或同一侵权行为的诉讼和审理也违反禁止重复诉讼的制度规定(关于禁止重复诉讼,见《民诉法司法解释》第 247 条,本书普通诉讼程序部分)。基于既判力相对性原则,[23]判决在主体范围方面仅对诉讼标的的当事人双方有约束力。人们也很容易理解判决对原告和被告的约束力。但由于公益诉讼的适格原告与诉讼标的并没有实体上的联系,因此,公益诉讼的适格原告就往往为两个以上,也就可能存在其他适格原告在法院对同一诉讼标的做出判决且判决生效之后再行提起公益诉讼的情形。针对公益诉讼的这一特殊性,民诉法司法解释专门就公益诉讼判决的既判力问题作出了明确规定。

但应当注意的是,民诉法司法解释在此明确的是发生法律效力的公益诉讼裁判。也就是说,此条规定还不仅仅是关于公益诉讼既判力的规定,也包括法院就公益诉讼作出生效裁定的情形。一般而言,由于裁定的事项都是非实体争议的程序上的事项,因此,裁定通常不具有既判力。[24] 显然,民诉法司法解释并没有注意到这一点。误认为裁定也有既判力。所以,民诉法司法解释才规定"法律、司法解释另有规定的除外"。从理论上,讲既判力约束力是没有例外的(在主体范围方面存在着例外)。对于所谓的"除外的情形",最

---

[23] 关于既判力相对性原则,详见张卫平:《既判力相对性:原则、作用、根据与例外》,载《法学研究》2015 年第 1 期。

[24] 关于裁定的既判力,详见张卫平:《民事诉讼法》,法律出版社 2013 年版。

高人民法院的民诉法注释书——《民诉法司法解释理解与适用》提到《环境公益诉讼司法解释》第28条的规定。该规定明确环境公益诉讼案件的裁判生效后,有权提起诉讼的其他机关和社会组织就同一污染环境、破坏生态行为另行起诉的,有两种情形法院应当受理。其一,前案(前诉)被裁定驳回的;其二,前案(前诉)申请撤诉被裁定准许的。不过,由于裁定通常不具有既判力,因此,民诉法司法解释概括地将裁定也纳入具有既判力的裁判范围是不妥当的。比较妥当的做法是仅就生效判决作出规定即可。否则,容易让人们误认为裁定具有既判力是通常情形。

(原文发表于2013年)

民事程序与私法权利的实现

——以民事诉讼程序为中心*

一、前言

20 世纪 70 年代末，中国的文化大革命宣告结束，中国开始了以经济建设为中心，逐步实行改革开放的时代，也进入了法制全面重建的时期。1982 年 3 月 8 日，中国颁布《中华人民共和国民事诉讼法(试行)》，并于 1982 年 10 月 1 日正式试行。[①] 该法律是中国大陆 1949 年来第一部民事诉讼法法典。虽然当时还没有颁布相应的实体法，如民法、婚姻家庭法、继承法等，但已经存在一些由行政机关和最高司法机关制定的关于民事权利义务的实体规则。为了保障这些已有的实体规则以及今后民事实体法的实现，立法者优先制定、颁布了民事诉讼法，成为改革开放以后第一批颁布实施的法律。为了适应中国民事实体法律发展和纠纷解决的需要，1991 年又提出了《中华人民共和国民事诉讼法(试行)》修改草案，并予以通过，成为正式的《民事诉讼法》，也是中国现行的民事诉讼法。该法较之《民事诉讼法(试行)》在内容上有所增加。在制度和程序方面，增加了诉讼代表人制度、督促程序、公示催告程序、破产还债程序，比之《民事诉讼法(试行)》在制度和程序方面更加细致和完善。2007 年中国再次对《民事诉讼法》进行局部修订，又进一步完善了再审制度和执行制度。

---

* 本文为 2010 年德国弗莱堡大学实体权利的实现程序国际研讨会论文。

① 因为当时中国大陆的经济社会关系发展变化很快，因此，《民事诉讼法》采用了“试行”的特殊方式，意图通过短期的施行，为以后正式制定《民事诉讼法》打下基础，但就法律的效力而言与其他法律无异。

在解决民事权利义务纠纷的程序规范方面,除了最重要的《民事诉讼法》外,中国还制定颁布了《仲裁法》(1994)、《中华人民共和国企业劳动争议处理条例》、《人民调解委员会组织条例》(国务院制定),以及数量众多的由最高人民法院规定的有关民事诉讼程序的司法解释,从而构成了民事程序法规范体系。

二、民事程序与民事(私法)权利关系的基本认识

关于民事程序与民事(私法)权利关系,一般的认识是,民事程序的目的是实现民事(私法)权利。民事程序的设置如何将直接影响民事(私法)权利的实现以及实现的程度。在理论上,中国民事程序的理论认识在改革开放之前以及改革开放初期主要受原苏联民事程序理论的影响,以后主要受大陆法系理论,尤以日本、德国理论的影响最大。在特定的意识形态影响下,卡尔·马克思关于民事程序与实体法关系的一段论述被作为经典论述,具有非常重要的影响力。按照马克思的观点:"审判程序和法二者之间的联系是如此密切,就像植物的外形和植物的联系,动物的外形和血肉的联系一样。审判程序和法律应该具有同样的精神,因为审判程序只是法律的生命形式,因而也是法律内部生命的表现。"②在相当长的一段时间里,在民事程序理论中,程序与实体的关系被认为是,形式与内容、手段与目的、主法与助法的关系,两者相依相存,缺一不可。③ 没有程序和程序法的保障,民事实体法只能是一纸空文。这种观点后来被学界概括为"工具论"。到了20世纪90年代中期,理论界受当时国外主要是英美程序观念——正当程序理论的影响,基本接受了程序既具有工具意义,也同时具有独立价值的观点,即程序并非简单地服从于实体,也具有使实体结果正当化的积极意义。

三、为实现民事(私法)权利的程序设计

基于民事程序对实现民事(私法)权利实现的能动作用,立法者在设计程序时不仅在一定程度上考虑了纠纷解决的公正性,也考虑了如何更有效地

---

② 中央编译局编译:《马克思恩格斯全集》(第1卷),人民出版社1995年版,第178页。

③ 参见谭兵主编:《民事诉讼法要义》,西南财经大学出版社1991年版,第9、10页。

实现民事(私法)权利。主要体现在以下几个方面:

(1)诉权制度。

按照法律的规定,凡是与案件有直接利害关系的当事人都可以向法院提起给付、变更、确认的诉讼,以保障自己的合法权益不受侵害,权利得以实现。

(2)强调民事程序的简便、快捷。

由于受原苏联民事程序理论和原传统民事纠纷解决观念的影响,立法者一直强调民事纠纷的解决和民事权利的实现应当尽可能简便、快捷。在民事诉讼中便于法院审理案件、便于当事人进行诉讼被认为是民事诉讼程序设计的一项基本要求。在民事诉讼程序方面,对于财产数额不大以及婚姻家庭纠纷,立法者设计了简易程序,在起诉、受理、传唤、审理、送达方面均较一般民事诉讼程序即"普通程序"更为简便、快捷。不仅《民事诉讼法》有相应的规定,中国最高人民法院也有相应的司法解释,如《关于适用简易程序的若干规定》。

在审级制度方面,设置为两审终审制度。

(3)为了保障实体权利的实现,民事诉讼法设置了诉讼保全程序。

《民事诉讼法》第92条第1款规定:"人民法院对于可能因当事人一方的行为或者其他原因,使判决不能执行或者难以执行的案件,可以根据对方当事人的申请,作出财产保全的裁定;当事人没有提出申请的,人民法院在必要时也可以裁定采取财产保全措施。"

(4)强调通过调解解决民事纠纷,以期更充分地实现民事权利,以图维持双方之间和谐关系。调解主要分为诉讼外的调解和诉讼内的调解两大类。诉讼外的主要调解制度是所谓人民调解制度,即通过所设置的人民调解组织对当事人双方的纠纷进行调解。主要规范是《人民调解组织条例》。诉讼内的调解主要是所谓法院调解,通常在当事人起诉被受理后,由法官对当事人之间的纠纷进行调解。诉讼调解不受审级的限制。

人民调解组织所达成的调解协议虽然不具有直接的强制执行效力,但可以通过当事人就调解协议的纠纷提起诉讼,通过诉讼实现间接强制。当一方当事人不履行调解协议时,另一方当事人可以向法院提起诉讼,法院仅就调解协议进行审查确认,如果调解协议合法,便以判决加以确认,使调解协议具有了间接强制性。在理论解释上,通常认为当事人之间的调解协议与合同相同。对此,程序法的部分学者持有异议。诉讼调解由法官主持,如果双方当事人达成调解协议,则由法官制作成调解书,确认该调解协议。该调解书与法院的判决书具有同样的效力。在调解书生效后,如果义务人不主动履行义务,则权利人可以向法院申请强制执行。

(5)通过设立当事人制度、共同诉讼(必要共同诉讼、普通共同诉讼)、第三人制度(类似于德国法的诉讼参加制度)、诉讼代理制度、诉讼代表人制度以利民事(私法)权利的实现。共同诉讼制度、第三人制度、诉讼代理制度主要借鉴了大陆法系国家的相应制度。在共同诉讼、第三人制度方面,法律强调了与实体法的协调,共同诉讼、第三人的类型划分和运用均考虑了实体权利义务的相应规范。例如,权利的共同行使是必要共同诉讼的情形之一。

诉讼代表人制度是为了解决涉及人数众多的民事纠纷而设计的制度。《民事诉讼法》第 54 条规定:"当事人一方人数众多的共同诉讼,可以由当事人推选代表人进行诉讼。代表人的诉讼行为对其所代表的当事人发生效力,但代表人变更、放弃诉讼请求或者承认对方当事人的诉讼请求,进行和解,必须经被代表的当事人同意。"同法第 55 条第 1 款规定:"诉讼标的是同一种类、当事人一方人数众多在起诉时人数尚未确定的,人民法院可以发出公告,说明案件情况和诉讼请求,通知权利人在一定期间向人民法院登记。"该条第 2 款规定:"向人民法院登记的权利人可以推选代表人进行诉讼;推选不出代表人的,人民法院可以与参加登记的权利人商定代表人。"该条第 4 款规定:"人民法院作出的判决、裁定,对参加登记的全体权利人发生效力。未参加登记的权利人在诉讼时效期间提起诉讼的,适用该判决、裁定。"

(6)在执行制度方面,《民事诉讼法》也专章规定了执行程序以及执行当事人相应的权利义务,以保障权利义务的实现。2007 年的《民事诉讼法修订》,在完善执行程序方面有相应的改进。按照全国人大的立法计划安排,不久还将全面修改《民事诉讼法》,届时,民事执行规范将可能单独立法,以使民事执行制度更加完善。

四、程序的设计缺陷或不足对权利实现的妨碍

尽管改革开放到现在已有三十年余年,但民事程序依然存在不够完善之处,这些设置上的缺陷和不足必将妨碍民事权利的实现。关于这些问题,根

据学界所议论的情形大致有以下几个方面：

(1)在起诉制度方面，按照现行《民事诉讼法》第108条的规定，当事人的起诉必须符合以下条件：(一)原告是与本案有直接利害关系的公民、法人和其他组织；(二)有明确的被告；(三)有具体的诉讼请求和事实、理由；(四)属于人民法院受理民事诉讼的范围和受诉人民法院管辖。由于我国民事诉讼法将实体判决要件(诉讼要件)置入起诉的条件之中，诸如当事人适格问题、法院审判权行使的范围以及当事人之间是否存在仲裁协议而排除法院裁判等问题的审查都被置于起诉受理阶段进行，而不是在受理以后。这就必然抬高了诉讼开始的“门槛”和起诉的“门槛”，导致了起诉或诉讼开始的“高阶化”，这是导致所谓“起诉难”现象的原因。所谓“起诉难”实际上是“立案难”或者说“受理难”。

(2)欠缺侵害阻断制度，难以充分维护当事人的权益。依民法传统理论，绝对权受到侵害之后产生绝对权请求权和侵权请求权。权利人有权依此两种请求权要求债务人停止侵害、排除妨害以及赔偿损失等。如果债务人不愿自动履行，便产生由法律强迫债务人以承担民事责任的方式实现对权利进行救济的必要。但是，民事责任的承担是以义务的确定为前提，故通常只能在判决确定了权利义务关系之后才能够实现对受损权利的真正救济。但在此之前，权利人有可能忍受损害行为的继续发生，而现有的诉讼保全制度对此也无能为力。

(3)在审级制度方面，由于实行的是两审终审制，因此尽管有简易程序，但只要一方当事人上诉，依然必须通过两审才能终结，导致了一些数额小的案件无法实现快速结案。

(4)对于涉及公共利益或群体利益的案件，如消费者侵权案件、环境污染案件等。由于没有设置团体诉讼制度，致使这些案件中的权益人的权益不能得到有效维护。

(5)缺失撤销生效裁判的诉讼程序。通常情况下，民事诉讼解决的是争议当事人之间的纠纷，裁判也只涉及当事人之间的权利义务，但社会各种关系的复杂性和关联性决定了当事人之间的关系争议的裁决也往往涉及案外第三人的利益。关于这一点人们在制定现行《民事诉讼法》时也并非没有注意到，但在制度安排上却存在不足之处。对于当事人之间尚未有确定裁判的诉讼或尚未终审裁判的诉讼,现在的制度安排是设置“第三人制度”,具体包括有独立请求权第三人和无独立请求权第三人两种制度,即第三人对他人之间争议的诉讼标的因为具有利益关系,可以对原告和被告主张独立的请求权,以及虽然不能主张独立请求权,但由于他人之间的诉讼的结果与自己有利害关系而参加他人之间的诉讼,以维护自己的合法权益。第三人制度安排的有效性的一个前提是,案外第三人必须在他人之间的诉讼尚未有确定裁判之前,知道该诉讼的存在。一旦法院对他人之间的诉讼作出了确定裁判,案外第三人就无法对他人损害自己利益的行为采取这种方法予以救济。在他人之间的诉讼裁判确定之后,通常是指判决生效之后,案外人以侵害自己合法利益为由欲推翻生效判决的,在现行《民事诉讼法》中的制度出路大概只有审判监督程序,即案外人通过再审的路径,向法院和检察院主张原判决存在可以提起再审的事由。但根据现行法,案外人不能申请再审,因为只有当事人才有申请再审的权利。④

五、司法层面对诉讼程序功能的影响

在司法层面,司法的运行状态对诉讼程序在实现民事权利具有十分重要的影响,既可能是积极的,也可能是消极的。司法层面对诉讼程序功能的影响问题,既包括司法制度本身的问题,也包含一定司法政策和司法观念对现行制度实际运行的影响问题。众所周知,纸上的法律文本在特定的司法制度、司法政策和司法观念下总是会发生一定程度的变异。本文主要从问题的角度分析司法制度、司法政策和司法观念对实现民事权利可能造成的消极影响,以期进行相应的调整。

(1)司法地方保护主义对程序功能的影响

所谓司法地方保护主义,通常是指地方司法机关由于受地方利益或特定因素的影响而非公正地实施有意偏向地方当事人的司法行为的状态。司法地方保护主义主要反映在民事审判和民事执行中。集中体现在应该受理的案件不受理,导致所谓“起诉难”;应该公正判决的案件判决有失公正;应该

④ 关于现行民事诉讼程序存在缺陷和不足,参见张卫平:《民事诉讼法修改之我见》,载《法商研究》2006 年第 5 期;江伟主编:《民事诉讼法的修改与完善(草案)》(第三版),法律出版社 2008 年版。

执行、及时执行、充分执行的案件,不执行、拖延执行和不全面执行,导致所谓"执行难"。司法地方保护主义是中国长期以来存在的司法老大难问题。人们通常认为这一问题结症源于司法体制,即所谓司法的地方化,即司法机关在人事、财政的地方化。法院的法官安排、任免和法院的经费来源均由地方控制。在人事方面,在实践中,我国法官管理体制实行党管干部的原则,法官的任命首先要经过当地党的组织部门考察同意,才能提交人大任免。一般来说,人大不会违背党委的意见,对于党委的提名原则上都会通过。"法官在任免的实际运作中,地方党政领导起着直接决定作用。"[⑤]司法机关与行政机关一样采取地方经费包干的措施,法院经费完全依赖地方财政供给,无论是法官的工资和各种福利待遇,还是法院的办公活动费用,都由地方行政机关提供。这样一来,"法院本身的利益与地方的利益结成了相互依附的'锅与碗'的关系。"[⑥]法院在财政经费上依从于地方行政机关,意味着司法机关在司法活动中就要受到行政机关的制约。

(2)司法腐败对程序功能的影响

中国司法的一个现实问题是严重的司法腐败问题。[⑦] 司法腐败直接导致司法的不公正、司法权威的贬损,也必然影响民事权利的实现。这一点是不言而喻的。这些年来,不仅人数众多的普通法官,甚至数位大法官也受到刑法、党纪和政纪的处罚。导致中国发生如此严重的司法腐败的原因是一个比较复杂的问题,有大量的分析文章,[⑧]本文不在此论述。

(3)司法政策和司法观念对程序功能的影响

笔者将根据特定的时期、情形(特定的社会、政治要求)对司法所进行的调整规范概括"司法政策"。这种司法政策在中国独特的社会政治背景下既可能是法律范围内的调整,也可能是超法律的政策调整。这种调整因时宜而定,具有一定的时间性和灵活性。由于存在超法律的司法调整,所以,在中国就实际存在着对特定关系的政策与法律的二元调整,也就有难以避免调整中

---

⑤ 王利明:《司法改革研究》,法律出版社 2000 年版,第 167 页。

⑥ 王利明:《司法改革研究》,法律出版社 2000 年版,第 169 页。

⑦ 尽管没有确切的数字说明司法腐败的程度,但从 2009 年最高人民法院工作报告中提到的数据可见一斑。报告指出,去年以来,各级法院共查处违纪违法人员 712 人,其中追究刑事责任 105 人。最高人民法院副院长黄松有也在其中。近年来已有数名二级大法官因司法腐败被判刑。

⑧ 参见如郭晓飞:《"司法腐败"之辨》,载《经济观察报》2010 年 2 月 21 日。

的冲突和矛盾。由于中国特定的政治体制,政策调整往往会优于法律调整,也凸显了在中国单纯的法律调整有限性。当然,在中国特定的转型时期,超法律的司法调整并非都是消极的,也具有一些建设性的功能。这些政策调整必然对民事程序功能的发挥产生影响,也会对权利的实现产生影响。限于报告篇幅,本文列举以下几点:

1. 纠纷解决方式的政策调整对程序功能的影响

在当下的中国,学界关于司法政策的基本径向是实施"大调解",以强化诉讼外的调解、诉讼内的调解,使诉讼和裁判进一步边缘化。

所谓大调解,是指在解决民事、行政,甚至刑事纠纷中,强调在司法程序、准司法程序中运用调解或和解的方法解决争议。尤其是民事纠纷解决领域更是强调通过诉讼外的调解和诉讼内的调解化解纠纷,尽量避免通过诉讼或裁判解决纠纷。诉讼调解又进一步扩展为"调撤",即通过的调解实现当事人撤诉,以便通过非讼方式加以解决。这表明了一种司法径向的转向或回归。虽然,诉讼调解制度一直是我国现行民事诉讼中的一项重要制度,是解决当事人间民事争议的一种重要方法,在民事审判方式改革兴起之前就被着重加以强调。但在积极倡导"民事审判改革"的一段时间里,诉讼调解在相当大的程度上被淡化,相应的,通过判决解决争议(判决结案)的比例大幅度上升。不过21世纪初开始,诉讼调解得到了强势反弹,调解结案的比例已经远远超过20世纪90年代以前。这几年,一些在诉讼调解方面走在前列的基层法院几乎是以每年5%以上甚至10%的幅度在提高诉讼调解的结案率,调解结案率已经超过60%,个别法院甚至已经超过70%、80%。[⑨]

在更多地通过非诉讼和裁判的方式解决纠纷的意识支配下,调解撤诉也成为一种政策导向。原有的所谓"起诉难"问题进一步被放大。一些原本可以通过诉讼程序加以解决的法律争议不得不通过非法律途径加以解决,使当事人的实体权利无法通过法律途径予以实现。

支持这种司法政策的主要观念是,认为强化"大调解"有助于实现当事人社会关系的和谐;相反,诉讼和判决的处理不能有效实现当事人之间的和谐。此观念认为过去近二十年的司法改革也提供了失败的证据。在心理文

⑨ 参见张卫平:《诉讼调解:时下时态的分析与思考》,载《法学》2007年第3期。

化依据方面,认为中国人在文化心理上以“和为贵”为其价值追求。这种文化心理又与中国的文化传统和解决纠纷的传统法观念有关。这样的认知又与政治上建构和谐社会的要求相契合。在比较法上提供的依据是,西方国家纠纷解决也在诉讼中强调通过和解方式解决,强调和寻求纠纷解决的多元化和替代性,中国也应当顺应这种潮流。在法律调整的有限性方面,认为中国的法律还不完善,社会处于转型期,无法完全根据法律进行裁判,因此,需要更为灵活的调解方式解决纠纷。在诉讼制度的目的方面,认为诉讼制度的目的应当是解决纠纷,只要能够有效地解决纠纷的方法就是好的方法。在制度生成方面,认为中国在司法方面应当坚持中国的传统,过分依赖诉讼和裁判是西方的法治传统。强调调解为中国的传统,强调法制建构的本土资源化。[10]在法的理念上,中国对西方法治有一种拒斥,这不仅包括三权分立体制,也包括对司法体制和司法运行方式的拒斥。[11] 尤其是在中国经济发展,国家实力增强,民族自信心增强,西方国家经济停滞的大背景之下,对西方国家的制度、经验的普适性持有越来越强烈的怀疑。西方的现实主义法学、批判法学、后现代主义也为这种质疑提供理论依据,因此,愈加强调在法治方面的中国特性。[12]

在这样的认知观念支配下,作为回归司法传统的所谓“马锡五审判方式”[13]也开始重提并推行开来,以大众司法取代精英司法,去司法神秘化的趋势已经十分明显。法官的专业化、职业化受到质疑。[14]

对这种司法径向,在学界和实务界均存在很大争议,尽管关于这些争议并非都是公开显现的,尤其是在实务界。

对于强化调解,持有异议的学者认为,在现在的语境下,调解结案显然成了一种民事司法的目的,而不是解决纠纷的手段。调解率、调撤率成了一种

---

⑩ 参见苏力:《法治及其本土资源》,中国政法大学出版社 1996 年版,第 3 ~ 22 页。

⑪ 参见吴邦国:《全国人大常委会工作报告》2009 年 3 月 22 日。

⑫ 参见张卫平:《回归“马锡五”的思考》,载《现代法学》2009 年第 5 期。

⑬ “马锡五审判方式”是对源于中国 20 世纪 40 年代在共产党控制区域的司法活动的概括。马锡五审判方式以以下价值导向:其一,简化纠纷解决的程序;其二,便利当事人诉讼;其三,避免直接适用法律;其四,裁判者的积极干预。参见张卫平:《回归“马锡五”的思考》,载《现代法学》2009 年第 5 期;参见卞建林主编:《共和国六十年法学论争实录 · 诉讼法卷》,厦门大学出版社 2009 年版,第 252、253 页。

⑭ 参见王韶华:《马锡五审判方式的特征、精髓及其运用》,载《人民法院报》2008 年 8 月 6 日。

外在的衡量审判工作的一项指标。在这一指标的驱动之下,审判人员自然会营造出一个有利于实现这一指标的环境。因此,违背当事人意愿强行达成调解的问题就在所难免。强化调解态势的直接后果之一是导致人们法律虚无主义意识的扩展和蔓延。司法实践中存在的这种强化调解的态势,使得法官不得不尽量想办法提高调解结案率,使自己能够在审判工作的"业绩"上得到有利的评价。调解技术的强调也就成了如何将"强制"转化为"自愿"的技术和艺术。调解结案也就成了一种具有高度可能性的预期结果。调解结案的一般结果往往是权利人的权利"打折"。强化调解的结果必然给义务人无需充分履行义务这样的有利预期,即不充分,甚至不履行义务,却不会导致因此而带来的法律后果,通过调解总能够免去部分义务不履行的责任。这样一来,这种强化调解的态势必然极大地挫伤权利人的维权意识,弱化甚至消解义务人充分履行义务的意识。在中国法治建设的初期阶段,应当逐步强化权利义务意识,强化规律规范意识,而不是相反。法律的一个重要意义在于为行为人提供行为的预期,如果法律的规制作用被弱化,则法律存在的这一价值便也会丧失,成为一纸空文。由于法官裁判功能的弱化和司法腐败的存在,中国的司法权威必将遭受多重打击。尤其是在中国特有的"司法信访制度"的背景下,法律秩序、司法权威进一步受到挑战,导致法律意识进一步衰败。应当意识到,中国的法治发展与西方国家法治的发展不在一个层次或阶段上,西方国家在法律意识、法律程序和法治环境方面与中国有很大差异,因此,简单地迎合西方解构性和纠偏性的做法是一种误读,[15]瘦子跟着胖子减肥显然是不妥当的。

2. 对制度适用限制或扩大调整的影响

基于特定的政治理念和要求,司法政策对民事诉讼法上的某些制度的限制或扩张也较大地影响了实体权利的实现。这主要体现在以下两个方面:

限制性方面集中体现在对代表人诉讼制度的限制适用。如前所述,《民事诉讼法》中设置的诉讼代表人制度,原本就是为了解决多数人群体性纠纷,有利于人数众多的权利人能够通过诉讼代表机制以更少的成本实现权利。

---

⑮ 参见[美]黄宗智:《过去和现在——中国民事法律实践的探索》,法律出版社 2009 年版,第 232 ~ 234 页。

尤其是在诉讼标的属于同一种类,人数不特定的多数人纠纷的诉讼。但是基于对社会稳定的考虑,在司法政策上对诉讼代表人制度的适用进行了较严格的限制,鼓励这类涉及多数人纠纷的解决不采用诉讼代表人的方式,仅允许一对一的诉讼方式。司法政策调整的理由是,诉讼代表人制度的适用不利于社会的稳定,容易形成群体性争端,诱发群体性事件。

扩大性方面集中体现在对再审制度的扩大适用。民事再审制度虽然是大陆法系国家所普遍设置的制度,但其性质为特殊的,非常救济手段。但在中国,民事再审制度已经呈现一种相对普通的救济手段,尽管不像上诉制度那样成为一种常规程序救济手段,但相对于国外而言,已经达到了相当高的比例。就实体权利的实现而言,这种扩张导致诉讼因为再审改判的可能性加大,实际上使终审判决无法成为终局判决,权利的实现处于不稳定状态。虽然在法律上,终审判决一旦生效,便成为可执行的根据,再审的申请也不停止执行,但一旦申请得以认可启动本案的再审审理,则原判决将停止执行。无论是因为再审过程耗时很长,还是再审导致已经确定的权利处于不稳定状态,都极大地影响实体权利的实现。导致再审扩张适用的原因十分复杂,有追求终极纠错观念的影响、现有两审终审制度设计不足、司法权威低下、司法裁判质量、再审事由设计缺陷、法院职权干预、司法行政化、外部干预、法律变动频繁、政策调整干扰、社会对司法的压力等因素。⑯

六、今后的趋势

在当下的中国,虽然在客观上存在着程序设置缺陷或不足、程序功能受限而导致实体权利实现受限的现实,但就人们的基本观念而言,一定程度上依然将通过程序积极实现实体权利作为一项应然的目标。在立法和司法上都在积极为实现实体权利而努力。在立法方面,立法者也以更有效地实现实体权利为目标,不断调整和完善程序,以保障实体权利的实现。⑰ 毫无疑问,如何实现实体权利也是当下《民事诉讼法》修改的一个考量的因素。本文上述所提到的程序和制度的缺陷都是本次民事诉讼法修改所考虑的重点问题。

---

⑯ 参见张卫平:《再审价值:有限纠错》,载《法律适用》2006 年第 7 期。

⑰ 从近几年的立法和司法的情形来看,立法与司法方面似乎存在差异,一方面有关实体法律在不断出台,但司法层面却存在难以充分实现的困境。比较典型的是《物权法》的实施。

但另一方面,民事程序与实体权利的实现又实际受到各种观念和政治社会其他要求的制约。本文上述所提到的司法政策的考量,以及基于这些考量所进行的调整都将继续影响程序设置和完善对实体权利实现的程度。立法者和司法者往往试图在这些考量因素当中寻求平衡。在相当长的一段时间里,前述所谈到的司法径向还会持续下去。因此,实践中,实体权利的实现依然会受到这种径向的影响。

中国目前正处于社会转型时期,经济发展和社会发展都处于极其不平衡的时期,社会关系也处于转型的复杂状态之中,鉴于政治体制、意识形态的特定性,社会关系的调整也依然会在较长时间内处于以传统治理方式和政策性调整与法律调整的二元状态之中,[18]法律调整的有限性,也导致实体正义的规定和确定都处于复杂的现实之中,因此,法律上实体权利的实现也会受到抑制。尤其是在中国对于个人或个体权利的肯定和保障也因为强调社会整体、社会本位等价值观的影响(在司法政策反映为对所谓"大局观"、"社会效果"的强调[19])而受到抑制,因此,通过民事程序来实现以个人权利或个体权利为本质的私法权利也将受到影响。

同时,对民事诉讼程序造成消极影响的司法体制的调整和改革的路径还依然不明朗,对于如何认识司法体制与司法不公正,以及地方保护主义等问题的相互关系方面还存在较大的分歧,因此,要在短期内消除司法体制所导致的地方化、行政化,以及消除司法腐败似乎还有很长的路要走。

的确,中国在实现法治,私法权利的实现方面今后还将面临许多问题,有些问题是根本性的问题。这些问题的解决仅仅从法律层面是很难有所突破的。虽然,对于什么是法治,人们还有不同的认识和理解,虽然国外的法治生成有着自己的历史条件和不同的社会环境,但是作为法治的基本要义是具有普适性的。人们之间的社会关系需要法律加以调整和规范,需要通过法治保障和实现人的平等、尊严和对幸福的追求,要实现这一要求,就必须有公正的法律程序和司法,以实现法律规范,实现法律所规定的权利和义务。这是法治的基本要求,不可以以相对主义的认识片面强调所谓特

---

⑱ 参见张卫平:《起诉难:一个中国问题的思索》,载《法学研究》2009 年第 6 期。

⑲ 参见王胜俊:《2009 年最高人民法院工作报告》。

性,从而妨碍中国法治的进步。因此,在这一基本方向上,我们不应该有所怀疑。中国必须继续沿着这一方向构建和完善民事程序,以便更充分地实现实体权利。

附录一　第三人撤销之诉制度：论争与方法

——在2015年第二届紫荆论坛闭幕式上的发言*

各位大家好！

经过一天的研讨，第二届紫荆论坛马上就要降下帷幕了。在此期间，两位报告人可以说经历了一次理论风雨的洗礼。两位报告人回应了各位评议人的各种质疑，无论是报告人还是评议人都很好地展现了认真对待学问的风范。相信大家都有所收获。同时，论坛在程序上的进一步改进，为论坛水准的进一步提升提供了程序保障。至此，完全可以说本次论坛是一次成功、圆满的论坛。这一成功显然应当归功于论坛的组织者、报告者和参与者。我们再次感谢组织者、报告者和参与者。

在论坛即将结束之际，我还想利用最后发言的机会简要地谈谈我对研讨主题的一些认识，希望大家指正。

本期紫荆论坛的报告主题是"第三人撤销之诉"，这一主题是当下民诉法学界最为热议的话题。本次研讨的内容主要关涉两个方面：其一，从法律修改、调整的角度认识第三人撤销之诉制度的必要性，以及如果认可该制度，则涉及这一制度的应有结构和该制度在民事诉讼法中的位置；其二，从如何适用的角度认识，在承认其可适用性的前提下讨论如何适用更有利于实现立法的目的，能够更好地实现第三人权益保障的体系化，更好地整合制度资源。

这两个问题看似存在前提或条件关系，即如果第三人撤销之诉制度就没有存在的必要，则似乎第二个问题也就没有讨论的必要。但实际上这两个问

---

* 会后，发言人对内容进行了修正和补充。

题存在一定的交互性或交融性。即如何适用也是规范性的,研讨的结果也是服务于制度的调解和法官的具体适用,在我国法官独立地位十分微弱,法官的能动性作用小的现实情形下,这种理论的探讨更主要地服务于司法部门的调整,虽然对于法官理解适用这一制度是有指导意义的。这种调整既可以是规范性的,例如通过司法解释和案例指导,也可以是政策性的。即使认为第三人撤销之诉没有必要性,也不仅是为立法调整做准备,也可以为司法调整提供理论依据,对该制度的适用加以限制。

关于第三人撤销之诉这一制度,学界的一个共识是,从制度的设置来看,这一制度无疑存在着结构性缺陷。这种缺陷无法通过语义解释,或者按照德国学者拉伦兹所说的“文义射程”予以消弭。第三人撤销之诉从“出生”之时起便充满着无尽的争议便可以说明这一点。在我的印象中大概还没有哪一个制度像第三人撤销之诉制度在出台后就这样富有争议,且如此热闹或者说激烈。导致这种结果与我们的立法过失有密切的关系。第三人撤销之诉这一制度是在未经认真深入研讨的情形下匆匆出台的。这一制度设置的失误,映证了立法制度改革的必要性。未经民主程序,便不能吸取民众的智慧。诚然,立法体制与社会、政治生态的现实是联系在一起的。不仅立法,大多数重要决策也都很难避免类似情形的发生,这也映证了政治体制改革的必要性。

虽然我们可以理解,在当时,修改的具体操作者自信地认为第三人撤销之诉是应对虚假诉讼的一剂良药。人们对于第三人撤销之诉制度看得过于简单,没有顾及诉讼原理、与既有要件、救济程序、与再审制度、执行异议之诉的关系、第三人另诉的关系问题。因此,我们现在的一切议论都是为了如何弥补该制度的缺陷。

当然,关于第三人撤销之诉制度设置的不足,也不应当仅仅归责于立法具体操作者的失误或过失,应当承认学界事前没有更多地关注和研究法国、台湾地区第三人撤销之诉制度的目的、制度结构、理论和制度运行中的实践为立法提供更多的参考。这说明我们的研究在广度方面还有所欠缺,用经济学的表达方式即存在理论供给不足的问题。我们的研究还陷于本土实用主义之中。一旦没有立法契机和社会实用的需要,又受制于扭曲的科研考核评价机制的制约,我们的研究便失去了标的和方向,这也从另一方面说明,非实用性的制度、原理研究的重要性,今后需要我们的研究要更多地仰望星空,甚至应当鼓励在研究方面脱离实际。

有的人认为,第三人撤销之诉制度就是一个没有合法性的“超生子女”,不应该予以承认,持这种的观点的可冠之以“否定适用说”。反之,也有的人认为,从现实出发,具有现实合理性,应当承认该制度合法性,尽管法律规定有欠缺,但可以通过理论解释改变其法律规定的条件,使其能够为实践的需要服务,不必为国外的理论所束缚,此类认识可谓“肯定适用说”。还有一种观点大体上可归属于折衷的观点,主张虽然该制度在理论上正当性不足,但既然已经生下来了就应当承认其合法性,但应当限制适用,不能放任生长,因为毕竟正当性有限,会影响到诉讼原则、制度间的统合、协调。

否定适用说立足于既判力制度,以扩大再审救济主体范围为前提,认为没有必要建立第三人撤销之诉制度,这样一种论说主要适用于立法或修法阶段,为立法或修法提供制度选择依据。问题在于第三人撤销之诉制度已经被明确规定在法律之中,面对第三人撤销之诉制度的适用问题,这种论说的现实作用就有相当局限了,当然,对再次修改是有意义的。因为人们一定会现实地提起第三人撤销之诉,不会理睬否定说的观点,尤其是在法律有明确规定的情形下;相反,既判力制度又没有法律的明确规定,法官在适用中的能动性也难以发挥。

按照否定论,可以作为的是制度“冷冻法”,即将该制度冷冻起来不予以适用。“冻结法”通常可以采取司法政策的方式——司法政策的功能之一就是对规范进行调整,包括现行法律和政策——例如通过上级法院或最高人民法院以各种政策性文件的方式予以冻结。使得该制度不能实施,虽然说这种做法有明显违反实定法之嫌,但在中国,政策高于法律的现实情形下是实际存在的,尤其是这种限制符合政治形势需要或基本司法政策时,也因为实质正当性,而忽视形式上的违法性。这方面最典型的例子是民事诉讼法中的代表人诉讼。虽然法律上规定了代表人诉讼,但基于当时的司法政策,强调社会稳定压倒一切,同时误解了代表人诉讼制度的运用与社会稳定的一致性,导致代表人诉讼不能适用。但对于第三人撤销之诉制度而言,要加以冻结非常困难,因为没有政策上的冻结理由,只有当一项法律制度被认为不符合基本的政策要求时,才会因为在政策实际优于法律的情形下,基于政策冻结一项具体的法律制度。第三人撤销之诉制度不仅没有政策上限制理由,反而是应对形势所需要的，是政策上鼓励的，如果不是政策上应对的需要，法律上也不会如此匆忙地出台，该制度的适用有足够的正当性。即使法院认可该制度不适用的理论上的正当性也不会予以冻结。如何适用是必须面对的问题。

肯定说立足于对现实的研判，认为由于我国现实实际上没有既判力制度或完善的既判力制度，没有既判力相对性原则，因此就有必要适用第三人撤销之诉制度来应对虚假诉讼、恶意诉讼。虽然法律上规定的条件存在问题，妨碍了这一制度的适用，但可以通过解释、修改这些条件使得第三人撤销之诉制度的适用没有障碍。这种观点的基本前提有两个：其一对制度的现实研判。其二，对法律规定的调整。对于第一点而言，方法论上是通过实证与实定法的双重分析。实定法的分析比较容易，从法律条文的规定即可得出结论。从法条的规定来看，可以间接推出既判力的存在，但还不能说我国法律中存在完整的既判力制度，比如既判力相对性原则。正是由于没有这一原则，他人之间的判决才可能对第三人造成约束，才有必要通过撤销他人的判决以为第三人的合法权益。通过实证调查，持肯定说的人得出了实践当中不存在既判力，也不存在既判力相对性原则。通过实证和法条的双重分析结论，第三人撤销之诉制度的适用得到了肯定。

如何研判现实中的“客观法”是一个有争议的问题。另一些学者或专家对现实的研判是一种与肯定论的结论完全相反的观点，认为在司法实践中法官们的心中并非没有既判力意识，也有既判力相对性原则的意识。如果认同这种认识便可以说在实践的民事诉讼法中也就实际存在既判力规范，法官在自由裁量中会适用这一规范。我将这种规范称为“客观法”（不同于凯尔逊在《纯粹法理学》中所说的“客观法”概念）或“现实法”，这种规范相对于法律文本，法律文本可以称为“主观法”，即实定法。根据笔者的观察，我认为我国现实中司法的非统一性是一种客观存在的现实，尤其是法律和司法解释没有明文规定以及缺乏大陆法系判例约束、指引的情况下。因此，要得出法官心中的统一认知规范是非常困难的，也就是说不存在法官心中统一的规范，即统一的客观法。对具体问题的认知是分散的、非统一的。但是这种认知既可以通过知识理论的传授加以改变，也可以通过司法解释（司法解释文件或指导性案例）以最快的方式加以统一，尤其是后一种类似或接近客观规范的方式最容易加以改变这种现实中对某些认识的非统一性。

如果这种路径具有现实性,则问题就转化为我们应当将什么样的认识转变为司法解释。我认为,应当将既判力制度的基本原理、原则尽快地转化为司法解释,成为实际中的规范。有的人可能认为既判力的基本原理、原则是一种概念的东西,是基于其他国家法治情境产生的,不具有普适性。从概念出发,还是从现实出发,是人们经常发出的质疑。著名法学家冯·耶林就指出,不是生活为概念而存在,而是概念为了生活而存在。美国著名学者朱利叶斯·斯通也同样基于法社会学的视角曾说过,"通过逻辑推出的精确性原则如果与社会现实矛盾,现实总是具有决定性的"。但我们又必须注意区分是什么样的概念?是什么样的现实?是否是纯粹脱离实践或现实的概念,包括由概念组成的理论等。应当分析这些概念和理论是怎么形成的,是否源于生活现实,源于实践。那些源于生活现实和实践的概念则是我们必须尊重和遵行的。我们应当承认一种概念、理论、制度产生的确具有环境特殊性,是某一具体环境和现实的产物,但作为一种规范人行为的原理、原则是差异环境的抽象,因而具有超越特定具体环境、现实的普遍性。尤其是一些在不同国家已经通用的制度,其原理和原则的普适性是毋庸置疑的。特别是那些具有或能够充分反映自然的、基本的正义特性的原则。在判决效力制度中,既判力相对性原则就是这样的原则,不仅已经为绝大多数国家所认可,而且其程序正义的原理是理所当然的。他人的裁判结果源于他人之间提出的事实和论辩主张,其裁判结果当然只能约束当事人双方,除非实体法上有特殊规定使得既判力具有扩张性的除外。各国之间关于既判力制度的具体规定可能有所差异,德国与日本就可能有所不同,德国、日本等与法国的差异就大于德日之间的差异。美国与英国也可能有所不同,大陆法系与英美法系可能差异又更大,但是关于既判力制度的基本规定,例如,关于既判力相对性在原则上是没有差异的。司法实践中法官对实定法的理解与适用情形是必须要了解的,这种了解有助于对第三人撤销之诉运行可行性的认识。对于制度的调整具有参考价值。但这不应当影响原则的规范作用。

因此,对于中国的民事诉讼而言,既判力相对性原则也是必须遵行的,否则就是对程序正义、程序保障的否定,表达的是事物的本然之理或事物的本质(Natur der Sache)(参见薄振锋:《斯通:法的综合解读》,黑龙江大学出版社 2009 年版,第 100 页)。事物的本然之理是法秩序建立的基础,(同上书)

我们没有理由拒绝这一原则。即使实定法没有规定,我们也应该尽快使之成为有约束力的规范。关键是我们应当意识到既判力相对性原则以及既判力制度的重要性。制度建构可以多种方式,司法解释以及指导性案例都可以建立起来这样的规范。除此之外,按照传统,也还有很多政策调整方式(审判会议纪要等)可以实现规范化和统一性。

最后,涉及如何看待实定法与第三人撤销之诉制度的调整问题。从法教义学的角度,理论解释和法律适用都应当服从实定法,从立法意图、原则、依照形式逻辑的推理、法律体系化的要求。尤其对于还处于法治初级阶段的我国而言,更应该遵从实定法,给予实定法正义足够的信赖。对待第三人撤销之诉制度也同样不能脱离法律文本。现在的问题是从民事诉讼法关于第三人撤销之诉制度的直接规范来看,第三人撤销之诉的法条规定存在着非自洽性的问题。这种非自洽性的判断根据是民事诉讼法原理性规定。正如分析法学家凯尔森所言,每一个法律规范都是从另外一个法律规范取得法律的效力。具体制度必须服从原则性、原理性规范,而不是相反。以第三人撤销之诉的原告资格或原告适格而言,《民事诉讼法》第 56 条第 3 款明确规定,必须是有独立请求权第三人和无独立请求权第三人,而且还必须是非因自己的原因没有参加他人之间的诉讼。如果从既有的第三人制度来看,由于第三人制度的限定,第三人撤销之诉的原告难以在实践中适格。根据民事诉讼法关于有独立请求权第三人的规定,有独立请求权第三人一定是实际行使独立请求权的第三人。没有行使就不是第三人。对于无独立请求权第三人的情形,只有被告型第三人和受判决效力扩张的第三人才有可能。而被告型第三人可以通过再审途径予以救济。按照现有的制度而言实际上可以适格的原告只有受判决效力扩张的第三人。

当然,对于第三人撤销之诉的原告适格问题,我们可以从现实和立法者的意图来分析,看看是否能够获得正当性。现实的情形是第三人撤销之诉的起诉人几乎都是受他人裁决结果影响的利害关系人(基于各种原因案外第三人愿意利用这一制度维护自己的利益,不管是正当的,还是非正当的),与《民事诉讼法》第 56 条规定的第三人没有关系。如果单纯将他人判决结果与第三人的利害关系的影响作为第三人撤销之诉的原告适格标准,则必将冲击判决的终局性效力,使他人之间已判决的法律关系处于不稳定状态,有违安定性原则。这显然也不可能是立法者的意图。应当注意的是立法者的本意以及立法者的意图、法律的目的也不是由具体立法的工作人员的话语所决定的。参与立法的工作人员或学者也没有解释法律目的、意图的垄断权。必须从法律的精神、原则、体系、原理、文义、逻辑等方面予以认识,法律的目的、意图应当是一种客观的存在,即"法律意志本身"。考虑到第三人撤销之诉制度与其他救济制度、原则的协调问题,第三人撤销之诉制度应当是受到限制的,而非一种通常的救济手段。而作为一种特殊的救济手段和程序完善应当设置于相应的实体法规范之中,因为判决效力的扩张与相应的实体法规定相关,例如公司法和身份关系法。欺诈诉讼的情形,可以通过再审途径加以解决。这一途径的设置甚至不需要通过立法修改,仅司法解释就可以实现。

第二届紫荆论坛即将闭幕,也意味着下一届紫荆论坛的帷幕将要开启,关于民事诉讼基本理论问题的研究还将继续,预定下届的讨论议题为既判力理论及制度,该专题实际与本届的研讨主题具有内在联系,是相关的延续和伸展,是民诉理论这朵法学紫荆花的再次绽放。

谢谢。

附录二　诉讼体制或模式转型的现实与前景分析

我国民事诉讼制度应该有所发展,实现民事诉讼制度的现代化,是不用质疑的命题。但如何实现发展,如何实现民事诉讼现代化却是我们必须认真面对且必须回答的问题。笔者一直认为民事诉讼制度的发展,民事诉讼的现代化必须要解决民事诉讼的体制或模式问题,应当实现民事诉讼体制或模式的转型。可以毫不夸张地说,民事诉讼体制或模式的转型是我国法制转型的缩影,是我国现代法治与传统法制的决裂,是向传统纠纷解决观念、意识和制度的告别和扬弃。

我国民事诉讼制度的发展,不应局限于各个具体局部的修修补补。也许有人认为诉讼体制的问题是一个十分模糊、抽象的理论命题,并没有实践意义。其实不然,诉讼体制或模式虽然是一个隐身于具体制度背后的抽象框架,但却是诉讼制度的基础和顶层问题。在具体的立法、司法以及诉讼过程中,我们能够实在地感受到诉讼体制或模式的直接和内在的作用,感受到这一命题的重要性和实在性,尤其是当我们追究问题的深层原因,涉及顶层结构时,诉讼体制或模式的问题就凸显出来了。在民事诉讼立法时为什么要规定法院有职权提起再审,即使当事人没有提出申请,甚至再审申请已经被驳回。这种规定是基于什么样的观念和认识?其体制性因素是什么?当事人没有在辩论程序中提出的主张、主要事实、主要证据,法院是否可以依据职权将其作为裁判的依据,否定和肯定的回答反映了什么样的体制要求?当事人在何种情形下,可以申请由法院进行证据收集。在当事人没有提出证据调查申请时,法院是否可以依据职权主动调查收集并作为裁判的证据。限制或不限制各自反映了什么样的体制形态?为什么在某些情形下当事人应当拥有程序选择权?当事人是否通过诉讼契约对其诉讼行为、效力进行限制?当事人为什么可以处分自己的诉讼权利等。

又如,我们今后是否应当单独制定家事案件程序法、非讼案件程序法,如果要制定,其独立的依据是什么? 这些问题的认识和处理都涉及诉讼体制或模式的问题,不同的诉讼体制有着不同的要求或者说不同的选择反映了特定的诉讼体制或模式。诉讼体制或模式是从宏观的视角和顶层把握诉讼制度的基本样式和态势。虽然正确认识了诉讼体制或模式并不能够彻底解决民事诉讼制度所有问题,但至少从一个方面能够使我们更清楚地和更好地认识和把握民事诉讼,从而有助于回答、修正、建构与社会发展、诉讼正义具有契合性的诉讼制度,有利于把握我国民事诉讼制度发展的基本方向。例如,家事案件程序法和非讼案件程序法的独立依据就在于这些程序在原则和体制不同于一般民事诉讼。家事案件程序法和非讼案件程序法在体制上当然是职权主义的。我们过去甚至现行的诉讼体制有着明显的“家事化”和“非讼化”特征。民事诉讼体制或模式的转型就是要脱离这种“家事化”和“非讼化”。另一方面,如果没有认识到民事诉讼体制或模式,我们又有可能将本应该“职权主义化”的家事诉讼程序“当事人主义化”,走向另一个极端。

再者,如果没有诉讼体制这一认识工具和认识框架,我们很难理解不同诉讼体制下他国或地区诉讼制度的意义和价值。例如,在大陆法系国家的民事诉讼中,职权探知、职权探知事项是一个经常使用的概念,如果不是在大陆法系特定诉讼体制下,我们便无法理解这些概念的意义和价值。职权探知以及职权探知事项的划定正是基于当事人主义或主导诉讼体制下,对法院职权行使的划定,如果不是当事人主义或主导的体制,要求划定法院的职权探知范围和事项就是没有意义的,在职权干预诉讼体制之下,法院的职权探知是没有界限的。但在当事人主义或主导诉讼体制下就必须划定职权行使的范围。如果属于非职权探知事项,如果当事人没有主张,法院不能进行调查,当事人之间没有争议的事项,法院应当作为裁判的依据。相反,如果属于职权探知事项,例如诉讼要件事项,即使当事人没有主张,法院也可以依据职权进行调查,如果认为不具备诉讼要件,例如不属于法院主管,则可以用诉讼判决驳回诉。除此之外,辩论主义(辩论原则)、处分权主义(处分原则)、直接原则、言辞原则、主张责任、释明权、责问权、禁止上诉不利变更等概念和制度都难以正确理解。可以说,不同诉讼体制体现和反映了不同的语境。不能认识诉讼体制,就有可能在误读语境的情况下误读域外诉讼制度的内涵和价值。正是基于此,笔者将诉讼体制作为一种认识工具和认识方法。

在理论上意识到现有民事诉讼体制的内在缺陷,意识到民事诉讼现代化与诉讼体制转型的内在关系,并不等于转型的自然到来。实现民事体制的转型与现实中民事诉讼体制实际转换,其间存在理想与现实的差异、理论与实践能否互动的问题。诉讼体制的转型需要具备若干条件。人们诉讼观念和理念上的转换就是其中之一。而人们诉讼观念和理念上的转换需要有一个较长时期。同时,人们诉讼观念和理念的转换又与社会政治关系的转型变化有直接的关系。其次,诉讼体制转型是与经济体制、政治体制、国家管理体制、司法体制等社会体制的转型变化直接或间接的关联,与人们法治观念有直接关联。可以说经济体制、政治体制、国家管理体制、司法体制等社会体制和人们的法治观念是民事诉讼体制转型的一般性社会条件。

就当下的社会条件来看,要求在现实中推动民事诉讼体制实现转变无疑是十分困难的。从民事诉讼法的两次修改可以看出,与民事诉讼体制相关的规定几乎没有任何触动。体现诉讼体制转型的体制性作业依然是一片空白,甚至还存在着逆向性作为。最典型的是对诉讼调解的强化,职权干预进一步得以硬化。诉讼体制转型的系列作业,例如,约束性辩论原则的建立、处分原则的实在化、法院再审的职权启动的取消、诉讼契约的确认、自认制度的建立、上诉不利变更禁止原则的确立等均没有作为。相反,在诉讼体制转型方面甚至还存在返潮现象,一些人还试图回归原有的诉讼体制,强化职权干预,形成一种新职权主义。马锡五审判方式的重提以及以政治运动化方式的回归就是其典型表现。前些年的司法政策也反映出在观念上与司法体制转型和诉讼体制转型相异的方向,表达了对传统方式的深深依恋。

正如任重先生在文章中所认识的,我国尚未真正建立起当事人主导型诉讼模式。中国民事诉讼现代化并未实现,它依旧在改革的路上。现行诉讼法律规范、司法解释和审判实践虽然呈现出当事人主义的改革趋势,但仍在总体上以职权干预型诉讼模式为内核。以此为素材的本土理论创新和体系建构在本质上是倒退。在民事诉讼的理论共识方面还存在着严重的缺失,这种缺失深刻地制约着我国民事诉讼立法、司法和教学。

当然,我们也应当承认无论转型多么困难,转型也依然在发生,尤其是党的十八大四中全会以后。四中全会明确提出以审判为中心的司法政策导向。这一司法政策导向有助于我们认真思考民事诉讼体制或模式的转型问题。正是在这一新的政治形势之下,随着司法政策的正向转变,2015 年民诉法司法解释在民事诉讼体制或模式的转型方面又有了实质性的推进或逆转。但正如许可先生的文章所指出的,近年来关于我国民事诉讼模式的改革目标在理论上存在一些误识。主要体现为错误地理解了当事人主义诉讼模式的适用范围,人为地夸大了当事人主义与协动主义的差异等,在他看来也许协动主义不过是转型的一个过渡的"产品"而已。当然,许可先生对实践中的诉讼体制或模式的转型认同主要是依据民事诉讼的规范文本,由此,也表现出一种更为肯定和乐观的态度。认为当事人主义诉讼模式的核心指标——请求拘束原则和主张责任已经基本在我国法律上得以确立。毫无疑问,民事诉讼体制或模式转向是一种不可逆转的大趋势。主张所谓和谐模式、折衷模式、协动主义其实质都是试图对抗诉讼体制或模式的转向,或与其"讨价还价"。而且,从社会现实情形来看,无论是在观念,还是在意识形态上,这样的"抵抗"和"讨价还价"并非没有基础和"本钱"。

同时,一如刘哲伟先生所指出的,在进入 21 世纪以后,民事诉讼模式理论也面临着"空心化"和"空谈化"的批评。空心化指的是诉讼模式理论,尤其是当事人主义上升为一种意识形态后,更多地成为对各种改革方案正当性的论证,而并没有提供一套完整的分析框架,也即各种制度建构并不是从诉讼模式或当事人主义源头出发,经过严格的逻辑推理所获得的最优解。空谈化指的是诉讼模式理论对于实务工作缺乏指导价值,某些以当事人主义为标签的诉讼制度改革没有取得理想的效果。从具体的表现形式上看,理论界提出了协同主义等新的诉讼模式类型,试图挑战当事人主义的基础地位,而实务界所倡导的司法能动等理念和强化调解等制度也是对传统民事诉讼模式理论的悖反。

民事诉讼制度的发展应该有"中国道路",应该有制度创新,但是"中国道路"不能是一条违背民事诉讼规律的道路,"中国道路"或"中国模式"的建构,恰如任重先生的文章所言,不应逾越模式论的明确红线:(1)体现当事人主义的目的论、标准明确的诉讼标的识别理论和既判力相对性三原则;(2)实质的约束性辩论原则和处分原则,禁止以证据资料补充诉讼资料,充分赋予当事人通过起诉开启程序的权利;(3)切实保障当事人的知情权、辩论权和依法接受公正审判的权利。上述界碑是在基础理论的最大张力范围内成功构建有中国特色民事诉讼法律和理论体系的重要基石。

冯珂先生的文章指出我国民事诉讼现代化改革、深化和民事诉讼模式的转型方向应当将重心从权利保障转向以权力制约为中心,才能构建起实质意义的当事人主义。文章分析了诉讼法理与民事诉讼法、民事诉讼解释的相关规定,从自认、撤诉、依职权审查原则等问题上,讨论了我国民事诉讼中辩论原则和处分原则这两大原则在权力制约方面的不足,认为还需要进一步建构权力制约的机制,才能真正实行转型。

对于转型的具体实施,刘哲伟的文章则从方法论上展望了诉讼模式理论的运用前景。认为民事诉讼的理论研究者未形成将诉讼模式作为一种研究范式的理论自觉,民事诉讼的实务操作者未能在司法实践中身体力行地用诉讼模式来指导自己的行为,是因为诉讼模式理论尚未发展出一套中层概念(concept of middle-range)。根据默顿的中层理论,概念体系的发展应当逐步地而非一蹴而就地发展。而从诉讼模式到具体的诉讼制度或司法实践,明显存在着一个理论断层。由于当事人主义包含着当事人进行主义和辩论主义两个维度,因而如果能够提炼概括出诉讼行为和诉讼标的两个概念的精确含义与实施要件,并将其一以贯之地作为各种诉讼制度的前提条件,可能对诉讼模式理论的理论发展和实务操作有更大的意义。

(原文载于《当代法学》2016 年第 2 期)

附录三　公证证明的社会机能

——兼议公证体制的改革*

主持人(厦门市司法局叶局长):

各位同志,正当我们举国上下深入学习贯彻十八大四中全会精神的时候,今天,我们在这里举行一个专题讲座。我们非常荣幸地邀请到清华大学教授张卫平,他是清华大学法学院教授、博士生导师、诉讼法学科的负责人、中国民事诉讼法学会会长,中国检察学研究会副会长,仲裁学研究会副会长、最高人民检察院咨询委员,最高人民检察院带教导师,国务院政府特殊津贴专家,最高人民法院法官学院客聘教授,头衔很多我就不一一介绍。同时张教授也有很多著述,著有《转换的逻辑——民事诉讼体制转型分析》、《民事诉讼关键词展开》、《司法改革:分析与展开》等数十部,在《法学研究》、《中国法学》等杂志上发表学术文章160余篇。他在全国率先提出了我国民事诉讼模式的转换问题,并提出了以民事诉讼转型为导向的一整套关于民事诉讼体制、模式的宏观分析框架及制度调整的理论与技术,形成了具有个人独创性的民事诉讼体制与转型理论。张教授不仅是民事诉讼领域的大家,近年来也关注公证领域,在《法学研究》、《中外法学》等杂志上发表了《公证证明效力研究》、《论公证证据保全》等相关文章。可以说,张教授是一个学术成就很高,并且对实践问题也非常有研究的专家。我们今天非常有幸地请到张教授来为我们进行讲座,今天他讲座的题目是"公证证明及社会机能"。接下来,让我们以热烈的掌声欢迎张教授上台为我们讲课。

---

* 本文为2015年4月19日厦门市司法局演讲稿。

张卫平：

尊敬的叶局长、尊敬的司法局各位领导，各位来听我讲座的厦门市各公证处的各位实务专家，大家下午好！刚才叶局长为我做了一个很大的广告宣传，说我著作本身、很有成就，这是对我的鼓励和褒奖，激励我继续不断地进行研究。虽然我也关注公证，但对公证尤其是实务，我依然是外行。我的主要研究领域还是在民事诉讼的基本理论和制度。当然公证本身可以说是民事诉讼法学研究的对象。特别是与民事诉讼证据制度密切相关。由于民事诉讼当中证据和证明是一个非常重要的问题，而在证据和证明当中，又必然与公证证明相联系，所以实际上我对公证证明的研究，对公证证明体制的思考是一种附带的，我还谈不上真正的关于公证、公证学、公证理论、公证实践有研究的专家和学者。今天尽管我受邀来讲这个话题，但一定会有不专业的地方，请大家见谅。利用这次机会，我想讲三个大的问题，其一，公证证明的社会机能问题；其二，公证证明的效力问题；其三，公证信息化的问题。

一、公证证明的社会机能

我们知道，对于中国法治而言，现在已经进入了一个非常重要的阶段，是一个历史性的时刻。之所以说是一个历史性的时刻，是因为党的十八大四中全会决定。可以说，中国今后法治的重要发展、发展路径和发展方向，在四中全会决定当中都已经基本地划定了方向、指明了路径，甚至有了关于具体的制度，也有明确的指示。如果按照四中全会的决定，落实四中全会决定，可以说引来了中国法治发展的新阶段。我们可以看到，在司法改革领域当中、在诉讼制度的改进方面，已经在逐步落实。所以，毫无疑问，在党中央的领导之下，我们国家的法治建设将沿着四中全会的决定指引的方向稳步前进。当然，这个过程中也许还会有曲折、险阻、困难，说不定的一时的停滞，甚至倒退，因此，还需要我们坚定信心、不断摸索，但我相信，发展是最重要的，也是必须和肯定的。前途是光明的。

在四中全会当中，对于我们公证应该说写得不多，只有在完备法律服务体系当中有半句话，但是，就是这半句话也非常重要，因为这半句话确定了公证的基本性质。我们是在完善、发展律师、公证等法律服务的这个方面提到了公证,尽管着墨不多,但在这样一个宏大的关于法治体系的蓝图当中,能够提到公证,肯定了公证,明确了公证的性质,已经是非常不简单的事情。一个事物、一个制度的性质得到了政策明确肯定,这是最基本的,最重要的。

我国的公证事业刚刚发展,我们的公证员人数还很少,把律师制度放在公证前面是完全可以理解的,律师行业有几十万人,而公证只有几万人。相比较而言,律师已经有比较长的发展历史,所以我们能够和律师行业,能够和律师队伍,能够和律师这个特殊法律服务联系在一起,已经是对公证极大的肯定。从中我们还可以解读到,已经确定了我们公证行业、公证事业是一个法律服务行业。作为法律服务而言,它又一定与法治的发展紧密相关。应该说,法治的发展绝对离不开公证,而公证的发展也离不开法治的环境。现在说,我们公证的发展还很缓慢,还有诸多问题,环境还不是那么理想,都与我们法治的环境、法治的发展阶段有很大的关系。在法治的初级阶段,就指望有一个高级的,非常发达的公证事业是不可能的。法治的初级阶段决定了我国公证的阶段特征。

在四中全会当中,已经提到要全面推进法治建设。要全面推进法治建设,我们就必须以法治的思维、法治的方式来推进法治。这就包括要以法治的思维、法治的方式来推动公证事业的发展,而不能以原有的思维方式和方法来推动公证发展。我们的思维方式也要随着法治建设、法治的发展、法治思维的不断成熟、思维方式的转型而有所改变。所以我今天要讲到这个公证体制转换,出发点是法治思维,是与现代法治、现代社会的基本结构和现状有密切关系的。如果我们不从这一点出发,依然是以原有的观念来谈公证事业的发展,往往就会有很大的误解。那么我们谈公证证明究竟能起什么作用,为什么能起作用,它的社会功能和社会机能是什么,都需要我们来重新思考。

在公证事业发展当中,我们现在能看到的一个点或一个面就是如何拓展公证的范围,特别是强制公证的范围。我们很多人想只有扩大了强制公证的范围,我们公证处才能够发展,公证员才有进一步发展的空间。说穿了,我们从事公证事业的公证员才有更多的收入,我们的生活才能有所保障,尤其是在中西部从事公证事业的人。但这里面就会遇到一个难题,这个难题就是为什么这些事项需要公证机关来公证呢?凭什么你有这个职责、有这个权限要求我必须经过公证呢?而其他行政机关、司法机关也必须要认可我们出具的公证文书呢？这个是我们必须面对的问题。那么最近大家也知道全国政协委员冯平先生提出了“继承公证是(为社会提供)公正还是(给社会)添堵?”这一问题就直接将这个矛盾指出来了,也是我们公证界最近所必须要面对的。因为已经涉及一个不动产登记实施细则的问题,在这个细则当中,要不要把公证作为不动产登记当中一个必须的事项？在继承公证方面,现在已经有人提出来在添堵,那在不动产登记方面,公证再介入会不会添堵呢？在纳税申报中已经有公证,在银行金融活动当中已经有公证,现在进一步扩展到继承、不动产登记。当然,我们司法部的很多专家、公证方面的专家也指出来,说在最高人民法院、司法部一系列的行政规章及文件当中,都涉及上述几个方面是需要有公证的。但这种论证方法是:因为税收申报已经明确规定要公证,在机动车转让方面必须要公证,在银行金融活动当中要公证,那继承就要公证,必然,不动产登记也要公证。那再下一步你也可以说其他也都要公证,这种论证不是特别准确。你必须要论证公证的正当性及可行性。“添堵”的说法就是我们的程序太复杂、收费太高。程序复杂、要求文件多、收费又高,觉得没有必要,为什么一定要有公证机关的证明呢？

对此,我的思考是:公证事业是必须发展的,也只有公证事业的发展,才能够维系社会的稳定,才能够有利于社会的发展。这样一方面是必须发展,发展对社会有利,另外一方面是公证“添堵”的问题,例如收费高。因为公证是一个法律服务体系,是一个法律服务行业。由此,就产生了矛盾。公证是不可能不收费的,公证是一种法律服务,公证证明实质上也是一种社会产品。这个法律服务不是国家所提供的行政性的服务,而是一种市场性的服务。有的人主张回归于免费的行政性服务,这是不可能的,如此,公证的质量必定会下降,公证员没有动力提供更好的、更完善的公证服务。如果免费,自己的薪酬是固定的,必然是能不公证就会尽量不公证,能作为却尽量不作为,这样如何才能发展公证事业呢？因此,老路是不能走,也走不通。既然是一种市场性的服务,就必须要服从市场的规律。

我的看法和认识是,我们要改变公证既往的做法和体制,这种改变之一,就在于公证不应当去追求绝对的真实、实质的真实。我们公证法以及相关的文件当中的“查明”只是相对的“查明”,我们不需要追求公证当中对每一个事实的“核实”,没有必要。如果我们要追求绝对真实,一方面我们无法做到,另一方面成本会很高。当事人必然为此付出相应的成本,收费也自然会上去。当然,这可能就会存在问题——你只是讲“形式真实”,怎么保证公证证明的价值呢?在这个方面,就需要我们转换一下思维了,这就是我所说的要用法治的思维、法治的方式来思考。探究真实,追求实质真实是我们一贯的一种思维方式,但并非是法律的思维方式。现代社会是个陌生人的社会,陌生人的社会要靠法律和规则维系,而法律和规则的适用,必须满足特定的事实要件,这些要件事实就必须要证明。因此,我们说,没有证明,没有存在相应的事实,这些广泛的法律和规则是不会自动适用的。因此,我们才需要大量的公证证明,为大家、为社会、为每一个行业提供证明服务。因为在陌生人的社会里,我们彼此之间是很难了解的。我们的社会已经从一个熟人社会转换成一个陌生人的社会,我们所使用的手机、电脑,都是通过陌生人的手组装起来的,我们的一切商品都是陌生人生产和提供的。在这一个陌生人的社会当中,我们讲究的是形式上的这种证明,也只能是形式上的证明,虽然这些证明具有相应的实质内容。

现代社会是一个“表格社会”,所有你的实际情况,都被形式化、固化为一种表格和文书或数据,只要不能填入表格的,几乎都没有意义。你说你有才能,那么请问你小提琴考过多少级?看证书。二胡考过多少级?看证书。小号、长笛考过多少级?看证书。你说你羽毛球打得好,请问你是几级运动员?你是二级运动员,那就是特长生,一级更没话说。这些都是专门有标准的,武术也是如此,最典型的是柔道、跆拳道,所有的蓝带、黑带都是有标准的,所有的动作一律格式化。格式化最简单,这样便于我们有效率,考察、便于我们录用,我们需要什么样的人才,根本不需要他来表演,只需要看证书,这就是形式正义。表格化是社会效率化的要求,也是现代化社会的要求,因此,形式化也是现代社会的表征。我们要录用一个人,说这个人是清华的硕士或者博士,需要考他们么?绝对不会。看他有没有相关的文凭。如果你没有法定的证书,再有才华也等于零。现代社会就是如此。为什么是这样?陌生人社会!我们不可能直接地、亲自地去核实和调查。但我们现在对公证机关、对公证员要证明的有意义的法律行为、法律事实,有法律意义的文书,全部要求核实。我们追求的不是形式真实而是实质真实,追求形式真实、讲求形式真实,是法治的第二个阶段,第一个阶段(初级阶段)才是追求实质真实,然而这不符合法治。法治是通过各种各样的法律的形式化,这个网络来固化这个社会、稳定这个社会,通过各种各样的证书,各种各样的规范要求、各种各样的合同文本和规范要求去从形式上稳定社会、保证社会的稳步发展。

20世纪90年代,我去日本的时候发现,无论去任何一个机构办理事务,都要填表——各种各样的表格。在某种意义上,日本社会就是靠这些表格对社会进行管理的,可以说表格就是国家治理和管理社会的强大工具。我们在座的像叶局长这些领导,我们在签字的时候可以用行书加草书,但现在,你的儿女、"80后"、"90后"还有几个会写行书、草书?全都是一笔一画。为什么?表格社会!表格社会要求字迹工整,我们那时候不需要,因为是在熟人之间,人们能够辨识,当然报告是另一回事。行书草书非常好看,也有个性,但问题是难以识别,现在没有几个年轻人会写连笔字体了。在这个意义上,现代社会也是一个抹杀个性的社会。现代社会越来越追求形式化,因为追求效率。我们讲形式真实,它的意义在什么地方?意义在于减轻我们公证机关、公证员的责任,要降低成本。为什么继承公证需要收费,而且还要按照继承的标的收费?原来是2%,现在是1%。降低得还不够,我们可能有一种想法,如果再降,那我们公证行业、公证员怎么办?实际上这是一个辩证的关系。叶局长曾经是学哲学的,哲学中一个很重要的内容就是辩证法。如果你的收费低了,也许你的公证范围、公证事项就扩大了。一旦事项扩大了,那就等于我们在推销一种手机、一种电子产品一样,降低它的价格,量也就上去了,市场也就打开了,这是同一个道理。

公证是一个服务行业,它是市场化的,也应当是充分市场化的。要市场化就必须按照市场的规律。如果公证手续又复杂收费又高,当事人当然觉得不可接受,的确是在"添堵"。那么价格下来,必然和我们的公证操作及责任有关。为什么我们公证要收费?为什么收费要高,大体上有两个理由,其中一个理由就是公证的成本,是公证的成本高,因而导致收费高,公证成本主要是调查的成本。例如,通过调查关于继承关系、关于继承的标的、关于被继承人的档案、户口各种文件我们都需要核查,成本高,因此收费也高。第二个因为公证如果出了差错是一定要承担责任的,是有风险的,责任权利是应当一致的,因此,我们也应当收费高。一旦有过错,我们就要承担赔偿责任,如果收费低,我们拿什么赔偿呢?这个是非常有道理的。在国外,当然国内也是如此,私立医院的收费高就因为它的赔偿高。一方面是它的服务好,服务为什么好,是因为服务的投入多,物质的,管理的。要提供高质量的服务,成本上去了,那自然就导致了高收费。市场化意味着没人做赔本的事情,运用到我们公证行业也是如此。问题是在于,必须降低费用的情况下,如何让我们公证成本降下来,因为责任也是一种成本。实质上就是怎么来减轻我们责任的问题?这也并不是说直接规定我们只收费而没有责任。有责任,但这种责任承担的前提条件需要改变。这个条件就是只管形式真实,不管实质真实,也不可能去管实质真实,为实质真实承担责任,是很难承担的。要避免责任,要转嫁责任当然就要为难当事人,添堵是必然的。只要在形式上我们有当事人提供的这些文书和证明文件,就可以了。只要在形式上,只要按照经验法则,难以推翻,我们一律不承担责任,一切都是当事人的责任。我们应该把实质真实的责任交给当事人。当事人也最了解事实真相。我们要知道,公证机关不是公安机关、侦查机关,公证员不是侦查员。对于社会当中的法律行为、法律事实和法律文书,由谁来查明或解明,这涉及一个社会整体的分工问题。是由银行来查明,是由登记机关来查明,是由法院来查明还是由当事人提供证据加以证明,还是由公证机关来查明?这是一个总体社会分工的问题。公证机关的查证只是也只能是在形式上查证和保证事实的真实性。另一方面,是公证机关的证明应当达到一个什么样的程度,也与成本有关,与公证机关的社会机能的有效性有关。我们现在要求公证机关的证明必须达到百分之百的程度,类似于刑事诉讼证明标准的高标准。我认为,公证机关的调查和公证无须到达百分之百的程度,只需要达到高度盖然性的标准即可,类似于民事诉讼中的证明标准。一旦要求百分之百的程度,必然提高证明成本。因为要求百分之百,当然公证机关会要求申请公证人的提供各种能够达到百分之百的证明材料。按照高度盖然性,通过经验法则儿子已经 90 多岁了,就不需要提供父亲不在世的证明。但如果要达到百分之百,就会指出世界也有可能存在儿子 90 多,其父依然活着的情况,也要求提供相应的证明,还有道理吗?从理论上讲,就是因为人为地提高了证明的标准。如此,公证也就必然为人们添乱、添堵。关于这个问题,后面我还会专门讲一讲。

我们现在有个问题,社会不强调个人责任,强调的是机关的责任,是团体的责任,强调的是法院、行政机关的责任,强调的是公证机关的责任,我觉得这个定位是有问题的。我们为什么不强调在现代社会中,在现代法治社会中,每一个人的个人责任呢?现在就有这样的情况,在民事诉讼中做假证,最终的结果是法院不采纳,但绝没有之外的对做假证的个人的责任。这样一个社会怎么可以?所以我们不是说解脱我们的责任,而是说一个社会的责任分担应当首先给有利害关系的个人。这就要谈到我们为什么要有公证呢?为什么要强调追求实质真实?为什么公证法当中要查明?为什么公证法第三条规定要坚持客观、公正的原则呢?那就在于我们有这个责任。但实际上,首要的责任、主要的责任,应当是当事人。我们说我们缺乏诚信体系,没有健全的诚信体系,所以现在的公证环境很差。其实这是个法治环境,其中一个重要的方面就是没有法律对诚信的保障。所有的法律保障最终应当落实到制裁,除了制裁任何保障措施都是没有意义的。我们想要追求形式真实,遇到当事人提供虚假文件的,直接纳入刑事犯罪,这在全世界都是通例,但在我们国家却无所谓。刑法当中只认为伪造公文书是犯罪,伪造私文书不是犯罪,这是笑话。

香港有个著名的社会人物就是小甜甜,小甜甜去世之前为她老公的遗产问题官司打得不亦乐乎。除了民事案件,还涉及刑事案件,就是她伪造签名罪,即伪造私文书罪。伪造私文书的判刑是二十四年。在我们关于遗产的案件中,伪造死亡时间,伪造遗嘱都必须通过伪造文书实现,无论伪造公文书、私文书都必须构成犯罪。然而,我国刑法却对伪造私文书是否入罪犹豫不决。其实只要伪造私文书构成一定的数额,达到一定的利益影响就构成犯罪。伪造死亡时间,伪造遗嘱都是伪造文书,大量的是伪造私文书,某些还可能直接构成伪造公文书。我们在民事诉讼中经常讲,虚假诉讼、恶意诉讼非常猖獗,虚假诉讼、恶意诉讼怎么来的?首先是伪造证据,这在很多国家都是犯罪,我国却只是不采纳证据。在我国依然只是民事强制措施,没有对伪造行为进行严厉的刑事打击,诚信体系永远建立不起来。单纯讲伦理,讲以德治国而没有法律是没有意义的,这种软约束没有意义。必须首先在基础上有法律来加以支撑,而法律的支撑就是严厉的制裁。我们一方面说我们是用重典的国家,死刑适用的情形最多,经济犯罪中也适用死刑,但我们没有看到在维护社会秩序方面,国外的刑事制裁是相当普遍的,世界其他国家也都是如此。举个例子来讲,在内地,学生向老师行贿套题是不构成犯罪的,但是在香港,是构成刑事犯罪的,当时,我正在香港讲课。据说,知道这一犯罪行为至少是六个月以上监禁。如果我们在这些方面有了法律的保障体系,那我们追求形式真实就有依据了,形式真实追求才有了正义性保障。所以整个公证体制的改革、公证事业的发展,不是一个单方面的,是一个综合的。

一方面要我们公证人员来承担责任,另一方面我们又缺乏这种完善的法律保障体系。刑法没有修正,刑法也没有得到充分的落实。有的人可能这样想,如果这都是犯罪的话,一下犯罪分子会增加几十万,甚至是几百万。但是一旦刑法真正地落实了,人数马上就会减下来。我们想一想,醉酒驾车的人算下来,那会有多少?有了禁令,并真正地推行以后,每个人都会考虑,我喝酒以后还驾不驾车。一开始肯定有很多人会被关进去,但是刑法是不溯及既往的,那么从此以后,这种违法犯罪一定肯定会因为酒驾入罪而降下来,而且会有效地制止,尽管还会有少量的违法行为发生。我认为从醉酒驾车的大量减少就能很明显地看出。当然我也特别的赞成对贪官实行全面赦免,如果明年实行严惩,那么对2015年以前的贪官全面赦免,虽然看起来很吓人,只要他们把钱交出来,一律不追究。香港地区60年代之前,警匪一家,合伙收钱是如此的严重。但后来通过提高薪酬、赦免、严惩相结合,基本上解决这一问题。我们要通过严惩使得当事人不敢造假,事实的真实性就有了保证。不要怕因为惩罚的人数多而不去惩罚。这与明朝时期的所谓乱世用重典是不同的,这些造假行为本身就是应该受到处罚的。虽然看上去很严厉,但只要我们能够坚决地贯彻,而且有相应的政策及适当的赦免制度,很多问题是可以避免的。因此,基于我们要降低收费,基于我们要减轻我们的责任风险,在体制上我们就不要再提"查明",所有"查明"都仅仅是相对的。我特别赞成《不动产实施细节》第23条关于核查的规定,都是形式上的,只要形式上符合就可以了。如果有假,行为的当事人承担责任。一旦入罪,问题简单很多,刑事侦查就有效果。如果是通过民事诉讼,当事人双方举证,那当然是非常麻烦的。但是入罪,启动公权力来查明事实,相对简单。许多人,只要到了派出所里面,事实真相就容易解决了,三下两下就问出来了,只要你不是累犯。但是像继承案件有几次累犯的机会?当事人必然会去思考行为的后果。只要我们观念改变后,仅要求形式真实,我们要做的工作必然大量减少,成本必然减小,责任减轻,收费也就自然降低下来了,收费降低下来了,公证收费很快就会发展起来。

我们公证证明是做什么,别人为什么要相信公证,不在于我们查清楚了事实,而是在我们出具的证明是在法律关系发展过程当中的证明,是一种历史证明。只要是在法律关系发展过程当中的证明,很少有人一开始就预谋造假、设局。改出生年月是严重违法行为,但是在中国似乎这不算什么,我有很多同学入学年龄的时候比我大,毕业没有几年就比我小了,这是另一种"逆生长"。我问,这是怎么回事。回答说,那是因为以前上学需要年龄大,所以改大了,年龄吗,也要根据形势而变化,与时俱进,现在涉及退休,自然是年龄越小越好。但是,公证证明是历史证明,证明历史事实。公证作为一种事实固化程序,固化已有的事实、固化文件本身,也就是说只要我经过公证,这些文件全部丢失也没有关系。因为这个公证过程不可能重新来过,公证就把整个过程,整个历史给固化了,这就是公证证明的作用,可以防止资料的丢失以及记忆的模糊。公证是必须的,公证的证明就是保全一种事实和状态,对于没有办法查清的,我们就认公证,这是一个关于事实的标准问题。

正如我在前面讲到的一个观点,一个社会的正当性或者法律讲的正当性不是要在实质上达到100%的程度,而是一般情形即可,学术上称为高度盖然性。一般情形下,高度盖然性可以满足社会正义的要求。因为法律不可能照顾各种特殊性,即使规定再细,也很难顾及各种特殊情形,社会情形总是千差万别的。我们在公证当中,要求别人100%地证明,是没有必要的。法律就是这样,除非有反证证明其例外情形。通常公证不能要求当事人提供所谓不存在的,特殊情形的证明,除非他要求证明的特殊情形。当然,我们也必须允许提出反证,只要反证推翻,一般性证明就不能成立。因此,对于证明,达到一般即高度盖然性即可。当然,哪些标准可以算是达到一般盖然性?这需要通过经验法则来实现。其实我们所有的证明都是相对的。例如没有立遗嘱的推断就是如此。就是说,我们在公证的体系当中,没有查到他立过遗嘱,证明什么事情没有发生是很困难的。未婚证明也只能是一般,没有达到100%的证明,怎么能知道一个人没有结过婚呢?所以我们要证明没有的事实往往是非常困难的。不在犯罪现场的证明是排他性的,因为你不在A处,就在B处。但其他的不是排他性的,我们要求当事人提供的证明也应当只是要求能够达到大致如此的认定就可以了,其余的通过经验法则判断。经验法则是我们出具文书的必要前提和中介,经验法则是各种各样的,需要我们公证员有丰富的阅历和知识。公证事业没有很好地发展,跟我们的教育投入不够非常有关,跟我们的宣传不够也很有关。所以我就跟中公协提出来,你们能不能建一个公证学院,所有的公证员都必须通过公证学院,最起码你还有个学院,我们也需要成立公证研究会,而且是全国性的。我们还需要跟公证有关的电视连续剧,关于公证方面的电影,要去请明星,凡是能够打开市场的一切手段,你都必须要用。为什么推销房地产的人全部是西装,穿着正装,一个比一个英俊。可能我们现在公证的服装还不能量体裁衣,不能让我们的公证员变得很漂亮。只有全方位的,才能够真正地推广,而我们现在的公证人员业务素养还不高,公证也需要学习和包装。但更重要的就是观念问题,应该向国际看齐,跟国际接轨,国际上基本已经没有追求实质真实了,但是这些国家通常是由法律保障的,这样完整的保障体系,使得他们追求形式真实,他们是相互之间有缺陷。缺乏保障体系,所以加重了我们的责任,而我们事实上又承受不了这样的责任,这就是我们所缺乏的,各方面的问题混在一起,这就限制了我们的发展。

二、关于公证证明的效力问题

下面我要讲的就应该算是第二方面的问题,即公证证明的效力问题,这可能涉及民事诉讼中的关于证据与证明的问题。在民事诉讼法、公证法以及新民事诉讼法司法解释都涉及公证证明的效力。我们知道,除了公证的证明效力之外,还有要件效力和执行效力。执行效力现在几乎没怎么用,我也不太了解公证的实际情况。因为按照执行法司法解释,非常明确地表述,经公证机关证明的、没有争议的债权文书是可以作为执行根据的,但是对于这一点,社会似乎还没有认识。如果能够认识到这一点,那么相当多的债权的实现是不需要通过诉讼的。因为双方只要到公证机关证明有这个债权存在,双方之间没有争议,自然也就不需要再打官司了,直接可以向法院申请强制执行。但我不知道为什么在这个方面适用的情形很少。是对公证机关的证明本身、对于文书的效力有质疑还是什么情况呢?不是太清楚,这个问题我们以后再讨论。下面主要是关于公证证明问题我们来分析一下。

公证证明,在民事诉讼法、公证法都有相关规定,就是对于公证机关根据当事人的申请,按照法定程序,对有法律意义的行为、事实和文书予以公证以后,法院应当将其作为认定事实的根据,除非有相反证据足以推翻公证证明,对这一条规定的法律效力是什么现在有不同的认识。我们认为,关于公证文书应当具有对法院裁判的约束力,只要没有相反的证据推翻公证证明,那么法院就有义务按照公证文书的证明认定案件事实。如果这个约束力是存在的,法院有这个义务,那么自然公证的事业、公证的范围就扩大了。因为只要是经过公证机关公证的,尤其是事实本身,那么法院就必须要以这个为依据,如果有相反的证据足以推翻,那是另外一回事。那么从新民事诉讼法第 93 条的规定来看,它规定的是免证事项。也就是说对下列事实当事人可以免于提供证据加以证明,其中第 7 项就是关于公证机关的公证证明。只要公证机关的公证文书证明了该事实,那么这个事实当事人就无需向法院提出证据加以证明,这个就属于免证事项,也就是免除当事人提出证据加以证明。这必然会推动公证事业的发展,必然会增强公众的需求。因为所有主张的证明,都是有相当大的投入的,都是需要有成本的。你在当时要求公证机关对某一些事实或行为予以公证,在当时来讲,和以后时过境迁再来加以证明完全不一样。一旦形成一个法律文书,即公证机关加以证明,那就好办了,因为公证机关全部是有备份的。你当时的文书即使丢了也没有问题,因为你不需要再提出这些原始文件来证明你主张的事实。当然我觉得在诉讼当中这个衔接还是不够。

有的人认为公证机关的证明从内容到公证书上,毕竟还是一种证据,是证据就必须经过法院审查、判断,法院有自由裁量权。这个观点是有问题的,因为公证文书尽管是一种书证,但是它是一种极其特殊的书证,它的特殊性在于限制了法院对其实质真实的审查,在这个意义上可以说公证证明是一种法定证据。只要公证文书形式是真实的,你就必须确认它的合法性,没有自由裁量的余地,法院就只能认可。因为法院对事实的认定,也追求的是形式真实,而不是实质真实,它也没有办法来做到对实质真实的探究,因为已经时过境迁了,需要证明的事实的环境已经发生变化了,要再去还原过去的事实也依然是不可能的。既然不可能,你有什么理由怀疑和推翻这个公证呢?你无法在实质上推翻它。我们说只要这个公证文书本身,它就是合法的,那你就没办法推翻。另外一个方面，公证文书的证明效力还在于如果对方有其他证据，和公证的证明内容如果有冲突，也就说有相反的证据，相反的证据不能推翻它，但它可能是支持相反的主张时，那么从原理上来讲，公证文书证明效力要高于其他任何证据，这也就是公证证据的优越性、证据价值的优先性，这也是我们需要注意的。如果公证证明在诉讼当中能够很好地反映出来，这种证明的约束力（包括法院有义务依据公证文书进行事实认定，法院没有自由裁量的余地，必须要按照公证的认定，作为当事人有免除证明的效力无需提供其他证据加以证明公证文书所认定的事实），这样公证的效力必然会得到显现和加强。公证的效力一旦加强，那么公证的价值就会得到体现。因为我们说，公证就是对已经发生的事实、行为的一种固化和一种广义上的保全作用。这一部分涉及另一个问题，就是怎么来理解推翻公证？因为推翻公证实际上就会涉及公证本身的几个层面，第一个层面推翻是公证文书当中所认定的事实法律关系和行为本身，第一个层面推翻是说公证的程序有问题，第三个层面推翻是基于文书真假，就是公证书的真假，它是从三个方面来推翻。如果从第一个方面来推翻，那也就是说对方当事人提出了证据证明公证书所认定的事实是不存在的、虚假的，这是一种推翻。但这种推翻要求要有相当高的盖然性，它叫"足以推翻"，如果只是一般情形，这个是不能推翻的。第二个是当事人认为公证的程序有问题，比如制作公证书的公证人员资质有问题、公证书的制作程序不合法等。这种推翻是一种在程序上的推翻，一旦在程序上推翻了，它对于事实内容的认定，它的约束效力就没有了。第三个是直接认定公证书是假的，这也是推翻公证的一个方式。推翻公证实际上就是从这三个方面来说的，一个从内容，一个从程序，一个从公证书本身来加以推翻，不仅仅指的是对内容的否定。这就涉及另外一个问题，即公证书的证据力，作为公证书本身也是一种证据，这种公证书作为证据是间接地证明具体的事实，这个具体的事实有可能就是诉讼当中当事人双方所争议的事实。那么公证书作为一种证据，作为一种书证，它的性质是什么？在性质上，公证书无疑是一种公文书。在 2015 年民诉法司法解释当中，就是区分文书的不同性质。我们要注意的是，公证书是属于公文书的性质，具有公文书的性质的文书与公文书以外的文书即私文书，在性质上有很大不同。我们一般把公文书以外的文书都叫作私文书，公文书和私文书在证明的时候是不一样的，这也是我们在公证当中需要注意的,因为它们的证明效力是不一样的。在民事诉讼当中,是非常明确,如果你主张的是公文书,对方认为公文书是假的,则由对方来证明公文书的虚假性,而不是由你来证明公文书是真的,这在证明方法上是不一样的地方,也就是证明责任是不同的。如果对方提出的是私文书,而你认为私文书是假的,那么你不需要证明私文书是假的,而是对方要证明私文书是真的。大家可能觉得这差不多,但是实际上差别很大。因为任何证明都是需要投入的,都是需要有成本的,如果需要你来证明,你就必须为此证明付出相应的成本,必须要花费时间、财力和精力。我们通常来讲由国家机关团体在自己的职能范围内所制作的所有文书都是公文书,除此之外,企业、银行、医院,包括个人所制作的所有文书都是私文书。在诉讼当中我们就知道了,如果打一个医疗官司,医院拿出一个护理记录或者治疗记录说"你看,我们就是这样子的",这个时候患者就可以说你这是伪造的、篡改的。那从法律的角度而言,医院不能说"那你来证明"。因为如果要患者来证明这些记录是假的,患者是很困难的,但是患者可以说"你要证明是真的"。那医院就必须从各个方面用其他的书证和人证来加以证明为什么医院的记录是真的,这个证明责任是不一样的。但是作为公文书就不一样了,公文书如果对方认为是假的,他就必须加以证明。己方是不需要对公文书是真的承担证明责任的。这是因为公文书的形成有一定的程序和要求,而这套程序使得我们一般认为它就是真的,而且真的的可能性更大。如果你要推翻一般可能性,那你要证明它为什么是假的,这是我们讲的公证证明的效力问题。

第三个,我想讲一讲公证证据保全和证据保全公证。大家可能对这两个概念觉得没有什么差别。我提出的概念是公证证据保全,我们经常使用的是证据保全公证,这实际上是两个概念。区分这两个概念,公证证据保全是指公证机关的行为是一种证据保全行为,直接就是证据保全。证据保全公证是指别人做的证据保全公证机关来证明,这是公证行为。一个是保全行为,一个是公证行为,这两者是不一样的。而公证法当中所提到的实际上是证据保全公证,是说我们公证机关的一个证明事项或者服务的范围其中包括证据保全的公证,就是你去证明别人的证据保全。如果某一些当事人采取了证据保全,公证机关去证明他对证据的保全行为,这就叫证据保全公证。另一个公证证据保全实际上只在中公协的条例和意见当中有提及,说的是我们可以实施某一些行为实现证据保全。实现证据保全,这不是对证据保全的公证,而是直接实现证据保全,通过公证处的服务直接把证据保全了。我认为这是两个不同的概念。我认为公证证据保全是现在我们公证机关大有作为、很有市场的一个领域。我们知道司法机关可以做证据保全,比如说法院,某些东西要坏了、不得不变卖了,这个时候我们可以要求在诉前或在诉讼中申请法院对这些证据予以保全。其实保全就是拍照、录像或者是通过一定的手段描述下来,这就是一种保全。其实保全的意义在于证明的载体已经发生了变化,不再是原来的原物,而仅仅是一个照片等。照片我们有的时候说这就是一个书证,录像就是视听资料,如果把它转化为电子数据,它就成为另一种证据。它是通过另一种方法把原物保存下来,这就是证据保全,这是司法机关的证据保全。我们公证机关由于专业性、程序性,由于它对公证人员素质、职责上、纪律上和法律上的约束使它完全有条件来实施大量的证据保全。其实我们现在做的也是如此,只是我们没有将它们完全区分开。我在课堂上或者法院讲课的时候说,现在已经进入了信息化时代,而且这些电子信息瞬息即逝,遇到网上谩骂、侮辱,如果需要就可以到公证机关进行证据保全。到法院的时候就只需呈上公证书即可,无需点开当时的页面。遇到网络出版的知识产权问题也是如此,尤其是当它会形成某种法律效果的时候。在陌生人的社会同时是信息化的时代,公证的作用就非常明显了,公证机关的证据保全是大有可为的。现在开的展销会、博览会,经常会发生侵权,这就需要我们公证机关去做这个证据保全。但现在法律上没有将公证机关作为证据保全机关,没有相关的规定,我认为公证法要修改就要将公证证据保全纳入。不是说公证机关去做证据保全的公证,而是直接可以去做证据保全。有的人认为法律没有规定我们就直接做就可以了,但是这是有问题的,从法律上分析就是当遇到商业秘密的时候公证机关可以做证据保全么?当涉及个人隐私的时候公证机关可以做证据保全吗?当涉及国家机密的时候公证机关可以做证据保全么?如果当事人双方非常隐私的对话,包括电子邮件,你如果不是法律规定的机构,你根本不能接触。你一接触,就侵犯隐私权、侵犯商业秘密、国家秘密了。法院就不同,法院的审判人员只要是审理案件所接触的秘密,所有的隐私都可以知晓,法院可以对案件进行调查,为什么可以这样呢?因为在赋予法官权力的时候又要求他承担相应的义务,就是保密义务,否则就是职务违法行为。公证法如果规定公证机关可以做证据保全,那么公证机关也就有了类似于法官这样的权力和义务,但应该要有相应较为明确的规定。在这一块,证据保全的合法性问题目前并没有得到很好地解决。我们只是做一般公证,实际上包括短信,电子邮件大量地涉及个人隐私。只是目前并不在意其中涉及的法律问题,一旦在意了,公证的证据保全会相当麻烦。如果公证法要进行修改,那就要规定对公证员利益的维护,强调对于公证保全本身的一种职能。也就是说,对这些行为的合法性加以尊重。关于公证证据保全,我要单独列出来,作为公证机关的一种职能范围。

三、关于公证信息化

最后一个问题,我想谈谈公证机关事业进一步发展的问题。叶局长在休息的时候谈到了信息社会的公证和公证电子化或信息化的问题。这是相互联系的两个方面。一个方面,我们现在进入了信息化社会,而信息化社会的特点就是信息量大、信息传播速度快、信息变化也很快。这就需要固化信息,为我们解决纠纷、预防纠纷的发生提供帮助,这也就为公证提供了空间。另一方面,我们公证职能实现公证的信息化。我们现在制作的文书都是纸质的,都是需要在公证机关制作的,那么今后能不能够转化为目前很多法院正在推行的电子起诉状、电子送达、远程开庭这样的一种信息化?当事人、证人还有我们其实都不需要到公证机关现场,比如在厦门审理一个案件,当事人在北京,是不需要特地到厦门来的,利用远程的传输工具可以直接陈述自己的主张或抗辩。我认为可以采取在公证处远程出庭,公证处有公证员,“今天本公证处为本次开庭,当事人、证人的出庭、陈述、质证做公证”,现场公证,公证整个过程,开庭法院可以先通过摄像头远程观看公证处这边的出庭情况,公证员可以先陈述自己的身份并出示资格证书,这样就不需要特地前往开庭地。

除了电子公证化、信息公证化的相互促进相互配套之外,我们对于个人的行为长期以来都是需要依赖公证的。但其实公权力机关的行为今后也需要公证,比如说拆迁。尤其是随着政府职能的转换,今后此类公证也必然大有市场。当然作为公证事业的发展、推广,我前面也讲到过,跟我们公证人员的素质、对公证机构、公证体制、公证员的约束这一套完善的体系也是分不开的。我们现在对公证员的培训、继续教育,成为公证员的门槛等,现在都还没有达到科学合理的程度,所以在这个方面我们还有很多需要努力的地方。

第四个方面说一下与公证相关的辅助活动的关联性。比如说公证调解,纠纷的替代解决是我们现在必须要进一步加强的,靠单一的诉讼制度在解决纠纷的周期上很长,成本很高,因此,我们必须将解决纠纷的方式多元化。建立多元化的纠纷解决方式,我们现在的思路是依靠各个行业组织,但我们还需要跨行业的组织。现在跨行业的主要就是人民调解,在农村是乡村调解委员会,城市里是居民调解委员会。但我们完全可以利用公证机关的全国网络来发挥公证机构的调解功能,可以参照日本的律师调解中心方式。京都法院旁边就有个律师事务所,律师事务所就挂了一块牌子"律师调解中心"。你不愿意到法院打官司,就到律师事务所,而且律师事务所的收费很便宜,调解很专业。现在我们人民调解委员会的最大问题是不收费,不收费的事项质量肯定不会高。人民调解之所以质量低,就是因为不收费。我给司法部建议,全国利用公证处这个网络建立公证调解中心。公证员要具备一定的法律知识,有的时候当事人在申请公证时,纠纷就已经显现了,这就可以把它纳入调解。目前对于律师事务所的调解,问题在于收费,有一定的困难。其实收费和服务是密切相关的,如果你这个公证机关,参与调解的公证员是有一定威望的,我相信这一定会促进纠纷的解决。

第五,我觉得公证还可有其他附带的一些功能。有很多公证处现在也提供纳税申报等和公证事项相关的服务,与公证一并综合办理,这样公证机关就是以公证为中心,与其他社会服务相关联。甚至我们可以把出国留学、出国工作/移民等服务事务扩展开来。这样服务延伸了,就需要一定的宣传和公证人才的储备。律所现在非讼业务很多,就与其熟悉法律有关,非诉业务包括起草各种合同,章程。在一个法治社会,我们就可以利用法律上的优势提供这些服务。当然这在短期内要全面推开来还不现实,这有个发展过程。无论哪一个国家的公证,都是一个逐步积累的过程,公证发展与法治环境有关,我们现在的法治环境还没有达到那个层次。我们公证是提供法律服务,法律服务是个市场,价格由价值决定,如果公证提供的服务好,那么价格高也没有关系,但我们现在对公证员的收入有封顶,这也就导致公证人才的流失。

如何加强对公证机关的管理呢?司法局是公证处的领导机关,现在我们国家是三种体制混合,事业、行政、合作制并存,今后在规划的时候应该是要通盘考虑,不应该只是一种行政性机构。如果是一种行政性的机构,那么必然还是将公证员定位为国家公务员的角色,这样就无法与市场服务相连接。作为公务员的服务和市场化的法律服务完全是不一样的,既然是市场化的法律服务,我们行政机关的思考就是如何控制法律服务的秩序,如何宏观地进行管理、引导,给出好的政策刺激和促进公证的发展,使公证员有很好的公证环境,让收入高低与服务质量成正比。公证处并不仅仅是一个只从事公证活动的机构,而是一个以公证活动为主的一个法律服务的平台。公证员可以在这个平台之上从事其他与公证证明相关的法律服务活动,更广泛地服务于法治社会。

现在尽管公证的发展还面临着许多问题,诚信保障体系,尤其是保障体系,相应的法律制裁,这种机制没有跟上。现在的收费与程序还存在着很多应当调整的地方,我们的管理和人才储备还有很多不够完善之处,但是从总体上看,随着法治的发展,公证是必然要相应地发展的。我们现在还没有太强的法律意识,不信任法律,不按照法律思维、法治方法解决问题。如果是按照法律思维、法治方法解决问题,那么公证的发展也就是题中之义了。从长期来讲,我们应当对我们公证事业的发展抱有热情和希望。我也希望,能在不同的场合,能够在理论上,在扩大公证必要性上多做一些论证。当然我知道有些领域方面,依靠人们自愿地来公证,这对纠纷解决是有帮助的。如果是强制性的,能够在很大程度上避免社会成本的增加,减少个人成本。

问答环节:

问:您刚才在讲座中提到的可推翻公证的情形有三类,在实践中如果当事人按照前两种情形(即公证书内容有误、公证程序违法)要求公证处复查、撤销公证书,而公证处决绝或不予解决,您认为还有什么救济途径?因为当事人提出复查被拒绝之后,法院也不受理,没有其他的救济途径了。

答:这个问题很专业。关于公证书的纠纷解决机制是不完善的,我原来提出一个设想,就是在特别程序当中设置请求法院撤销公证书的程序。但这毕竟不是一个诉讼程序,因为公证机关不是对方当事人。一般情况下当事人要求复查,公证机关可以拒绝,因为当事人只有在诉讼中举出足以推翻公证书的证据才可以,而且足以推翻只能针对法院认定事实。就是法院不再以公证书公证的事项作为裁判的依据。如果公证书本身有问题当事人申请法院撤销,法院只能看公证程序是否有违法,有违法了才能撤销。至于你公证的内容和事实是否吻合,从形式真实的角度来看,法院是不审查的,因为法院对事实的认定未必比公证机关更正确。因此我所建议在特殊程序中设置当事人请求法院撤销公证书,只涉及程序违法问题,而不涉及公证书内容问题。如果内容上有问题,当事人要求通过司法行政机关也就是司法局那是否可以呢?这个问题值得探讨。这就涉及司法局与公证处的关系问题。我觉得作为一种类行政复议,司法局可以专门成立公证书复议委员会。这个委员会不是一个常设机构,而是在当事人有申请的时候临时组成的。在涉及公证程序原因而申请撤销公证书的时候,这种设置也是可以的。这两种情况都是不涉及实体的。因为对于法院的判决裁定,如果你认为在认定事实上有问题时,除非是上诉法院,我认为任何法院都不能再对事实问题进行追究。因为事实问题对于每一个人都是一样的。没有说,我这个法院面对这个事实问题可以和其他人不一样,我水平更高,这个不成立。所以对于检察机关来讲,对于再审法院来讲,都应该不涉及事实问题。你要看这个法官,这个公证员在认定事实时,有没有违法,有没有徇私枉法。如果公证员在人格上没有问题,那么我们对于他所出具的公证书就应当信任其事实认定上的正确,只能从程序上去挑毛病。我们只能从人品上去把握,还有就是业务素质上去提高。

问:在保全证据中,涉及个人隐私、商业秘密、国家机密的,如果是当事人合法持有的,公证处的介入是否合适,或者您对公证处的介入有没有什么建议?

答:商业秘密是这样的,如果不涉及第三人,当事人告诉你了,那也就是对你开放了权利。关键在于商业秘密还涉及其他人的时候公证处介入了,第三方会不会指责你,主要是这一点。因为现在的商业秘密通常体现为商业的经营方式、营销手段、政策规则等,这些通常是在多方之间的,这时候一方当事人要求公证处公证就必然有问题了。如果是你本身有权利做这个保全,那没问题。我刚才想说的是公证法当中其实没有明确把这作为公证机关的一项权利。如果公证法明确了,公证机关就可以做证据保全。现在没有法律明确,公证机关就只能做不涉及个人隐私、商业秘密、国家机密的证据保全事项。现在我们做这些公证都是在打擦边球,有问题。

问:关于法院要求强制执行的时候通常要求公证处进行公证,比如强制拆迁房屋以及出租房屋内法院进行执行活动。法院要求对此全过程进行介入和公证,由公证处来证明法院的这种行为是否合适。请张老师解释一下。

答:原来公权力机关行使自己职权的时候觉得没有必要公证机关的介入,但随着社会的发展,监督的加强,公权力机关就有了这种需要。应对社会监督必须要有证明,自己摄像、拍照没有说服力,因此需要公证机关的介入,这没有什么问题。有问题的是如果被执行人要求你不要公证那就有难题了。公证回避问题,即有利害关系人决绝和反对公证的时候公证机构怎么办?我现在对此还没有考虑得太清楚。还有一种情形,即被拆迁人要求公证机关对政府或法院的强拆行为公证,那我们公证处是否去公证?在国外,只要公证事项不是违法的都可以公证。这时候就涉及公证的利益(有无公证必要)。只要不影响、不干扰社会秩序,不会引起社会的不稳定,不额外增加当事人的负担,不会因为公证损害当事人的利益,那么就可以公证。公证的利益是从诉的利益这个角度延伸出来的,所谓诉的利益就是提起诉讼的必要性和可能性。

问:公证的形式认定标准是否会导致公证的必要性降低,乃至公证的萎缩?

答:我的想法是这样的,因为公证处、公证机关是专业机关,其他机构的专业性不够,公证机关即使是形式真实的标准,这也是相对的,形式真实的标准对于公证机关与诸如银行机关等其他行业的标准是不同的,这是审查的分工问题。对于其他机构来讲,如果有一个专业机构能够帮助他们审查这些材料,那不是很好么?而且社会讲究的就是专业,专业化的发展是今后社会发展的方向。比如说现在银行有个性化的专业理财,这些都是基于专业。如果我们是专业的,那么公证机构就可以将这种审查作为一种服务提供给其他行业和机构,降低他们的审查成本。

问:公证资料举证人责任自负,这对公证员而言是好事。不知道在我国司法实践/立法中有无相关动态或实例?

答:有。现在的民诉法司法解释关于证明责任的高度盖然性(高度可能性)是已经明确了。当事人举证证明这个事实的存在具有高度的可能性时,法院就应该认定该事实的存在,高度可能性可以用经验法则来判断。例如坐在第一排的通常是领导,这就是经验法则,如果要证明来的是哪个领导就很难了。通过经验法则没有办法达到百分之百的确定,但可以达到一般可能性。法治讲的就是一般可能性,法治只在一般情况下,对你实施保障。

主持人:今天呢,我们用了两个半小时的时间聆听了张教授很精彩的授课,我记得刚刚张教授讲到关于证明,在 80 年代的时候也有一个证明,我们当时很热衷的。有个日本的电影,叫作《人性的证明》,这是我看的第一部关于证明的电影。我印象是以生命为代价叫证明。今天呢,也是我第一次听到有关公证的证明,同样也是法律的证明。我收获也很大,我相信大家跟我也是感同身受。张教授从理论到实践,跟我们畅谈了依法治国新的背景下面,公证证明一系列的相关问题,提出了很多赋有创建性的观点。因为我是第一次听到,所以感到特别新鲜。我想说有很多观点呢,很有超前性,当然,还有很多我还没听明白。一方面我自己也要好好学习,另一方面以后有机会我还要请教张教授。因为我们在实践当中的确还面临着很多新的问题,特别是刚刚张教授还专门回答了在座在实践中碰到的理论或者实践的问题。所以说,我们给张教授精彩的讲座和辛勤付出的劳动,以热烈的掌声表示感谢。

图书在版编目(CIP)数据

民事诉讼法学:分析的力量 / 张卫平著. —北京:法律出版社,2017.1

ISBN 978-7-5197-0198-7

Ⅰ.①民… Ⅱ.①张… Ⅲ.①民事诉讼法—法的理论—中国—文集 Ⅳ.①D925.101-53

中国版本图书馆 CIP 数据核字(2016)第 260239 号

民事诉讼法学:分析的力量 | 张卫平 著 | 责任编辑 黄琳佳 装帧设计 马 帅

开本 720 毫米×960 毫米 1/16
印张 20 **字数** 301千
版本 2017 年 1 月第 1 版
印次 2017 年 1 月第 1 次印刷
出版 法律出版社
编辑统筹 学术·对外出版分社
总发行 中国法律图书有限公司
经销 新华书店
印刷 固安华明印业有限公司
责任印制 陶 松

法律出版社/北京市丰台区莲花池西里 7 号(100073)
电子邮件/info@ lawpress. com. cn
销售热线/010-63939792/9779
网址/www. lawpress. com. cn
咨询电话/010-63939796

中国法律图书有限公司/北京市丰台区莲花池西里 7 号(100073)
全国各地中法图分、子公司电话:
第一法律书店/010-63939781/9782
西安分公司/029-85388843
重庆公司/023-65382816/2908
上海公司/021-62071010/1636
北京分公司/010-62534456
深圳公司/0755-83072995

书号:ISBN 978-7-5197-0198-7
定价:68.00 元
(如有缺页或倒装,中国法律图书有限公司负责退换)